W0068263

Zu diesem Buch

Eva Heller führte eine anonyme große Befragung durch, fragte nach den Farben von insgesamt 200 Gefühlen und Eigenschaften: Welche Farbe hat die Liebe? Rot und Rosa – schrieben die meisten. Welche Farbe hat das Glück? Gold und Rot – waren die häufigsten Antworten. Die Eifersucht? Gelb dominiert. Die Dummheit? Braun und Grau. Das Giftige? Grün. Das Süße? Rosa und Orange. Die Eleganz? Schwarz und Silber. Gefragt wurde nach der Farbe des Altmodischen, der Angeberei, des Aromatischen, des Außergewöhnlichen bis hin zur Farbe des Zorns, der Zuverlässigkeit, der Zweideutigkeit. Die Ergebnisse werden hier präsentiert.

Dieses Buch verkündet keine theoretischen Lehren. Es zeigt die vielen Wirkungen jeder Farbe in ihren typischen Bedeutungen. Wer sie kennt, kann Farben so einsetzen, daß sie von jedem Betrachter im gewünschten Sinn verstanden werden. Eva Heller liefert das Hintergrundmaterial zu den Farbwirkungen. Das ist spannend und unterhaltsam zu lesen. Auf jeder Seite staunt man über unbekannte Zusammenhänge von Farben und ihrer Wirkung. Besonders verblüffend ist, wie viele Farbassoziationen aus der Umgangssprache kommen. Warum sind Betrunkene blau? Warum assoziieren wir bei Gift Grün?

Zur Frage, wie Farbwirkungen geprägt werden, sind die kulturellen Unterschiede besonders aufschlußreich: In China ist Gelb die Farbe der Weisheit, der Vollkommenheit. In islamischen Ländern gibt es kein sogenanntes Giftgrün, denn dort ist Grün die heilige Farbe. Auch die sexuelle Symbolik der Farben wird erklärt: Warum Grün die Farbe der beginnenden Liebe ist und Braun die Farbe der heimlichen Liebe. Warum Schwarz, Rot, Gold männliche Farben sind, aber Weiß, Blau, Silber weiblich. In diesem Buch werden sämtliche Farben behandelt, die wir als psychologisch eigenständige Farben wahrnehmen, also auch die Mischfarben Braun, Orange, Grau, Rosa, Violett – und Gold und Silber.

Wer unfreiwillig an einem tiefenpsychologischen Farbtest teilnehmen muß, erfährt hier die optimale Farbwahl für jeden Test.

Die Autorin

Dr. Eva Heller studierte in Berlin und Frankfurt Soziologie und Psychologie. Zu ihren belletristischen Publikationen gehört der Bestseller-Roman «Beim nächsten Mann wird alles anders» (Wunderlich Tb 26147).

Eva Heller

Wie Farben wirken

Farbpsychologie · Farbsymbolik ·
Kreative Farbgestaltung

Rowohlt Taschenbuch Verlag

Veröffentlicht im Rowohlt Taschenbuch
Verlag GmbH, Reinbek bei Hamburg, November 1999
Copyright © 1989 by Rowohlt Verlag GmbH,
Reinbek bei Hamburg
Alle Rechte vorbehalten
Umschlaggestaltung Peter Wippermann
Bildredaktion Christiane Detje
Gesamtherstellung Clausen & Bosse, Leck
Printed in Germany
ISBN 3 499 60923 1

Inhalt

Kann die Hoffnung giftgrün sein? – Einleitung 13

Wie die Farben interpretiert wurden. Zur Auswertung der Befragung 17
Anmerkung zu den Farbtafeln 19

Blau: Ewig wie die Treue, die Bluejeans und die Lüge

    Die Lieblingsfarbe 23
  1. Die Farbe der unbegrenzten Dimensionen 23
  2. Die Farbe der Treue 24
  3. Die blaue Blume der Sehnsucht 26
  4. Zwischen Phantasie und Lüge 26
  5. Die Kälte und das Kühle 27
  6. Die Entspannung zur blauen Stunde 28
  7. Die männlichen und die geistigen Tugenden 29
  8. Wie Betrunkene Blau machten 30
  9. Eine Teufelsfarbe als König der Farbstoffe 32
10. Vom Königsblau zum Jeansblau 35
11. Warum die Preußen Blau trugen 36
12. Die kostbarste Malerfarbe von jenseits des Meeres 37
13. Das göttliche Blau 38
14. Das weibliche Blau Marias 39
15. Blaue Jungs und blaue Briefe 40
16. Die Blauhemden und die Friedensfahne 40
17. Blaues Blut und Blaustrümpfe 41
18. Die Kriterien kreativer Farbgestaltung 42
19. Das kreative Blau 44

Rot: Nicht nur die Liebe – Auch der Haß
Vom Privileg des Adels zur Symbolfarbe des Kommunismus
Die Farbe des gesetzlich und des moralisch Verbotenen

    Am Anfang war das Rot 51
  1. Das Blut und die Lebenskraft 51
  2. Die Farbe aller Leidenschaften 53
  3. Krieger, Richter, Märtyrer 54

4. Das göttliche Feuer   55

5. Die Nähe und die Materie   56

6. Das männliche und das weibliche Rot – das reine und das unreine Rot   56

7. Die Farbe des Adels und der Reichen   57

8. Die Luxusfarbe aus Läusen   59

9. Die roten Fahnen der Freiheit, der Arbeiterbewegung und des Kommunismus   61

10. Das gesetzlich Verbotene   62

11. Das moralisch Verbotene   63

12. Die Farbe der Korrektur und der Kontrolle   64

13. Die Farbe der Dynamik und der Werbung   65

14. Wie Tiere auf Rot reagieren   66

15. Das kreative Rot   66

Grün: Beruhigend zwischen Hoffnung und Gift

Schönes Grün und häßliches Grün   71

1. Die Natur   71

2. Die Farbe des Lebens   72

3. Die heilige Farbe des Islam   73

4. Der Frühling und florierende Geschäfte   74

5. Die Farbe der beginnenden Liebe   74

6. Grün ist die Hoffnung   75

7. Die Farbe des Heiligen Geistes   75

8. Die herbe Frische   76

9. Gesundes Grünzeug   77

10. Das Unreife und die Jugend   77

11. Giftgrün   78

12. Die grünen Dämonen Europas   79

13. Das grüne Kleid – entweder einfach oder extravagant   79

14. Die beruhigende Mitte   80

15. Die Umweltschützer und die Iren   81

16. Am grünen Tisch   82

17. Das funktionale Grün   83

18. Das kreative Grün   84

Schwarz: Konservatismus und Anarchismus. Eleganz und Tod

Ist Schwarz eine Farbe?   89
 1. Das Ende, der Tod   89
 2. Die Trauerfarbe   90
 3. Die Negation der bunten Farben – wie aus Liebe Haß wird   91
 4. Die negativen Gefühle   92
 5. Die Farbe des Schmutzes und der Gemeinheit   93
 6. Die Farbe des Unglücks   93
 7. Die Farbe der Geistlichkeit   94
 8. Das Verschwinden der Farbe   95
 9. Schönfärber und Schwarzfärber   96
10. Schwarz wird Mode auf der ganzen Welt   97
11. Luthers schwarzer Talar   100
12. Die Farbe der Individualität und der Abgrenzung   101
13. Die Bräute trugen Schwarz   102
14. Eleganz ohne Risiko   102
15. Das schöne Schwarz Afrikas   103
16. Illegalität und Anarchie   104
17. Die faschistischen Ideale   105
18. Von Deutschland bis Uganda: Schwarz mit Rot und Gold   106
19. Schwer, eng und hart   108
20. Die Lieblingsfarbe der Designer   109
21. Das kreative Schwarz   110

Rosa: Süß und zärtlich, weich und weiblich

Das typisch Weibliche   115
 1. Die Farbe der Zärtlichkeit   115
 2. Die Farbe des Zarten   116
 3. Der Wandel vom männlichen zum weiblichen Rosa   116
 4. Rosa neben Grün: das kindliche Rosa   119
 5. Das schwache Rot für das schwache Geschlecht   120
 6. Die rosaroten Tugenden   120
 7. Die Farbe der Schwärmerei und der Romantik   121
 8. Rundum süß   121
 9. Rosa neben Braun: das gemütliche Rosa   122
10. Das Rosa der Madame Pompadour und das Rosa der Kirche   123
11. Rosa neben Violett: das eitle Rosa   124
12. Das kreative Rosa   124

Gelb: Gut wie Gold, schlecht wie die Geächteten

Die zwiespältigste Farbe   129
1. Die Sonne und der Optimismus   129
2. Das Licht und die Erleuchtung   130
3. Das gute Gelb des Goldes   131
4. Die Reife und die sinnliche Liebe   132
5. Der Neid, der Geiz und aller Egoismus   132
6. Der Geschmack des Sauren   134
7. Die optimale Fernwirkung   134
8. Die aufdringliche Warnfarbe   135
9. Safran: König der Pflanzen   136
10. Die Kennfarbe der Geächteten   137
11. Das ganz andere Gelb im Zentrum des Universums   139
12. Hier Verräter – dort Gott und Kaiser   141
13. Das kreative Gelb   141

Weiß: Das kalte Licht der Vollkommenheit

Die Nichtfarbe   145
1. Der Weizen und das Licht   145
2. Das göttliche Weiß   146
3. Das Vollkommene, das Ideale, das Gute   146
4. Der Anfang und die Auferstehung   147
5. Sauber bis steril   148
6. Die Opfer und die Unschuldigen   148
7. Weiß als Trauerfarbe   149
8. Die Farbe der Wahrheit   150
9. Die Toten und die Gespenster   151
10. Ein Statussymbol: der weiße Kragen   151
11. Weltmode in Weiß   152
12. Die Geschichte des Brautkleids   154
13. Die Kapitulation und die Monarchisten   156
14. Das leise, weibliche Weiß   157
15. Von der funktionalen Sachlichkeit zur Postmoderne   157
16. Das Leichte und das Obere   158
17. Der Geschmack des Weißen   159
18. Fein und rein, künstlich und substanzlos   159
19. Das Leere und das Unbekannte   160
20. Die Farbe des Nordens   160
21. Das kreative Weiß   161

Violett: Von der Farbe der Macht zur Farbe der Unmoral und des Feminismus

Veilchen, Flieder, Jod und Gewalt   165
1. Das Geheimnis des Purpurs   165
2. Die Farbe der Macht   167
3. Die Farbe der Bischöfe und der Buße   169
4. Die Farbe der Eitelkeit   170
5. Das Extravagante und das Modische   171
6. Das magische Violett   172
7. Die Dekadenz und die Künstlichkeit   172
8. Unsachlich und zweideutig   173
9. Violett und Gold: Verderblicher Genuß   174
10. Die Farbe zwischen den Geschlechtern   174
11. Violett und Rot: Die Sünden der Sexualität   175
12. Lila – der letzte Versuch   176
13. Das kreative Violett   176

Gold: Das teure Glück. Viel mehr als eine Farbe

Gold – viel mehr als eine Farbe   181
1. Die Wege zum Gold   181
2. Die Farbe des Reichtums   183
3. Die Farbe des Stolzes   184
4. Die Farbe der Verblendung und des Überflusses   184
5. Gelbgold, Rotgold, Weißgold, Grüngold   185
6. Kennfarbe des Göttlichen   187
7. Das überirdische Licht der Malerei   187
8. Die Farbe der Beständigkeit   189
9. Das Glück und das Ideale   189
10. Die Pracht und die Festlichkeit   191
11. Die Farbe des Ruhms   193
12. Das politische Gold   193
13. Die Farbe des Dekors   194
14. Das künstliche Gold der Alchimie   195
15. Das Talmi der Reklame   196
16. Das kreative Gold   197

Braun: Die heimliche Geliebte, der Nationalsozialismus und die Dummheit

Die unsympathische Farbe   201
1. Die Faulheit und das Unerotische   201
2. Die Gemütlichkeit und die Geborgenheit   202
3. Knusprig, aromatisch und verdorben   203
4. Das Spießige und das Biedere   204
5. Das Braun der Armen   205
6. Das Flohbraun der Gebildeten   206
7. Die Farbe des deutschen Nationalsozialismus   207
8. Die Farbe der Dummheit   208
9. Die Patina des Vergänglichen   209
10. Die heimliche Geliebte   209
11. Die Farbe des Altmodischen als Modefarbe der Freizeitgesellschaft   211
12. Das kreative Braun   212

Grau: Die Mittelmäßigkeit, die Langeweile und die Theorie

Die Farbe ohne Charakter   217
1. Alle trüben Gefühle   218
2. Die Farbe der Unfreundlichkeit   219
3. Die ungeliebten Tugenden. Die Farbe der Theorie   220
4. Das Grauenhafte, Gräßliche und Grausame   221
5. Gefühlsarm oder introvertiert – oder farbenblind?   221
6. Wie verhält man sich bei einem tiefenpsychologischen Farbtest?   222
7. Das Alter und das Alte   228
8. Die vergessene Vergangenheit   228
9. Grisaille – Malerei in den Totfarben   229
10. Die Farbe der Armut und der Bescheidenheit   229
11. Die Farbe des Minderwertigen   230
12. Die grauen Kleider der Grisetten und Gefängnisinsassen   231
13. Heimlich und illegal   232
14. Graue Eminenzen und andere Unheimliche   232
15. Angepaßte Mittelmäßigkeit: das Ideal der Herrenmode   233
16. Goethes Theorie gegen Newtons Theorie   234
17. Goethes Einfluß auf die deutsche Mode   238
18. Die Abneigung der Maler gegen die Theorie   239
19. Das kreative Grau   240

Silber: Rasant, doch ewig zweitrangig

Der ewige Vergleich mit dem Gold   245
1. Der Name des Riesen   246
2. Das praktische Edelmetall   246
3. Die Farbe des schnöden Geldes   248
4. Legierungen und Fälschungen   249
5. Das Silber des Mondes   250
6. Die Farbe der Zurückhaltung   250
7. Kühl und distanziert   251
8. Die schnellste aller Farben   252
9. Hell und klar und in Bewegung   253
10. Das moderne Metall   253
11. Eleganter, unkonventioneller und origineller als Gold   254
12. Das beschönigte Grau   254
13. Das politische Silber   255
14. Das kreative Silber   255

Orange: Die billige Modernität, die Aufdringlichkeit, das Vergnügen

Die Farbe, die niemand mag   259
1. Das Orange der Orange   259
2. Die billige Modernität   260
3. Die Farbe der Aufdringlichkeit   261
4. Das Vergnügen, das Lustige, die Geselligkeit   262
5. Die zweite Farbe der Energie   263
6. Die Farbe des Wandels und des Buddhismus   264
7. Von Indischgelb bis Hennarot: das vielfältige Orange Indiens   265
8. Die Oranier und die Protestanten   267
9. Die Sicherheitsfarbe   268
10. Das kreative Orange   269

Literaturverzeichnis   271
Register   275
Bildquellennachweis   295

Kann die Hoffnung giftgrün sein?

Auf die Frage «Welche Farbe hat die Hoffnung?» antworten die meisten Menschen: «Grün.» Aber auch auf die Frage «Welche Farbe hat das Giftige?» antworten die meisten: «Grün.» Zu Grün assoziiert man den Geschmack des Bitteren und des Herben. Und trotzdem: «Welche Farbe wirkt besonders beruhigend?» – «Grün.»

In einer großen Umfrage wurden für dieses Buch 1888 Frauen und Männer befragt. Jeder ordnete auf einem Fragebogen Farben zu Begriffen aus verschiedensten Gefühls- und Erfahrungsbereichen. «Welche Farbe hat die Liebe?» – «Welche Farbe hat der Haß?» Blau-Braun-Gelb-Gold-Grau-Grün-Orange-Rosa-Rot-Schwarz-Silber-Violett-Weiß? Gefragt wurde nach der Farbe des Altmodischen, des Angenehmen, der Angeberei, des Aromatischen, des Außergewöhnlichen bis hin zur Farbe des Zorns, der Zuverlässigkeit, der Zweideutigkeit. Die Befragung war schriftlich und anonym. Jeder Befragte ordnete vierzig Begriffen Farben zu: Mit variierten Fragebogen wurden insgesamt die Farben von zweihundert Begriffen erfragt. Die Ergebnisse werden hier präsentiert. Der größte Teil der Ergebnisse ist auch als farbige Spektren im ersten Tafelteil abgebildet.

Haben wir zu jeder Farbe eine spezielle Empfindung?
Nein, es gibt viel mehr Gefühle als Farben. Rot ist Farbe der Liebe, aber auch des Hasses. Deshalb sind nicht nur die Farben wichtig, die am häufigsten genannt werden – wir verbinden mit jedem Gefühl mehrere Farben, die sich gegenseitig verstärken und erklären. Das Rot der Liebe sehen wir neben Rosa, zum Rot des Hasses gehört Schwarz. Und auf die Frage «Welche Farbe hat das Glück?» sind die häufigsten Antworten «Rot» und «Gold», die dritte Farbe des Glücks ist «Grün». Die Nebenfarben bestimmen die Wirkung der Grundfarben.

Wie können Farben so verschiedene Gefühle auslösen?
Wir verbinden mit jeder Farbe vielfältige Erfahrungen. Sie werden erinnert durch den Zusammenhang (Kontext), in dem wir eine Farbe wahrnehmen. Der Kontext sagt uns, ob eine Farbe real oder als symbolische Farbe gemeint ist, ob eine Farbgebung konventionell oder kreativ ist. Der Kontext definiert die Farbwirkung. Dieses Buch untersucht alle Farben in allen ihren Wirkungen.

1. Die psychologischen Wirkungen
Farben können automatisch-unbewußte Reaktionen und Assoziationen auslösen. Wie entstehen diese psychologischen Wirkungen? Sie entstehen aus Erfahrungen, die wir so oft gemacht haben, daß sie verinnerlicht sind.
Bei Grün denkt man automatisch an Unreife – wenn man grüne Erdbeeren neben roten Erdbeeren sieht. Die Farbe der Unreife wird verallgemeinert zur Farbe der

Jugend: Ein Grünschnabel ist noch grün hinter den Ohren. Ganz anders ist die Wirkung von Grün im Straßenverkehr – hier ist Grün mit positiver Bedeutung verinnerlicht. Wenn Grün als Farbe der Natur erlebt wird, wirkt es wieder anders: Es wird zur Farbe des Gesunden, des Frischen. Grün ist auch die Farbe der Erholung – man fährt ins Grüne. Alle einer Farbe zugeschriebenen Eigenschaften entstehen aus Erfahrungen. Grün wirkt beruhigend, neutral, denn es steht zwischen den Extremen Rot und Blau. Rot ist heiß, Blau ist kalt, Grün ist lau. Rot ist nah, Blau ist fern wie der Himmel, Grün liegt in der Mitte. Als Farbe der Mitte symbolisiert Grün in tiefenpsychologischen Farbtests Ruhe und Ausgeglichenheit.

2. Symbolische Wirkungen

Farben können Begriffen zugeschrieben werden, die keine reale Farbe haben. Wie entsteht eine symbolische Farbzuordnung? Auch sie entsteht durch Erfahrungen. Nur sind die Erfahrungen weniger persönlich, es sind meist jahrhundertealte Überlieferungen. Warum ist die Hoffnung grün? Hoffnung ist ein Gefühl, das nach einer Zeit der Entbehrung entsteht, man vergleicht die Hoffnung mit der Frühlingszeit. Das zeigt sich auch in der Sprache: Wie nach dem Winter die Saaten keimen, so keimt nach einer trüben Zeit neue Hoffnung im Herzen. Im gleichen Sinn ist in mittelalterlicher Symbolik Grün die Farbe der beginnenden Liebe. Und bis heute ist man einer unsympathischen Person ‹nicht grün›.

Kombiniert mit Gelb ist Grün die Symbolfarbe des Neides. Manche werden grün vor Neid. Die überlieferte Erfahrung: Menschen, die sich viel ärgern, werden gallenkrank – und die Galle ist gelbgrün.

Die symbolischen Farbwirkungen entstehen aus der Verallgemeinerung, der Abstraktion der psychologischen Farbwirkungen. Deshalb gehören psychologische und symbolische Wirkung eng zusammen.

3. Kulturelle Wirkungen

Unterschiedliche Lebensweisen in verschiedenen Kulturen bedingen unterschiedliche Farbwirkungen. In Europa ist Grün die normale Landschaftsfarbe. Für Wüstenvölker aber ist es die Farbe des Paradieses. Grün ist deshalb die heilige Farbe des Islam. Der höchste ägyptische Gott hat eine grüne Hautfarbe. In Kulturen, in denen Grün hohe Werte symbolisiert, gilt es als männliche Farbe. In jeder Kultur gelten die hochgeachteten Farben als männlich, die zweitrangigen sind weiblich.

Viele Farbwirkungen sind nationale Besonderheiten. Wenn ein Engländer ‹blau› ist, ist er melancholisch, wenn ein Deutscher ‹blau› ist, ist er betrunken. Auch die Ursprünge solcher nationalen Farbbedeutungen werden erklärt. So werden die unbewußten Wirkungen wieder bewußt.

4. Politische Wirkungen

Im politischen Bereich haben Farben eine besondere Symbolik. Die alten Wappen- und Flaggenfarben waren die Farben der herrschenden Dynastien. Auch die modernen Flaggen und Wappen signalisieren politische und religiöse Machtverhältnisse. Rot, die Farbe der Revolutionsfahnen, ist die Grundfarbe der Flaggen aller sozialistischen Staaten. Grün, die heilige Farbe des Islam, ist die Grundfarbe der Flaggen aller Staaten islamischen Glaubens. Grün ist auch die Nationalfarbe Irlands, der Grünen Insel. In der grün-weiß-orange gestreiften Flagge Irlands symbolisiert Grün den Katholizismus und Orange den Protestantismus. Orange ist die Dynastiefarbe der protestantischen Oranier. Die Farbkombination Grün-Weiß-Orange führt in Irland zu Assoziationen von Staat und Macht – so wie bei uns die Farbkombination Schwarz-Rot-Gold.

5. Traditionelle Wirkungen

Irrational erscheinende Farbwirkungen verweisen oft auf alte Verfahren der Farbgewinnung und der Färberei. Warum empfinden wir Grün, die Farbe des Gemüses, als giftig? Die grünen Malerfarben enthielten früher Arsen. Napoleons Lieblingsfarbe war Grün; das wurde ihm zum Verhängnis: im feuchten Klima St. Helenas verdunstete das Gift aus den grünen Tapeten – Napoleon starb an schleichender Arsenvergiftung. Mit der Farbbezeichnung Giftgrün blieb die Empfindung bis heute erhalten.

Jahrhundertelang waren nicht alle Farben beliebig verfügbar, und manche Farben waren extrem teuer und erforderten aufwendige Verfahren der Färberei. Die Farbe der Kleidung war keine Frage des Geschmacks, sondern eine Frage des Geldes. Teure Stoffe wurden mit teuren Farben gefärbt, billige Stoffe mit billigen Farben. Dunkelgrün war eine billige Farbe, deshalb trugen die europäischen Könige und Würdenträger keine grünen Kleider. Aber die einfachen Filze und Lodenstoffe wurden meist grün gefärbt. Die Redensart von der realitätsfremden ‹Planung am grünen Tisch› verweist auf die früher üblichen dunkelgrünen Filzunterlagen für Spieltische und Schreibtische. In der Sprache leben viele vergessene Traditionen weiter. Die Redensarten vom ‹Blausein› und vom ‹Blaumachen› entstanden aus alten Färbermethoden. Der historische Hintergrund erklärt die traditionellen Wirkungen.

6. Die kreativen Wirkungen

Hier wird gezeigt, wie Farben neue Wirkungen bekommen: Warum statt flaschengrüner Flaschen nicht mal bordeauxrote Weinflaschen? Warum sind Nixen und Marsmännchen immer grün? Und als kreativer Ausdruck von Empfindungen kann manchmal sogar die Liebe giftgrün sein. Die Kriterien kreativer Farbgestaltung werden im Kapitel Blau 18 ausführlich erläutert.

Die gleiche Farbe wirkt immer wieder anders. Sogar der Farbton, den wir wahrnehmen, wird durch den Kontext definiert. – Kann die Hoffnung giftgrün sein? Keinesfalls! antworten die meisten Befragten, die Hoffnung sei zwar grün, aber beispielsweise türkisgrün oder maigrün, keinesfalls jedoch giftgrün. Niemand beschreibt das Grün einer Gurke als Smaragdgrün und das Grün einer Artischocke als Armeegrün. Umgekehrt beschreibt niemand einen Smaragd als spinatgrün, obwohl Spinat tatsächlich smaragdgrün ist. Und wenn ein Maler eine Göttin der Hoffnung in leuchtend grünem Kleid malt, dann werden wir dieses Grün nicht giftgrün nennen, sondern maigrün – der Farbton bleibt derselbe. Und wer hätte das Grün, in das der englische Maler George Frederick Watts seine Allegorie der Hoffnung kleidete (→ Bild 22), als typisches Hoffnungsgrün charakterisiert?

Die Eskimos – das ist schon in die Volksweisheit eingegangen – kennen viele Namen für die Farbe Weiß. Das scheint exotisch, aber verständlich, schließlich müssen sich die Eskimos in einer weißen Welt orientieren. Mit dem Staunen über die fremdartige Eskimowelt scheint man vergessen zu haben, daß es in jeder Sprache viele Bezeichnungen für jede Farbe gibt.

Wie viele Farben jemand kennt, hängt ab von seinem Umgang mit Farben. Ein Kunstmaler kennt mehr Farben und kann die Nuancen genauer beschreiben als ein Zahnarzt. Viele Berufe bedingen die Kenntnis spezieller Farbnuancen. Ein Juwelier sieht viele Abstufungen zwischen Mittelgrün und Dunkelgrün – die Nuance macht den Unterschied im Preis eines Smaragds. Ein Juwelier kann auch die Farbkomponenten eines Grüns genau beschreiben: Das dunkle Grün des Turmalins hat einen stärkeren Gelbanteil als das Grün des Smaragds. Pelz- und Holzhändler können viele Brauntöne nennen. Und wer Schreib- und Zeichenpapiere verkauft, kann ebenso viele Weißtöne unterscheiden wie ein Eskimo.

Auch im Deutschen sind mehr als vierzig Grüntöne bekannt. Von Rot gibt es fast hundert bekannte Nuancen. Um das Wissen der Farbenvielfalt zu beleben, ist jedem Kapitel eine Liste mit Bezeichnungen der jeweiligen Farbe vorangestellt. Sie enthält auch die Namen von Künstler- und Malerfarben.

Was sagt die Lieblingsfarbe eines Menschen über seinen Charakter aus? Jeder kennt wohl einen der sogenannten tiefenpsychologischen Farbtests, bei denen man Farbkärtchen von der Lieblingsfarbe zur unbeliebtesten Farbe gruppiert. Vielen ist es unheimlich, daß die Abfolge einiger Farben das ganze Spektrum der Persönlichkeit aufdecken können soll, wie es diese Tests verheißen.

Tatsache ist: Alle Gefühle, alle Charaktereigenschaften lassen sich mit Farben verbinden. Die vielschichtige Symbolik der Farben gibt Bezugspunkte zu allen Lebensfragen. Tatsache ist aber auch – und das ist für manche enttäuschend: Von der wissenschaftlichen Psychologie werden Farbtests nicht mehr anerkannt, die Ergebnisse gelten als nicht zuverlässig. Weil es viel mehr Gefühle, Charaktereigenschaften, Lebensprobleme als Farben gibt, werden bei diesen Tests zu jeder Farbe zu viele Deutungen angeboten. Und das heißt: Ein und dieselbe Abfolge von Farben kann von verschiedenen Testern völlig unterschiedlich interpretiert werden. Die Ergebnisse sind zu vage, um wissenschaftliche Aussagen zuzulassen.

Aber auch vage Deutungen können, genau wie Orakelsprüche, wichtige Denkanstöße geben. Wer sich für Farbtests interessiert, findet in diesem Buch die Hintergründe aller Farbinterpretationen. Und wer sich unfreiwillig einem Farbtest unterziehen muß, findet Anleitungen, wie man sich als optimaler Charakter präsentiert (→ Grau 5/6).

Was sagt die Lieblingsfarbe eines Menschen über seine Farbvorlieben im täglichen Leben aus? Die Frage nach der Lieblingsfarbe ist die Frage nach einer Farbe an sich. In der Realität aber tritt eine Farbe nie ohne Funktion auf. 20 % der Männer und Frauen nennen Rot als Lieblingsfarbe. Aber egal welches Rot – kaum ein Mann will einen roten Anzug, nur wenige Frauen tragen rote Kostüme, noch weniger tragen rote Strümpfe. Rot ist eine warme Farbe – trotzdem sind rote Tapeten unbeliebt. Und wer will einen roten Schreibtisch? Oder einen roten Kühlschrank? Oder eine rote Uhr? Sogar Autofarben spiegeln die statistische Häufigkeit der Lieblingsfarben nicht wider. Für jeden Anwendungsbereich der Farben gibt es typische Farbvorlieben. Jede Farbe ist ‹schön›, aber jede Farbe verliert ihre Schönheit, wenn sie in falschem Zusammenhang steht, wenn sie mit falschen Bedeutungen kombiniert wird.
Nur wer eine Farbe im ganzen Spektrum ihrer Bedeutungen kennt, kann das schöne Rot vom häßlichen Rot, kann das banale Grün vom extravaganten Grün unterscheiden. Je mehr man über die Bedeutung von Farben weiß, desto besser kann man ihre Wirkung beurteilen.

Zur Auswertung der Befragung

Wie die Farben interpretiert wurden

Blau – Braun – Gelb – Gold – Grau – Grün – Orange – Rosa – Rot – Schwarz – Silber – Violett – Weiß – diese Farbauswahl stand über jedem Fragebogen. Um die Befragten nicht durch vorgegebene Farbnuancen zu beeinflussen, wurden die Farben schriftlich aufgelistet. Alle Farben mit psychologisch eigenständiger Wirkung sind hier erfaßt. Auch die oft ignorierten Mischfarben Orange, Rosa, Grau, Braun und die Metallfarben Gold und Silber haben eine eigenständige Bedeutung, die durch keine andere Farbe ersetzt werden kann.
Für dieses Buch wurden die Farbempfindungen zu zweihundert Begriffen ausgewertet. 1888 Personen nannten jeweils Farben zu vierzig Begriffen. Die jüngste Befragte war 14, der älteste 83 Jahre alt. Die Fragebogen wurden von den Befragten selbst ausgefüllt, ohne Angabe ihres Namens. Wer sich bei einem Begriff nicht für eine einzige Farbe entscheiden konnte oder wollte, konnte zwei Farben eintragen.

Trotz der großen Zahl der Befragten sind Farben, die von weniger als 5 % genannt wurden, nicht in den Ergebnissen aufgeführt. Das geschah, um die Ergebnisse sinnvoll zu konzentrieren. Für die Interpretation der Farben eines Begriffs ist es wichtiger zu sehen, wie stark die Hauptfarben dominieren, als jede genannte Farbe zu interpretieren.

Bei Minimalnennungen unter 5 % sind die Farbzuschreibungen nicht mehr repräsentativ zu interpretieren, denn es gibt zu viele mögliche Gründe für eine solche Zuordnung – jene wenigen, die beispielsweise meinten, die Farbe der Liebe sei Weiß, dachten vielleicht an Unschuld oder an ein kaltes Herz oder sahen die Liebe als Gefühl ohne persönliche Bedeutung, oder vielleicht wollten sie sich als besonders individualistisch darstellen… Gerade bei den Farben der Liebe gab es den höchsten Anteil ausgefallener Farbzuschreibungen. Die Hauptfarben waren eindeutig: 70 % nannten Rot, 8 % Rosa – aber die restlichen 22 % der Nennungen verteilten sich auf sämtliche Farben zwischen Weiß und Schwarz, von Gold bis Violett. Alle anderen 199 Begriffe waren weniger bunt, durchschnittlich betrugen die Minimalanteile nur rund 10 %.

Für Laien der Statistik darf noch mal erklärt werden, daß sich deshalb die Prozentangaben nie auf 100 % addieren. Die Differenz zu 100 % zeigt jeweils den Anteil ausgefallener Nennungen. Nur bei den Farbspektren im Tafelteil wurden die Ergebnisse auf 100 % hochgerechnet, um eine einheitliche grafische Darstellung möglich zu machen.

Alle Prozentangaben wurden auf ganze Zahlen gerundet, denn es sollte nicht der Eindruck erweckt werden – jener Eindruck, der Laien der Statistik so blendet –, daß die Exaktheit von Befragungsergebnissen an Prozentzahlen zu erkennen sei, die bis auf mehrere Stellen hinter dem Komma berechnet sind. Solche Exaktheit ist trügerisch und sinnlos, sie läßt keinen Rückschluß zu auf die Gültigkeit der Ergebnisse.

Die Gültigkeit von Befragungsergebnissen ist nur kontrollierbar durch den Vergleich ähnlicher Daten. Der Vergleich ähnlicher Begriffe ist ein wichtiges Prinzip dieser Untersuchung, dadurch wurde die Stabilität der Farbzuschreibungen geprüft. Um das Beispiel aus dieser Einleitung aufzugreifen: Die Begriffe ‹Hoffnung›, ‹Zuversicht›, ‹Optimismus› sind recht ähnlich, aber nicht identisch. Das zeigt sich auch in den zugeordneten Farben und ihren Verteilungen: Als Farbe der Hoffnung nannten 52 % Grün, gefolgt von Blau mit 23 %, Weiß 7 %, Gelb 6 %. Bei der Zuversicht dominieren ebenfalls Grün mit 26 % und Blau mit 17 %, die dritte Farbe ist Gelb mit 9 %. Beim Optimismus steht an erster Stelle Gelb mit 19 %, gefolgt von Grün mit 17 % und Blau mit 15 %. Die Hoffnung ist ein grüneres, nämlich ein intensiveres Gefühl als die Zuversicht; beim Stichwort Optimismus denkt man eher an ein ewig sonniges Gemüt als an einen Neubeginn nach schwerer Zeit. Die Verwandtschaft der Begriffe aber zeigt sich im typischen Farbklang Grün-Blau-Gelb. So wird die Interpretation jeder Farbe durch die Farbigkeit vergleichbarer Begriffe unterstützt. Beispielsweise korrespondieren die Farben des Optimismus wieder mit den Farben der Lebensfreude. Und die Liebe hat ähnliche Farben wie die Erotik, aber zur Erotik gehören neben Rot und Rosa auch Schwarz und Violett als Farben des Unmoralischen.

Die Farbigkeit unserer Assoziationen erschöpft sich nicht in der Vorstellung einer isolierten Farbe, dazu ist die Zahl der Farben auch viel zu begrenzt. In unseren Assoziationen kombinieren sich jeweils mehrere Farben zu bedeutungstypischen Farbklängen. Im Vergleich der Farbigkeit verwandter Begriffe zeigt sich die Logik der Farben.

Anmerkung zu den Farbtafeln

Für die Farbtafeln wurden die Ergebnisse auf 100 % hochgerechnet, um eine einheitliche grafische Darstellung möglich zu machen. Die zugrunde liegenden Prozentzahlen sind im Text genannt und über das Register zu finden.

Die Hauptfarben Blau, Rot, Grün, Gelb, Schwarz und Weiß werden automatisch häufiger genannt als die Nebenfarben Orange, Rosa, Braun, Grau, Violett und die Metallfarben. Deshalb wurden, wenn mehrere Farben gleiche Prozentwerte hatten, die Nebenfarben zuerst aufgeführt, sie sind für die Farbigkeit eines Begriffs charakteristischer.

Die Lieblingsfarben [1]
und die Reihenfolge der Kapitel

38 % Blau

20 % Rot

12 % Grün

8 % Schwarz

5 % Rosa

5 % Gelb

3 % Weiß

3 % Violett

2 % Gold

2 % Braun

1 % Grau

— Silber

— Orange

[1] Umfrage bei 1888 Frauen und Männern aller Altersgruppen. Durch Abrundungen summieren sich die Nennungen auf 99 %.

Blau: Ewig wie die Treue, die Bluejeans und die Lüge

Ägyptischblau · Anilinblau · Anthracenblau · Aquamarinblau · Ätherblau · Atlasblau · Augenblau · Azurblau · Babyblau · Bayrischblau · Bergblau · Berliner Blau · Blaßblau · Blauschwarz · Blauviolett · Bleu · Brillantblau · Capriblau · Chagallblau · Chinablau · Cibablau · Clematisblau · Coelinblau · Curaçaoblau · Cyanblau · Delfter Blau · Echtblau · Eisblau · Eisenblau · Emailblau · Enzianblau · Fayenceblau · Gewitterblau · Gletscherblau · Glockenblumenblau · Graublau · Grünblau · Heidelbeerblau · Himmelblau · Hookersgrün · Hyazinthenblau · Hydronblau · Indigoblau · Indischblau · Irisblau · Jeansblau · Kadettenblau · Karibikblau · Knallblau · Kobaltblau · Königsblau · Kopenhagener Blau · Kornblumenblau · Kosmosblau · Lagunenblau · Lapisblau · Lasurblau · Lavendelblau · Lichtblau · Lupinenblau · Madonnenblau · Marineblau · Mattblau · Meerblau · Metallicblau · Methylenblau · Mittelblau · Nachtblau · Nebelblau · Neonblau · Nordischblau · Opalblau · Orientblau · Ozeanblau · Pariser Blau · Pastellblau · Petrolblau · Pfauenblau · Pflaumenblau · Phthaloblau · Pilotenblau · Porzellanblau · Preußischblau · Rauchblau · Rittersspornblau · Saphirblau · Schwarzblau · Stahlblau · Taubenblau · Tiefblau · Tintenblau · Türkisblau · Ultramarin · Uniformblau · Urblau · Veilchenblau · Vergißmeinnichtblau · Verkehrsblau · Vermeerblau · Variaminblau · Victoriablau · Waschblau · Wasserblau · Wolkenblau · Zwetschgenblau

Die Lieblingsfarbe

Blau ist mit Abstand die beliebteste Farbe. Es ist die Lieblingsfarbe von 40 % der Männer und 36 % der Frauen. Und kaum jemand, der Blau nicht mag: Nur 2 % der Männer und nur 1 % der Frauen schrieben «Blau» in die Fragebogenkategorie «Die Farbe, die mir am wenigsten gefällt».

Blau ist so beliebt, weil diese Farbe viele gute Eigenschaften symbolisiert: Es ist die Farbe der Sympathie, der Harmonie, der Freundlichkeit und der Freundschaft.

Die Sympathie (158): Blau 28 %, Rot 17 %, Grün 16 %, Rosa 9 %, Weiß 9 %, Violett 8 %

Die Harmonie (73): Blau 28 %, Rosa 14 %, Weiß 12 %, Grün 10 %, Violett 7 %, Rot 7 %, Gold 6 %

Die Freundlichkeit (52): Blau 20 %, Rosa 13 %, Gelb 11 %, Weiß 11 %, Orange 10 %, Grün 10 %, Gold 8 %, Rot 8 %

Die Freundschaft (53): Blau 28 %, Gold 17 %, Rot 15 %, Grün 12 %, Rosa 8 %, Orange 6 %, Weiß 6 %

Psychologische und symbolische Wirkung

1. Die Farbe der unbegrenzten Dimensionen

Die Ferne (50): Blau 54 %, Grau 13 %, Weiß 10 %, Schwarz 6 %

Die Weite (190): Blau 42 %, Weiß 18 %, Grün 15 %, Grau 6 %

Die Unendlichkeit (164): Blau 35 %, Schwarz 22 %, Weiß 16 %, Violett 6 %, Grau 6 %

Perspektive schafft die Illusion von Raum. Farben können die Illusion von Perspektive schaffen. Eine Farbe wirkt um so näher, je wärmer sie ist, sie wirkt um so entfernter, je kälter sie ist. Betrachtet man eine Farbkomposition aus Blau-Grün-Rot, dann erscheint Blaues am weitesten entfernt, Rotes erscheint im Vordergrund (→ Bild 3 und 4).

Wir verbinden mit Farben Entfernungen, weil sich Farben durch Entfernungen verändern. Rot leuchtet nur, wenn es nah ist. Je weiter entfernt es ist, desto bläulicher wird es. Jede Farbe wird in der Ferne trübe und bläulich, weil sie von Luftschichten überdeckt wird. Deshalb wirken kräftige Farben näher als blasse. Auch die Abstufung von intensivem zu schwachem Blau ergibt eine perspektivische Wirkung: In Bild 1 und 2 liegt das Hellblau optisch hinten.

Je mehr Abstufungen von Dunkelblau bis Hellblau am Himmel zu sehen sind, desto weiter scheint man in ihn hineinsehen zu können.

‹Luftperspektive› nennen die Maler diese Perspektive, die durch nahe und ferne Farben entsteht. In der Malerei des späten Mittelalters, einer Zeit, in der durch Entdeckungsreisen die Welt täglich größer wurde, war die endlose Ferne der bevorzugte Hintergrund aller Sujets. Bild 5 zeigt ein typisches Detail spätmittelalterlicher Malerei: die blaue Stadt. Die Konturen der Häuser sind klar zu erkennen, lediglich die Farbe Blau erzeugt den Eindruck von Ferne.

Wir empfinden Wasser und Luft als blau, obwohl sie nicht wirklich blau sind. Ein Glasgefäß bleibt farblos, wenn es mit Luft gefüllt ist, und bleibt farblos, wenn es mit Wasser gefüllt ist. In unserer Erfahrung entsteht das Blau aus dem Transparenten. (Der größte Gegensatz zu Blau ist die Erdfarbe Braun, deren Ursprung das Massive scheint.) Weil das Blau durch die unendliche Vervielfältigung des Transparenten entsteht, ist es die Farbe der großen Dimensionen. Blau selbst ist groß.

Das Große (71): Schwarz 23 %, Blau 18 %, Weiß 13 %, Rot 10 %, Grau 10 %, Gold 6 %, Gelb 6 %

Die psychologische Wirkung des Blauen wird verallgemeinert zur symbolischen Wirkung: Man fährt ins Blaue, in die unbestimmte Ferne. Man redet ins Blaue hinein, spekuliert über ungewisse Sachverhalte. Mancher schießt ins Blaue und trifft ins Schwarze – eine Redensart mit doppelter Farbsymbolik.

Symbolische Wirkung

2. Die Farbe der Treue

Treue hat mit Ferne zu tun, denn Treue erweist sich erst, wenn Gelegenheit zur Untreue gegeben ist. Die Treue ist keine Tugend, die demonstrativ zur Schau gestellt wird, und unscheinbar sind auch die blauen Blumen, die die Treue symbolisieren: Veilchen, Männertreu, Vergißmeinnicht. Eine Sage erzählt, daß die Wegwarte mit den schmalen himmelblauen Blättchen eine Jungfrau gewesen sei, die so lange an dem Weg, wo ihr Liebster ihr auf Wiedersehen sagte, auf seine Rückkehr wartete, bis sie schließlich zu einer Blume wurde.[1]

In der Minnedichtung erscheint als Verkörperung der Treue eine Frau Staete –
‹Staete› heißt ‹Beständigkeit›. Frau Staete trägt ein blaues Kleid.
Der englische Hochzeitsbrauch fordert als Ausstattung jeder Braut:

> «Something old, something new,
> something borrowed, something blue.»
> (Etwas Altes, etwas Neues,
> etwas Geliehenes, etwas Blaues – nämlich Treues.)

Als Prinz Charles und Lady Diana Spencer heirateten, wurde dieser Brauch selbstverständlich beachtet: «Something old», das war die Spitze am Brautkleid: englische Spitze aus dem Erbe von Queen Mary. Geliehen, aus dem Familienbesitz der
Spencers, war das Diadem, und die Ohrringe, die die Prinzessin trug, gehörten
ihrer Mutter. «Something blue», das war eine himmelblaue Schleife am Sonnen-
schirm, der passend zum Kleid gefertigt worden war. Eine zweite blaue Schleife war
ins Taillenband des Kleides eingenäht. Und der Brautstrauß enthielt winzige blaue
Blüten von Ehrenpreis (Veronica). Ehrenpreis gehören seit der Hochzeit Victorias
in jeden königlichen Brautstrauß, und in vollendeter Traditionspflege werden die
Blüten nur von den Abkömmlingen jener Pflanze geschnitten, die für Queen Victorias Brautstrauß ausgewählt wurde.
Natürlich trug Prinzessin Diana bei der Hochzeit ihren Verlobungsring mit dem
blauen Saphir. Der Saphir ist der Edelstein, der Treue symbolisiert. Am Finger eines
Untreuen, sagt der Volksglaube, verliert der Saphir seinen Glanz.[2]

Die Treue (163): Blau 28 %, Grün 17 %, Gold 10 %, Rot 8 %, Weiß 7 %,
    Braun 6 %, Silber 5 %, Violett 5 %, Gelb 5 %

Das Vertrauen (183): Blau 35 %, Grün 18 %, Weiß 18 %, Gold 5 %, Gelb 5 %

Die Zuverlässigkeit (197): Blau 27 %, Grün 13 %, Braun 10 %, Gold 8 %,
    Grau 8 %, Schwarz 8 %, Rot 6 %, Weiß 6 %, Silber 5 %

Symbolische Wirkung

3. Die blaue Blume der Sehnsucht

Die Sehnsucht (147): Blau 27 %, Grün 13 %, Violett 10 %, Weiß 9 %, Rot 9 %, Grau 7 %, Rosa 5 %, Gold 5 %, Gelb 5 %

Die ‹blaue Blume› ist Inbegriff der Dichtung der Romantik. 1802 erschien Novalis' Romanfragment «Heinrich von Ofterdingen». In diesem Roman träumt der junge Heinrich von Ofterdingen, «von Natur zum Dichter geboren», von einer blauen Blume, sie wächst in einem Garten, zwischen blauen Felsen, an einer blauen Quelle. Mit Erstaunen sieht er, wie sich die Blume verwandelt: In den Blütenblättern erscheint das zarte Gesicht eines Mädchens... hier endet der Traum abrupt, denn Heinrich wird von seiner Mutter geweckt. Aber der unvollendete Traum verfolgt Heinrich, es treibt ihn fort von zu Hause, mit dem Geist der Poesie will er die Welt entdecken. In der Fremde begegnet er Mathilde, und er fragt sich: «Ist mir nicht zumute wie in jenem Traume, beim Anblick der blauen Blume? Welcher sonderbare Zusammenhang ist zwischen Mathilden und dieser Blume? Jenes Gesicht, das aus dem Kelche sich mir entgegenneigte, es war Mathildens himmlisches Gesicht...» Heinrich erkennt, es war Mathilde, nach der er sich sehnte, die er immer gesucht hat. «Welche Ewigkeit von Treue fühle ich in mir!» ruft er aus.[3] Doch bald stirbt Mathilde. Aber sogar der Tod kann die Liebenden nicht mehr trennen.
Novalis' farbenschillernder Roman handelt von der Sehnsucht nach einem Lebenssinn, der aus mystischer Erkenntnis entsteht und auch den Tod überwindet.
Noch heute ist die Sehnsucht blau, denn wie die Treue ist sie mit der Ferne verwandt.

Symbolische Wirkung

4. Zwischen Phantasie und Lüge

Blau ist die positive Seite der Phantasie, es charakterisiert utopische Ideen, deren Verwirklichung in der Ferne liegt. Im verruchten Violett ist die negative Seite der Phantasie symbolisiert – die Nähe zur Lüge. Der negative Aspekt wird durch die dritte Farbe der Phantasie verstärkt: Gelb ist die Farbe der Lüge.
In alten Redensarten wird die moderne Lieblingsfarbe Blau noch direkt mit der Lüge verbunden: Wenn einem jemand ‹das Blaue vom Himmel herunterlügt›, einem ‹blauen Dunst vormacht›, kann man in der Stunde der Wahrheit sein ‹blaues

Wunder erleben›. Früher sprach man von ‹blauen Ausreden› und ‹blauen Enten›, Lügengeschichten hießen ‹blaue Märchen›. Auch im Französischen sind ‹contes bleues› Lügengeschichten.

In Holland sagt man ‹Dat zijn maar blauwe bloempjes› – ‹das sind nur blaue Blümchen›, nichts als Lügen. Im Mittelpunkt von Pieter Bruegels Gemälde «Die Sprichwörter» (→ Bild 6) steht eine junge Frau mit tief dekolletiertem Kleid, die einem alten Mann einen Mantel umhängt, ihm die Kapuze über die Augen zieht. Die fürsorgliche Geste täuscht: Der blaue Mantel, ‹de blauwe Huyck›, ist in Holland ein Symbol ehelicher Untreue und des Betrugs.

Die Phantasie (130): Blau 18 %, Violett 18 %, Gelb 13 %, Rosa 9 %, Grün 9 %,
    Orange 8 %, Rot 8 %, Weiß 7 %, Silber 5 %

Psychologische und symbolische Wirkung

5. Die Kälte und das Kühle

Die Kälte (88): Blau 47 %, Weiß 23 %, Grau 14 %, Silber 11 %

Das Kühle (95): Blau 46 %, Silber 14 %, Weiß 13 %, Grau 11 %, Grün 6 %

Die Gefühllosigkeit (60): Grau 26 %, Schwarz 18 %, Blau 11 %, Gelb 11 %,
    Braun 7 %, Silber 6 %, Violett 6 %, Weiß 6 %

Der Stolz (156): Gold 21 %, Blau 12 %, Violett 12 %, Weiß 12 %, Rot 10 %,
    Silber 9 %, Schwarz 7 %, Braun 5 %

Das Harte / Die Härte (74): Schwarz 43 %, Blau 15 %, Silber 12 %, Grau 9 %,
    Rot 6 %

Blau ist Komplementärfarbe zu Orange. Orange ist die heißeste Farbe des Spektrums, Blau die kälteste.

Daß Blau als kalte Farbe empfunden wird, beruht auf Erfahrung: Die Schatten des Sonnenlichts sind blau. Vincent van Gogh, der die Dinge nicht in den ihnen eigenen Farben wiedergab, sondern in die Farben des Lichts umsetzte, malte Bäume im Schatten als blaue Bäume (→ Bild 66). Eis und Schnee schimmern bläulich, auch die Haut wird in der Kälte blau.

Blau, die Farbe der Ferne und des Kühlen, ist eine Außenfarbe. Als Raumfarbe ist Blau ungemütlich, weil es den geschlossenen Raum auflöst, die Kälte hereinläßt. In blauen Zimmern wird die Temperatur unterschätzt. «Zimmer, die rein Blau austapeziert sind, erscheinen gewissermaßen weit, aber eigentlich leer und kalt»[4], meinte Goethe, und: «Blaues Glas zeigt die Dinge in traurigem Licht.»[5]

Ganz ungeeignet ist Blau als Raumfarbe für Restaurants. Die Farbreflexe der Wände lassen die Gäste blaß und kränklich erscheinen, und blaustichige Speisen wirken leicht verdorben.

Das kalte Blau ist im symbolisch-übertragenen Sinn eine abweisende Farbe. Es ist eine Farbe der Gefühllosigkeit, des Stolzes, der Härte.

Symbolische Wirkung

6. Die Entspannung zur blauen Stunde

Die Entspannung (43): Blau 29%, Grün 22%, Weiß 10%, Rosa 9%, Braun 8%, Gelb 5%

Die Stille (155): Blau 22%, Weiß 15%, Grün 15%, Schwarz 13%, Silber 11%, Grau 11%

Die ‹blue hour› – die ‹blaue Stunde› ist in Amerika und England populär. Es ist die Stunde nach Arbeitsschluß, die Zeit der Entspannung. Bars und Pubs werben mit Blue hour-Angeboten: Alkoholische Getränke sind am frühen Abend billiger, so ist es doppelt verlockend, sofort nach Arbeitsschluß mit der Entspannung anzufangen.

Die Erholung (45): Grün 57%, Blau 16%, Weiß 9%, Gelb 8%

Die Ruhe (135): Grün 30%, Blau 21%, Weiß 15%, Braun 10%, Schwarz 9%, Grau 8%

Grün-Blau-Weiß ist die Farbkombination der Erholung (→ Grün 14). Blau ist das zurückgezogen-selbstgenügsame Moment der Erholung. Grün ist der eher aktive Aspekt, die Freizeitgestaltung in der Natur. Die Idee der Ruhe wird unterstützt durch Weiß, das die Abwesenheit aller Farben, aller Aufregung ausdrückt.

Symbolische Wirkung

7. Die männlichen und die geistigen Tugenden

Blau ist die Farbe der Männlichkeit in moderner Symbolik; die alte Farbe der Männlichkeit ist Rot (→ Rot 6). Zur männlichen Wirkung des Blau gehören die kühlen, leidenschaftslosen Tugenden.

Das Männliche (114): Blau 35 %, Schwarz 20 %, Braun 13 %, Rot 7 %, Grau 6 %

Der Mut (120): Blau 25 %, Rot 19 %, Schwarz 14 %, Gold 7 %, Gelb 7 %, Grün 7 %, Silber 5 %

Die Leistung (106): Blau 20 %, Gold 18 %, Rot 15 %, Orange 9 %, Silber 7 %, Gelb 7 %

Die Sportlichkeit (153): Blau 34 %, Rot 17 %, Weiß 12 %, Silber 9 %, Grün 7 %, Gelb 7 %

Die Selbständigkeit (148): Blau 27 %, Schwarz 10 %, Gold 9 %, Silber 9 %, Grün 9 %, Rot 8 %, Orange 7 %, Gelb 5 %, Weiß 5 %

Die Konzentration (93): Blau 19 %, Weiß 19 %, Schwarz 13 %, Grau 9 %, Rot 8 %, Gelb 6 %, Grün 5 %, Silber 5 %

Blau ist eine der Hauptfarben der Tugenden der Arbeit und des Geistes. Als erste Farbe der Klugheit und der Wissenschaft wird heute das neutrale, unparteiische Weiß genannt. Aber in alter Symbolik ist Blau die Farbe geistiger Erkenntnis. Sein Gegenpol ist Rot, Symbolfarbe des Körperlichen. Rot spielt bei den geistigen Tugenden keine Rolle.

Die Klugheit (91): Weiß 26 %, Blau 22 %, Silber 11 %, Gold 11 %, Gelb 8 %, Grau 7 %, Violett 5 %

Die Wissenschaft (192): Weiß 34 %, Blau 24 %, Schwarz 8 %, Grau 8 %, Grün 6 %, Gelb 5 %, Silber 5 %

Die Genauigkeit (63): Weiß 23 %, Blau 20 %, Schwarz 17 %, Silber 8 %, Gold 8 %, Grau 5 %, Grün 5 %, Rot 5 %

Die Pünktlichkeit (132): Grau 20 %, Blau 17 %, Weiß 10 %, Braun 10 %, Grün 8 %, Gold 7 %, Silber 7 %, Orange 6 %

Traditionelle Wirkung

8. Wie Betrunkene Blau machten

Blaue Kleidung wirkt unauffällig, für jeden und jede Gelegenheit passend. Blau wirkt korrekt, aber nicht so elegant wie Schwarz. – Hinter dieser Wirkung stehen uralte Traditionen. Bis Anfang dieses Jahrhunderts die synthetischen Farbstoffe auf den Markt kamen, war die Farbe der Kleidung keine Frage des Geschmacks, sondern eine Frage des Geldes (→ Rot 8, Violett 2). Die Gewinnung der Farbstoffe aus Färberpflanzen war mühsam, viele Farbstoffe mußten importiert werden, die Färberei war arbeitsintensiv. Aber Blau, das war schon immer und überall auf der Welt einfach zu färben. So wurde Blau zur beliebtesten Kleiderfarbe.

Der wichtigste Farbstoff früherer Jahrhunderte war Indigo. Der Farbstoff selbst ist farblos, die blaue Farbe entsteht erst nach der Färbung. Indigoblau, das ist das Blau der Bluejeans.

Das Besondere am Indigoblau: es ist waschecht und lichtecht – von den Naturfarben sind sonst nur Purpur und Safran so beständig, aber die waren im Vergleich zu Indigo extrem teuer. Und noch etwas macht diesen Farbstoff ganz besonders: Er kann aus vielen verschiedenen Pflanzen gewonnen werden, seit Menschengedenken wird überall auf der Welt indigoblau gefärbt.

In Mitteleuropa wurde der Farbstoff aus dem Waid gewonnen, sein botanischer Name: Isatis tinctoria – ‹tinctoria› heißt ‹Färberpflanze›. Waid ist eine kerzengerade wachsende Staude, 25 bis 140 Zentimeter hoch, der Stengel ist mit länglichen Blättern besetzt, oben ein Blütenstand mit vielen kleinen gelben Blüten.

Mit Waid färbten sich die Kelten die Gesichter blau, um die Truppen Caesars zu erschrecken. Karl der Große befahl den Anbau von Waid an allen Gutshöfen. Im Mittelalter wurde Waid in großen Mengen angebaut, es gab berühmte Waidstädte: Von Erfurt, Gotha, Arnstadt, Langensalza, Tennstedt wurde Waid nach ganz Europa verkauft. Noch Anfang des 18. Jahrhunderts lebten mehr als dreihundert thüringische Dörfer vom Waid.

Die Färberei war im Mittelalter eine Geheimwissenschaft. Färberezepte sind nur in Andeutungen überliefert; teilweise war es mit Hilfe der modernen Chemie möglich, die Geheimnisse der Färber aufzudecken.[6]

Folgendermaßen wurde mit Waid Blau gefärbt: Nur die Blätter des Waids werden geerntet, sie werden vom Stengel gestreift, die Pflanze bleibt stehen und kann mehrere Jahre abgeerntet werden. Die Waidblätter werden zerstampft, dann an der Sonne getrocknet.

Die Blaufärberei erforderte schönes Wetter, es mußte heiß sein, mindestens zwei Wochen lang. An Geräten war nur ein Bottich nötig, groß und flach wie eine Viehtränke aus einem ausgehöhlten Baumstamm. Die Färber nannten einen solchen

Bottich ‹Küpe›.[7] Die Küpe muß in der Sonne stehen. In eine Küpe, die etwa 600 Liter Flüssigkeit faßt, gibt man 25 Kilo getrocknete Waidblätter. Dann wird Flüssigkeit eingefüllt, bis alle Blätter gut damit bedeckt sind. Es ist eine chemisch einzigartige Flüssigkeit, die man braucht: frischen menschlichen Urin.

In der Sonne beginnt die Urin-Waid-Brühe zu gären, dabei entsteht Alkohol, er löst den Farbstoff Indigo aus den Blättern. Durch eine zweite Gärung wird dann der Farbstoff wasserlöslich, erst dann kann gefärbt werden. Der chemische Ablauf war im Mittelalter nicht bekannt, aber man wußte, daß die Gärung verstärkt wird und man mehr Farbstoff gewinnt, wenn man Alkohol zugibt. Allerdings kippte man den Alkohol nicht direkt in die Brühe, dazu war er zu schade, das hätte die Waidfarbe verteuert. Der Alkohol wurde über einen Umweg zugeführt: In den alten Rezepten ist vermerkt, daß die Farbe besonders gut wird mit dem Urin von Männern, die viel Alkohol getrunken haben.[8]

Mindestens drei Tage dauert es, bis der Farbstoff aus den Blättern gelöst ist. Schien die Sonne nicht, konnte es eine Woche dauern. Laut Rezept ist die erste Gärung beendet, wenn der üble Gestank nachläßt.

Die Färbergesellen hatten solange dreimal täglich die faulenden Blätter in der Brühe zu wenden. Sie machten das, indem sie mit bloßen Füßen in der Brühe herumtraten – vielleicht weil diese Methode den Vorteil hat, daß man sich dabei die Nase zuhalten kann. Ansonsten mußten sie nur die Blätter feucht halten und dabei auf den Alkoholzusatz achten.

Wenn der Gestank nachließ, der Farbstoff aus den Blättern gelöst war, konnte man aber noch nicht färben. Der im Alkohol gelöste Farbstoff mußte zuerst wasserlöslich gemacht werden. Zur zweiten Gärung wurde dem Blättermatsch Salz beigegeben, und die Bottiche wurden randvoll mit Urin gefüllt. Dann mußte man wieder drei bis acht Tage warten, in denen die Färber nichts zu tun hatten, als morgens und abends die Brühe vorsichtig umzurühren, den von der Sonne verdunsteten Urin aufzufüllen – und vor allem weiterhin für den Alkoholzusatz zu sorgen, denn je besser die Gärung, desto ergiebiger der Farbstoff, desto intensiver das Blau.

Erst wenn sich Schimmel auf der Brühe gebildet hatte[9], konnte man die zu färbenden Stoffe und Garne einlegen. Einen ganzen Tag mußten sie in der Brühe liegen, bis sie genügend Farbstoff aufgenommen hatten. Dann wurden die Stoffe gespült, wieder in Urin. Aber auch jetzt sind die Stoffe noch nicht blau – sie haben nur die unappetitliche Farbe der Brühe. Die blaue Farbe entsteht erst, während die Stoffe im Sonnenlicht trocknen. Beim ‹Verblauen› – so nannte man den letzten Arbeitsgang des Blaufärbens – mußten Stoffe und Garne ständig gewendet werden, damit sie gleichmäßig einfärbten. Indigo ist ein Oxydationsfarbstoff. Und eben weil diese Farbe erst am Licht entsteht, ist sie so lichtecht.

Noch einen Vorteil hatte der Waid: Er ließ sich handelsgerecht verpacken und war unbegrenzt haltbar. Wenn mit dem Waid nicht sofort gefärbt wurde, wenn er für den Verkauf bestimmt war, formte man die vergorenen Blätter nach der ersten Gärung zu Kugeln und ließ sie an der Sonne trocknen. So, als praktische Kugeln, wurde der Waid verkauft und aufbewahrt. Zum Färben löste man die Kugeln dann in Urin auf.

Abgesehen vom Gestank – Blaufärben war eine angenehme Tätigkeit. Die Färber arbeiteten im Freien, bei schönem Wetter, und es gab reichlich zu trinken. Wenn Färber am hellen Tag betrunken in der Sonne lagen, dann wußte jeder: Die machen Blau. Und wer Blau gemacht hatte, der war blau!

In Deutschland war der Waidanbau besonders verbreitet, und nur in der deutschen Sprache sind Betrunkene blau, und nur hier ist es so schön blauzumachen.[10] Anfang des 18. Jahrhunderts war es allerdings mit der schönen Blaufärberei in Deutschland vorbei. Ein anderer Indigofarbstoff verdrängte den Waid. Von der früher so wichtigen Pflanze ist heute nicht einmal mehr der Name bekannt. Aber die Redensarten vom Blaumachen und Blausein sind nie altmodisch geworden.

Traditionelle Wirkung

9. Eine Teufelsfarbe als König der Farbstoffe

‹Indigo› heißt ‹Der Indische›, es ist der Farbstoff, der aus Indien kam. Denn in Indien wächst eine Pflanze, in deren Blättern der Farbstoff konzentrierter ist als in allen anderen Pflanzen. ‹Indigofera tinctoria› – die ‹indische Färberpflanze› nannten sie Botaniker, und abgekürzt heißt die Pflanze wie der Farbstoff: Indigo.

Dieser Indigo ist eine Staude, 150 Zentimeter hoch, mit kleinen weißen oder rosaroten Blütentrauben, aus denen Hülsenfrüchte reifen. Bei der Ernte wird die ganze Staude zwei Handbreit über dem Boden abgeschnitten. Botanisch sind der Waid und der Indigo nicht verwandt, aber der Farbstoff wird mit den gleichen Verfahren gewonnen: Die Blätter werden mit Urin vergoren. Indigo kam als Pulver in den Handel oder in Stücke gepreßt, die aussehen wie leuchtend blaue Erdklumpen.

Indigoarten wachsen überall, wo es heiß ist. In den Pyramiden fand man Mumien in blaue Stoffe gewickelt, vor fünftausend Jahren mit Indigo gefärbt. Auch die Indianer wußten, wie Indigoblau gemacht wird. Der wichtigste Unterschied zwischen dem europäischen Waid und dem indischen Indigo: Das Blau des Indigos ist leuchtender als das Blau des Waids. Und vor allem: Indigo ist dreißigmal ergiebiger. 1498 fand Vasco da Gama den Seeweg nach Indien, den Seeweg zum Indigo. Jedes Schiff der portugiesischen Handelskompanien brachte Ladungen des indischen Farbstoffs, der soviel besser war als der europäische. Die Waidbauern kämpften um ihre Existenz. In Deutschland wurde Indigo 1577 verboten. Es war nur das erste von vielen Verboten. In Frankreich wurde Indigo 1598 verboten. Auch in

England wurde aller Indigo vernichtet – bis die Engländer 1611 selbst Handelskompanien in Indien besaßen und Indigo einführten. 1654 erklärte der deutsche Kaiser Indigo zur ‹Teufelsfarbe›.

Aber Indigo war besser als der Waid, und durch die zunehmende Konkurrenz der Handelsgesellschaften wurde er von Jahr zu Jahr billiger. Und was die Verbote betraf: Es war nicht zu erkennen, ob mit Waid oder mit der Teufelsfarbe gefärbt worden war. Der schlechteste Indigo ergab das gleiche Blau wie der beste Waid. Die Nürnberger Färber mußten deshalb jedes Jahr schwören, keinen Indigo zu verwenden. Dieser Schwur war nicht nur eine Ehrenerklärung, auf die Verwendung von Indigo stand die Todesstrafe. Aber überall tauchte Indigo auf. Die Verbote hatten keinen Erfolg, also wurden sie gelockert: 1699 wurde Indigo in Frankreich erlaubt – die Franzosen hatten nun eigene Handelsgesellschaften und importierten selbst –, es blieb nur die nach Belieben zu erfüllende Auflage, Indigo immer zusammen mit Waid zu verarbeiten.

1737 mußten die deutschen Waidschützer kapitulieren. Der Indigo wurde legalisiert. Ein Jahr später wurde in Deutschland kein Waid mehr geerntet.

Waid gegen Indigo, das war der Versuch, ein schlechteres Produkt gegen ein besseres und billigeres durchzusetzen. Trotz der massivsten Form der Werbung – der staatlichen Protektion des Waidanbaus, der Kriminalisierung des Indigoverbrauchs – gelang es nicht.

Die Teufelsfarbe wurde nun auch in Deutschland zum ‹König der Farbstoffe›. – Und ausgerechnet in Deutschland wurde 160 Jahre später das Ende der jahrtausendealten Färberei mit dem indischen Farbstoff besiegelt.

Mitte des 19. Jahrhunderts begannen Chemiker, die Naturfarben zu analysieren, um sie künstlich herstellen zu können. 1856 kam die erste künstliche Farbe auf den Markt, es war ein zartes Lila, das Mauvein. Es war die erste der Anilinfarben – Farben, die aus Steinkohlenteer destilliert werden. Wenig später konnten die Chemiker ein künstliches Rot herstellen, das Fuchsin. Dann künstliches Grün. Aber das Blau des Indigos blieb ein Geheimnis. Die Alchimisten hatten vom künstlichen Gold geträumt, die Chemiker träumten nun vom künstlichen Indigo.

Die chemische Industrie begann als Industrie zur Herstellung künstlicher Farben. Die Namen der Chemiegiganten zeigen das: Die Farbwerke Hoechst, die Farbenfabriken Bayer, beide 1863 gegründet, die 1865 gegründete Badische Anilin- und Sodafabrik (die BASF), alle begannen mit der Produktion der damals neuen Anilinfarben. Dreißig Arbeiter beschäftigte die BASF in ihrem Gründungsjahr.

1868 gelang es Adolf Baeyer, Lehrer an der Berliner Gewerbeakademie, Indigo künstlich herzustellen, und das, obwohl es ihm nicht gelungen war, die chemische Zusammensetzung zu entdecken. Baeyers Indigo war von reinstem Blau, von feinster Qualität, nur einen Makel hatte das Kunstprodukt – es war teurer als Gold. Erst 1883 entdeckte Baeyer, nun Professor für Chemie in München, die Strukturformel: $C_{16}H_{10}N_2O_2$ – das ist Indigo. Doch all seine Versuche, den Indigo billig herzustellen, blieben erfolglos.

Aber Baeyer war keineswegs der einzige, der auf diesem Gebiet forschte. Chemiker, Techniker aller Nationen suchten nach dem Verfahren, Indigo künstlich und billig herzustellen. Allein die Badische Anilin- und Sodafabrik investierte achtzehn Millionen Goldmark in die Suche. Die BASF war durch die Anilinfarben zu einem florierenden Unternehmen geworden, aber die Investitionen für den künstlichen Indigo hatten im Laufe der Jahre schon das Grundkapital der Firma überstiegen. Aktionäre forderten die Einstellung der ruinösen Suche. Wozu überhaupt künstlichen Indigo? Der echte von den indischen Plantagen, angebaut von Arbeitern, die eine Handvoll Reis pro Tag bekamen, war doch so billig.

Die Engländer waren damals Kolonialmacht in Indien, die Handelsherren des echten Indigos. Sie bereiteten sich sorgfältig auf die Konkurrenz eines künstlichen Indigos vor. Sie senkten den Preis des echten Indigos, um das Interesse an der Herstellung künstlichen Indigos zu reduzieren. Es wurde weiter geforscht: Nun, da die Formel des Indigos bekannt war, mußte es doch möglich sein, ein billiges Produktionsverfahren zu finden. Die Indigo-Händler in Britisch-Indien begannen ihre Ware zu horten – sollte tatsächlich künstlicher Indigo auf den Markt kommen, würden sie den echten Indigo billiger anbieten – so lange, bis der künstliche vergessen wäre.

1897 war es soweit. Die Chemiker und Techniker der BASF hatten es geschafft, der künstliche Indigo kam auf den Markt. In seinem Tatsachenroman «Anilin» beschreibt Karl Aloys Schenziger, was dann geschah:

«Der Aufmarsch begann. Der deutsche synthetische Indigo erschien auf dem Markt. Diesen Markt behauptete sein Gegner, der natürliche Indigo, seit Jahrhunderten unumschränkt, neuerdings mit einer jährlichen Weltproduktion von neun Millionen Kilogramm.

Die Entscheidungsschlacht brach los.

Sie dauerte fünfzehn Jahre.

Schon die erste Begegnung zeigt die Überlegenheit des neuen Farbstoffs. Der künstliche Indigo war reiner als der natürliche, kräftiger in der Farbe, einfacher zu verwenden. Sein Gehalt an färbender Substanz war immer der gleiche. Der künstliche Indigo war nicht abhängig vom Ausfall einer Ernte. Bei seiner Entstehung spielten Witterungsverhältnisse und Lage von Pflanzungen keine Rolle. Jede Probe war hundertprozentig.

Der natürliche Indigo wehrte sich durch mörderische Preissenkungen.»[11]

Die Indigohändler ließen nichts unversucht. Die Plantagenarbeiter bekamen noch weniger Lohn, mußten noch länger arbeiten. Man erhöhte den Ertrag der Ernte: Die Blätter wurden ausgepreßt, robustere Pflanzen gezüchtet, die Plantagen künstlich bewässert, der Boden wurde stärker gedüngt. Alles war vergeblich: «Der künstliche Indigo war jedem Preismanöver gewachsen. Schon nach drei Jahren war die Weltstellung des natürlichen Indigos erschüttert, nach weiteren drei Jahren vernichtet.»[12]

1897, in dem Jahr, als der künstliche Indigo auf den Markt kam, verkaufte Britisch-Indien 10 000 Tonnen echten Indigo auf dem Weltmarkt. Deutschland verkaufte

600 Tonnen künstlichen Indigo. 1911 verkaufte Britisch-Indien noch 860 Tonnen Indigo. Aber aus Deutschland kamen 22 000 Tonnen.

Indigo war eines der wichtigsten Erzeugnisse der chemischen Industrie geworden. Die BASF beschäftigte nun, 1911, über neuntausend Mitarbeiter. Adolf von Baeyer war für seine Verdienste um die Entdeckung des künstlichen Indigos in den erblichen Adelsstand erhoben worden.

Traditionelle und kulturelle Wirkung

10. Vom Königsblau zum Jeansblau

Rot war im Mittelalter die Farbe der Adligen, Blau durfte jedermann tragen. Aber: Je leuchtender das Blau eines Kleides war, desto höher war der gesellschaftliche Status dessen, der es trug. Wenn ungebleichte Wolle, ungebleichter Flachs mit Waid gefärbt wurden, ergab das nur ein dunkel-schmutziges Blau: das war das Blau der niederen Stände, das auch Dienstboten, Waisen, Almosenempfänger trugen.

Ein klares, strahlendes Blau auf feinster Leinwand oder Seide, das war edles, adliges Blau. Mit Indigo gefärbte Luxusstoffe wurden seit dem 12. Jahrhundert aus Asien importiert, den europäischen Färbern war dieses Blau ein Rätsel.

Leuchtend blau waren seit dem 13. Jahrhundert die Krönungsmäntel der französischen Könige. Zur Zeit Ludwigs XIV., als der Indigo legalisiert wurde, war Blau die Modefarbe des Hofes. Das schönste Blau war das ‹Königsblau›, noch heute ist dieser Farbton beliebt.

Je billiger in Europa der Indigo wurde, desto beliebter wurde das leuchtende Blau als Farbe einfacher Kleidung. Auf den Baumwollstoffen, die zuerst aus Indien, dann aus Amerika importiert wurden, kamen die Blaudrucke besonders schön zur Geltung. Die Textildrucker, sie hießen früher ‹Zeugdrucker›, druckten mit Holzmodeln; so entstanden blaue Muster auf weißem Grund. Oder es wurden Muster mit einer fetthaltigen Lösung aufgetragen, die die blaue Farbe nicht annahm; so entstanden weiße Muster auf blauem Grund. Sehr fein ziselierte Muster wurden auch eingeätzt.

Auf der ganzen Welt wurde schließlich die Arbeitskleidung mit Indigo gefärbt. ‹Blaumann›, ‹Blauer Zwirn›, ‹Blauer Anton› sind zu so allgemeinen Bezeichnungen für die Arbeitskleidung geworden, daß sogar grüne und graue Kittel so heißen. Und die handwerklichen Berufe in der Industrie nennt man ‹Blaumann-Berufe›. In Amerika und England werden die Arbeiter ‹Blue-collar workers› genannt, nach der Farbe ihrer Arbeitskleidung. Die ‹White-collar workers›, die im Anzug, mit weißem Kragen und Krawatte im Dienst erscheinen, sind die Angestellten.

Chinesische Arbeiter werden hier häufig als ‹blaue Ameisen› bezeichnet, ebenfalls wegen der Farbe ihrer Arbeitsanzüge. In China wurde seit Urzeiten Indigo angepflanzt; Männer und Frauen trugen die gleichen blauen Jacken und Hosen bei der Arbeit auf den Feldern.

Allerdings wird heute die Berufskleidung nicht mehr mit Indigo gefärbt. Moderne Farbstoffe sind beständiger gegen Laugen. Nur Bluejeans, die klassische Arbeitskleidung der Goldgräber und Cowboys, das elementare Kleidungsstück der Freizeitkultur, werden heute wieder mit Indigo gefärbt – denn nur mit Indigo entsteht der Effekt des echt verwaschenen Jeansblau.

Traditionelle Wirkung

11. Warum die Preußen Blau trugen

Preußischblau, Englischrot, Russischgrün – diese bekannten Verbindungen von Nationalitäten und Farben erinnern an die früheren Uniformen.

Soldatenuniformen gibt es erst seit Ende des 17. Jahrhunderts. Vorher wurden Armeen nur für Kriegszüge formiert, die Ausstattung der Söldner beschränkte sich auf das Notwendigste, Kleidung wurde nicht gestellt. Dann erschien es den Herrschern nützlich, auch in Friedenszeiten ein stehendes Heer in Bereitschaft zu halten. Nun brauchte man Uniformen: Sommeruniformen, Winteruniformen, Ausgehuniformen, Dienstuniformen; wer bei Hofe eingeladen war, benötigte eine Gala-Uniform.

Die dunkelblauen Uniformen wurden vom brandenburgischen ‹Großen Kurfürsten› Friedrich Wilhelm (1620–1688) eingeführt. Als Brandenburg zum Königreich Preußen aufstieg, wurde das Dunkelblau der Uniformen umbenannt in Preußischblau. Bis zum Ersten Weltkrieg trugen alle deutschen Truppen Dunkelblau, nur die Bayern hatten ihre eigene Farbe – Hellblau.

Warum trugen die Preußen Dunkelblau? Man kann psychologisierende Erklärungen anführen – weil Blau ruhig wirkt, ordentlich, seriös, man kann über den preußischen Untertanengeist spekulieren. Tatsächlich war aber ein wirtschaftlicher Grund ausschlaggebend: Die preußischen Regenten mußten ihre Waidbauern unterstützen, es war die Zeit des Kampfes gegen den Indigo.

Im Ersten Weltkrieg verschwanden alle Farben aus den Uniformen. Alle Heere trugen nun Tarnfarben. Es wurde mit anderen Waffen gekämpft, der Soldat mußte unsichtbar werden.

Traditionelle Wirkung

12. Die kostbarste Malerfarbe von jenseits des Meeres

Eine Farbe, die höchste Werte symbolisiert, kann keine billige Farbe sein. Die wertvollste Farbe des Altertums war der violette Purpur. Mit Purpur gefärbte Kleider durften nur die Herrscher tragen. Aber Purpur ist keine Malerfarbe, die Farbe entsteht – genauso wie Indigoblau – erst am Licht, und was damit gefärbt wird, muß lange in der Färberbrühe liegen (→ Violett 1). Nun wäre es trotzdem kein Problem gewesen, Herrscher und Heilige mit purpurfarbenen Kleidern zu malen, man konnte Violett ja aus Blau und Rot mischen. Aber bei den Farben der Maler gab es andere Hierarchien als bei denen der Färber. Blau war die teuerste Malerfarbe, Rot war viel billiger. Blau wäre durch die Mischung mit Rot deklassiert worden. So war in der Malerei Blau die Farbe der höchsten Werte, der höchsten Verehrung.

Dieses kostbare Malerblau ist das Ultramarinblau. Je leuchtender es ist, desto teurer war es. Die Farbe wurde aus einem Halbedelstein hergestellt, dem Lapislazuli. Er ist tiefblau, undurchsichtig, mit sehr feinen weißen Adern und meist mit goldglänzenden Pyrit-Einspreengseln. Der Stein wurde zermahlen, mit Bindemitteln verrührt.

‹Ultra marin› heißt ‹von jenseits des Meeres›, und da kam der Lapislazuli her: aus Persien und aus dem Hindukusch. Dort fand man den Stein in Gold- und Silberbergwerken.

In Ägypten galt der Lapislazuli als heiliger Stein, denn Blau war die Farbe der Götter. Für die blauen Augen und Bärte der Pharaonenmasken wurde der Lapislazuli geschmolzen, so wird er zu glasartigem Email. Auch die alten blauen Porzellanlasuren sind aus geschmolzenem Lapislazulipulver, deshalb heißt der Lapislazuli auch ‹Lasurstein›.

Der Lapislazuli war so teuer wie Gold, verarbeitet zur Farbe Ultramarin sogar noch teurer. Albrecht Dürer notierte in seinem Tagebuch ein Tauschgeschäft: «Ich hab dem für 12 Ducaten Kunst für ein Untz gut Ultramarin geben.»[13] Dürer tauschte Drucke im Wert von zwölf Dukaten – das sind 42 Gramm Gold – gegen 30 Gramm Ultramarin.

Heute wird die Malerfarbe Ultramarin synthetisch produziert. Man kann sogar den Halbedelstein Lapislazuli künstlich herstellen.

Wie alles, was kostbar war, galt auch der Lapislazuli als Mittel gegen allerlei Krankheiten, vor allem gegen die ‹blauen Krankheiten› – die Krankheiten eines unruhigen Gemüts. Pulverisierter Lapislazuli wurde gegen Melancholie und Schlaflosigkeit verordnet.

In der Malerei des frühen Mittelalters ist Ultramarin die Farbe des ranghöchsten

Heiligen. Die Muttergottes wird in ultramarinblauem Kleid gemalt – allerdings nur, wenn sie allein oder mit rangniedereren Heiligen dargestellt ist. Wird Maria neben Christus und Gottvater gemalt, steht ihr nur ein Dunkelblau zu (→ Bild 17). Es wäre unpassend gewesen, die Muttergottes in wertvollere Farbe zu kleiden als Gottvater. Auch ist das reine Ultramarinblau so intensiv, daß es optisch alle anderen Farben dominiert (→ Blau 14).

Im realen Leben aber war blaue Kleidung billig. Und deshalb wurde Blau keine Farbe des kirchlichen Lebens. Als 1570 Papst Pius V. die liturgischen Farben festlegte, verbot er Blau als kirchliche Farbe. Für die Kleidung der Geistlichen, die Altardecken und den Kanzelschmuck war das Waidblau zu profan.

Blau ist die Farbe, deren Bedeutung immer wieder durch ihren Preis verändert wurde.

Symbolische Wirkung

13. Das göttliche Blau

Götter leben im Himmel. Blau ist die Farbe, die sie umgibt. Wenn Götter Menschengestalt annehmen, haben sie manchmal eine blaue Haut als Kennzeichen ihrer himmlischen Herkunft, wie der indische Gott Krishna (→ Bild 39). Manche Götter haben blaue Haut, um unsichtbar durch die Luft fliegen zu können, wie der ägyptische Gott Amun.

Blau und Weiß sind auch in europäischer Symbolik die Farben der himmlischen Mächte. Himmlische, die auf Erden wandeln, tragen meist ein blaues Gewand. Das Blau symbolisiert ihre Verbindung zum Göttlichen.

Als Farbe des Göttlichen ist Blau die Farbe der Ewigkeit. Als Farbe der Ewigkeit ist Blau die Farbe der Wahrheit. Noch im modernen Empfinden ist das reine Weiß zusammen mit dem göttlichen Blau die Farbkombination der hohen Werte.

Die Ewigkeit (47): Weiß 36 %, Blau 23 %, Schwarz 18 %, Gold 7 %, Violett 6 %, Grau 5 %

Die Wahrheit (187): Weiß 40 %, Blau 27 %, Gold 16 %

Das Ideale (84): Weiß 23 %, Blau 17 %, Gold 13 %, Silber 11 %, Gelb 8 %, Grün 7 %, Rosa 6 %, Rot 6 %

Symbolische Wirkung

14. Das weibliche Blau Marias

Maria ist die am häufigsten gemalte Gestalt in der christlichen Kunst. Die Farbe Marias ist Blau.

Die am weitesten verbreitete Mariendarstellung ist die Schutzmantelmadonna: Maria hält ihren blauen Mantel, der so weit ist wie der Himmel, schützend über die Gläubigen. Die Schutzmantelmadonnen waren oft private Andachtsbilder, unter dem Mantel Marias waren der Auftraggeber des Bildes und seine Familie zu sehen. Vor diesen Bildern betete man um Schutz vor der Pest; die Schutzmantelmadonnen hießen auch Pestbilder.

Zum blauen Mantel trägt Maria meist ein rotes Kleid. Die Farbkombination Blau-Rot ist die Umsetzung des violetten Herrscherpurpurs in die Farben der Maler. Blau-Rot trägt Maria, wenn sie als Muttergottes dargestellt ist. Als ‹Schmerzensreiche Mutter› trägt sie ein tiefdunkles Blau oder weiße Trauerkleidung. Im leuchtendsten Ultramarinblau erscheint Maria als Mondsichelmadonna, als Himmelsgöttin.

Wie der Mond ist auch die Farbe Blau ein Attribut des Weiblichen. ‹Celeste›, deutsch: ‹die Himmelblaue›, ist in vielen Ländern ein traditioneller Mädchenname. Nach alter Tradition symbolisiert Blau das weibliche Prinzip, Rot das männliche. Wenn Maria mit dem erwachsenen Jesus dargestellt ist, tragen Mutter und Sohn oft blau-rote Kleidung, aber in seiner Kleidung überwiegt das Rot, in der Marias das Blau.

1858, in Lourdes, sah die vierzehnjährige Bernadette Soubirous an einer Quelle die Jungfrau Maria. Das Mädchen sah die Madonna in einem hellblauen Kleid mit weißem Umhang – ganz dem Modegeschmack der Zeit entsprechend. In der Romantik wurde aus dem starken Blau-Rot-Kontrast der Kleidung Marias eine sanfte Hellblau-Weiß-Kombination. Heute sind die pastellblauen Marienbilder Inbegriff des religiösen Kitsches.

Psychologische und symbolische Wirkung

15. Blaue Jungs und blaue Briefe

‹Blaue Jungs› nennt man die Matrosen. Marineblau – der Farbname sagt es schon – sind ihre Uniformen. Blau ist auch die natürliche Farbe der Luftfahrt. Die militärischen Pilotenuniformen sind blau; das Personal der zivilen Fluggesellschaften trägt ebenfalls am liebsten Blau.

Die beschränkte Farbigkeit der heutigen Herrenmode macht Blau neben Grau zur beliebtesten, weil unauffälligsten Anzugfarbe. Als Uniformfarbe ist Blau noch beliebter als Grau, weil die robusten Stoffe, die für Uniformen verwendet werden, in Grau recht unelegant wirken. Blaue Berufsuniformen tragen Briefträger, Feuerwehrmänner, Busfahrer, Zugschaffner, Wachpersonal.

In einem blauen Briefumschlag bekamen früher Offiziere das Entlassungsschreiben. Heute kommt der ‹blaue Brief› von der Schulleitung und informiert Eltern, daß ihr Kind nicht versetzt wird. Obwohl die Schulen heute für diese Briefe grüne oder weiße Umschläge benutzen, blieb der Begriff. Der Anblick eines blauen Briefumschlags ruft trotzdem noch häufig unangenehme Gefühle hervor: Forderungen vom Finanzamt, Gerichtsbescheide und Strafzettel werden in blauen Umschlägen verschickt.

Politische Wirkung

16. Die Blauhemden und die Friedensfahne

In den sozialistischen Ländern wurde Blau zur Friedensfarbe erklärt. Bei Festveranstaltungen werden drei Flaggen gehißt: die jeweilige Nationalflagge, daneben die rote Fahne des Sozialismus, daneben eine blaue Fahne ohne jedes Dekor – das ist die Friedensfahne.

Als politische Farbe wurde Blau schon von den irischen und spanischen Faschisten eingesetzt. Aus den gleichen Gründen, die in Deutschland zur Wahl der Farbe Braun führten (→ Braun 7), entschieden sich die Faschisten in Irland und Spanien für Blau: Es sollte eine männliche und alltägliche Farbe sein. Die Faschisten wollten nicht durch teure Anzüge, sondern allein durch die Farbe des Hemdes einen uniformierten Eindruck erzielen. Der spanische Falange-Führer Primo de Rivera verkündete 1934: «Für uns ist eine einfache, strenge und proletarische Hemdfarbe angebracht. Ich befehle hiermit, daß wir ein blaues Hemd tragen.»[14]

Kulturelle Wirkung

17. Blaues Blut und Blaustrümpfe

Bezieht sich Farbsymbolik auf den Menschen, ist die Bedeutung der Farben ganz besonders kulturabhängig.

Wenn ein Deutscher blau ist, dann ist er betrunken – vielleicht so ‹blau wie eine Frostbeule› oder ‹blau wie ein ganzes Veilchenbeet›. Die ‹Weißmacher› der Waschmittelwerbung hat die moderne Volkssprache durch ‹Blaumacher› ergänzt: Schnaps mit einem Blaumacher ist Schnaps bis 40 % Alkoholgehalt, Schnaps mit zwei Blaumachern ist höherprozentig.[15] Wenn ein Franzose viel trinkt, wird er nicht blau, sondern grau (gris). Total betrunkene Franzosen sind – logischerweise – schwarz (noir). ‹Parbleu!› – wörtlich übersetzt ‹Zum Blauen!› – ist in Frankreich ein Ausruf des Erstaunens. Die Engländer haben keine Farbe für Betrunkene. Wenn ein Engländer ‹blues› ist, dann ist er trübsinnig. Er hat den ‹Blues›. Russen mit ‹blauem Charakter› sind sanftmütige Menschen. Ein ‹himmelblaues Mädchen› ist ein schüchternes Mädchen. Wer sich in Rußland unter den Tisch säuft, trinkt ‹bis zum grünen Drachen›.

Im Deutschen hat Blau eine eher schädliche Wirkung auf den Menschen. Wer hier ein ‹blaues Auge› abbekommen hat, hätte sich in England ein ‹schwarzes Auge› eingehandelt. Sogar Übelkeit hat bei uns einen Bezug zu Blau, denn Blau steckt auch in ‹blümerant›.

Ein Mensch, der ‹blauäugig› durchs Leben geht, hat nicht unbedingt blaue Augen, aber ein naiv-treuherziges Gemüt. Blaue Augen gelten in Europa als schönste Augenfarbe. Die Chinesen dagegen finden blaue Augen häßlich, denn dort sind sie unnatürlich.[16] In Rußland wird Grau als schönste Augenfarbe gerühmt.

International ist die Redensart vom ‹blauen Blut› der Adligen. Sie kommt aus dem Spanischen. Durch ihre Abstammung von den Westgoten und durch Heiratsverbindungen mit nordeuropäischen Höfen waren die spanischen Adligen viel hellhäutiger als die nichtadligen Spanier. Und natürlich mieden die Adligen die Sonne, um ihre Blässe zu schützen. Bei weißer Haut scheinen die blauen Adern durch – den dunkelhäutigen und sonnengebräunten spanischen Bauern schienen die Adern der Adligen mit blauem Blut gefüllt.

‹Blaustrumpf› wurden bis vor wenigen Jahren jene Frauen genannt, denen der klassische weibliche Lebenszweck: Kinder, Küche, Kirche – oder in moderner Version: Kinder, Küche, Kosmetik – nicht genügte. Dieser Begriff entstand um 1750 in London. Jede Dame der Gesellschaft führte einen Salon, man spielte Karten und tratschte. Anders im Salon der Schriftstellerin Lady Elizabeth Montagu. Ihre Treffen waren kulturelle Ereignisse. Der Botaniker Benjamin Stillingsfleet, ein Freund der Lady Montagu, trug bei diesen Treffen statt der üblichen schwarzen Strümpfe blaue. Unübersehbar bei der damaligen Mode der Kniebundhosen. Natürlich ging es um mehr als nur um die Strumpffarbe: Die salonüblichen schwarzen Strümpfe waren Strümpfe, die man zum eleganten Anzug trug, aus feinster Seide handgestrickt und überaus teuer. Blaue Strümpfe waren aus Wolle.[17] Wer blaue Strümpfe trug, trug keine Abendkleidung, sondern Arbeitskleidung.

Die schlichten blauen Wollstrümpfe wurden das Charakteristikum dieses Salons: Sie signalisierten, daß in dieser Gesellschaft nicht mit Reichtum und Kleidung geglänzt wurde, sondern mit Bildung.

‹Blue-stocking clubs› wurden zum Begriff für private Treffen kulturell engagierter Menschen. Da zu solchen Treffen überwiegend Frauen kamen, die damals zu Universitäten keinen Zugang hatten, galt die Bezeichnung ‹Blaustrumpf› bald nur noch für Frauen und bekam deshalb eine diskrimierende Bedeutung. Eine Frau, der Bildung wichtiger ist als Kleidung, gilt manchem noch heute als unweiblich. Aber mit der Mode der bunten Damenstrümpfe seit etwa 1975 verschwand dieses über zweihundert Jahre alte Schimpfwort innerhalb weniger Jahre aus der Umgangssprache.

18. Die Kriterien kreativer Farbgestaltung

Das wichtigste Merkmal der Kreativität ist der Mut, Konventionen zu durchbrechen. Es gibt Konventionen der Farbgestaltung, die nur Klischees sind.

Es gibt aber auch Konventionen der Funktionalität. Sie müssen beachtet werden, sonst ist kreative Farbgestaltung nur sinnlose Merkwürdigkeit. Damit eine ungewöhnliche Farbgebung akzeptiert wird, muß sie 1. verständnisgerecht, 2. materialgerecht und 3. verbrauchsgerecht sein.

1. Kreative Farbgebung muß verständnisgerecht sein.
Manche Farben haben in bestimmten Kombinationen eine verinnerlichte Bedeutung, beispielsweise Rot und Grün als Ampelfarben. Wenn ein Gerät, sei es ein Cassettenrecorder oder eine Druckereimaschine, grüne und rote Signallämpchen hat, dann wird das grüne Lämpchen automatisch als Betriebsbereit-Funktion oder Normalfunktion interpretiert, das rote Lämpchen als Stop- und Warnfunktion. Würde man für Warnfunktionen blaue Lämpchen verwenden, würde das Verständnis unnötig erschwert. Am verwirrendsten ist die Umkehrung der konventionellen Farbbedeutungen – wenn die Rot-Symbolik den Grün-Funktionen zugeordnet wird. Jede Veränderung der Bedeutungskonventionen wird zur ständigen Fehlerquelle. Geräte mit solch ‹kreativer› Farbgebung funktionieren nicht – jedenfalls nicht nach dem Verständnis der Benutzer.

Viele Farbkombinationen sind produkttypisch. Bei Wasserhähnen bedeutet ein rotes Symbol Warmwasser – egal ob es sich um einen roten Punkt, einen Pfeil oder sonst ein Zeichen handelt. Ein blaues Symbol bedeutet Kaltwasser. Hier neue Farben einführen zu wollen – Gelb für warmes, Grün für kaltes Wasser, ist unnötig und unsinnig. Aber immer wieder gibt es solche pseudo-kreativen Design-Versuche, alle sind ärgerlich.

2. Kreative Farbgebung muß materialgerecht sein.
Blau ist keine Farbe von Naturmaterialien. Aber nahezu jedes Material wird blau eingefärbt. Je vertrauter die Erfahrung ist, desto natürlicher und materialgerechter ist die Wirkung der Farbe. Obwohl es keine blauen Schafe gibt, wirkt blaue Wolle wie ein Naturprodukt. Bei blauem Papier denkt niemand an künstliche Farbstoffe. Blaues Leder kommt uns noch fast so naturbelassen vor wie braunes Leder, blau lasiertes Holz dagegen schon etwas ungewöhnlich. Blau gefärbter Pelz wirkt synthetisch. Blau gefärbte Tulpen und Nelken erscheinen vielen als unschön manipulierte Natur. Blaue Butter sieht ekelerregend aus.
Wenn Dinge blau gefärbt werden, die normalerweise nicht blau sind, hängt die Akzeptanz nicht von der Farbe ab, sondern von den Erfahrungen mit dem Produkt. Ein Plastikeimer ist in Neonblau genauso funktional wie in jeder anderen Farbe. Eine neonblaue Handtasche erscheint dagegen vielen Frauen weniger praktisch als eine braune Handtasche, denn die braune Naturfarbe scheint zu allem zu passen. Je unüblicher eine Farbe ist, desto modischer und desto künstlicher wirkt sie.

3. Kreative Farbgebung muß verbrauchsgerecht sein.
Damit ein Produkt in ungewöhnlichen Farben akzeptiert wird, sind drei Kriterien besonders wichtig:
● Ein billiges Produkt wird eher in einer ungewöhnlichen Farbe akzeptiert als ein teures.
Die Farbe eines Wegwerffeuerzeugs ist kaum eine Diskussion wert, bei einem teuren Feuerzeug wird länger überlegt. Je teurer ein Produkt ist, desto größer ist die Neigung zu dezenten, seriösen Farben.
● Ein kurzlebiges Produkt wird eher in einer ungewöhnlichen Farbe akzeptiert als ein langlebiges.
Eine Handtasche wird eher als ein Koffer in einer ungewöhnlichen Modefarbe gekauft. Einen Koffer kauft man nicht oft, man bevorzugt ‹zeitlose› Farben. – Obwohl bei den Mengen gleichfarbigen Gepäcks auf den Flughäfen ein Koffer in außergewöhnlicher Farbe vor Verwechslungen und vor Diebstahl schützen würde.
● Produkte mit engem persönlichem Bezug werden in ungewohnten Farben nicht akzeptiert; Produkte ohne persönlichen Bezug werden in beliebigen Farben toleriert.
Niemand macht sich über die Farbe von Gartengeräten Gedanken. Es sind Werkzeuge, die man eben braucht, ohnehin werden sie außer Sichtweite im Schuppen oder Keller aufbewahrt. Viel enger ist der Bezug zur Autofarbe. Sie ist öffentlich sichtbar und gilt als Ausdruck des persönlichen Geschmacks. Noch enger ist der Bezug zu den Farben der Kleidung. Sie sind in ganz besonderem Maß Ausdruck

von Geschmack und Individualität. Am persönlichsten aber ist der Bezug zu den Farben von Nahrungsmitteln. Eine ‹falsche› Farbe kann Lebensgefahr bedeuten. Ungewöhnliche Farben werden bei Nahrungsmitteln am wenigsten geschätzt.

Kreative Farbigkeit wird in der Produktgestaltung besonders gern akzeptiert, wenn ein Produkt billig, kurzlebig und unpersönlich ist. Eine ungewöhnliche Farbigkeit kann hier eine ‹Produktpersönlichkeit› schaffen.
In der Werbung kann kreative Farbigkeit den Aufmerksamkeitswert erzeugen, den effektive Werbung braucht. Hier ist alles erlaubt, denn in der Werbung ist alles bunt, hier wirkt Farbe nur noch, wenn sie wirklich überrascht.
In der Kunst ist sowieso alles erlaubt – allerdings ist weniger erlaubt, als erlaubt scheint. Denn je größer die Freiheit der Farbgestaltung, desto enger die Grenzen der Formgestaltung. Wer die Sonne blau malt und den Himmel gelb, überrascht nur, wenn die blaue Fläche tatsächlich als Sonne zu erkennen ist. Chagall malte Menschen mit blauen Gesichtern, van Gogh blaue Bäume, aber ihre Formensprache blieb naturalistisch. Wenn Farben irreal werden, müssen die Formen real bleiben. Umgekehrt sind in der Malerei ohne naturalistische Formen die Farben realitätsbezogen oder entsprechen der konventionellen Symbolik. Zum Beispiel ist in der ganz abstrakten ‹Lebensfreude› des Malers Delaunay die Farbsymbolik sehr konventionell (→ Bild 89).
Um herauszufinden, wann eine Farbe wirklich überraschend ist, muß zuerst der Sinn der konventionellen Farbgebung bekannt sein. Ist aber eine konventionelle Farbgebung nur Klischee, dann ist eine neue Farbe kreativ.

19. Das kreative Blau

Es gibt ein Prinzip, um kreative Farbgebung systematisch zu entwickeln. Es ist das Prinzip der unmöglichen Farben.

1. Was immer blau ist, bekommt eine andere Farbe.
2. Was niemals blau war, wird blau.

Natürlich muß die neue Farbgebung verbrauchsgerecht sein, um akzeptiert zu werden. Würde man beispielsweise Brot oder Reis blau färben, würde trotz ungiftiger Lebensmittelfarben niemand den ‹kreativen Reis› essen wollen. Blau ist die Farbe, die bei Nahrungsmitteln die größte Abneigung hervorruft. Wir kennen nur sehr wenige blaue Nahrungsmittel. Und schon eine Spur von Blau kann an Schimmel und Gift erinnern. Keiner will blaue Pralinen. Bei blauen Spaghetti vergeht allen der

Appetit. Künstlich blau gefärbte Nahrungsmittel werden nur akzeptiert, wenn das Blau zum Geschmack zu gehören scheint. Blau paßt gut zum Frischen und Kühlen. Das leuchtend blaue Speiseeis, das es seit einigen Jahren gibt, findet allerdings nur bei Kindern Anklang, Erwachsene wollen diese Neuheit gar nicht erst ausprobieren. Aber viele Erwachsene essen leuchtend blaue Hustenbonbons, manche trinken leuchtend blaue Cocktails.

Je größer die persönliche Distanz zu einem Produkt in ungewohnter blauer Farbe ist, desto eher wird es akzeptiert. Blaue Flaschen passen gut zu allen Getränken, die eisgekühlt getrunken werden. Bisher gibt es nur wenige Mineralwassermarken in blauen Flaschen. Die ungewöhnliche Farbe der Flasche schafft eine Produktdifferenzierung, die durch Werbung kaum zu erreichen ist.

Früher wurden viele Parfums und kosmetische Lotionen in tiefblauen Flacons verkauft. Dann kamen die blauen Glasflaschen aus der Mode. Die wenigen, die es noch gibt, fallen auf, sie wirken elegant und praktisch, weil der Inhalt lichtgeschützt bleibt.

Das Prinzip der unmöglichen Farben eignet sich besonders gut, um Werbefiguren und Firmenzeichen zu erfinden. Werbefiguren und Firmenzeichen müssen auffallen, sonst haben sie ihren Zweck verfehlt. Die Forderung, daß jede kreative Farbgebung verständnisgerecht sein muß (→ S. 42), bedeutet hier, daß ein Sujet in untypischer Farbe eine typische Form haben muß, sonst wird die kreative Farbgebung nicht verstanden.

Wenn man beispielsweise auf einem Foto eine Pflaume orangefarben koloriert, wird sie zur Aprikose. Koloriert man sie gelb, wird sie zur Mirabelle, in Grün wird sie zur unreifen Pflaume. Die Form einer Pflaume ist nicht charakteristisch genug, um eine Pflaume auch ohne Farbe identifizieren zu können. Eine Erdbeere, eine Birne haben dagegen eine typische Form. Eine blaue Birne wäre ein überzeugendes Signet für Birnenschnaps oder ein auffallendes Firmenzeichen für ein Lokal. Bei der Orange-Birne (→ Bild 87) wirkt typische Form gegen typische Farbe.

Eine Faustregel: Objekte, die in einer schwarz-weißen Abbildung mit einer bestimmten Farbe assoziiert werden, eignen sich besonders gut zur kreativen Farbveränderung.

Eine Rose hat eine sehr typische Form und wird im allgemeinen mit der Farbe Rot assoziiert. Rosen gibt es in allen Farben – nur nicht in Blau. Die bayerisch blauweiß rautierte Rose (→ Bild 8) ist das zeitlos-auffällige Firmenzeichen eines bayerischen Modehauses.

Zu den Dingen, die wir immer mit der Farbe Blau verbinden, gehören Bluejeans. Zu den Dingen, die wir niemals mit der Farbe Blau verbinden, gehört das Kamel. Die abgebildete Anzeige mit dem Kamel in Jeans ist ein Gag, der ins Auge springt, den Betrachter amüsiert (→ Bild 9).

Solche Gags sind sogar mit den nur sprachlichen Bedeutungen der Farben möglich. Ein Bild, das Menschen zeigt, die in Badeanzügen in der Sonne liegen, führt automatisch zur Assoziation ‹braun werden›. Koloriert man die Leute blau, ergibt das einen optischen und einen sprachlichen Gag.

In der Malerei finden wir die unmöglichen Farben überall. Im Mittelalter wurde alles blau gemalt, was in der Ferne lag. Van Gogh malte Bäume im Vordergrund blau, weil er nicht die Farben der Dinge, sondern die Farben des Lichts malte. Van Goghs Farbigkeit wurde von seinen Zeitgenossen als unnatürlich und unschön empfunden. Der heutige Schönheitssinn stört sich nicht mehr an blauen Bäumen. Aber es gibt noch Grenzen künstlerischer Freiheit. Die Grenzen sind durch die persönliche Nähe zum Gegenstand der kreativen Farbgebung gesetzt. Wenn ein Künstler ein Stilleben ganz in Blau gestaltet, werden die meisten Kunstfreunde diese freie Farbgebung als ästhetische Raffinesse loben. Stellt er die Katze seines Auftraggebers in leuchtendem Blau dar, wird auch dies von vielen Kunstfreunden als schön und witzig akzeptiert. Malt der Künstler aber das Gesicht seines Auftraggebers in leuchtendem Blau, wird die Verfremdung sehr wahrscheinlich weder als witzig noch als ästhetisch empfunden.

Einen doppeldeutigen Verfremdungseffekt zeigt auch Bild 69. Der blaue Zehn-Mark-Schein wird in Braun zum falschen Fünfziger.

[1] Lauffer, S. 44.

[2] Grimms Wörterbuch, Stichwort ‹Blauglanz›.

[3] Novalis, Heinrich von Ofterdingen. Originalausgabe 1802. Zitiert nach: Novalis, Schriften, Band 1, Stuttgart 1960.

[4] Goethe, Farbenlehre, § 783.

[5] Ebd., § 784.

[6] Über alte Färbermethoden vgl. insbesondere Ploss, Ein Buch von alten Farben; Feddersen-Fieler, Farben aus der Natur; Römpps Chemie-Lexikon; Seefelder, Indigo; Vogt, Farben und ihre Geschichte.

[7] Auch die Färberbrühe heißt Küpe, und das ganze Verfahren wird Küpenfärberei genannt.

[8] Nixdorff/Müller, S. 21.

[9] Hinweis in Grimms Wörterbuch, Stichwort ‹Silberglanz›.

[10] Andere Forscher beziehen sich in ihren Erklärungen des ‹Blaumachens› auf den ‹blauen Montag› – so nannte man im Mittelalter Montage, an denen nicht gearbeitet wurde, weil Handwerkerversammlungen stattfanden. Es gibt zwei verschiedene Erklärungen, warum dies ‹blaue› Montage waren. Die erste Erklärung zum Beispiel bei Röhrich, S. 655: An den arbeitsfreien Montagen hätten die Handwerker ihre blaue Sonntagskleidung getragen. Die zweite Erklärung: Wenn es sich ergab, daß die zu färbenden Stoffe samstags in die Färberbrühe gelegt wurden, dann blieben sie nicht wie üblich zwölf Stunden darin liegen, sondern bis zum Montag, weil sonntags nicht gearbeitet wurde. Der Montag sei dann für die Färber ein fast arbeitsfreier Tag gewesen, weil ihre Arbeit nur im Aufhängen der Stoffe bestanden habe. So sei der ‹blaue Montag› allgemein zum Begriff eines arbeitsfreien Tages geworden. Diese Erklärung findet sich auch bei Nixdorff und Müller, S. 39. – Die Sprachforschung hat sich auf keine der beiden Erklärungen festgelegt, und keine erscheint überzeugend.

Gegen die erste Erklärung ist einzuwenden: Blau war keine eigentliche Sonntagsfarbe, auch werktags wurde blaue Kleidung getragen. Und: die Arbeitskleidung der Blaufärber und vieler anderer Handwerker war traditionell blau. Gegen die zweite Erklärung ist einzuwenden: Bis in der Waidbrühe gefärbt werden kann, dauert es mindestens acht Tage. Solange hatten die Färber wenig zu tun. Aber wenn die gefärbten Stoffe und Garne aus der Brühe genommen wurden, dann mußte viel getan werden – die Stoffe mußten gespült werden, sie mußten aufgehängt und während des Trocknens ständig gewendet werden, damit sie gleichmäßig verblauten. Mehr noch spricht dagegen, daß ausgerechnet jeweils montags die Färberei beendet wurde: In der Waidbrühe kann mehrmals gefärbt werden. Die Farbe wird bei jeder Färbung schwächer. Um das auszugleichen, bleiben die Stoffe jedesmal länger in der Brühe. Solange konnten die Färber wieder abwarten. Wenn montags das erste Mal blaugefärbt wurde, dann dienstags oder mittwochs wieder.

Auf jeden Fall: Blaumachen bedeutete für die Färber nicht nur einen faulen Tag – mindestens eine Woche lang gab es wenig zu tun und viel zu trinken. Der Montag war dabei so angenehm wie der Samstag oder jeder andere Tag.

Die bisherigen Erklärungen der Sprachforschung sind dürftig geblieben, weil die Färbeverfahren nicht genau bekannt waren. Auch fehlt ihnen die Verbindung von ‹Blaumachen› und ‹Blausein›. Das ist besonders bemerkenswert, weil es auch für die Redensart vom Blausein nur vage Vermutungen gibt. Eine Erklärung der Sprachforscher: Diese Redensart vom Blausein beziehe sich auf die blauen Nasen der Trinker. Eine andere Erklärung: Den Betrunkenen würde ‹blau vor Augen›. Wären diese Erklärungen wahrscheinlich, dann müßte es auch in anderen Sprachen einen Zusammenhang zwischen Betrunkensein und Blausein geben, denn Trinkernasen und Sehstörungen sind keine national begrenzten Wirkungen des Alkohols.

Aber die Redensarten vom Blaumachen und Blausein gibt es nur in Deutschland, und nirgendwo sonst wurde soviel mit Waid gefärbt. – Wenn man mit dem echten Indigo färbt, ist zusätzlicher Alkohol nicht unbedingt notwendig.

Es erscheint plausibler, daß die Bezeichnung ‹blauer Montag› erst entstand, nachdem die Redensarten vom ‹Blaumachen› und ‹Blausein› zum allgemeinen Sprachschatz gehörten. Die montäglichen Handwerkerversammlungen gab es nur im späten Mittelalter, die Waidfärberei gab es lange vorher und noch lange nachdem der ‹blaue Montag› abgeschafft worden war. Dies erklärt auch, warum der ‹blaue Montag› längst vergessen ist, nicht aber das Blaumachen und das Blausein.

[11] Schenzinger, S. 303.
[12] Ebd.
[13] Ploss 1967, S. 78.
[14] Rabbow, S. 42.
[15] Küpper, Stichwort ‹Blaumacher›.
[16] Eberhard, Stichwort ‹Blau›.
[17] Eisenbart, S. 162.

Die meistgenannten Farben von Eigenschaften und Gefühlen

1. Das Abweisende

(schwarz)	23
(grau)	21
(braun)	17
(violett)	9
(orange)	9
(grau)	8
(grün)	7
(gelb)	6

2. Die Aggressivität

(rot)	58
(gelb)	12
(schwarz)	12
(orange)	10
(grün)	8

3. Die Aktivität

(rot)	32
(orange)	20
(gelb)	17
(blau)	17
(grün)	14

4. Das Alte

(grau)	61
(braun)	33
(schwarz)	6

6. Das Altmodische

(braun)	45
(grau)	24
(violett)	11
(schwarz)	11
(oliv)	9

8. Die Angeberei

(gold)	37
(orange)	21
(gelb)	12
(violett)	11
(rot)	11
(braun)	8

9. Das Angenehme

(grün)	27
(rosa)	21
(blau)	17
(weiß)	9
(orange)	9
(gelb)	9
(rot)	8

10. Das Angepaßte

(grau)	42
(braun)	31
(weiß)	9
(grün)	6
(blau)	6
(rot)	6

11. Das Aromatische

(braun)	36
(orange)	26
(grün)	21
(rot)	17

12. Das Attraktive/ Das Anziehende

31
15
12
11
9
9
7
6

13. Die Aufdringlichkeit

26
19
15
13
12
9
6

16. Das Außergewöhnliche/ Das Extravagante

36
25
18
13
8

19. Die Begierde

39
15
12
12
11
11

20. Das Beruhigende

56
21
13
10

21. Die Bescheidenheit

26
20
16
12
12
8
6

22. Das Biedere/ Die Biederheit

39
37
10
8
6

23. Das Billige

20
16
16
11
10
10
8
8

24. Das Bittere

30
19
19
10
9
8
6

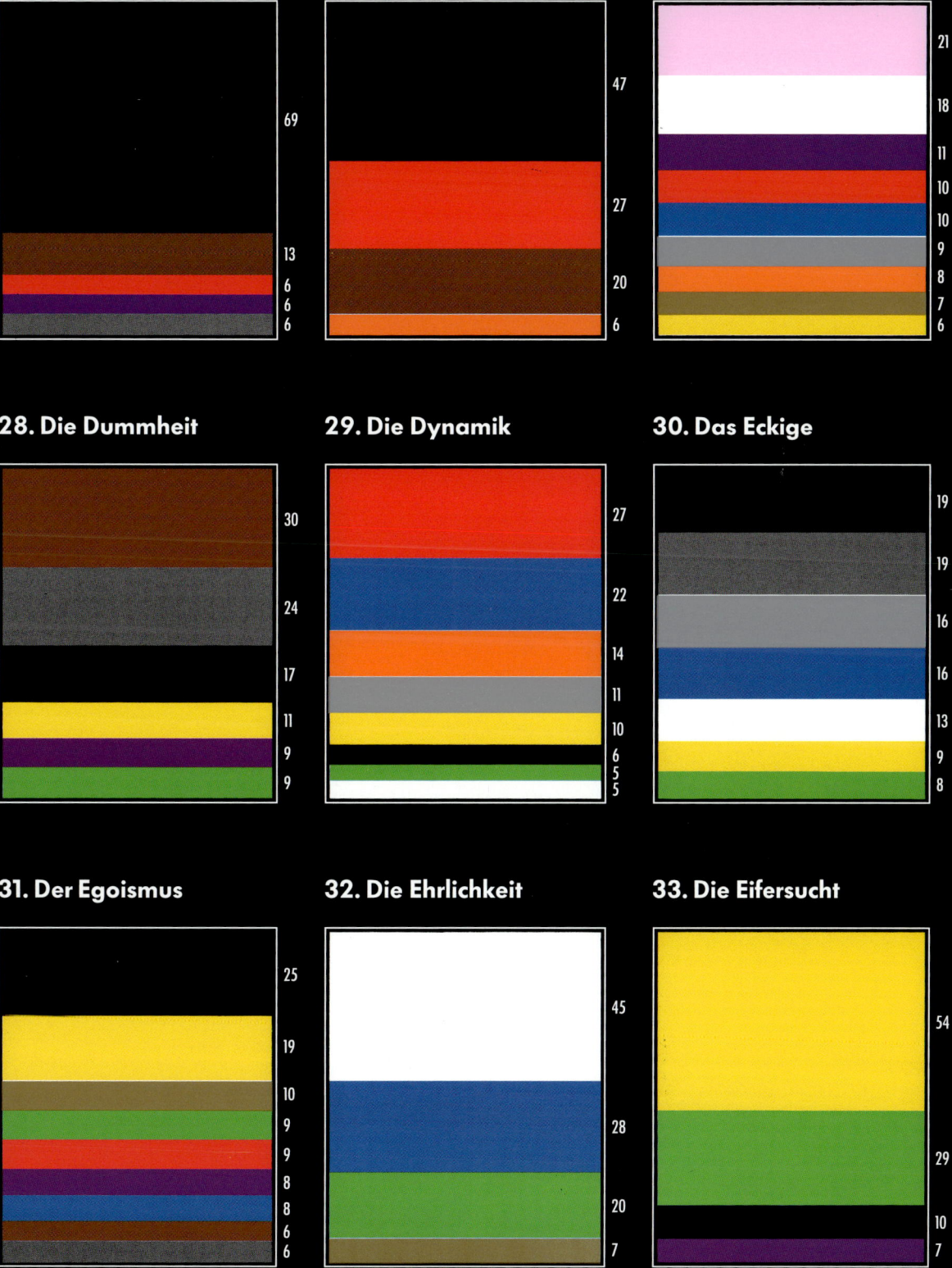

28. Die Dummheit

69
13
6
6
6

29. Die Dynamik

47
27
20
6

30. Das Eckige

21
18
11
10
10
9
7
6

31. Der Egoismus

30
24
17
11
9
9

32. Die Ehrlichkeit

27
22
14
11
10
6
5
5

33. Die Eifersucht

19
19
16
16
13
9
8

25
19
10
9
9
8
8
6
6

45
28
20
7

54
29
10
7

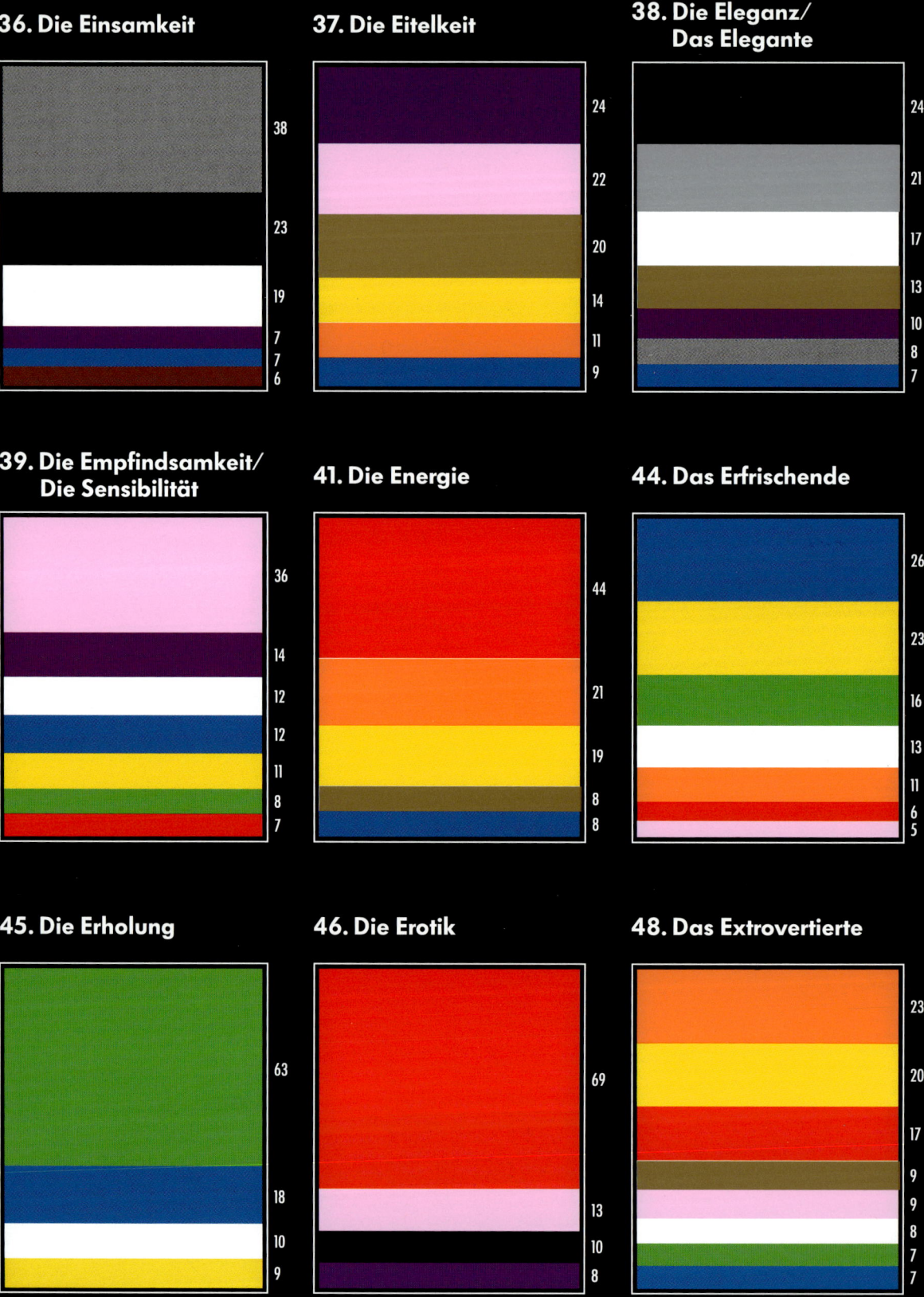

36. Die Einsamkeit

38
23
19
7
7
6

37. Die Eitelkeit

24
22
20
14
11
9

38. Die Eleganz/ Das Elegante

24
21
17
13
10
8
7

39. Die Empfindsamkeit/ Die Sensibilität

36
14
12
12
11
8
7

41. Die Energie

44
21
19
8
8

44. Das Erfrischende

26
23
16
13
11
6
5

45. Die Erholung

63
18
10
9

46. Die Erotik

69
13
10
8

48. Das Extrovertierte

23
20
17
9
9
8
7
7

49. Die Faulheit

	48
	25
	11
	9
	7

50. Die Ferne

	65
	16
	12
	7

51. Die Festlichkeit

	30
	27
	17
	17
	9

52. Die Freundlichkeit

	22
	15
	12
	12
	11
	11
	9
	8

53. Die Freundschaft

	30
	18
	16
	13
	9
	7
	7

55. Die Frömmigkeit

	37
	21
	10
	9
	9
	7
	7

57. Die Funktionalität/ Das Funktionale

	34
	25
	23
	12
	6

59. Die Gefahr

	48
	27
	13
	12

60. Die Gefühllosigkeit

	29
	20
	12
	12
	8
	7
	6
	6

61. Der Geiz

34
28
21
9
8

62. Die Gemütlichkeit

44
11
11
9
9
8
8

64. Der Genuß

20
17
15
13
13
8
8
6

65. Die Geselligkeit

25
20
15
12
10
10
8

66. Das Gesunde

34
23
13
11
8
6
5

67. Das Giftige/ Die Giftigkeit

68
26
6

70. Das Glück

21
21
15
11
10
10
7
5

71. Etwas Großes

27
21
15
12
11
7
7

72. Das Gute

47
13
12
8
8
6
6

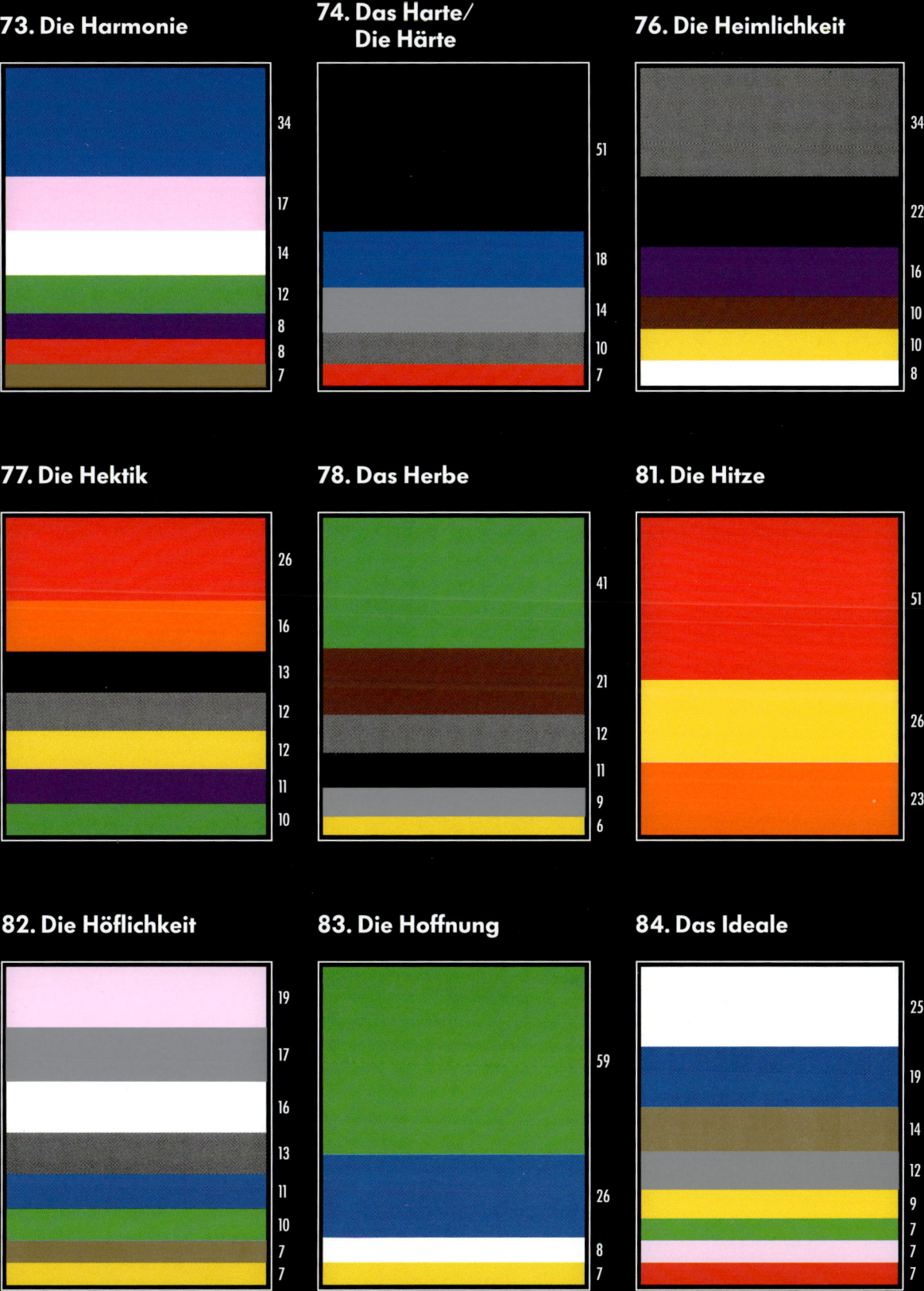

73. Die Harmonie

	34
	17
	14
	12
	8
	8
	7

**74. Das Harte/
Die Härte**

	51
	18
	14
	10
	7

76. Die Heimlichkeit

	34
	22
	16
	10
	10
	8

77. Die Hektik

	26
	16
	13
	12
	12
	11
	10

78. Das Herbe

	41
	21
	12
	11
	9
	6

81. Die Hitze

	51
	26
	23

82. Die Höflichkeit

	19
	17
	16
	13
	11
	10
	7
	7

83. Die Hoffnung

	59
	26
	8
	7

84. Das Ideale

	25
	19
	14
	12
	9
	7
	7

86. Das Introvertierte

	21
	19
	18
	13
	8
	8
	7
	6

87. Die Jugend

	33
	23
	15
	15
	14

90. Das Kleine

	31
	16
	14
	10
	8
	8
	7
	6

91. Die Klugheit

	29
	25
	12
	12
	9
	7
	6

92. Das Konservative

	43
	30
	10
	9
	8

94. Die Kraft

	36
	23
	14
	8
	7
	6
	6

95. Die Kühle

	51
	16
	14
	12
	7

96. Das Künstliche

	27
	21
	17
	17
	12
	6

97. Der Lärm

	32
	18
	14
	14
	12
	10

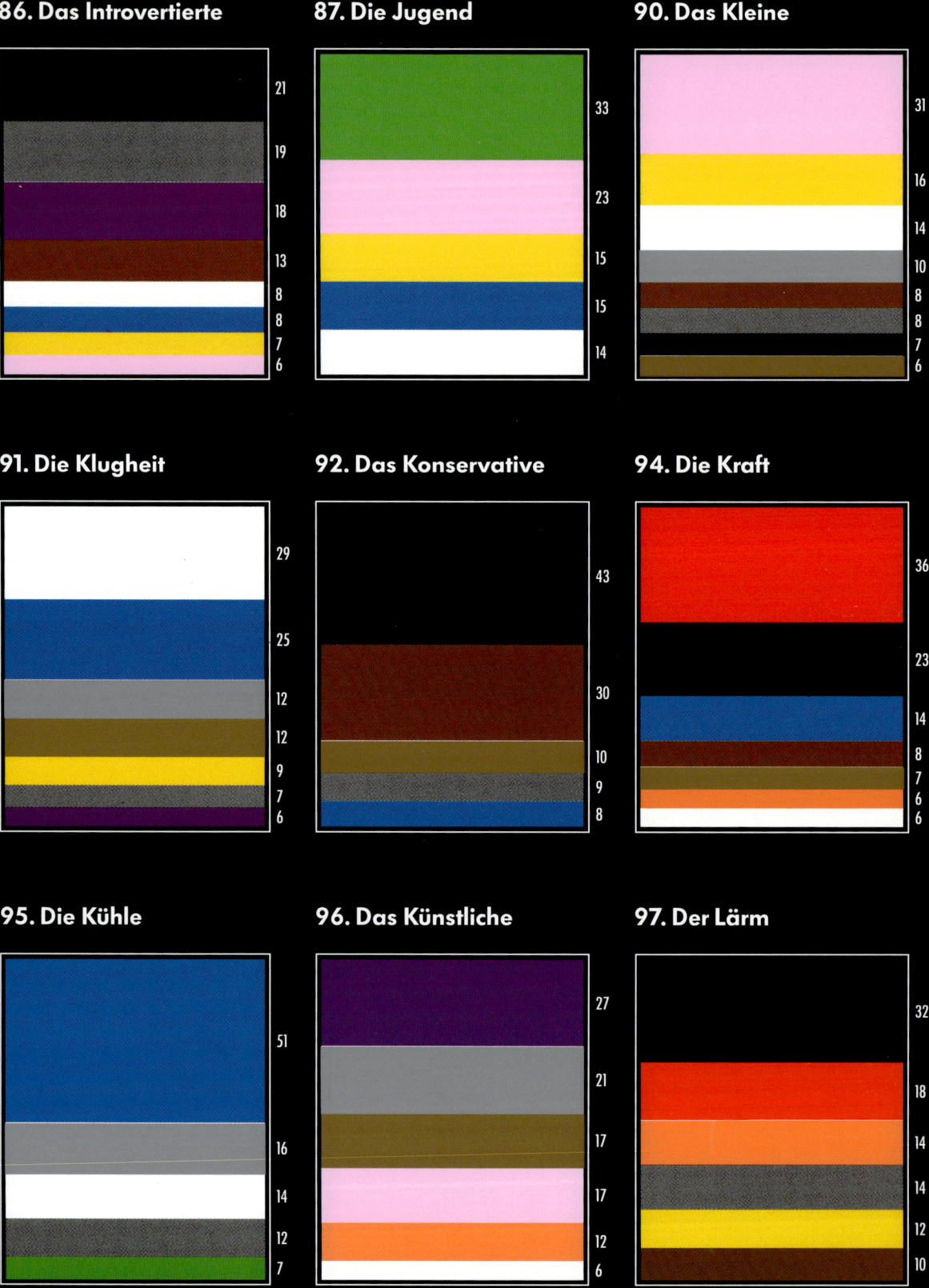

98. Die Langeweile

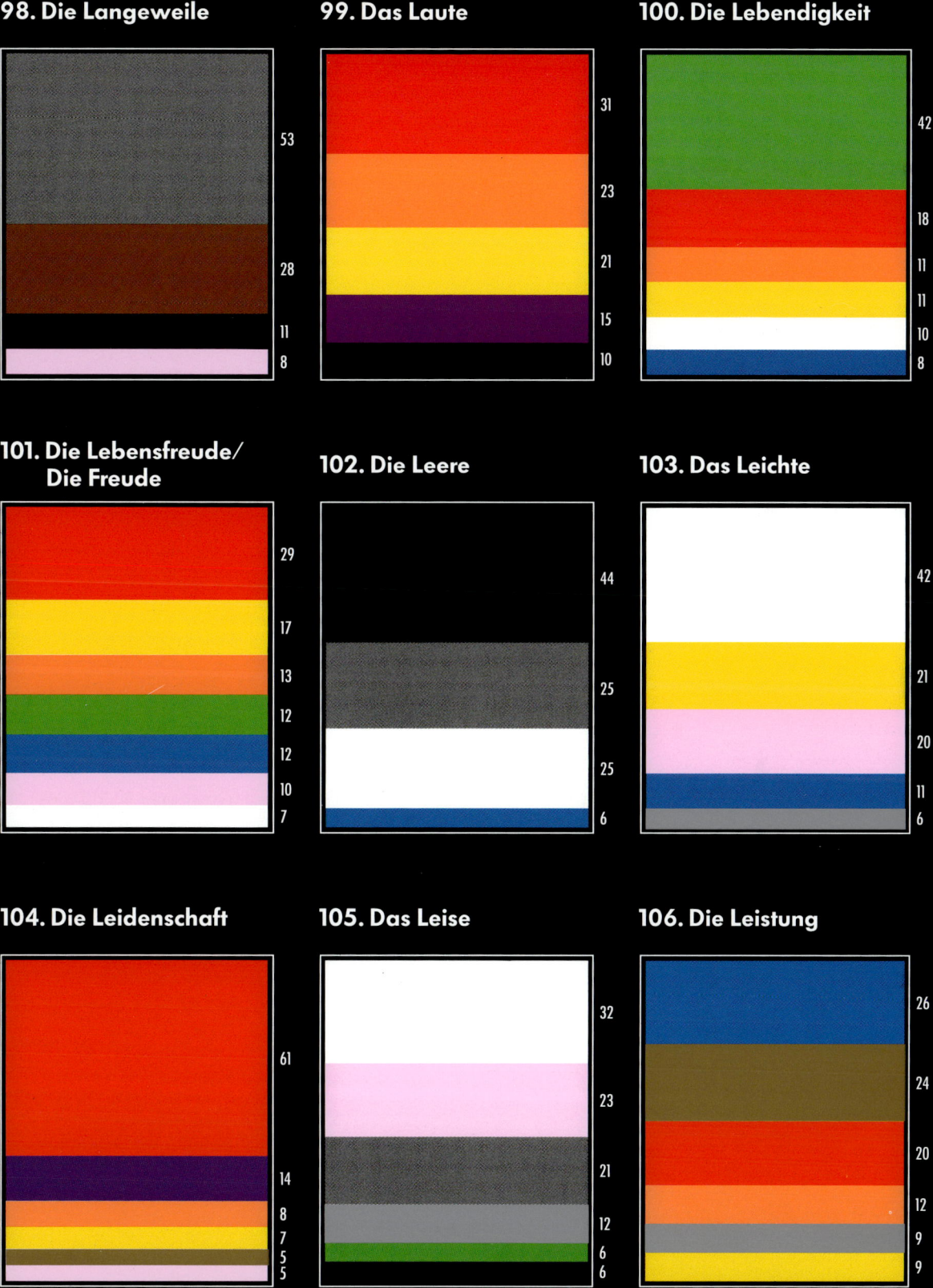

53

28

11

8

99. Das Laute

31

23

21

15

10

100. Die Lebendigkeit

42

18

11

11

10

8

101. Die Lebensfreude/ Die Freude

29

17

13

12

12

10

7

102. Die Leere

44

25

25

6

103. Das Leichte

42

21

20

11

6

104. Die Leidenschaft

61

14

8

7

5

5

105. Das Leise

32

23

21

12

6

6

106. Die Leistung

26

24

20

12

9

9

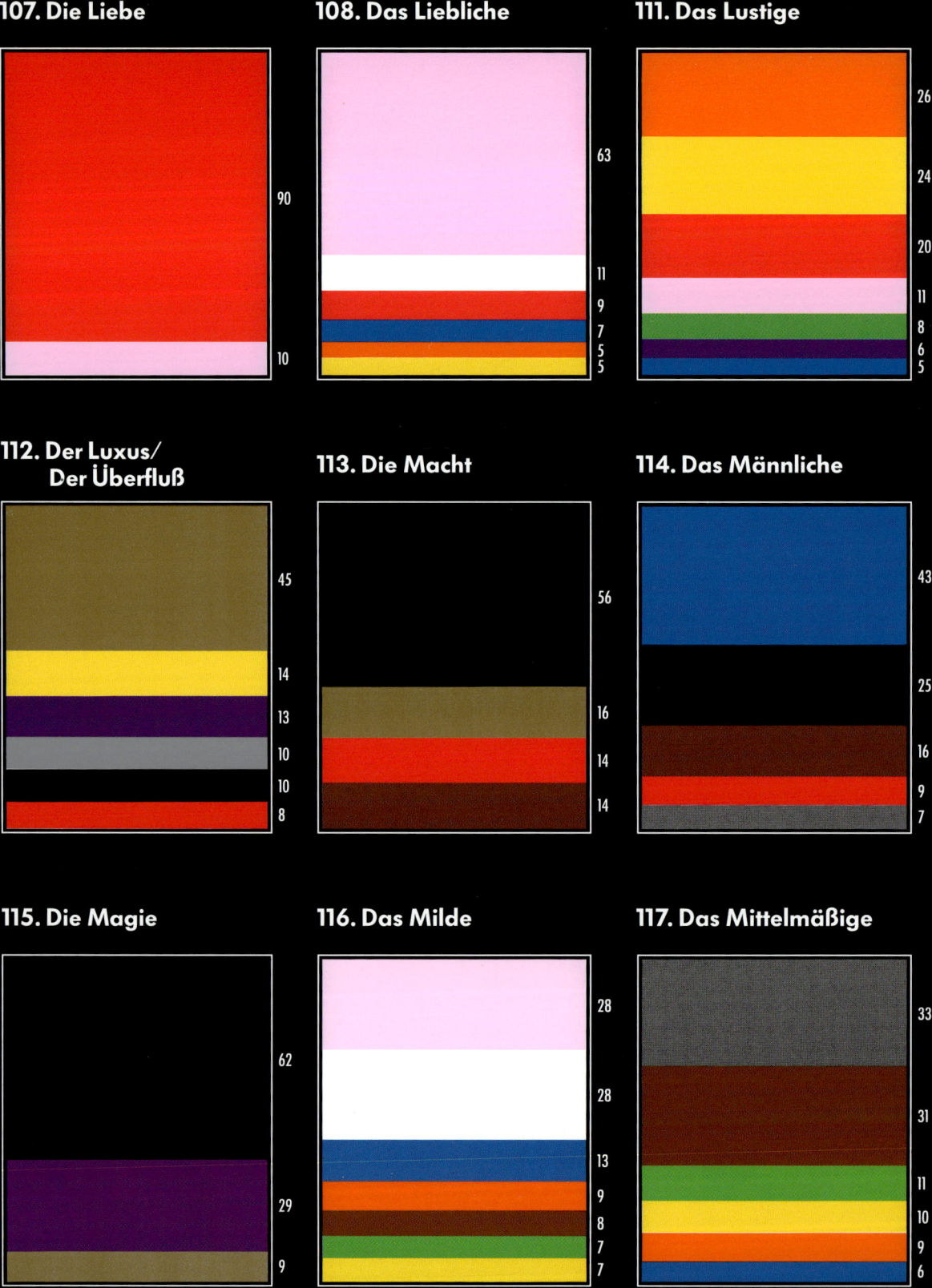

107. Die Liebe

90

10

108. Das Liebliche

63

11

9

7

5

5

111. Das Lustige

26

24

20

11

8

6

5

**112. Der Luxus/
     Der Überfluß**

45

14

13

10

10

8

113. Die Macht

56

16

14

14

114. Das Männliche

43

25

16

9

7

115. Die Magie

62

29

9

116. Das Milde

28

28

13

9

8

7

7

117. Das Mittelmäßige

33

31

11

10

9

6

21	
15	
14	
12	
11	
11	
9	
7	

23	
19	
16	
13	
13	
9	
7	

33	
17	
14	
11	
9	
9	
7	

123. Die Naivität

124. Das Natürliche/ Die Natürlichkeit

125. Der Neid

36	
17	
17	
13	
9	
8	

53	
16	
14	
11	
6	

53	
30	
10	
7	

126. Das Neue

127. Die Neutralität

128. Der Optimismus

35	
16	
13	
10	
10	
9	
7	

63	
37	

22	
19	
17	
12	
11	
10	
9	

129. Das Originelle

	26
	20
	13
	9
	9
	8
	7

130. Die Phantasie

	19
	19
	14
	10
	10
	8
	8
	7
	5

131. Die Pracht

	58
	18
	12
	12

**134. Die Romantik/
Das Romantische**

	38
	15
	13
	10
	10
	7
	7

135. Die Ruhe

	32
	22
	16
	11
	10
	9

136. Etwas Rundes

	26
	16
	15
	12
	10
	8
	7
	6

**137. Das Sachliche/
Die Sachlichkeit**

	32
	26
	24
	18

138. Das Salzige

	41
	14
	14
	14
	9
	8

139. Die Sanftheit

	45
	19
	11
	8
	5
	5

172. Das Unsachliche

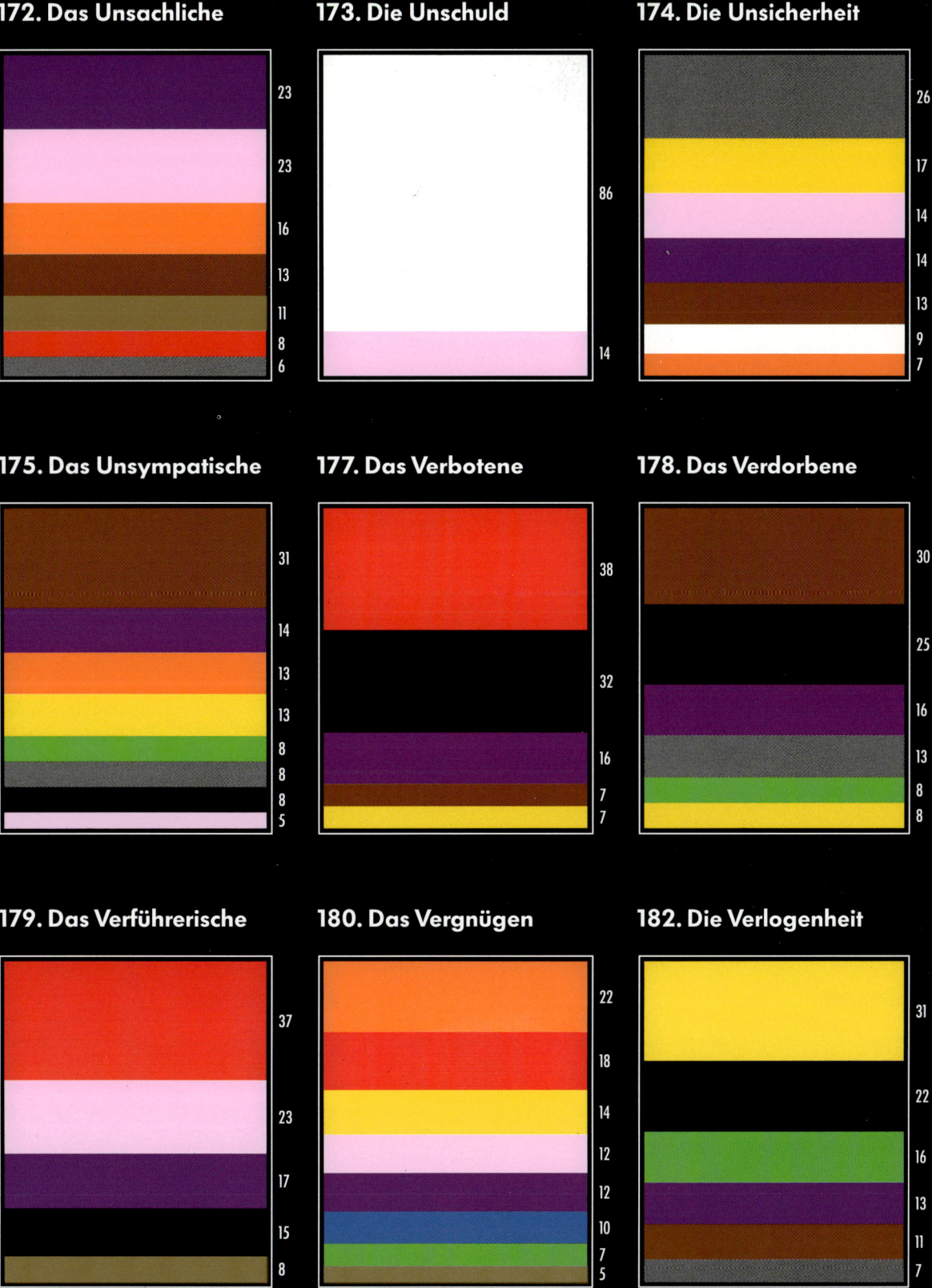

23
23
16
13
11
8
6

173. Die Unschuld

86

14

174. Die Unsicherheit

26
17
14
14
13
9
7

175. Das Unsympatische

31

14
13
13
8
8
8
5

177. Das Verbotene

38

32

16
7
7

178. Das Verdorbene

30

25

16

13
8
8

179. Das Verführerische

37

23

17

15

8

180. Das Vergnügen

22
18
14
12
12
10
7
5

182. Die Verlogenheit

31

22

16

13

11
8

183. Das Vertrauen

44
22
22
6
6

**184. Die Völlerei/
Die Unmäßigkeit**

26
16
15
14
12
9
8

186. Die Wärme

47
26
13
9
5

187. Die Wahrheit

48
32
20

188. Das Weibliche

43
20
16
15
6

**194. Die Wut/
Der Zorn**

60
16
9
9
6

195. Die Zärtlichkeit

58
15
10
9
8

196. Das Zarte

59
36
15

200. Zwischen nah und fern

22
22
13
11
10
9
7
6

140. Die Sauberkeit/ Die Reinheit

88
12

141. Das Saure

50
50

143. Die Schnelligkeit

39
20
13
12
8
8

146. Das Schwere

53
28
12
7

147. Die Sehnsucht

30
14
11
10
10
7
6
6
6

149. Die Sexualität

53
16
12
7
6
6

150. Die Sicherheit

27
18
17
12
12
7
7

152. Das Spießige

37
21
16
10
8
8

153. Die Sportlichkeit

40
20
14
10
8
8

155. Die Stille

	25
	17
	17
	15
	13
	13

156. Der Stolz

	24
	14
	14
	13
	11
	10
	8
	6

157. Das Süße

	43
	22
	21
	14

158. Die Sympathie

	32
	20
	18
	11
	10
	9

159. Das Teure

	66
	16
	11
	7

160. Die Toleranz

	26
	24
	24
	10
	8
	8

163. Die Treue

	31
	19
	11
	9
	8
	7
	5
	5

167. Die Unfreundlichkeit

	34
	25
	20
	9
	7
	5

169. Das Unkonventionelle

	35
	18
	13
	13
	11
	10

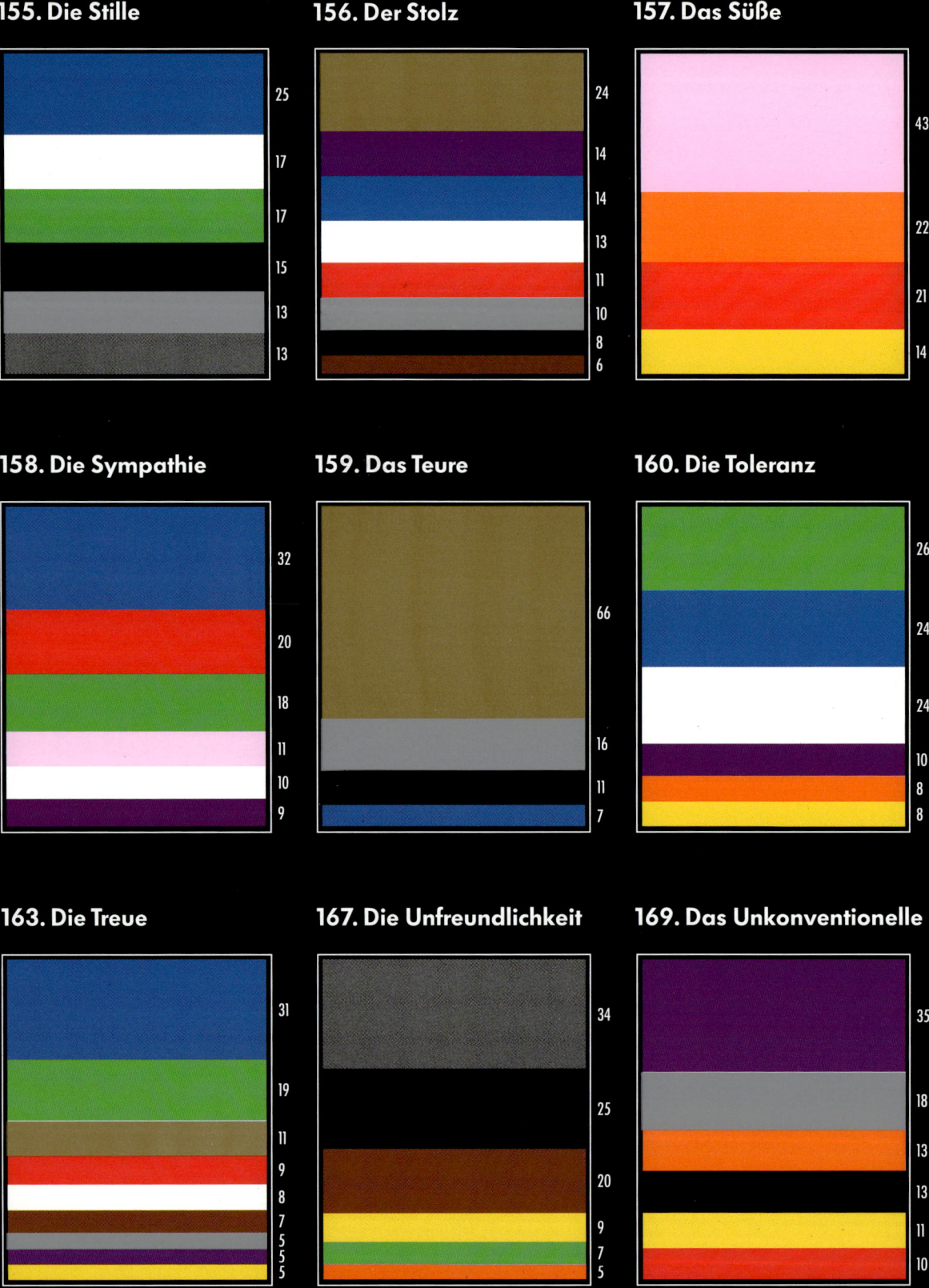

Rot: Nicht nur die Liebe – auch der Haß
Vom Privileg des Adels zur Symbolfarbe des Kommunismus
Die Farbe des gesetzlich und des moralisch Verbotenen

Altrot · Amarantrot · Backsteinrot · Bengalrot · Blaßrot · Blutrot · Bordeaux · Brandrot · Braunrot · Cerise · Chinesischrot · Cyclam · Englischrot · Erdbeerrot · Erikarot · Ferrarirot · Feuerrot · Flamingorot · Flammenrot · Fleischrot · Florentiner Lack · Fuchsia · Fuchsrot · Geraniumrot · Glutrot · Granatrot · Hahnenkammrot · Hellrot · Hennarot · Himbeerrot · Hochrot · Hummerrot · Indianischrot · Jaspisrot · Kadmiumrot · Kalypsorot · Kardinalrot · Karmesinrot · Karminrot · Karottenrot · Kirschrot · Knallrot · Kongorot · Korallenrot · Krapprot · Krebsrot · Kupferrot · Lachsrot · Lackrot · Lavarot · Leuchtrot · Magenta · Marsrot · Mahagonirot · Mattrot · Menninge · Mohnrot · Neonrot · Ochsenblutrot · Orangerot · Orientrot · Oxydrot · Paprikarot · Parmarosa · Pastellrot · Permanentrot · Persischrot · Pfefferrot · Pfirsichrot · Pink · Pompejanischrot · Prälatenrot · Purpurrot · Puterrot · Rosenholzrot · Rosenrot · Rostrot · Rotorange · Rotgrau · Rotviolett · Rubinrot · Sandsteinrot · Scharlachrot · Schwarzrot · Siena gebrannt · Signalrot · Terracotta · Tizianrot · Tomatenrot · Türkischrot · Urrot · Vamprot · Venezianer Rot · Verkehrsrot · Vermillon · Weinrot · Ziegelrot · Zinnober

Am Anfang war das Rot

Am Anfang war das Rot. Es ist die erste Farbe, der der Mensch einen Namen gab, die älteste Farbbezeichnung in den Sprachen der Welt. In manchen Sprachen ist das Wort für ‹farbig› identisch mit dem Wort für ‹rot›, so beim spanischen ‹colorado›. Rot ist eine der drei Urfarben. Das ganz reine Rot, das weder Gelb noch Blau enthält, wird als Druckfarbe Magenta genannt. Es ist überraschenderweise ein Rot, das jedem Farblaien deutlich blaustichig erscheint (→ Bild 26).

Die Symbolik der Farbe Rot ist geprägt von zwei elementaren Erfahrungen: Rot ist das Blut, Rot ist das Feuer. Im Hebräischen haben die Worte Blut und Rot denselben Ursprung: Rot heißt ‹dm›, Blut heißt ‹dom›. Bei den Eskimos bedeutet Rot wörtlich übersetzt ‹wie Blut›.[1] Beide Erfahrungsbereiche haben in allen Kulturen, zu allen Zeiten existentielle Bedeutung. Entsprechend tief ist die Symbolik im Bewußtsein verankert.

Rot ist bei Männern und Frauen gleich beliebt: Jeweils 20 % nannten Rot als Lieblingsfarbe. Nur 2 % der Männer und 3 % der Frauen nannten Rot als «die Farbe, die mir am wenigsten gefällt».

Psychologische und symbolische Wirkung

1. Das Blut und die Lebenskraft

Das Glück (70): Rot 20 %, Gold 20 %, Grün 14 %, Gelb 11 %, Rosa 10 %, Blau 10 %, Weiß 7 %, Orange 5 %

Die Lebensfreude/Die Freude (101): Rot 27 %, Gelb 16 %, Orange 12 %, Grün 11 %, Blau 11 %, Rosa 9 %, Weiß 6 %

Die Energie (41): Rot 38 %, Orange 18 %, Gelb 16 %, Gold 7 %, Blau 7 %

Die Aktivität (3): Rot 28 %, Orange 18 %, Gelb 15 %, Blau 15 %, Grün 12 %

Blut gilt in vielen Kulturen als Sitz der Seele. Blutopfer waren bei allen frühen Religionen üblich. Nicht nur Tiere wurden geopfert, um die Götter zu erfreuen – das ‹unschuldige Blut› von Kindern und Jungfrauen galt als besonders opferwürdig. Einzigartig war in frühgeschichtlicher Zeit die Opferbereitschaft des schwedischen Volks: Um eine Naturkatastrophe, eine Hungersnot oder eine Seuche abzuwenden, opferten die Schweden ihren kostbarsten Besitz – den König.[2]

Zur Zeit der Christenverfolgung wurde behauptet, jeder Christ würde bei seiner ersten Abendmahlsfeier ein Kind erdolchen, das auf dem Altar unter dem Opfermehl versteckt sei. Der Wein, der beim Abendmahl das Blut Christi symbolisiert, sei das Blut von ermordeten Kindern. – Nachdem das Christentum Staatsreligion geworden war, richteten die Christen dieselbe Verleumdung gegen die Juden. Noch in unserem Jahrhundert werden fremde Religionsgemeinschaften mit der Unterstellung diffamiert, um des Blutes willen rituelle Morde zu begehen.

Im Blut besonders schöner und kräftiger Tiere wurden in frühen Zeiten Neugeborene gebadet, Hochzeitspaare wurden damit übergossen, um die Kräfte des Tieres auf die Menschen zu übertragen. Die römischen Gladiatoren tranken das Blut aus den Wunden ihrer sterbenden Gegner, um deren Stärke in sich aufzunehmen. Die Griechen ließen Blut in die Gräber fließen, um den Verstorbenen im Jenseits Kraft zu geben.

Blut, vor allem frischem Menschenblut, wurde vielerlei Wirkung zugeschrieben. Es sollte die schlimmsten Krankheiten heilen. Die Legende erzählt, daß ein Pharao von Ägypten das Blut von 150 jüdischen Kindern forderte; er wollte es trinken, um sich vom Aussatz zu heilen. Die Juden flohen aus Ägypten.[3]

‹Gleiches mit Gleichem› – ‹Similia similibus› ist die Formel des Analogiezaubers. Rote Krankheiten wurden, wenn nicht mit Blut, dann mit anderen roten Mitteln behandelt. Die Symbolik des Blutes wurde auf die Farbe übertragen. Gegen rote Ausschläge wurden rote Rosenblätter aufgelegt. Blutstillende Verbände waren aus rotem Stoff. Die blutenden Blattern wurden mit roten Pflastern behandelt.[4]

In der Volksmagie versuchte man mit roten Wollfäden und roten Bändern Krankheiten wegzuzaubern.[5] Für den ‹Bindezauber› wurden die roten Fäden um den kranken Arm, das kranke Bein gebunden; die Kraft des Roten sollte die Krankheit bannen. Rote Fäden sollten sogar Pflanzen vor Ungeziefer schützen: Auch Weinstöcke wurden damit umwunden.[6]

Kleinen Kindern setzte man ein rotes Mützchen auf, zum Schutz vor dem Blick der Dämonen und dem bösen Blick aller Neidischen. Babys wurden in roten Steckkissen herumgetragen, oder weiße Steckkissen waren mit roten Bändern besetzt. Das Kleid des Babys auf Bild 15 ist mit einem roten Band gebunden, daran hängt ein Korallenamulett. Diese roten Bänder an der Babykleidung waren noch bis Anfang dieses Jahrhunderts üblich. In China tragen alle kleinen Kinder Rot – es ist die Glücksfarbe.

Auch der kleine Junge auf Bild 29 trägt eine rote Korallenkette als Amulett. Noch heute werden Amulette bevorzugt aus roten Korallen geschnitzt. In Italien ist die rote Hand als Talisman sehr beliebt, auch sie wehrt den bösen Blick ab.

Wenn auch das magische Denken in aufgeklärter Zeit schwindet – Blut ist dennoch die Essenz der Lebenskraft. Seine Farbe ist die Symbolfarbe des animalischen Lebens, im Gegensatz zu Grün, der Farbe des pflanzlichen Lebens. In einem Sprichwort über die Nähe von Leben und Tod heißt es kurz: ‹Heute rot, morgen tot.›

Die psychologische und symbolische Wirkung des Blutes macht Rot zur dominanten Farbe in allen positiven Lebensgefühlen.

Psychologische und symbolische Wirkung

2. Die Farbe aller Leidenschaften

Die Liebe (107): Rot 70 %, Rosa 8 %

Der Haß (75): Rot 47 %, Schwarz 23 %, Grün 7 %, Grau 6 %, Orange 5 %,
     Gelb 5 %

Von der Liebe bis zum Haß – alle Gefühle, die das Blut in Wallung bringen, werden
mit Rot verbunden. Rot ist die Symbolfarbe der guten und der schlechten Leidenschaften. Hinter der Symbolik steht die Erfahrung: Das Blut steigt zu Kopf, man
wird rot vor Verlegenheit oder Verliebtheit – oder aus beiden Gründen gleichzeitig –, man wird rot, weil man sich schämt, weil man zornig, in hektischer Aufregung ist. Wer in Wut die Kontrolle über die Vernunft verliert, ‹sieht nur noch Rot›.

Die Leidenschaft (104): Rot 54 %, Violett 12 %, Orange 7 %, Gelb 6 %,
     Gold 5 %, Rosa 5 %

Die Aufregung (14): Rot 33 %, Orange 20 %, Gelb 13 %, Grün 12 %,
     Violett 10 %

Die Impulsivität (85): Rot 36 %, Gelb 21 %, Orange 13 %, Violett 9 %, Blau 7 %

Die Wut/Der Zorn (194): Rot 55 %, Schwarz 15 %, Orange 8 %, Violett 8 %,
     Grün 6 %

Die moralische Bewertung einer Leidenschaft zeigt sich in den Farben, die mit Rot
kombiniert werden. Die positivste Leidenschaft von allen, die Liebe, wird mit Rosa
verklärt. Alle anderen Farben sind daneben unbedeutend, aber bei keinem anderen
Begriff war der Prozentanteil ausgefallener Nennungen so hoch wie hier mit 22 %.
Individuell wird die Liebe bunter erlebt, als die Symbolik verallgemeinert. Die Farben der Liebe schwanken wie die mit der Liebe verbundenen Freuden und Leiden.
Manchmal kann die Liebe grau sein, manchmal ist sie golden, manchmal ist sie
kühl und blau.
Wird Liebe mit Sexualität assoziiert, kommt Violett dazu. Das zeigt sich im Vergleich der Farbigkeit von Liebe und Erotik:

Die Sexualität (149): Rot 48 %, Violett 14 %, Rosa 11 %, Schwarz 6 %,
     Gelb 6 %, Orange 5 %

Die Erotik (46): Rot 63 %, Rosa 12 %, Schwarz 9 %, Violett 8 %

Noch stärker ist das Violett in der Farbigkeit der Wollust, einer der sieben
Todsünden:

Die Wollust (193): Rot 31 %, Violett 22 %, Rosa 17 %, Orange 14 %, Braun 7 %,
Schwarz 6 %

Das Verführerische (179): Rot 31 %, Rosa 19 %, Violett 14 %, Schwarz 12 %,
Gold 7 %

Je negativer eine Leidenschaft bewertet wird, je mehr sie Sünde ist, desto mehr wird
Rot mit Schwarz verbunden. Das moderne Bewußtsein reagiert nach traditionel-
lem Muster: Wenn eine Farbe mit Schwarz kombiniert wird, verkehrt sich die symbolische Bedeutung der Farbe in ihr Gegenteil.
Rot kombiniert mit Schwarz ergibt das Gegenteil von Liebe, ergibt die Farbigkeit
des Hasses. Und deshalb trägt der Teufel Rot und Schwarz.

Traditionelle Wirkung

3. Krieger, Richter, Märtyrer

Die Aggressivität (2): Rot 50 %, Gelb 10 %, Schwarz 10 %, Orange 9 %,
Grün 7 %

Die Kraft (94): Rot 33 %, Schwarz 21 %, Blau 13 %, Braun 7 %, Gold 6 %,
Orange 5 %, Weiß 5 %

Die Farbe des Blutes ist die Farbe des Krieges. Mars, dem Kriegsgott, war die Farbe
Rot geweiht; der Mars ist der ‹rote Planet›.
Rot, die Farbe des Krieges: Hier zeigt sich wieder der Glaube, daß Farben die ihnen
zugeschriebenen Eigenschaften auf Menschen übertragen. Rot gibt Kraft. Deshalb
trugen Krieger Rot, oder sie bemalten sich mit roter Farbe. Als rotes Heer be-
schreibt der Prophet Nahum das Heer Gottes, das kommen wird, um die Stadt
Ninive zu zerstören: «Die Schilde seiner Starken sind rot, sein Heervolk glänzt in
Purpur, seine Wagen stellt er auf wie leuchtende Fackeln.»[7]
Bis Ende des 19. Jahrhunderts war Rot eine beliebte Farbe für Soldatenuniformen.
Die roten Röcke demonstrierten weithin die Stärke des Heeres. Erst als nicht mehr
Mann gegen Mann kämpfte, als mit Gewehren aus dem Hinterhalt geschossen
wurde, bekamen die Soldatenuniformen Tarnfarben.
Rot ist die Farbe der Justiz. Blut wurde mit Blut gesühnt in der Rechtsprechung
früherer Jahrhunderte. Rote Wimpel wurden in mittelalterlichen Städten gehißt,
wenn Gerichtstag war. Mit roter Tinte unterschrieben die Richter Todesurteile.
Der Henker trug Rot. Noch heute tragen die hohen Richter rote Talare. Die Richter

des Bundesverwaltungsgerichts tragen einen Talar aus roter Wolle, die Richter des Bundesverfassungsgerichts tragen einen Talar aus roter Seide.

Auch als kirchliche Farbe erinnert Rot an vergossenes Blut. Während der Passionszeit, die an die Leiden Christi erinnert, und an den Gedenktagen für Märtyrer sind die Gewänder der katholischen Geistlichen, Altardecke und Kanzelschmuck rot.[8]

Kulturelle und symbolische Wirkung

4. Das göttliche Feuer

Ebenso alt wie der Glaube an die Kraft des Blutes ist die Verehrung des Feuers als göttliche Kraft.

Das Feuer vertreibt die Kälte, die Mächte der Dunkelheit. Feuer reinigt, indem es vernichtet; es ist so mächtig, daß nichts widerstehen kann. Jede Flamme strebt nach oben, darin sah man das Streben des Feuers zum Himmel zurück, von dem es durch Blitzschlag kam. Das Feuer ist Sinnbild des Göttlichen und ist Gott selbst. In allen Religionen erscheinen Götter als Feuerwolke. Moses sieht Gottvater als brennenden Dornenbusch. Der Heilige Geist erscheint als Flamme.

Wo die Hitze der Sonne das Leben bedroht, gilt Rot als Farbe des Dämonischen. Im alten Ägypten war Rot das Symbol für ‹böse› und ‹zerstörerisch›, bedrohlich wie die Gluthitze der Wüste. ‹Rotmachen› bedeutete ‹töten›. Und in einem altägyptischen Zauberspruch heißt es: «O Isis, erlöse mich, befreie mich aus der Hand aller schlechten, bösen, roten Dinge.»[9]

In kalten Ländern, wo man sich nach Wärme sehnt, hat Rot nur positive Bedeutung. Im Russischen ist rot gleichbedeutend mit ‹wertvoll› und ‹schön›. Die ‹rote Ecke› war der Ehrenplatz für die Ikonen. ‹Rotwild› ist bei uns Wild mit rötlichem Fell, aber in Rußland sind der Bär und der Zobel ‹rotes Wild›, weil ihr Fell so teuer ist. Ein ‹rotes Wort› ist eine geistreiche Bemerkung (→ Rot 9).

Rot-Orange-Gelb sind die Farben der Hitze wie auch des ‹feurigen Blutes›, der Begierde. Hier verbindet sich die Symbolik des Blutes mit der des Feuers.

Die Hitze (81): Rot 46 %, Gelb 23 %, Orange 21 %

Die Wärme (186): Rot 42 %, Orange 23 %, Braun 12 %, Gelb 8 %, Gold 5 %

Die Begierde (19): Rot 34 %, Orange 13 %, Gelb 11 %, Schwarz 11 %,
        Gold 10 %, Violett 10 %

Psychologische Wirkung

5. Die Nähe und die Materie

Die Nähe (122): Rot 29 %, Orange 15 %, Rosa 12 %, Grün 10 %, Braun 8 %,
     Gelb 8 %, Weiß 6 %

Wie die Wärme wirkt Rot nur aus der Nähe. Die Nähe ist das Reale, das Greifbare.
Rot ist die Farbe der Materie. Sein Gegensatz ist das ferne Blau, Farbe des Immateriellen, des Geistigen (→ Blau 1).
Was laut ist, muß nah sein. Wird das Laute zum Lärm, dann wird Schwarz zur
vorherrschenden Farbe, weil das bedrohliche Moment dominiert.

Das Laute (99): Rot 28 %, Orange 21 %, Gelb 19 %, Violett 13 %, Schwarz 9 %

Der Lärm (97): Schwarz 28 %, Rot 18 %, Orange 12 %, Grau 12 %, Gelb 10 %,
     Braun 7 %

Symbolische Wirkung

6. Das männliche und das weibliche Rot –
das reine und das unreine Rot

Rot ist eine männliche Farbe. Das zeigt sich in vielerlei Bedeutungen. Rot ist männlich als Farbe der Kraft, der Aktivität und der Aggressivität. Es ist der Gegenpol
zum passiven, sanften Blau und zum unschuldigen Weiß. Das Feuer ist männlich,
das Wasser ist weiblich. Ein in England und Amerika beliebter Jungenname ist
‹Roy›. Er ist keltischen Ursprungs und bedeutet ‹der Rote›. Nur als Symbolfarbe
des Geistigen verbinden wir mit Blau männliche Attribute (→ Blau 7).
Auch in China gehört Rot zu den männlichen Farben; dort sind Weiß und Schwarz
die weiblichen Farben. Rot kann sogar symbolisch konträr zu Gelb stehen: Auf
ägyptischen Fresken sind die Frauen mit gelblicher, die Männer mit rötlicher Haut
gemalt.[10]
In allen Kulturen ist Rot männlich – dennoch wurde in der Befragung für dieses
Buch Rot kaum als Farbe des Männlichen genannt, eher wird Rot als weibliche
Farbe eingeschätzt:

Das Männliche (114): Blau 35 %, Schwarz 20 %, Braun 13 %, Rot 7 %, Grau 6 %

Das Weibliche (188): Rosa 34 %, Rot 16 %, Weiß 13 %, Violett 12 %, Gelb 5 %

Bei der Frage nach der typisch männlichen und der typisch weiblichen Farbe denken wir heute an die Babyfarben Hellblau und Rosa. Als Ursprungsfarbe des Rosaroten wird Rot dem Weiblichen zugeordnet. Aber diese Babyfarben kamen erst um 1920 auf (→ Rosa 3).

Aber es gibt auch ein weibliches Rot: Es ist das dunkle Rot. Naturreligionen kennen eine geschlechtsbezogene Symbolik des Blutes. Das männliche Blut ist das leuchtend rote Blut der Leidenschaften, das im Kampf vergossen wird, das weibliche ist das dunkelrote Blut der Fruchtbarkeit. Menstruationsblut wurde auf Äcker gegossen, um das Land fruchtbar zu machen.

Das leuchtende Rot und das dunkle Rot ergänzen sich wie die Gegensätze männlich – weiblich. Das klare Rot symbolisiert das Herz, das dunkle Rot den Bauch. Das klare Rot symbolisiert die Aktivität, das dunkle Rot ist auf sich bezogen, es ist ruhig, eine Farbe der Nacht.

Traditionelle Wirkung

7. Die Farbe des Adels und der Reichen

Bis zur Zeit der Französischen Revolution gab es überall Kleiderordnungen, die offiziell bestimmten, wer welche Kleidung tragen durfte. Es gab standesgemäße Kleidungsstücke, standesgemäße Stoffe, standesgemäße Farben. Die Kleiderordnungen des Mittelalters unterschieden Kleidungsstücke, Stoffe, Farben für den hohen und den niederen Adel, den hohen und den niederen Klerus, die reichen Bürger, die armen Bürger, die reichen Bauern, die armen Bauern und für Dienstboten, Knechte, besitzlose Witwen und Waisen, schließlich für Bettler.

Je mehr Stoff für ein Kleidungsstück gebraucht wurde, desto vornehmer war es. Stoffe waren so teuer, daß ‹betucht sein› gleichbedeutend war mit ‹reich sein›. Diese Redensart blieb lange aktuell – noch im vorigen Jahrhundert hatte eine Frau aus einfacheren Verhältnissen nicht mehr als zwei Sommerkleider und zwei Winterkleider – je eines für sonntags, eines für werktags.

Von den Farben galten im frühen Mittelalter nur die reinen als schön. Folglich waren die reinen Farben das Privileg der höheren Stände. Reine Farben für Reiche, unreine Farben für Arme, das ist das Gesetz mittelalterlicher Farbigkeit.[11]

Die Wertschätzung der reinen Farben war Wertschätzung ihres Preises. Reine Farben waren teuer, denn es war schwierig, die Naturfarbstoffe von Unreinheiten zu

klären. Rot war die teuerste Farbe – die Herstellung und die Färberei waren aufwen-
dig, außerdem mußten die Farbstoffe importiert werden (→ Rot 8). Grün war eine
gutbürgerliche Farbe. Blau war nur vornehm, wenn es leuchtend blau war, dunkles
Blau war gewöhnlich. Die geringsten Farben waren Braun und Grau.

Der Wert der Farbe Rot wurde gesteigert durch ihre Magie. Der Glaube, daß rote
Kleidung Stärke und Macht verleihe, erwies seine Wahrheit dadurch, daß der herrschende Adel Rot den Untertanen verbot. Wer unstandesgemäß Rot trug, wurde
hingerichtet. In späteren Jahrhunderten, als der Adel die Macht über Leben und Tod
verloren hatte, wurde unstandesgemäße Kleidung von der Polizei beschlagnahmt.
Keiner durfte sich luxuriöser kleiden, als es dem gesellschaftlichen Ansehen seiner
Berufsgruppe entsprach.

Nur Adlige durften im Mittelalter rote Mäntel tragen. Der Mantel war wie ein Talar
geschnitten, mit glockigem Faltenwurf, weiten Ärmeln. Man nannte ihn ‹Schaube›.
Er ist das typische Kleidungsstück des Mittelalters. In billigeren Farben, aus billige-
rem Stoff, mit geringerem Stoffverbrauch – nur hüftlang und ohne Ärmel –, wird die
Schaube von den unteren Ständen getragen.

Als der Adel seine wirtschaftliche Macht einbüßte, verlor er das Privileg des roten
Mantels. 1498 wurde in einer Freiburger Kleiderverordnung auch den Gelehrten ein
roter Mantel erlaubt. 1524/25, im Bauernkrieg, forderten die Bauern, die sich gegen
die Ausbeutung durch den Adel auflehnten, unter anderem das Recht, eine rote
Schaube tragen zu dürfen – als sichtbares Zeichen sozialer Aufwertung. Vergebens.
Die Bauern waren nach der Niederschlagung der Aufstände rechtloser als zuvor.

Aber in den Städten gab es eine kleine Schicht von Bürgern, die durch Handel reicher
als der Adel geworden war. Sie ließen sich keine Vorschriften mehr machen. Die
Patrizier machten Rot zu ihrer Farbe, zur Farbe der Reichen.

In der Mode unseres Jahrhunderts sind die kräftigen Farben aus der Männerkleidung fast verschwunden. In der Damenmode dominieren ebenfalls gedeckte Farben.
Farben wie Knallrot sind nach gängigem Geschmack Kindern und Jugendlichen
vorbehalten. Ein Mensch der Renaissancezeit hätte die reduzierte Farbigkeit unserer
Mode als unästhetisch empfunden. In der Renaissance war Rot die schönste Kleiderfarbe, für Frauen und Männer, für jung und alt. Auf Ghirlandaios rührendem Porträt
von Großvater und Enkel trägt der alte Patrizier mit der knolligen Nase dasselbe Rot
wie sein Enkelkind (→ Bild 11).

Wer Rot tragen durfte, der heiratete auch in Rot. Noch bis Mitte des 18. Jahrhunderts heirateten die Nürnberger Patrizierinnen in Rot, der Bräutigam trug rote
Hosen (→ Weiß 12).

Wie detailliert jahrhundertelang die Farbvorschriften waren, auf was alles sie sich
bezogen, zeigt eine Braunschweiger Ratsverordnung von 1653, die die Farben für
die hölzernen Truhen, die ‹Brautkisten›, vorschreibt, in denen Frauen ihre Aussteuer
aufbewahrten: Die Farbe der Brautkisten sei «im ersten Stand rot, im zweiten grün
und rot, im dritten licht- und dunkelgrün, im vierten mit ‹geringer Farbe›»[12].

Im 18. Jahrhundert war dem Adel nur ein symbolisches Privileg roter Kleidung
geblieben – demonstriert auf dem berühmten Bild Ludwigs XIV., 1701 von Hya-

cinthe Rigaud gemalt. Der König ist umgeben von blau-weiß-goldener Pracht, den Farben der Bourbonen. Unter dem blauen Krönungsmantel ist Ludwig XIV. ganz in weiße Seide gekleidet: Zu einer kurzen Pumphose trägt er weiße Seidenstrümpfe, darüber noch weiße Kniestrümpfe, die seidenen Schuhe sind auch weiß. Nur ein Detail der Kleidung ist rot: die Absätze seiner Schuhe (→ Bild 12). Nur Adlige durften Schuhe mit roten Absätzen tragen.

Traditionelle Wirkung

8. Die Luxusfarbe aus Läusen

Die Geschichte der roten Textilfarben ist ein Kapitel des Luxus.

Das edelste Rot ist Purpurrot. Könige werden in purpurroten Mänteln gekrönt. Kardinäle tragen den Kardinalspurpur. Purpurrot sind die Talare der obersten Richter. – Aber wir verbinden mit der Farbe Purpur keinen genau definierten Rot-Ton. Wer von Purpurrot spricht, meint die Symbolfarbe der Macht. Welches Rot ist Purpurrot?

Der echte Purpur ist violett. Er war die kostbarste Farbe der Antike, mit der nur die kostbarsten Stoffe gefärbt wurden. Die Herstellung von Purpur war das Geheimnis der kaiserlichen Färberei am byzantinischen Hof. Rot wurde der Purpur erst, als mit dem Untergang von Konstantinopel das Geheimnis seiner Herstellung verlorenging. Weil nun die kostbarsten Stoffe mit dem zweitteuersten Farbstoff gefärbt werden mußten, dieser Farbstoff aber rot färbte, wurde aus dem violetten Purpur roter Purpur (→ Violett 1).

Das unechte Purpurrot machte man aus getrockneten weiblichen Schildläusen. Die Läuse heißen Kermesläuse, sie leben auf der strauchigen, immergrünen Kermes-eiche, die am Mittelmeer wächst. Diese Schildläuse sind rund und groß wie Erbsen. Sie saugen sich an den Blättern fest und legen Eier, die mit einem roten Saft gefüllt sind.

Da sich die Läuse, wenn sie sich festgesaugt haben, nicht mehr bewegen und schließlich über den Eiern absterben, hielt man sie früher für Beeren, die aus den Blättern wachsen. Die Läuse werden in alten Rezepten als ‹Kermesbeeren› bezeichnet. Der Farbstoff hieß ‹Kermes›. Das Kermesrot wurde auch ‹Scharlachrot› genannt. Für ein Kilo der Läusefarbe müssen ungefähr 140 000 Läuse mit einem Holzspachtel von den Blättern gekratzt werden. Getrocknet werden die Läuse zu einem roten Pulver zerrieben. Mit 1 Kilo der Läusefarbe kann man etwa 10 Kilo Wolle färben.

Die Herstellung war mühsam, die Farbe entsprechend teuer.

Aber Kermes war seinen Preis wert, nicht nur wegen des intensiven Rot, wichtiger war, daß Kermes lichtecht ist: Die meisten Naturfarben verblassen schon nach kurzer Zeit, aber mit Kermes konnte man kostbare Gewänder färben, die über Generationen weitergegeben wurden. Schon die Phönizier färbten mit der Luxusfarbe Wolle, Seide und Saffianleder. Das heute noch leuchtende Rot in romanischen und gotischen Wandbehängen ist mit Kermes gefärbt. Der Fes der Mohammedaner, so schreibt es der Koran vor, wird mit Kermes gefärbt.

Wie nahezu alles, was teuer war, wurde auch Kermes als universales Heilmittel gepriesen. Die Kermesläuse wurden zu Sirup verarbeitet, der Läusetrank sollte Nerven-, Herz-, Kopf- und Magenleiden kurieren.

Der andere, seit der Antike bekannte rote Farbstoff ist Krapp. Er wird aus der Krapp-Pflanze gewonnen, einer 50 bis 60 Zentimeter hohen, gelbblühenden Staude. Der Farbstoff sitzt in den Wurzeln: Die Haut der Wurzeln wird abgezogen, innen sind die Wurzeln gelbrot. Getrocknet werden sie leuchtendrot, dann werden sie gemahlen. Krapp läßt sich gut aufbewahren, nach einigen Jahren Lagerung färbt er sogar am schönsten – ideal für den Handel. Krapp wurde zur Textilfarbe und zur Malerfarbe verarbeitet. Krapplackrot gibt es immer noch als Künstlerfarbe.

Der beste Krapp wurde aus Kleinasien importiert. In Mitteleuropa versuchte man jahrhundertelang, diese Pflanze heimisch zu machen und die Geheimnisse der türkischen und italienischen Rotfärber zu entdecken. Im 16. Jahrhundert schließlich gelang es den Holländern, Krapp in bester Qualität anzubauen. Rote Kleidung wurde für jedermann erschwinglich. So war es nicht allein der Machtverlust des Adels, der Rot zur bürgerlichen Farbe werden ließ.

Sehr beliebt wurden rote Unterröcke, die unter den schwarzen Kleidern hervorblitzten. Die vornehmen Holländer trugen Seidenanzüge ganz in Rot, die Bauern an Festtagen rote Hosen und Janker.

Es war nicht nur der europäische Anbau, der den Import aus Kleinasien unnötig und damit den Krapp billiger machte. Auch ein epochales Ereignis besiegelte die soziale Deklassierung roter Kleidung: die Entdeckung Amerikas.

Mit der Entdeckung Amerikas kam aus Mexiko ein neues, besseres Rot: das Rot der Cochenille-Laus. Schon die Mayas färbten mit dieser Läusefarbe. Cochenille – oder Koschenille – verdrängte den Kermes, denn der Farbstoff aus den mexikanischen Läusen ist ergiebiger. 1526 wurde der Farbstoff erstmals von den spanischen Seefahrern importiert. Später brachten sie auch die Kakteen, auf denen die Läuse leben, nach Spanien. Die silbergrauen Läuse werden wie die Kermesläuse getrocknet und zu Pulver zermahlen. Aus den Kermesläusen machte man Scharlachrot, aus den Cochenilleläusen das blaustichige Karminrot.[13]

Kermes, Cochenille, Krapp sind Beizfarbstoffe. Die Farben bleiben sehr beständig, weil sie sich fest mit dem Stoff verbinden, dazu werden die Stoffe mit Beizen vorbehandelt. Im Mittelalter benutzte man als Beize: Alaun, Waschlauge aus Buchenholz, Kalilauge, Zinnsalze, Urin.[14] Für die roten Farbstoffe brauchte man Alaun, der mußte aus Ägypten und der Türkei importiert werden, ein weiterer Grund, warum die roten Stoffe so teuer waren.

Und die Rotfärberei war arbeitsintensiv. Im 17. und 18. Jahrhundert, als die Färberei schon hochentwickelt war, führen die Lehrbücher der Färber noch siebzehn Arbeitsgänge auf, um ein schönes Rot zu färben. Eine gute Färbung dauerte fünf bis acht Tage.

Mitte des 19. Jahrhunderts wurden sehr plötzlich die Künste der Färber durch die Künste der Chemiker überflüssig. Die Chemie konnte Teer in Farben verwandeln, die Anilinfarben kamen auf. Der erste natürliche Farbstoff, der durch eine synthetische Farbe verdrängt wurde, war der Krapp.

1871 gelang es der Badischen Anilin- und Sodafabrik, synthetisches Krapprot herzustellen. Das Kilo kostete 270 Mark – der natürliche Krapp dagegen pro Kilo 60 Mark. Das war keine Konkurrenz für die französischen Krappbauern, die damals ganz Europa mit dem besten Krapp belieferten. Aber der künstliche Krapp aus Deutschland wurde täglich billiger. Um die französische Naturfarbe vor der deutschen Kunstfarbe zu retten, führte die französische Armee neue Uniformen ein: Alle Soldaten mußten nun mit Krapp gefärbte Hosen tragen. Das brachte ihnen die Bezeichnung ‹Rothosen› ein. Die staatliche Unterstützung war vergebens – 1886 kostete der künstliche Krapp aus Deutschland 9 Mark. Die französischen Krappbauern kapitulierten. So wie der Waid verschwand der Krapp.

Auch die Läusefarben sind längst durch künstliche Farben ersetzt worden. Nur in Spanien gibt es noch Plantagen mit Kakteen für die Cochenilleläuse. Als organischen Farbstoff verwendet man die Läusefarben noch heute als Lebensmittelfarben und in der kosmetischen Industrie für Lippenstifte.

Politische Wirkung

9. Die roten Fahnen der Freiheit, der Arbeiterbewegung und des Kommunismus

Rot ist die häufigste Farbe in Flaggen. Rote Fahnen sieht man besser. Der andere Grund: Eine Fahne muß besonders lichtbeständig sein, und früher gab es nur wenige Farbstoffe, die so lichtbeständig waren wie Kermesrot und Krapprot.

Als kriegerische Blutfahne tauchten die roten Fahnen immer wieder in der Geschichte auf. Zur Freiheitsfahne erklärten sie die Jakobiner 1792. Die rote Freiheitsfahne wurde 1834 bei den Aufständen der Seidenweber in Lyon zur Fahne der Arbeiterbewegung. In der russischen Revolution 1907 wurde die Fahne der Arbeiterbewegung zur Fahne des Sozialismus und Kommunismus.

Rot ist die politische Farbe des Marxismus-Leninismus, denn im Russischen ist Rot viel mehr als eine Farbe. ‹Rot› (krasnij) gehört zur gleichen Wortfamilie wie ‹schön, herrlich, gut, wertvoll› (krasiwij). ‹Die Roten›, das bedeutet gleichzeitig ‹die Guten›, der ‹Rote Platz› in Moskau ist auch der ‹Schöne Platz›, die ‹Rote Armee› die ‹herrliche Armee›.

Bei uns ist die Zuschreibung des politischen Rot häufig abwertend gemeint. Der Antikommunismus spricht von der ‹roten Gefahr›, nennt die Volksrepublik China ‹Rotchina›, tituliert sowjetische Minister als ‹rote Zaren›. Je nach politischer Gegnerschaft sind ‹die Roten› auch Sozialdemokraten, Linksradikale, Terroristen.

Die deutsche Reserviertheit gegen rote Fahnen und allgemein gegen die Propagandafarbe Rot kommt nicht nur von der Ablehnung des Sozialismus aus kapitalistischer Perspektive, es ist auch die Erinnerung an das Hitler-Regime. Hitler wählte sehr bewußt Rot als Grundfarbe des Hakenkreuzbanners. Er brauchte, um eine Massenpartei zu etablieren, die Sympathien der Arbeiter: Hitler wählte Rot als psychologischen Bezug zur Farbe der Arbeiterbewegung.

Psychologische Wirkung

10. Das gesetzlich Verbotene

Die Gefahr (59): Rot 43 %, Schwarz 24 %, Orange 12 %, Gelb 11 %

Das Verbotene (177): Rot 33 %, Schwarz 27 %, Violett 14 %, Braun 6 %, Gelb 6 %

Der vielleicht wichtigste Erfahrungsbereich moderner Farbsymbolik ist der Straßenverkehr. Die wichtigste Farbe ist Rot. Wer Rot mißachtet, macht sich strafbar. Wie kam es zu den weltweit einheitlichen Ampelfarben? Bei Tageslicht hat Gelb die größte Helligkeit, dann Rot, dann Grün, dann Blau. In der Dämmerung ist Grün am besten sichtbar, dann Gelb, dann Blau, dann erst Rot. Warum wählte man die Ampelfarben nicht entsprechend dem objektiven Kriterium der Farbhelligkeit? – Ob eine Farbe wahrgenommen wird und wie sie wahrgenommen wird, das hängt nicht von der Farbe ab, sondern vom Umfeld, in dem sie erscheint.

Gelb ist das normale Licht. Ein gelbes Lichtsignal wäre von Straßenlampen, von Autoscheinwerfern kaum zu unterscheiden. Auch wenn Grün nachts auf größere Entfernungen zu erkennen ist als Rot, bei Tag geht ein grünes Licht in der Landschaft unter. Aus dem gleichen Grund ist Blau keine Ampelfarbe, blaues Licht bietet keinen Kontrast zum Himmel. Rot ist bei Tag und Nacht die unnatürlichste und damit auffälligste Farbe in der Umgebung von Himmel und Landschaft.

Wenn ein Farbsymbol so wichtig ist, daß es unbedingt von allen Menschen beachtet werden muß, dann wird es durch nicht-farbgebundene Symbolik verstärkt. Damit auch farbenblinde Menschen die Ampelsignale verstehen, ist überall das rote Licht oben, das grüne Licht unten. Zusätzlich ist bei vielen Fußgängerampeln die Information durch eine stehende und eine gehende Figur verstärkt, eine konkret-bildliche Ebene, die für Kleinkinder verständlich ist.

Die Ampelfarben als tief verinnerlichte Farbsymbolik wurden in andere Bereiche übertragen. Rot signalisiert Gefahr. Notbremsen und Alarmknöpfe sind rot. Die Reißleine bei Fesselballons, die nur zur Landung gezogen werden darf, ist rot. Ein rotes Licht an der Tür eines Aufnahmestudios, eines Operationsaals verbietet den Zutritt. International haben alle Verbotsschilder drei einheitliche optische Elemente: einen roten Rand, einen roten Schrägbalken, und alle Verbotsschilder sind rund. Vom Halteverbotsschild bis zum Rauchverbotsschild.

Symbolische Wirkung

11. Das moralisch Verbotene

Das Unmoralische (170): Rot 24 %, Schwarz 24 %, Violett 19 %, Gelb 8 %,
    Rosa 7 %, Braun 6 %

Die Hölle ist rot, auch im Diesseits. Im ‹redlight district›, im Schummerlicht der roten Laternen, herrscht die Unmoral. Das Rot der Erotik, der Sexualität verbindet sich mit dem Schwarz der Sünde und dem lasterhaften Violett.

Im Neuen Testament heißt es: «Und ich sah eine Frau auf einem scharlachroten Tier sitzen, das war voll lästerlicher Namen und hatte sieben Häupter und zehn Hörner. Und die Frau war bekleidet mit Purpur und Scharlach und geschmückt mit Gold und Edelsteinen und Perlen und hatte einen goldenen Becher in der Hand, voll von Greuel und Unreinheit ihrer Hurerei, und auf ihrer Stirn war geschrieben ein Name, ein Geheimnis: Das große Babylon, die Mutter der Hurerei und aller Greuel auf Erden.» [15]

Ähnlich wie hier die Stadt Babylon wird im Alten Testament die Stadt Jerusalem als Hure im roten Kleid bezeichnet. Die Folgerung, Rot sei die Farbe der Dirnen gewesen, ist populär geworden, aber falsch. Purpurfarbene Kleidung war zu biblischen Zeiten Normalsterblichen nicht erlaubt. Sie war den Göttergleichen vorbehalten. Sogar noch zur Zeit der Bibelübersetzung durften Dirnen keine roten Kleider tragen. Ohnehin wären rote Stoffe für sie unerschwinglich gewesen. Die in Purpur und Rot gekleideten Huren der Bibel sind Symbole für die gottlosen Völker von Babylon und Jerusalem: Personifikationen des Luxus und der Todsünde Eitelkeit. Rot als Dirnenfarbe zu verachten ist eine moderne Idee. Solange die Farbe der Kleidung soziale Bedeutung hatte, war Rot eine Farbe des Prestiges. Erst lange nachdem die Kleiderordnungen abgeschafft waren, kamen die psychologischen

Deutungen von Kleiderfarben auf. Erst die Moral der Durchschnittlichkeit, die Moral der ‹Normalität›, setzt unauffällige Farben mit charakterlicher Seriosität gleich und lehnt auffällige Kleidung als unseriös ab.

Älterer Tradition ist dagegen die Verachtung roter Haare. Rot gilt als typische Haarfarbe der Dirnen. Vor allem dunkelrotes Haar, weil es besonders unnatürlich wirkt. Im frühen Mittelalter wurde die Jungfrau Maria noch häufig mit rotem Haar gemalt – blonde Haare hätten zuwenig mit dem üblichen Goldgrund kontrastiert, mit schwarzen Haaren wollte man Maria nicht malen (→ Bild 72). Die Verteufelung der Rothaarigen begann um 1500, damals verschwand der Goldgrund aus der Malerei. Die Marien wurden blond. Rothaarige wurden nun als Hexen verbrannt. Auch rothaarige Männer standen mit dem Teufel im Bund. Judas Ischariot, der Verräter, wird meist mit roten Haaren gemalt. ‹Rotes Haar – böses Haar›, sagt ein altes Sprichwort, ein anderes: ‹Roter Bart – Teufelsart› und ‹Rote Haare – Gott bewahre!›[16]

Diese Tradition ist lebendig: Eine moderne Muttergottes mit rotem Haar würde noch heute als gotteslästerlich empfunden.

Psychologische Wirkung

12. Die Farbe der Korrektur und der Kontrolle

Jedes Schulkind weiß, daß Rot die Farbe der Korrektur ist. Mit Rot werden Preise reduziert. ‹Hier regiert der Rotstift›, ‹Unsere Preise werden rot›, heißt es in der Werbesprache. Was in Planung und Verwaltung dem Rotstift zum Opfer fällt, wird wegen Geldmangels gestrichen. In der Sprache der Buchhaltung steht Rot für die Soll-Seite. Wer ‹rote Zahlen schreibt›, macht Verlust.

Bekannt ist auch die Redensart vom ‹roten Faden, der sich durch eine Geschichte zieht›, weniger bekannt ihr Ursprung. Sie hat nichts zu tun mit dem Faden, den Ariadne dem Helden Theseus gab, um sich aus dem Labyrinth des Minotaurus zu retten. Ihr Ursprung ist eine raffinierte Erfindung, mit der die englische Marine ihre Taue gegen Diebstahl sicherte: In alle Taue wurde ein roter Faden eingedreht; um ihn zu entfernen, hätte das ganze Tau zerlegt werden müssen. Dieser rote Faden, der sich durch jeden Zentimeter des dicksten und des dünnsten Seils zieht, verrät auf einen Blick die englische Marine als Eigentümer.

‹Red keinen Zinnober› und ‹Weg mit dem ganzen Zinnober› – diese Redensarten, die die rote Malerfarbe gleichsetzen mit Unsinn und wertlosem Zeug, kommentieren die Vergeblichkeit alchimistischer Bemühungen: Die Alchimisten versuchten immer wieder, Gold zu machen aus Mischungen von Quecksilber und Schwefel, aber dabei entsteht nur die billige Malerfarbe Zinnober.

Psychologische Wirkung

13. Die Farbe der Dynamik und der Werbung

Die Dynamik (29): Rot 25 %, Blau 20 %, Orange 13 %, Silber 10 %, Gelb 9 %,
   Schwarz 6 %, Grün 5 %, Weiß 5 %

Die Aktivität (3): Rot 28 %, Orange 18 %, Gelb 15 %, Blau 15 %, Grün 12 %

Die Hektik (77): Rot 23 %, Orange 14 %, Schwarz 12 %, Grau 11 %, Gelb 11 %,
   Violett 10 %, Grün 9 %

Etwas Rundes (136): Rot 24 %, Gold 15 %, Orange 14 %, Rosa 11 %, Gelb 9 %,
   Violett 7 %, Braun 6 %, Weiß 5 %

Das Attraktive (12): Rot 25 %, Blau 12 %, Weiß 10 %, Gold 9 %, Rosa 7 %,
   Violett 7 %, Silber 6 %, Schwarz 5 %

Rot ist aktiv. Rot ist in Bewegung, ist dynamisch. Die elementare Farbe eines Kreises ist Rot.
Rot ist allgegenwärtig in der Reklamewelt. Was hervorgehoben werden soll, wird
rot gedruckt. Zweierlei wird dabei vergessen:
1. Die psychologische Wirkung der Farbe gerät in Konflikt mit der psychologischen Wirkung von Werbung. Was rot gedruckt ist, wirkt auf den ersten Blick wie
Werbung – und Werbung wird von immer mehr Menschen ignoriert. Jeder hat
zwar gelernt, daß Rotgedrucktes hervorgehoben sein soll, aber man ist gewohnt,
alle wirklich wichtigen Informationen Schwarz auf Weiß zu lesen. Ein wissenschaftlicher Text in Rot wirkt populärwissenschaftlich, wenn nicht sogar unseriös
(→ Bild 24).
2. Die Mißachtung roter Schrift ist auch wahrnehmungsphysiologisch bedingt.
Rote Schrift ist auf weißem und auf schwarzem Grund schlecht lesbar. Der beabsichtigte Effekt verkehrt sich ins Gegenteil: Was hervorgehoben werden soll, verschwindet.
In der abgebildeten Anzeige aus der Werbekampagne (→ Bild 13) gegen Schwarzarbeit, die das Bundesministerium für Arbeit auf Streichholzschachteln publizierte,
verschwindet die rote Schrift auf dem weißen und dem schwarzen Untergrund.
Optisch prägnant bleibt das Gegenteil der beabsichtigten Aussage: Illegale Beschäftigung und Schwarzarbeit bringen Bargeld direkt auf die Hand – das überzeugendste Argument für Schwarzarbeit.

14. Wie Tiere auf Rot reagieren

Es ist eine Legende, daß Rot auf Tiere besonders erregend wirke. Es ist nicht das sprichwörtliche rote Tuch, das den Stier reizt, es sind die Lanzenstiche des Picadors und der Banderilleros. Der Torero könnte ebensogut ein blaues Tuch verwenden. Der Stier greift an, was sich bewegt – das Tuch des Toreros ebenso wie den flüchtenden Torero ohne Tuch.

Tiere können besser hören und riechen als der Mensch, der Mensch kann besser Farben differenzieren. Tiere, die bei Nacht aktiv sind, können zwar in der Dunkelheit mehr erkennen, bei Tageslicht ist ihr Farbunterscheidungsvermögen jedoch unterentwickelt. Die einzigen Säugetiere, die Farben so gut sehen können wie der Mensch, sind die Menschenaffen.

Sogar Blindenhunde können zwischen Rot und Grün nicht unterscheiden – das ist auch nicht nötig: Der Hund muß auch ohne Ampel richtig reagieren. Es wäre zu gefährlich, würde sich ein Blindenhund nur auf die Ampel verlassen; er muß den Verkehr beobachten und orientiert sich sicherer mit Hilfe des Gehörs.

Besser als bei Säugetieren ist das Farbunterscheidungsvermögen bei Fischen, Vögeln und Insekten entwickelt. Fische sind zwar rotblind, dafür sehen sie das für den Menschen unsichtbare Ultraviolett.

Bienen und andere Insekten reagieren ebenfalls nicht auf Rot, aber sie sehen Ultraviolett. Viele Blüten haben ultraviolette Muster, die Bienen können durch sie Blüten unterscheiden, die dem Menschen gleichfarbig erscheinen. Das Sehvermögen der Insekten hat zur Farbselektion bei den Pflanzen geführt: Blüten, die von Insekten bestäubt werden, sind nur selten rot – die Mohnblume hat nur überlebt, weil sie eine starke ultraviolette Komponente hat. Aber Vögel können Rot sehen: Deshalb gibt es bei tropischen Blumen, die von Kolibris bestäubt werden, zahlreiche rote Arten.

15. Das kreative Rot

Als institutionalisierte Warnfarbe und Signalfarbe kann Rot nicht ersetzt werden. Jede Änderung würde Verwirrung hervorrufen. Verwirrung bedeutet im Ernstfall Gefährdung.

Rot wird aber häufig als Pseudo-Signalfarbe eingesetzt. In Anzeigen, Prospekten, Gebrauchsanweisungen werden einzelne Worte oder ganze Textpassagen rot gedruckt. Die Signalfarbe soll hervorheben – der gewünschte Effekt aber verkehrt sich oft ins Gegenteil: Ist die Schrift zu klein oder zu dünn, verschwinden die rotge-

druckten Worte; Textpassagen in Rot sind sehr viel schlechter lesbar als schwarz-
gedruckte. Wer Farben sinnvoll und kreativ einsetzen will, sollte sich von dieser
Konvention lösen.

Auf Rot sollte man auch verzichten, wenn die Farbe nur banal gewordene Symbolik ist, wie beispielsweise ein rotes Herz. Eine untypische Farbe kann mehr Interesse wecken. Ein grünes oder graues Herz signalisiert neue Informationen. Rote
Lippen, in der Werbewelt überall zu sehen, wirken nicht mehr als Signal, sondern
nur noch banal. Ein grüner Mund dagegen wirkt so überraschend, daß man unwill-
kürlich hinsieht.

Nach dem Prinzip der unmöglichen Farben wurde die Werbung für eine Zigaret-
tenmarke in roter Verpackung konzipiert. Auf den Anzeigen wurde rot, was üblicherweise nie rot ist. Rote Konzertflügel, rote Celli, rote Trompeten, Matrosen in
roten Anzügen – und eine Braut ganz in Rot (→ Bild 16).

Umgekehrt lassen sich wieder prägnante Werbefiguren erfinden, wenn Dinge, die
immer rot sind, eine neue Farbe bekommen. Es gibt nur wenige rote Tiere. Das
bekannteste ist der Marienkäfer mit den schwarzen Tupfen. Weil der Marienkäfer
auch als Glücksbringer gilt, ist er ein Lieblingstier der Werbung – und damit ein
Klischee, das nicht mehr beachtet wird. Ein blau-weiß getupfter Käfer würde
ebenso hübsch wirken und hätte einen höheren Aufmerksamkeitswert. Besonders,
wenn die neuen Farben Bezug zum Produkt haben. Der rot-weiß getupfte Fliegen-
pilz ist ebenfalls ein Glücksbringer und ein Klischeebild. Ein blauer Pilz mit goldenen Tupfen regt die Phantasie mehr an.

Ein Nikolaus oder ein Weihnachtsmann im blauen Mantel wäre eine Attraktion,
die gut zu modischen Themen paßt.

Aus den modernen Wohnungen ist Rot als Flächenfarbe verschwunden. Rote Sei-
dentapeten sehen nur in sehr hohen Räumen nobel aus. Rot braucht Platz, um
prächtig zu wirken. Der größte Widerspruch zur Wirkung des Rot wäre ein kleines,
rotgekacheltes Badezimmer. Diese kreative Farbgebung würde aber nur unangenehme Gefühle erzeugen.

Rot und Grau sind die typischen Farben der Dächer. Hierzulande ganz unüblich, in
südlichen Ländern keine Seltenheit, sind blaue Dächer. Ein strahlend blaues Dach
sieht auch unter nördlichem Himmel schön aus. Ein Dach in solch unüblicher
Farbe hat den Snob-Appeal, den sich manche viel kosten lassen. Viele Firmen legen
großen Wert auf eine ‹Corporate Identity› – gemeint ist damit ein einheitlich gestal-
tetes Erscheinungsbild, zu dem eine Firmenfarbe gehört, die vom Firmenzeichen
bis zum Firmenwagen präsent ist. Es wäre eine weithin sichtbare Attraktion,
würde das Dach des Firmengebäudes in der Firmenfarbe gedeckt. Eine kreative
Farbgebung, die Innovationsbereitschaft signalisiert.

Wenn man in einem Landschaftsfoto die Farben der Natur durch solche Farben
ersetzt, die in der Natur nicht möglich sind, entsteht die Vision einer fremden Welt.
Surrealistische Künstler malen rotes Wasser, rotes Gras, grünes Feuer, grüne Son-
nen. Das Prinzip der unmöglichen Farben wird gern bei Illustrationen von Horror-
phantasien und Science-fiction-Themen eingesetzt.

Ein Bild, das den konventionellen Erwartungen widerspricht, ist auch der Torero mit dem blauen Tuch (→ Bild 14). Die unübliche Farbgebung hat hier einen doppelten Sinn: Stiere sind farbenblind.

1   Wunderlich, S. 18.

2   Meyers Konversationslexikon, Ausgabe von 1902–08, Stichwort ‹Blutopfer›.

3   Ebd.

4   Ploss 1967, S. 22.

5   Wunderlich, S. 5 ff.

6   Ebd., S. 25.

7   Nahum 2,4. In älteren Bibelübersetzungen ist die Kleidung der Krieger scharlachrot.

8   Pfingsten wird ebenfalls in Rot gefeiert. An Pfingsten symbolisiert Rot die Feuerflamme, die den Heiligen Geist verkörpert.

9   Wunderlich, S. 71.

10 Allgemein ist in der ägyptischen Farbsymbolik Weiß die weibliche Ergänzung zum männlichen Rot. Vgl. Lurker 1987, S. 70.

11 Vgl. Nixdorff/Müller, S. 29.

12 Fuhse, zitiert nach Lauffer, S. 20.

13 Je weiter sich die Färberei entwickelte, desto weniger war der Farbton vom Farbstoff abhängig. Färbt man mit Cochenille und gibt Weinsteinsäure zu, erhält man Karminrot; Weinstein mit Zinnsalz ergibt Scharlachrot. Vgl. Feddersen-Fieler S. 56 f; Ploss 1967, S. 37; Vogt, S. 42.

14 Bei der Beizenfärberei findet eine Base-Säure-Reaktion statt: Ist der Farbstoff sauer – im chemischen Sinn –, muß die Beize basisch sein; bei basischen Farbstoffen ist die Beize sauer.

15 Offenbarung 17,3–5.

16 Lauffer, S. 14; Riedel, S. 41.

Grün: Beruhigend zwischen Hoffnung und Gift

Absinthgrün · Apfelgrün · Armeegrün · Avocadogrün · Billardgrün · Birkengrün · Blaßgrün · Blattgrün · Brillantgrün · Braungrün · Bronzegrün · Chlorgrün · Chromgrün · Chromoxydgrün · Dschungelgrün · Echtgrün · Efeugrün · Erbsgrün · Eukalyptusgrün · Farngrün · Filzgrün · Flaschengrün · Französisches Grün · Froschgrün · Gallengrün · Giftgrün · Grasgrün · Graugrün · Grünbeige · Grünblau · Grüne Erde · Heliogengrün · Jadegrün · Kadmiumgrün · Khaki · Kieferngrün · Kobaltgrün · Laubgrün · Lichtgrün · Lindgrün · Lodengrün · Maigrün · Malachitgrün · Maschinengrün · Mattgrün · Meergrün · Mintgrün · Mistelgrün · Moosgrün · Myrtengrün · Natogrün · Neapelgrün · Neongrün · Nilgrün · Oliv · Olivgrau · Opalgrün · Pariser Grün · Pastellgrün · Patinagrün · Permanentgrün · Petrolgrün · Pfauengrün · Pfefferminzgrün · Pigmentgrün · Pistaziengrün · Polizeigrün · Resedagrün · Russischgrün · Saftgrün · Salatgrün · Schilfgrün · Schimmelgrün · Schmutziggrün · Schweinfurter Grün · Seegrün · Signalgrün · Smaragdgrün · Spinatgrün · Tannengrün · Türkis · Turmalingrün · Urgrün · Verkehrsgrün · Veroneser Grün · Victoriagrün · Viridingrün · Waldmeistergrün · Wandtafelgrün · Wassergrün · Welkgrün · Zinkgrün

Schönes Grün und häßliches Grün

Für 12 % der Männer und Frauen ist Grün die Lieblingsfarbe. Aber es gibt auch viele, die Grün nicht mögen: 10 % der Männer und 8 % der Frauen nannten Grün als unbeliebteste Farbe.

Grün ist die selbständigste der Mischfarben. Anders als Violett, das immer an seine Ursprungsfarben Rot und Blau erinnert, denkt man bei Grün kaum an die Entstehung aus Gelb und Blau. Deshalb ist es auch kaum möglich, ein harmonisches Grün zu bezeichnen, ein Grün, bei dem Gelb und Blau in gleichwertigem Verhältnis zueinander stehen.

Genauso schwierig ist es, ein ‹typisches Grün› zu definieren. Menschen, die Grün lieben, sehen das typische Grün strahlender als Menschen, die Grün nicht mögen – sie empfinden das typische Grün dunkel und trüber. Zeigt man Grünfreunden und Grünfeinden zwanzig verschiedene Grüntöne und fragt, welches das typische Grün sei, wird das Spektrum der gewählten Farben viel größer als bei der Wahl des typischen Rot oder des typischen Blau.

Der jeweils ‹richtige› Grünton der verschiedenen Begriffe wird durch die Farben definiert, die an zweiter und dritter Stelle genannt wurden. Wurde an zweiter Stelle Blau genannt, dann entspricht ein blaustichiges Grün der Assoziation. Ob ein helles oder ein dunkles Grün gemeint ist, zeigt die Nennung von Weiß oder Schwarz. Für die farbigen Grafiken der Begriffe wurde ein Grün gewählt, das weder als blaugrün noch als gelbgrün empfunden wurde und dessen Helligkeit der des Rot und des Blau entspricht. – Aber Grün ist nicht nur in der Symbolik eine sehr wechselhafte Farbe: Zwischen Tageslicht und Kunstlicht verändert sich Grün stärker als die anderen Farben.

Psychologische Wirkung

1. Die Natur

Grün ist die Vegetation. Grün kann vielerlei Begriffen eine neue naturbezogene Bedeutung geben. Der Wald wird als ‹grüne Lunge› der Großstadt bezeichnet. Der gefährliche Urwald als ‹grüne Hölle›. In der ‹grünen Einsamkeit› der Vororte warten die ‹grünen Witwen›. Ein Hobby-Gärtner hat einen ‹grünen Daumen›.

‹Grün› als eigenständiger Begriff zeigt die Perspektive der Zivilisation. Nur Städter fahren ‹ins Grüne›. Nur in der Stadt gibt es ‹Grünanlagen› als ‹Begrünung›, verwaltet vom ‹Grünflächenamt›. Das ‹Grün› beim Golf ist ebenso eine künstliche

Naturanlage. Die Partei ‹Die Grünen› entstand erst in einer hochindustrialisierten Zivilisation, als die Zerstörung der Natur zum Thema wurde.

Viele einprägsame Begriffe lassen sich erfinden, indem Begriffe der Kultur, der Zivilisation mit dem Prädikat ‹Grün› versehen werden. Analog zur ‹schwarzen Magie› etwa eine ‹grüne Magie›, die wie selbstverständlich als Zauberwirkung der Natur verstanden würde. Eine ‹grüne Kosmetik› suggeriert natürliche Wirkstoffe. In der Werbung eines Chemiekonzerns wurde bereits eine ‹grüne Chemie› propagiert.

Das Natürliche/Die Natürlichkeit (124): Grün 48 %, Weiß 14 %, Blau 13 %,
      Braun 10 %, Gelb 5 %

Psychologische und symbolische Wirkung

2. Die Farbe des Lebens

Die Lebendigkeit (100): Grün 38 %, Rot 16 %, Orange 10 %, Gelb 10 %,
      Weiß 9 %, Blau 8 %

Grün ist die Symbolfarbe des Lebens. Die Symbolik entsteht aus der Erfahrung des pflanzlichen Wachstums. Grün ist der Gegensatz zu welk, dürr, abgestorben.

Als Farbe des Lebens ist das Grün weiblich. Bei uns ist die Verbindung der Farbe Grün mit dem Weiblichen fast vergessen; lebendig blieb die Idee in China, wo die Zuordnung auch von Farben zum weiblichen Prinzip Yin oder zum männlichen Prinzip Yang fest im philosophisch-religiösen Denken verankert ist. Grün ist Yin (→ Gelb 11).

In China ist Grün auch Symbolfarbe für langes Leben und Barmherzigkeit. Zwei Ideen, die ebenso im christlichen Denken zusammengehören: Barmherzigkeit ist der Anfang eines neuen Lebens. In mittelalterlichen Darstellungen tragen Heilige, die das Prinzip des Lebens verkörpern, häufig Grün. Es ist die Farbe Johannes des Täufers. Der heilige Michael trägt auf vielen Bildern einen grünen Mantel, wenn er den Drachen Satan besiegt.

Kulturelle Wirkung

3. Die heilige Farbe des Islam

Grün war die Lieblingsfarbe Mohammeds, des Propheten. Mohammed trug einen grünen Mantel und einen grünen Turban (→ Bild 21). Und nur seinen Nachfolgern, den Kalifen, ist es gestattet, einen grünen Turban zu tragen. Die kostbarste Reliquie des Islam ist der Sandschak-i-Scherif, das heilige Banner, es ist grün, mit Gold bestickt. Es ist die Fahne, mit der der Prophet in den Krieg zog und schließlich Mekka eroberte. Die grüne Fahne ist für Mohammedaner von überragender Bedeutung, sie ist mehr als Erinnerung an den Propheten: Jeder Mohammedaner hat die Pflicht, der grünen Fahne in den Krieg gegen Ungläubige zu folgen. So wurde der Islam zur Weltreligion.

Daß Mohammed Grün zu seiner Lieblingsfarbe erklärte, ist nicht die Zufälligkeit individuellen Geschmacks. Mohammed (570–632), der die Offenbarungen des einzigen Gottes verkündete, wie sie im Koran ausgelegt sind, prophezeite den Gläubigen als Lohn eines gottgefälligen Lebens kein asketisches, frömmlerisches Jenseits, sondern ein Paradies voll sinnlicher Freuden, ein genußreiches Leben in bezaubernden Landschaften, blühenden Wiesen, schattigen Wäldern, ewigen Oasen. Grün sei die im Paradies herrschende Farbe – eine Vorstellung, die ein Wüstenvolk begeistert.

Die Farbe des Propheten ist die Farbe des Islam, ist die Farbe der Arabischen Liga. 1945, bei der Gründung der Liga, wurde festgelegt, daß alle Mitgliedsstaaten grüne Flaggen haben sollen. Das Grün signalisiert die Einheit im Glauben, Einheit in der Kultur und die Einheit der arabischen Völker. Die Flagge Saudi-Arabiens, der Heimat Mohammeds, zeigt auf grünem Grund die Inschrift: «La illaha illa Allah wa Muhammed ur-rusul Allah» – «Es gibt keinen Gott außer dem Gott, und Mohammed ist sein Prophet». Darunter ein Schwert zur Erinnerung an die Kriege im Namen des Glaubens (→ Bild 20).

Das heilige Grün des Islam ist kein weibliches Grün. Symbolik ist kulturabhängig, weil unterschiedliche Kulturen unterschiedliche Lebensweisen bedeuten. Die Frage ‹Was bedeutet Grün?› ist auch eine Frage nach den Lebensverhältnissen. In Nordeuropa, wo Grün im Überfluß vorhanden ist, hat die Erfahrung gelehrt, daß das üppigste Grün keine Garantie für Reichtum, nicht einmal fürs Überleben ist. Wo Grün als ganz alltäglich empfunden wird, ist es auch eine Farbe des Bösen (→ Grün 12). Inmitten der Wüste aber ist grüne Natur überwältigend, ist Grün gleichbedeutend mit materiellem Wohl und geistigem Heil.

Aus der Erfahrung entsteht die Symbolik. Grün ist weiblich, wenn es die Farbe der profanen Natur ist. Aber als Farbe des ewigen Lebens, als heilige Farbe ist es männlich.

Psychologische und symbolische Wirkung

4. Der Frühling und florierende Geschäfte

Der Frühling (56): Grün 64 %, Gelb 12 %, Rosa 11 %, Weiß 8 %

Es keimt, es sprießt, es grünt. Grün ist die Farbe des Frühlings. Frühling bedeutet Wachstum, in übertragener Bedeutung wird Grün zur Symbolfarbe des Gedeihens. Wenn es in alter Sprache heißt: ‹zur Zeit, als Rom am grünsten war›, dann ist nicht Rom im Frühling gemeint, sondern Rom zur Zeit seiner wirtschaftlichen und kulturellen Blüte. ‹Grüne Dinge tun› bedeutet bei den alten Ägyptern Gutes hervorbringen.[1] Grün ist die Farbe des Gottes Osiris, er ist in der frühen ägyptischen Mythologie der Gott des Nils und der Fruchtbarkeit. Seine Hautfarbe ist grün, er hat den Beinamen ‹Der Große Grüne› (→ Bild 23).

Symbolische Wirkung

5. Die Farbe der beginnenden Liebe

In der Farbsymbolik der Minnedichtung ist Grün die Farbe der beginnenden Liebe. Denn auch Gefühle entwickeln sich, wachsen. Frau Minne, die mittelalterliche Personifizierung der Liebe, trägt ein grünes Kleid.
Ein ‹grünes Mädchen› nannte man in diesem Sinn eine junge ledige Frau. Das war auch offensichtlich: Wo grüne Trachten getragen wurden, war Hellgrün die Farbe der unverheirateten Mädchen im heiratsfähigen Alter. – Christliche Völker unter islamischer Herrschaft, wie Spanien im frühen Mittelalter und länger noch im Balkan, durften keine grünen Trachten tragen. Verständlich: Ein Volk, dem eine Farbe heilig ist, wird nicht gestatten, daß ein unterworfenes Volk diese Farbe in den Schmutz des Alltags zieht.[2]
«Mädele ruck, ruck, ruck an meine grüne Seite, ich hab dich gar so gern, ich mag dich leide…» – Das Lied, das Friedrich Silcher 1836 schrieb, gehört noch zum Repertoire jedes Altherrenchors, aber kaum einer weiß, daß die ‹grüne Seite› links ist, die Seite, wo das Herz ist. Wer an der grünen Seite sitzt, ist dem Herzen näher. Auf dem gleichen Sinn beruht die Redensart ‹Man ist jemand nicht grün› – man kann ihn nicht leiden.
Bei den Römern war Grün die Farbe der Venus. Frau Venus ist die Göttin der Liebe, der Gärten und des Gemüses.

Symbolische Wirkung

6. Grün ist die Hoffnung

Die Hoffnung (83): Grün 52 %, Blau 23 %, Weiß 7 %, Gelb 6 %

Die Zuversicht (198): Grün 26 %, Blau 17 %, Gelb 9 %, Orange 8 %, Weiß 8 %, Violett 8 %, Silber 6 %, Rosa 6 %, Rot 5 %, Gold 5 %

Um zu prüfen, ob Grün als Farbe der Hoffnung lediglich ein sinnlos gewordenes Klischee oder ob es eine bewußte Farbzuschreibung ist, wurde auch nach der Farbigkeit der ‹Zuversicht› gefragt. Hoffnung und Zuversicht sind sehr ähnliche Begriffe. Und sehr ähnlich sind auch die Farben (→ Einleitung, S. 18).
Die Idee der grünen Hoffnung lebt, weil sie verwandt ist mit der Erfahrung des Frühlings. Die sprachlichen Analogien verraten es: Die Hoffnung keimt, die Saat im Frühling keimt. Frühling bedeutet Erneuerung nach einer Zeit des Mangels. Und auch Hoffnung ist ein Gefühl, dem eine Zeit der Entbehrungen vorausgegangen ist. ‹Je dürrer die Zeit, desto grüner die Hoffnung›, sagt das Sprichwort. ‹Mein Herz wird grün›, hieß es früher, wenn man wieder hoffen durfte.
Erneuerung im religiösen Sinn bedeutet Befreiung von Sünden, bedeutet Auferstehung. Deshalb ist auf vielen alten Bildern das Kreuz Christi grün gemalt. Deshalb beginnt die Karwoche mit dem Grünen Sonntag (Palmsonntag). Der Gründonnerstag ist ursprünglich der letzte Tag der Buß- und Fastenzeit; wer gebüßt hatte, war von Sünden befreit, war wieder grün geworden.[3] Am Gründonnerstag ißt man nach altem Brauch Gemüse, meist Spinat.

Kulturelle Wirkung

7. Die Farbe des Heiligen Geistes

Weiß, Rot, Violett und Grün wurden 1570 von Papst Pius V. als liturgische Farben festgelegt. Unter den liturgischen Farben ist Grün die einfachste und zugleich elementarste. Grün ist die Farbe der gewöhnlichen Sonntage, das heißt der Sonntage, die keine besonderen Feiertage sind, an denen keine Gedenkgottesdienste gehalten werden. An diesen gewöhnlichen Sonntagen sind Altar und Kanzel mit grünen Decken geschmückt, die Geistlichen tragen grüne Gewänder. Allerdings ist die Priesterkleidung manchmal so üppig mit Gold und Silber bestickt, daß die grüne Grundfarbe nur noch als Ornament erscheint.

Rot, Blau, Grün sind die Farben der Dreieinigkeit. Rot ist Gottvater, Blau Gottes Sohn, Grün ist die Farbe des Heiligen Geistes. Wenn auf einem Gemälde neben Gottvater, Christus und dem Heiligen Geist auch Maria gezeigt wird (→ Bild 17), dann ist die Hierarchie der christlichen Symbolfarben so festgelegt: Maria trägt Blau, allerdings nicht das kostbare Ultramarinblau, sondern Dunkelblau, Christus trägt Rot, Gottvater trägt den Purpurmantel. Der Heilige Geist, verkörpert als weiße Taube, erscheint vor grünem Hintergrund.

Der Heilige Geist offenbarte sich den Auserwählten, folglich wurde Grün zur Farbe der Apostel. Die Bischöfe verstehen sich als Nachfolger der Apostel, deshalb ist ihr Wappenzeichen ein grüner Hut. Der Hut soll an die Wanderschaft der Apostel erinnern, das Grün an den Auftrag, das Christentum zu verbreiten.

Psychologische Wirkung

8. Die herbe Frische

Die Frische (54): Grün 34 %, Blau 27 %, Weiß 20 %, Gelb 11 %, Rosa 5 %

Das Herbe (78): Grün 34 %, Braun 17 %, Grau 10 %, Schwarz 9 %, Silber 7 %, Gelb 5 %

Das Saure (141): Grün 38 %, Gelb 38 %

Das Bittere (24): Grün 27 %, Braun 17 %, Gelb 17 %, Grau 9 %, Schwarz 8 %, Violett 7 %, Blau 5 %

Was grün ist, wird als frisch empfunden, das wissen nicht nur Werbestrategen. Bekanntes Beispiel ist Parfum in grüner Verpackung, sie suggeriert einen frischherben Duft, man spricht von einer ‹grünen Duftnote›. Die Regel, daß Grün Frische signalisiere, ist jedoch produktabhängig. Ein grünes Handtuch wirkt nicht frischer als ein rotes; grünes Brot erweckt sogar die gegenteilige Assoziation. Entscheidend sind die durch Erfahrung gelernten Bedeutungen.

Am stärksten ist die Verbindung von Grün mit Frische bei Getränken. Die Erfahrung, daß grüne Getränke mit Kräutern zubereitet sind, verbindet das Frische mit dem Herben.

Zum herben Grün gehört auch das Bittere. Und Grün und Gelb sind die typischen Farben des Sauren.

Der Zusammenhang von ‹grün› und ‹frisch› zeigt sich auch in der Sprache. ‹Frisch› ist das Gegenteil von konserviert, zubereitet, geräuchert, getrocknet. ‹Grünes Holz› ist noch nasses Holz; ‹grüne Klöße› sind aus rohen Kartoffeln gemacht. Und die ‹grüne Hochzeit›, das ist der Tag der Heirat, an dem die Ehe noch nicht konserviert ist.

Psychologische Wirkung

9. Gesundes Grünzeug

Das Gesunde (66): Grün 30 %, Rot 21 %, Blau 12 %, Rosa 10 %, Orange 7 %,
       Weiß 6 %, Gelb 5 %

Das Gesunde ist grün, denn Grün ist auch gleichbedeutend mit Gemüse. Auf dem
‹grünen Markt› wird ‹Grünzeug› verkauft. Eine ‹Grünspeise› ist gekochtes Gemüse. ‹Suppengrün› ist Gemüse für die Suppe. Kombiniert mit anderen Nahrungsmitteln, signalisiert das Attribut ‹Grün› den Zusatz von Gemüse und Kräutern:
‹grüne Nudeln›, ‹grüne Eier›, ‹grüne Soße›. – Hier sind noch viele kulinarische
Neuschöpfungen möglich: beispielsweise ‹grüner Kaviar› für die exquisite Speise-
karte.
Rinder fressen am liebsten Klee. Wer ‹etwas über den grünen Klee lobt› – eine
Redensart, die ein übertriebenes, nicht recht ernst zu nehmendes Lob meint –, der
urteilt wie ein Rindvieh. Denn Klee ist nur für ein Rindvieh der höchste Genuß.

Psychologische und symbolische Wirkung

10. Das Unreife und die Jugend

Die Jugend (87): Grün 28 %, Rosa 20 %, Gelb 13 %, Blau 13 %, Weiß 12 %

Der Prozeß der Reife in der Natur kann viele Farbstufen durchlaufen: Von Grün
über Gelb nach Rot wie bei Kirschen; von Grün nach Rot bis Blau und Schwarz bei
Pflaumen und Heidelbeeren; aus grünen werden braune Nüsse; aus grünen Knos-
pen kann sich eine Blüte jeder Farbe entwickeln. Aber es gibt keine Pflanze, keine
Blüte, bei der der Prozeß in umgekehrter Farbfolge abläuft – das Stadium der Unreife ist immer grün.
Diese Erfahrung ist so allgemein, daß sie auf andere Bereiche übertragen wird.
Grün ist die Farbe der Jugend. Ein ‹grüner Junge› ist einer, dessen Ansichten so
unreif sind wie grünes Obst, so unausgegoren wie grüner Wein. Er ist noch ‹grün
hinter den Ohren›. Die Bezeichnung ‹Grünschnabel› bezieht sich auf die grünliche
Haut, die junge Vögel um den Schnabel haben. Die Engländer sagen ‹greenhorn›,
auch die Haut an den Hörnern junger Böcke ist noch grün.
Über eine noch junge Liebe schrieb Friedrich Schiller: «Unsere Bekanntschaft ist
noch grün.»

Psychologische und traditionelle Wirkung

11. Giftgrün

Das Giftige/Die Giftigkeit (67): Grün 56%, Gelb 21%, Violett 5%

Das Ungenießbare (168): Grün 23%, Braun 19%, Grau 15%, Gelb 11%,
　　　　　Violett 11%, Schwarz 9%

Grün ist die Farbe des Giftigen, des Ungenießbaren. Diese negative Bedeutung ist
erstaunlich, ist doch Grün auch die Farbe des Gesunden. Grün und Gelb als Hauptfarben des Giftigen sind auch die Hauptfarben unserer Nahrungsmittel. Hier zeigt
sich, daß sogar ein einzelnes sprachliches Klischee eine Farbwirkung bestimmen
kann. ‹Giftgrün› ist ein verankerter Begriff. Niemand spricht von ‹Giftrot›, obwohl
doch Rot die Farbe der Gefahr ist. Niemand kennt ‹Giftblau›, obwohl wir kaum
blaue Nahrungsmittel essen und blau gefärbte Nudeln oder blaue Schlagsahne
ekelerregend finden.
Als Malerfarbe wurde Grün zur Farbe des Giftes. Das schönste Grün, das man
früher kannte, war ein Smaragdgrün, als Malerfarbe heißt es auch Schweinfurter
Grün und Französisches Grün. Dieses Grün wurde hergestellt aus Kupfer-Grün-
span, der in Arsen gelöst war. Grünspan ist giftig. Arsen ist eines der stärksten Gifte
überhaupt. Fast alle grünen Lacke, Ölfarben, Wasserfarben und die intensiv grünen Textilfarben enthielten Grünspan und Arsen. Gesundheitsgefährdend waren
nicht nur die Herstellung und Verarbeitung dieser grünen Farben, auch nach der
Verarbeitung blieben sie gefährlich, das Gift löste sich bei Hautkontakt, auf feuchten Untergründen entwickelten sich Arsendämpfe.
Grün war die Lieblingsfarbe Napoleons. Sie wurde ihm zum Verhängnis. Die
Räume seines Exils in St. Helena waren grün tapeziert. Als französische Chemiker
vor einigen Jahren die Überreste seines Leichnams analysierten, um zu untersu-
chen, ob Napoleon mit 52 Jahren tatsächlich eines natürlichen Todes gestorben
war, entdeckten sie große Mengen Arsen in seinen Haaren und Fingernägeln. Aber
Napoleon war nicht von seinen Bewachern vergiftet worden. Im feuchten Klima
von St. Helena löste sich das Gift aus Tapeten, Möbelstoffen und grün gefärbtem
Leder, so starb Napoleon an schleichender Arsenvergiftung. Grüne Farben blieben
bis in dieses Jahrhundert hinein giftige Farben.[4]
Grün ist auch das Fluoreszierende, das Leuchten geheimnisvoller Substanzen.
Grüne Flüssigkeiten spielen eine große Rolle in den Lehrbüchern der Alchimisten.
Mit dem ‹Grünen Löwen› und dem ‹Grünen Drachen› kann man Gold machen.
Gemeint sind damit grünlich-gelbe Chlorlösungen, die so aggressiv sind, daß sie
Gold aus Erz ausfällen – oder Gold sogar ganz auflösen.

Kulturelle und symbolische Wirkung

12. Die grünen Dämonen Europas

Ein ‹Grünrock› ist ein Jäger. ‹Der Grünrock› ist der Teufel. Der Teufel als Jäger armer Seelen ist ein altes Motiv, aber im Jägerrock erscheint der Teufel erst seit der Romantik, es ist das Bild des Teufels in Menschengestalt. In mittelalterlichen Darstellungen ist der Teufel noch eine Mischung aus Schlange und Drache (→ Bild 18 und 44).

Welche Farbe hat ein Drache? «Grün», wird jeder Europäer spontan antworten, obwohl noch keiner einen Drachen gesehen hat. Und in unserer Phantasie haben alle dämonischen Wesen grüne Augen. Auch hier scheiden sich die Kulturen: In China sind Drachen in vielerlei Farben vorstellbar. Im Islam ist die Verbindung von Böse und Grün nicht vorstellbar.

Unsere Dämonen sind meist grün und gelb – die Farben des Giftigen –, oder sie sind grün und schwarz. Schwarz verkehrt die Bedeutung jeder damit verbundenen Farbe ins Gegenteil. Grün, die Farbe des Lebens, wird, kombiniert mit Schwarz, zur Farbigkeit der Zerstörung (→ Schwarz 3,5).

Psychologische und traditionelle Wirkung

13. Das grüne Kleid –
entweder einfach oder extravagant

Mit frischen Blättern der Birke, der Erle und des Apfelbaums kann man Stoffe grün färben. Und mit der Rinde dieser Bäume. Außerdem färben viele Pflanzen grün, wie Schafgarbe, Heidekraut, Moos, Farn und Flechten. Das Färben ist einfach: Die Wolle wird in einer Alaunlösung vorbehandelt, damit sie die Farbe aufnimmt, dann wird sie in der Pflanzenbrühe stunden-, manchmal tagelang geköchelt.

Diese Farben waren nicht giftig, doch sind die pflanzlichen Grüntöne entweder sehr hell oder graugrün. Und sie verblassen schnell beim Waschen und am Licht. Intensiveres Grün erforderte eine zweifache Färbung: Zuerst wurde mit Wau, einer gelbfärbenden Pflanze, gefärbt, dann mit Waid oder Indigo blau überfärbt. Die grüngefärbten Stoffe waren preiswert – Grün war keine noble Farbe.

Grün war populär für einfache Kleidung, in der festlichen Kleidung spielte es nie eine Rolle. Nicht nur weil Grün billig war, es gab einen weiteren Grund: Abends im Kerzenlicht erschienen alle grünen Stoffe bläßlich und bräunlich.

1863 entwickelte der Chemiker Eugen Lucius einen grünen Farbstoff, den er ganz im Geist der Zeit nach seiner chemischen Struktur benannte: das Aldehydgrün. Mit zwei Partnern gründete er die Firma ‹Meister, Lucius und Brüning›, um das Aldehydgrün zu verkaufen. Die Marktchancen waren schlecht, der Bedarf an grüner Farbe war gedeckt, die Nachfrage nach grüner Kleidung begrenzt. Dennoch gelang es Lucius und seinen Partnern, eine Seidenfärberei in Lyon von der Besonderheit ihres Grün zu überzeugen. Man schloß ein Abkommen: Die Seidenfärber verpflichteten sich, ein Jahr lang alles produzierte Aldehydgrün aufzukaufen, die Farbhersteller verpflichteten sich, nur nach Lyon zu liefern.

Die Seidenfärber hatten gute Beziehungen zum Pariser Hof, zur Kaiserin Eugénie, Gemahlin Napoleons III. Sie galt als die schönste Frau der Welt, und keine übertraf ihre Eleganz. Als die Kaiserin eines Abends die Pariser Oper besuchte in einer Robe aus aldehydgrüner Seide, und als dieses grüne Kleid in der Gasbeleuchtung auf eine unerklärliche Weise leuchtete, da wurde Aldehydgrün zur Modesensation. Aus der Firma Meister, Lucius und Brüning wurden die Farbwerke Hoechst.

Nach diesem Erfolg brachte die chemische Industrie viele grüne Farbstoffe auf den Markt. Dem Aldehydgrün folgte das Jodgrün, das Methylgrün, das Bittermandelölgrün – jedes hochgiftig.

Die Wirkung eines grünen Kleides ist nicht nur von der Farbnuance abhängig, sondern stärker als andere Farben vom eingefärbten Material. Auf matten Stoffen wirkt Grün in besonderem Maß billig, auch bieder. Auf glänzenden Stoffen wirkt Grün besonders auffällig – eher extravagant als elegant. Überspitzt gesagt: Grün wirkt am Tag gewöhnlich, am Abend ordinär.

Psychologische und symbolische Wirkung

14. Die beruhigende Mitte

Rot wirkt nah, Blau wirkt fern, in der Mitte liegt das Grün.

Grün ist komplementär zu Rot. Aber in unserem Empfinden und in unserer Farbsymbolik ist Blau der Gegenpol zu Rot. Die Polarität Rot–Blau zeigt sich in vielerlei Dimensionen, und immer steht Grün in der Mitte. Rot ist heiß, Blau ist kalt, Grün ist von angenehmer Temperatur. Rot ist trocken, Blau ist naß, Grün ist feucht. Rot ist aktiv, Blau ist passiv, Grün ist beruhigend, ohne zu ermüden. Grün steht neutral zwischen dem männlichen Rot und dem weiblichen Blau. Es steht zwischen dem materiellen Rot und dem geistigen Blau.

Extreme sind aufregend, gefährlich. Grün, in vollendeter Neutralität zwischen allen Extremen, wirkt beruhigend und sicher.

Das Beruhigende (20): Grün 40%, Blau 15%, Rosa 9%, Weiß 7%

Die Ruhe (135): Grün 30%, Blau 21%, Weiß 15%, Braun 10%, Schwarz 9%,
    Grau 8%

Die Erholung (45): Grün 57%, Blau 16%, Weiß 9%, Gelb 8%

Das Angenehme (9): Grün 23%, Rosa 18%, Blau 15%, Weiß 8%, Orange 8%,
    Gelb 8%, Rot 7%

Die Sicherheit (150): Grün 23%, Weiß 15%, Blau 14%, Silber 10%,
    Braun 10%, Gold 6%, Gelb 6%

Die Hilfsbereitschaft (80): Grün 20%, Blau 16%, Weiß 14%, Rot 11%,
    Gold 11%, Gelb 9%, Orange 5%

Die Ausdauer (15): Grün 20%, Blau 12%, Rot 11%, Gelb 9%, Weiß 9%,
    Braun 9%, Grau 8%, Violett 7%, Orange 6%

Die Toleranz (160): Grün 21%, Blau 20%, Weiß 20%, Violett 8%, Orange 7%,
    Gelb 7%

Zwischen nah und fern (200): Grün 20%, Grau 20%, Blau 12%, Violett 10%,
    Silber 9%, Gelb 8%, Weiß 6%, Braun 5%

Goethe sagt über die beruhigende Wirkung von Grün: «Man will nicht weiter, und man kann nicht weiter. Deswegen für Zimmer, in denen man sich immer befindet, die grüne Farbe zur Tapete meist gewählt wird.»[5]

Grün ist die neutralste Farbe in unserer Symbolik. Entscheidend für seine Wirkung sind die kombinierten Farben. Grün-Blau-Weiß ist der Farbklang aller positiven Eigenschaften, um die kein großes Aufheben gemacht wird: Eigenschaften wie Hilfsbereitschaft, Ausdauer, Toleranz.

Kombiniert mit Schwarz, Gelb und Violett wird Grün negativ. Aber Grün an sich ist jenseits von Gut und Böse.

Politische Wirkung

15. Die Umweltschützer und die Iren

Bei uns wurde Grün erst um 1980 zur politischen Farbe, als die Partei ‹Die Grünen› gegründet wurde. Die Namensgebung war klug: Grün, die Farbe der Natur, verwies auf den Umweltschutz als wichtigstes Thema der Partei; Grün, die Farbe der Neutralität, symbolisierte überzeugend die politische Eigenständigkeit zwischen den Blöcken der Roten und der Schwarzen. Der Name der Partei paßt so überzeugend zu ihrem Programm, daß heute Umweltschützer parteiunabhängig als ‹Grüne› bezeichnet werden. Dies auch im Bezug zur internationalen Umweltschutzorganisation ‹Greenpeace›.

In älterer Tradition ist Grün die republikanische Freiheitsfarbe. Die italienischen Republikaner wollten 1795 eine Fahne wie die französische Trikolore, das Vorbild aller republikanischen Fahnen. In der grün-weiß-roten Fahne Italiens repräsentieren Rot und Weiß die alten Farben Italiens, Grün symbolisiert «des Menschen Recht auf Freiheit und Gleichheit»[6].

Das ‹Grüne E›, 1949 als Fahne der Europäischen Bewegung entworfen, führte diese Grün-Symbolik fort. Das ‹E› steht für Europa, das Grün wird als Freiheitsfarbe erklärt. Zunächst war das ‹Grüne E› allerdings ein ‹Rotes E›. Das Rot wurde ausgetauscht, weil es an die sozialistischen Fahnen erinnerte.[7]

Eine spezielle Bedeutung hat Grün in Irland. Es ist die Nationalfarbe der ‹Grünen Insel›. Grün ist in Irland außerdem die Farbe des Katholizismus. Diese Bedeutung entstand, nachdem der Protestant Wilhelm von Oranien Irland unterworfen hatte. Die Hausfarbe der Oranier ist Orange (→ Orange 8). Die Katholiken, die ihre Religion als ‹natürliche› Religion Irlands empfanden, erklärten ihre Nationalfarbe zur Symbolfarbe ihrer Religion. Noch heute ist in Irland ein ‹Grüner› ein Katholik.

Traditionelle Wirkung

16. Am grünen Tisch

Herz, Karo, Kreuz und Pik sind die französischen Pendants der deutschen Kartenfarben ‹Herzen›, ‹Schellen›, ‹Eicheln›, ‹Grün›. ‹Grün›, auch ‹Laub› genannt, entspricht dem schwarzen Pik. Die Redensart ‹dasselbe in Grün› bezieht sich auf den Unterschied von deutschen und französischen Karten – es ist ein Unterschied, der nichts ändert. ‹Ach du grüne Neune!› – auch dieser altmodische Ausdruck des Erstaunens kommt vom Kartenspiel.

Der Vorwurf, etwas am ‹grünen Tisch› entschieden zu haben, ist der Vorwurf realitätsfremder Planung, die allenfalls spielerischen Wert hat. Noch um die Jahrhundertwende gehörte ein Spieltisch zur Ausstattung jedes gutbürgerlichen Haushalts. Diese Tische, an denen man sich zu Karten- und Würfelspielen zusammensetzte, waren mit grünem Filz bespannt. Der billige und unempfindliche Filz, der ideal die Unebenheiten der Tischplatte verdeckte, war grün, weil Grün angenehm für die Augen ist, einen guten Kontrast zu Karten und Würfel bietet. Und ohnehin war Grün die beliebteste Farbe für das Wohnzimmer. Immer noch ungebrochen ist die Tradition grüner Billard- und Roulettetische.

Weil ein grüner Untergrund nicht nur beim Spielen angenehm auf das Auge wirkt, wurden auch in Kanzleien, in Hörsälen, in Bibliotheken die Tischplatten grün bespannt. Nobel mit grünem Leder, billig mit Filz oder Linoleum. Das ist das bürokratische Milieu der grünen Tische: Wer nur am ‹grünen Tisch› plant, hat das Arbeitszimmer nie verlassen, die Realität nie gesehen.

Psychologische Wirkung

17. Das funktionale Grün

Verkehrsampeln spielen eine wichtige Rolle im modernen Leben, folglich wurde dieser Aspekt der Farbwirkung symbolisch verallgemeinert. Auch in Gebäuden signalisieren grüne Schilder freien Durchgang. Überall sind die Notausgänge, die frei bleiben müssen, grün beleuchtet. Alle Rettungswege sind mit weißen Pfeilen auf grünem Grund gekennzeichnet. Generell sind alle Rettungszeichen viereckig, mit weißen Symbolen auf grünem Grund (→ Bild 19).

Die Symbolik der Ampelfarbe wurde in die Alltagssprache übernommen. Wer jemandem ‹grünes Licht› gibt, gibt ihm freie Fahrt für sein Vorhaben. Wer eine ‹grüne Welle› hat, erlebt einen Erfolg nach dem anderen.

Das ‹Standardgrün› ist ein dunkles Grün. Es gilt als angenehmste Farbe bei langer Betrachtung und ist deshalb die Standardfarbe von Wandtafeln. Die meisten Maschinen sind in Standardgrün lackiert. Die Einheitsfarbe garantiert, daß sich Ersatzteile und Neuanschaffungen optisch problemlos eingliedern.

Weinflaschen sind meist flaschengrün. Der einfache Grund: Flaschengrün ist die billigste Glassorte. Besseren Lichtschutz gibt braunes Glas, wie es für Arzneiflaschen vorgeschrieben ist.

Auch Operationswäsche ist aus funktionalen Gründen grün. Neben der beruhigenden Wirkung auf die Augen des Chirurgen hat die grüne Wäsche den Vorteil, daß Blut darauf dunkel und weniger erschreckend wirkt. Mehr und mehr wird das Operationsgrün allerdings ersetzt durch ein leuchtendes Blau. Das Blau sieht nach heutiger Ästhetik schöner aus und wirkt deshalb mindestens ebenso angenehm wie Grün.

18. Das kreative Grün

Kreative Farbgebung im Wohnbereich: Billardtische sind traditionell grün bespannt. Früher war Grün die beliebteste Farbe für Wohnzimmer und Salon, dazu paßte ein grüner Spieltisch. Heute ist kaum noch ein Wohnzimmer grün tapeziert. So manche mit modisch-anspruchsvollem Wohnstil – eben jene Leute, die einen Billardtisch in der Wohnung brauchen – hätten den Tisch lieber passend zum Farbcharakter ihrer Wohnung. Warum also gibt es keine Billardtische mit Filz in Weiß, Grau oder Blau?
Umgekehrt kann, was nie grün war, grün werden. Grüne Tapeten sind nicht mehr beliebt, aber immer beliebter werden große Grünpflanzen: Hübsch unter den Wohnzimmerpalmen würde sich ein grünes Klavier machen.
Grüne Backsteine und grüne Ziegel würden gut zu einer naturbezogenen Bauweise passen.

Kreative Farbgebung in der Mode: Die praktischen, aber biederen grünen Lodenmäntel fänden in neuen Farben neue Käufer. Die Kürschner haben bereits Pelzen durch ungewöhnliche Farben einen neuen Look gegeben. Ein grüner Kaninchenmantel ist außergewöhnlicher als der braune Standardnerz.
Grüner Nagellack ist ein beliebter Faschingsgag. So hautnah wird eine ungewohnte Farbe aber nur selten als wirklich schön empfunden, außerhalb der Faschingssaison trägt kaum eine Frau grünen Nagellack. Grüne und blaue Wimperntusche dagegen wird als Modegag für normale Zeiten akzeptiert. Die unnatürliche Wimpernfarbe wirkt natürlich, wenn sie zur Farbe der Augen paßt.

Kreative Farbgebung im Produktdesign: Fahrradreifen gab es früher nur in Schwarz. Jetzt gibt es sie auch in Grün, Gelb, Rot, Blau. Genauso könnten Autoreifen grün werden, passend zur Autolackierung.
Ein teurer Rotwein könnte statt in den billigen flaschengrünen Flaschen in dunkelroten Flaschen verkauft werden.
Grünes Gebäck hätte früher niemand essen mögen. Aber mit dem neuen Gesundheitsbewußtsein entstehen Marktchancen für grüne Gemüsekekse.

Kreative Farbgebung in der Werbung: Als Werbetier würde zur Abwechslung ein violettes Krokodil oder eine violette Schlange erfreuen. Ein himmelblaues Kleeblatt verspricht mindestens ebensoviel Glück wie die grüne Standardversion.

Kreative Farbgebung in der Kunst: Auch in der Märchenwelt der Kinderbücher herrscht nur zu oft die Konvention. Alle Nixen sind grün. Eine Goldfischnixe ist noch nie aufgetaucht. Und warum eigentlich sind alle Marsmenschen grün?

1 Lurker 1987, S. 87.

2 Nixdorff/Müller, S. 156.

3 Eine andere Erklärung für ‹Gründonnerstag› vermutet hinter dem ‹Grün› eine Abwandlung von ‹grienen›, dem alten Wort für ‹weinen›. Daß das Grienen der Büßer bei den Gründonnerstagsprozessionen diesem Tag seinen Namen gegeben habe, wird heute allerdings von Sprachforschern bezweifelt.

4 In einer Liste giftiger Farbstoffe in Meyers Konversationslexikon von 1902–08 sind die meisten der giftigen Farbstoffe grüne Farbstoffe.

5 Goethe, Farbenlehre, § 802.

6 Rabbow, Stichwort ‹Grün›.

7 Rabbow, Stichwort ‹E, grünes›.

Schwarz: Konservatismus und Anarchismus.
Eleganz und Tod

Anilinschwarz · Anthrazitschwarz · Beinschwarz · Blauschwarz · Braunschwarz · Brombeerschwarz · Diamantschwarz · Dominoschwarz · Ebenholzschwarz · Eisenoxydschwarz · Elfenbeinschwarz[1] · Frankfurter Schwarz · Graphitschwarz · Grauschwarz · Grudeschwarz · Höllenschwarz · Immedialschwarz · Jettschwarz · Kaviarschwarz · Knochenschwarz · Kohlschwarz · Kohlpechrabenschwarz · Koksschwarz · Lackschwarz · Lakritzschwarz · Manganschwarz · Mitternachtsschwarz · Mohrenschwarz · Nachtschwarz · Onyxschwarz · Pariser Schwarz · Pechschwarz · Pigmentschwarz · Rabenschwarz · Rauchschwarz · Rebschwarz[2] · Rußschwarz · Samtschwarz · Schieferschwarz · Schwarzgrün · Schwarzoliv · Schwarzviolett · Teerschwarz · Tiefschwarz · Tintenschwarz · Tuscheschwarz

Ist Schwarz eine Farbe?

Das tiefste Schwarz der Welt hat schwarzer Samt. Im Weltall gibt es ein noch tieferes Schwarz, das ‹absolute Schwarz›. Das absolute Schwarz ist in physikalischer Definition die Farbe eines nichtleuchtenden Körpers, der alles Licht schluckt.
Es ist eine beliebte Frage, ob Schwarz überhaupt eine Farbe sei. Die Frage hat allerdings nur theoretischen Wert, denn zweifellos sehen wir Schwarz als eigenständige Farbe und verbinden mit Schwarz eine Symbolik, die keiner anderen Farbe vergleichbar ist. Auf die theoretische Frage bleibt als theoretische Antwort: Schwarz ist eine unbunte Farbe.
‹Dunkelheit› und ‹Schmutz› sind die spontanen Assoziationen zu Schwarz. In der Symbolik wird Schwarz zur Farbe des Schlechten und zur Farbe der Negation. Schwarz kann die positive Symbolik jeder anderen Farbe ins Gegenteil verkehren. Trotzdem ist es die Lieblingsfarbe von 8 % aller Befragten. Es sind überwiegend Teenager, die Schwarz toll finden. Andererseits nennen 9 % der Frauen und 7 % der Männer Schwarz als die Farbe, die ihnen am wenigsten gefällt.

Psychologische und symbolische Wirkung

1. Das Ende, der Tod

Das Ende (40): Schwarz 59 %, Grau 9 %, Braun 7 %, Weiß 7 %

Die Leere (102): Schwarz 37 %, Grau 21 %, Weiß 21 %, Blau 5 %

Alles endet in Schwarz: verfaultes Fleisch wird schwarz, vermoderte Pflanzen, tote Zähne werden schwarz. Wer sich ‹schwarz ärgert›, ärgert sich zu Tode. Darauf bezieht sich auch die Redensart ‹Warte, bis du schwarz wirst›. Wer den Tod bringt, trägt Schwarz: der Sensenmann und der Henker.
Der Maler Wassily Kandinsky beschrieb das Schwarz so: «Und wie ein Nichts ohne Möglichkeit, wie ein totes Nichts nach dem Erlöschen der Sonne, wie ein ewiges Schweigen ohne Zukunft und Hoffnung klingt innerlich das Schwarz.»[3]

Kulturelle Wirkung

2. Die Trauerfarbe

Die Trauer (162): Schwarz 88 %, Grau 10 %

Die Israeliten streuten sich in Zeiten der Trauer Asche auf den Kopf, ihre dunklen, sackähnlichen Trauergewänder hießen ‹sak› – daher die Redensart ‹in Sack und Asche gehen›. Überall gilt es als Zeichen der Trauer, sein Äußeres zu vernachlässigen. Das bedeutet den Verzicht auf farbenfrohe Kleidung, auf dekorativen Schmuck – früher war es in manchen Kulturen Brauch, sich Haare und Bart abzuschneiden; in anderen Kulturen galt es als Ausdruck der Trauer, wenn man Haare und Fingernägel wachsen ließ. Hinter den unterschiedlichen Bräuchen steht der gleiche Gedanke: Die Trauer um den Toten läßt das eigene Leben vergessen.

In der christlichen Farbsymbolik wandelt sich die Farbe des Todes: Schwarz ist die Trauer um den irdischen Tod, Grau symbolisiert das Jüngste Gericht, Weiß ist die Farbe der Auferstehung. Deshalb ist die Kleidung der Trauernden schwarz, die der Toten jedoch weiß, denn sie sollen auferstehen.

Für Menschen mit sogenannter weißer Hautfarbe ist Weiß die ideale Farbe, die Freudenfarbe. Für Menschen mit anderer Hautfarbe ist Weiß naturgemäß nicht der Inbegriff der Vollkommenheit, für sie ist Weiß auch Trauerfarbe. Dabei ist das Weiß nicht als Farbe gemeint, sondern als Mangel aller Farben. Die weiße Trauerkleidung ist ungefärbte Kleidung. Wie schwarze Trauerkleidung zeigt sie den Verzicht auf eigene Eitelkeit. Königinnen früherer Jahrhunderte trugen, um sich von den gewöhnlichen Trauernden zu unterscheiden, weiße Trauerkleidung. Königin Victoria trauerte in Violett, der alten Herrscherfarbe (→ Bild 28).

Weiß ist vor allem bei jenen Völkern Trauerfarbe, bei denen Schwarz Symbolfarbe der Fruchtbarkeit ist. Der Gegensatz zur schwarzen Fruchtbarkeit ist der weiße Tod.

Ob Schwarz oder Weiß Trauerfarbe ist, ist natürlich auch von religiösen Ideen bestimmt. Es ist die Frage, ob es im religiösen Sinn ein lebenswertes Leben vor dem Tod gibt oder ob sich der Sinn des Lebens erst im Jenseits erfüllt. Die ganz auf das Jenseits ausgerichteten Urchristen trugen bei Beerdigungen weiße Kleidung: Der Tod war das Fest der Auferstehung. Im alten Ägypten war Gelb die Trauerfarbe, denn Gelb symbolisierte das ewige Licht. Auch wenn, wie im Buddhismus, die irdische Existenz nur als eines von mehreren Intervallen auf dem Weg zur Vollkommenheit begriffen wird, ist Schwarz als Farbe der Finsternis nicht die passende Trauerfarbe.

Je mehr das religiöse Denken verschwindet, je mehr der irdische Tod betrauert wird, desto mehr wird Schwarz weltweit zur Trauerfarbe.

Psychologische und symbolische Wirkung

3. Die Negation der bunten Farben –
wie aus Liebe Haß wird

Rot ist die Liebe – Rot und Schwarz ist der Haß (→ Rot 2). Orange-Gelb ist der Farbklang der Geselligkeit – Gelb mit Schwarz ist der Egoismus, die Lüge. Blau neben Rosa und Weiß ist der Farbklang der Harmonie. Blau neben Schwarz ist der Farbklang der Härte. Aus dem aromatischen Braun wird durch die Kombination mit Schwarz das verdorbene Braun.
Durch die Kombination mit Schwarz verkehrt sich die Symbolik jeder bunten Farbe ins Gegenteil.

Die Geselligkeit (65): Orange 22 %, Gelb 17 %, Rot 13 %, Grün 10 %, Rosa 9 %, Blau 9 %, Braun 7 %

Der Egoismus (31): Schwarz 22 %, Gelb 17 %, Gold 9 %, Grün 8 %, Rot 8 %, Violett 7 %, Blau 7 %, Braun 6 %, Grau 6 %

Die Harmonie (73): Blau 28 %, Rosa 14 %, Weiß 12 %, Grün 10 %, Violett 7 %, Rot 7 %, Gold 6 %

Das Harte / Die Härte (74): Schwarz 43 %, Blau 15 %, Silber 12 %, Grau 9 %, Rot 6 %

Das Aromatische (11): Braun 27 %, Orange 20 %, Grün 16 %, Rot 13 %

Das Verdorbene (178): Braun 26 %, Schwarz 22 %, Violett 14 %, Grau 11 %, Grün 7 %, Gelb 7 %

Symbolische Wirkung

4. Die negativen Gefühle

Melancholiker hätten schwarzes Blut, hieß es früher. Noch heute werden alle negativen Gefühle mit Schwarz assoziiert. Wer alles ‹Schwarz in Schwarz malt›, wer nur ‹schwarz sieht›, ist ein Pessimist. Wer durch und durch böse ist, ‹hat ein schwarzes Herz›. Über Agamemnon heißt es in der Ilias: «Von gewaltigem Zorn wurde sein schwarzes Herz erfüllt.» Ein ‹black look› ist in England ein böser Blick.
Wer lacht, wenn es anderen graust, wer Verbrechen, Krankheit, Tod amüsant findet, hat einen ‹schwarzen Humor›.
Grau, die Farbe der Tristesse, in Verbindung mit Schwarz charakterisiert die negativen Gefühle, die mehr gegen einen selbst als gegen andere gerichtet sind.

Die Bedrängnis (17): Schwarz 35 %, Grau 18 %, Braun 14 %, Orange 7 %,
Rot 6 %, Blau 6 %

Die Einsamkeit (36): Grau 33 %, Schwarz 20 %, Weiß 16 %, Violett 6 %,
Blau 6 %, Braun 5 %

Die Gefühllosigkeit (60): Grau 26 %, Schwarz 18 %, Gelb 11 %, Blau 11 %,
Braun 7 %, Silber 6 %, Violett 6 %, Weiß 6 %

Schwarz, verbunden mit dem aggressiven Gelb, charakterisiert die negativen Gefühle, die gegen andere gerichtet sind.

Der Egoismus (31): Schwarz 22 %, Gelb 17 %, Gold 9 %, Grün 8 %, Rot 8 %,
Violett 7 %, Blau 7 %, Braun 6 %, Grau 6 %

Die Schuld (144): Schwarz 24 %, Gelb 19 %, Braun 15 %, Violett 12 %,
Grün 9 %, Rot 8 %, Grau 6 %

Die Lüge (109): Schwarz 21 %, Gelb 16 %, Grau 15 %, Braun 11 %, Gold 8 %,
Violett 7 %, Orange 6 %, Grün 5 %

Die Untreue (176): Schwarz 20 %, Violett 17 %, Gelb 15 %, Braun 12 %,
Grau 12 %, Orange 8 %

Psychologische und symbolische Wirkung

5. Die Farbe des Schmutzes und der Gemeinheit

Ein ‹schwarzer Kragen› ist ein schmutziger Kragen, dasselbe gilt für schwarze Füße, schwarze Hände, schwarze Ohren. Manche neiden anderen jeden Dreck, gönnen ihnen nicht ‹das Schwarze unter den Fingernägeln›.

Sprachlich verwandt ist ‹schwarz› mit dem lateinischen ‹sordidus›, es bedeutet schmutzig, gemein, niederträchtig. Auch bei uns ist im übertragenen Sinn Schwarz gleichbedeutend mit Bösartigkeit. Wer einen anderen ‹anschwärzt›, redet schlecht über ihn. ‹Blackmail›, wörtlich ‹schwarze Post›, bedeutet im Englischen ‹Erpressung›. Ein ‹black guard› ist kein schwarzer Wächter, sondern ein Schuft.

Symbol geheimer Ablehnung ist in England und Amerika eine schwarze Kugel, ein ‹blackball›. Wer Mitglied eines Clubs werden möchte, ohne von den Mitgliedern darum gebeten worden zu sein, muß einen Antrag stellen, über den geheim abgestimmt wird. Jedes Clubmitglied wirft eine weiße oder eine schwarze Kugel in eine Wahlurne: die weiße, wenn man für den Aufnahmeantrag stimmt, die schwarze, wenn man den Antragsteller nicht im Club haben will. Eine einzige schwarze Kugel genügt, um den Antrag abzulehnen, deshalb ist der ‹blackball› gefürchtet.

Symbolische Wirkung

6. Die Farbe des Unglücks

An einem ‹schwarzen Tag› geschieht das Unheil. An der Börse sind die schwarzen Tage des Ruins vorzugsweise Freitage: Am Schwarzen Freitag, dem 24. September 1869, brach der amerikanische Goldmarkt zusammen. Am Schwarzen Freitag, dem 25. Oktober 1929, fielen alle Aktien ins Bodenlose, wer Aktien auf Kredit gekauft hatte – und fast jeder hatte das getan –, blieb mit lebenslänglichen Schulden zurück. Ein Schwarzer Freitag in Deutschland war der 13. Mai 1927, vom damaligen Kurssturz erholten sich die Aktien jahrelang nicht mehr und viele Aktionäre niemals. Ein Tag des Ruins war für viele der Schwarze Montag, der 19. Oktober 1987.

‹Schwarzer Peter› ist ein Kartenspiel. Es wird wie Quartett gespielt, hat aber eine Karte zuviel, nämlich den Schwarzen Peter; wer am Schluß des Spiels diese Karte hat, ist der Verlierer. Der Schwarze Peter wurde sprichwörtlich – ‹einem anderen den Schwarzen Peter zuschieben› heißt ihn zum Verlierer, zum Schuldigen erklären.

Schwarze Tiere sind Unglücksbringer. Abergläubische fürchten die schwarzen Katzen, besonders wenn sie von links über den Weg laufen. Als Zeichen kommenden Unheils galten früher auch schwarze Kühe – und alte Frauen, denn alte Frauen waren immer schwarz gekleidet.

Der ‹Unglücksrabe› und der ‹Pechvogel› sind Verkörperungen des Unglücks. Pech ist Holzkohlenteer. Es wurde zum Symbol des Unglücks, weil es pechrabenschwarz ist. Wie ein Unglück das andere nach sich zieht, so zieht sich das Pech klebrig in die Länge, wird zur ‹Pechsträhne›. Glatteis, das ebenfalls Unglück bringt, heißt im Englischen ‹schwarzes Eis› (black ice).

Die einzige schwarze Gestalt, die Abergläubischen Glück bringt, ist der Kaminfeger. Dieser Glaube wurde Ende des 19. Jahrhunderts von den Kaminfegern selbst eingeführt. Mit ihrer Abrechnung am Jahresende verschenkten sie einen Kalender. Neben den alten Glückssymbolen – einem Kleeblatt, einem Hufeisen, einem Glücksschwein – war auf diesen Kalendern immer ein Kaminfeger zu sehen. So wurde der schwarze Mann, der Kinderschreck, zum Neujahrsglücksbringer. Schließlich wurde er allgemein zum Symbol eines guten Anfangs. Deshalb bringt es Glück, wenn man morgens einen Kaminfeger trifft.

Kulturelle Wirkung

7. Die Farbe der Geistlichkeit

Als die ersten christlichen Orden gegründet wurden, waren die Kutten der Mönche noch grau-braun-beige gesprenkelt, aus ungefärbter Wolle. Erst um das Jahr 1000 wurden die Ordensfarben festgelegt: Grau, Braun, Schwarz, die einfachen, armen Farben, sind der christlichen Demut angemessen.

Den Mönchen scheint es bei der Festlegung der Ordensfarben aber nicht nur darum gegangen zu sein, ihre Ordenszugehörigkeit sichtbar zu machen; die Kutten sollten auch schöner werden. Über diese Eitelkeit schimpfte der Erzbischof von Mainz im Jahre 972: «Hat der Weber dem schwarzen Zeuge weiße Wolle beigemischt, so wird deshalb der Rock verschmäht. Nicht minder ist ihnen auch die von Natur schwarze Wolle nicht anständig genug, sie muß künstlich gefärbt sein.» [4] – Gefärbte Wolle war natürlich teurer als naturbelassene. Nicht nur die Schwarzen Mönche ließen ihre Kutten extra färben, auch die Braunen Mönche und Grauen Mönche. Das war ein Luxus, der nicht zu den einfachen Farben paßte. Trotz der demonstrativen Unauffälligkeit der Farben stachen die einheitlich gefärbten Mönchskutten deutlich ab von der ungefärbten, scheckigen Kleidung der armen Leute. Schwarz zu färben war teurer als braun oder grau – Schwarz wurde zur beliebtesten Farbe der Mönchsorden.

Schwarz wurde zur Grundfarbe der Kleidung aller Geistlichen. Auf die Kirche bezogen ist ‹ein Schwarzer› ein Geistlicher.

Die Kirche ist eine konservative Kraft. Die Farbe der Geistlichkeit wurde zur Farbe des politischen Konservatismus. Wer ‹schwarz wählt›, wählt konservativ.

Das Konservative (92): Schwarz 40 %, Braun 28 %, Gold 9 %, Grau 8 %,
      Blau 7 %

Historischer Hintergrund

8. Das Verschwinden der Farbe

Fast plötzlich, in der Mitte des 15. Jahrhunderts, brach die Farbigkeit des Mittelalters zusammen. Die Welt verdunkelte sich.

In den Kleiderordnungen des frühen Mittelalters reservierte sich der Adel die leuchtenden Farben, die unteren Stände mußten die dunklen, die unreinen Farben tragen. Farbe bedeutete Macht.

Aber die Gesellschaft veränderte sich: Der Adel verarmte, das Bürgertum stieg auf. Ohne ökonomische Macht gibt es keine politische Macht. Die durch Handel reich gewordenen Bürger ließen sich von ihren adligen Gläubigern die Kleidung nicht mehr vorschreiben. Die Farben des Adels wurden standesgemäß für die Patrizier. Farbe bedeutete nun Reichtum.

In der Malerei verlor die Farbsymbolik ihre gesetzesgleiche Verbindlichkeit. Zuvor wurden nur die symbolischen Gestalten der Heiligen in symbolträchtigen Farben koloriert, nun wurden die Bürger bildwürdig, mit ihnen die reale Welt. Die Symbolfarben wurden durch Realitätsfarben ersetzt. Und die Realität sah düster aus.

Das Ende des Mittelalters ist bestimmt von einer neuen Sicht der Welt, die die Moral verändert. Die frühen Christen hofften auf ein paradiesisches Zeitalter in naher Zukunft. Immer wieder wurde der exakte Termin für Christi Wiederkehr berechnet. Mit jeder Enttäuschung wuchs die Angst. Im späten Mittelalter erschien die Welt nicht mehr durch Christus erlöst, sie erschien von Gott verdammt.

Der ‹Schwarze Tod›, so wurde die Pest genannt, ist ein Strafgericht Gottes. Es ist das Zeitalter der Entdeckungen, die Welt wird größer, und größer werden ihre Schrecken. Katastrophenmeldungen aus fernen Ländern multiplizierten die Ängste. Nun wurde immer wieder das Datum des Weltuntergangs berechnet, nun wurde der Antichrist, der Teufel erwartet. Da war es ratsam, Buße zu tun, sich schnell von den Verlockungen der Welt abzuwenden. Die Eitelkeit war das Hauptthema der Predigten. Sie ist eine Todsünde, denn die Hinwendung zu weltlichen Freuden bedeutet die Abwendung von Gott. Nirgends zeigt sich die Eitelkeit so deutlich wie in der Kleidung – keiner wollte seine Todsünde zur Schau stellen. Man trug Schwarz.

Die mittelalterliche Farbigkeit verschwand für alle Zeit. Es war ein tiefgreifender Wandel, weil verschiedene – sogar widersprüchliche – Ursachen sich gegenseitig verstärkten...

Traditionelle Wirkung

9. Schönfärber und Schwarzfärber

‹Schönfärber› und ‹Schwarzfärber› gab es im Mittelalter. Der Schönfärber färbte die leuchtenden Farben, die zugleich die teuren Farben waren, und damit wurden nur teure Stoffe gefärbt. – Manchmal wurde aber betrogen: Billigere Stoffe wurden durch teure Farben aufgewertet, so entstand die Redensart ‹Das ist nur Schönfärberei› – Manipulation, die das Schlechte kaschiert. Der Schwarzfärber färbte neben Schwarz vor allem Braun und das trübe Waidblau.

Es gab viele Möglichkeiten, Schwarz zu färben. Besonders billig war das ‹Armenschwarz›. Um ein Kilo Wolle schwarz zu färben, braucht man vier Kilo Erlenrinde. Die Rinde wird zerkleinert, ein paar Tage eingeweicht, dann einige Stunden gekocht, dann werden die Rindenstücke abgeseiht. In diese Brühe wird die Wolle eingelegt und auf kleiner Flamme eine Stunde lang geköchelt. – Eine billige und unkomplizierte Färbung, besonders für frühere Verhältnisse. Das Armenschwarz ist allerdings nur ein Dunkelgrau.

Intensives Schwarz zu färben war schwieriger. Dazu wurden Galläpfel verwendet. Galläpfel entstehen durch Insekten (Gallwespen), die in die Blätter von Bäumen stechen, um ihre Eier im Blatt abzulegen. Um die Insekteneier und Larven wachsen an den Blättern kleine apfelartige Auswüchse, die Galläpfel. Sie werden abgekratzt, getrocknet, pulverisiert. Um dem Schwarz mehr Tiefe zu geben, wurden die Stoffe braun vorgefärbt, blau nachgefärbt. – Die besten Galläpfel wachsen an Eichenblättern. Aus Eichengalläpfeln wurde bis vor einigen Jahrzehnten Tinte gemacht.

1453 eroberten die Türken Konstantinopel, das Zentrum der antiken Färberkunst. Einigen Handwerkern gelang es, zu fliehen, so wurden ihre Geheimrezepte in anderen Ländern bekannt. Bald konnte überall das begehrte ‹Türkischrot› gefärbt werden. Die Färberei entwickelte sich von einer Geheimwissenschaft zum Handwerk, die Methoden wurden einfacher, der Preisunterschied zwischen leuchtenden und dunklen Farben begann zu schwinden.

Trotzdem wurde die bürgerliche Mode Schwarz, und das lag auch an schlechten Modevorbildern – an den umherziehenden Landsknechten, die sich jeden bunten Fetzen, den sie erbeuteten, an die Kleidung nähten. Sie kreierten die ‹zerhauene Tracht›: jeder Ärmel, jedes Hosenbein, jeder Strumpf, jeder Schuh war andersfarbig, alles war mit möglichst vielen Schlitzen versehen. Die Schlitze gaben Bewegungsfreiheit, und man konnte die Schlitze wieder mit andersfarbigen Stoffen dekorativ unterlegen. Anständige Bürger wetterten gegen die bunte Kostümierung, verlangten, daß der Kaiser den Landsknechten diesen völlig unstandesgemäßen Luxus verbiete. Kaiser Maximilian aber entschied 1477 zugunsten der Landsknechte: «Bei ihrem unseligen und kümmerlichen Leben muß man ihnen einen Spaß gönnen.» [5] Die Landsknechte trieben es noch bunter; den Bürgern blieb nur der Trost, diese bunte Kleidung als sittenlos zu verdammen und ihre teuren Stoffe schwarz zu färben, denn das waren die einzigen Stoffe, die die Landsknechte nicht wollten.

Ein weiterer Grund für die zunehmende Beliebtheit schwarzer Kleidung: Nach der Entdeckung des Seewegs nach Indien kam Indigo in größeren Mengen nach Europa. Wenn man mit dem Indigoblau das Gallapfelschwarz überfärbte, ergab das ein sehr schönes Schwarz. Und mit der Entdeckung Amerikas entdeckte man das Färbemittel für das schönste Schwarz: das Blauholz. Das ist das Holz eines mittelamerikanischen Baums, es wird zu Spänen zerkleinert und in Wasser aufgeweicht. Das importierte Blauholz war teuer. Schwarz wurde zur noblen Farbe.

Traditionelle Wirkung

10. Schwarz wird Mode auf der ganzen Welt

Die Farben verschwanden endgültig, als Spanien Weltmacht wurde. Denn jede Weltmacht macht Weltmode, und am spanischen Hof herrschte ein Jahrhundert lang eine Farbe: Schwarz.

Um 1480 wurde in Spanien die Inquisition etabliert. Es begann ein Jahrhundert düsterer Frömmigkeit. Da war Schwarz die passende Farbe. Es ist die Zeit Karls I. (1500–1558) und seines Sohnes Philipp II. (1527–1598). Karl I. war ein frommer Herrscher, Philipp II. ein religiöser Fanatiker.

Karl I. ist König von Spanien, als Karl V. römisch-deutscher Kaiser und Herrscher über Burgund, Österreich und die Niederlande. In seinem Reich ging die Sonne nie unter, die spanische Krone besaß Kolonien rund um die Welt. Den Aufstieg zur Weltmacht verdankte Spanien den Seefahrern. Die ersten Kolonien der Spanier in Amerika hießen ‹Neu-Spanien›, ‹Neu-Kastilien› und ‹Neu-Granada›. Nachdem Vasco da Gama 1498 den Seeweg nach Indien gefunden hatte, war bald die gesamte afrikanische Küste auf dem Weg nach Indien in spanischem Besitz. 1519 bis 1522 umsegelte Magalhães die Erde, entdeckte und eroberte dabei eine Gruppe von Inseln, zu Ehren des Kronprinzen Philipp wurden sie «Philippinen» genannt. Die Spanier waren überall.

Nun gibt es für einen frommen Christen keinen Grund, andere Völker zu unterwerfen. Hilfreiches Alibi ist die neue Interpretation der Welt, die von Gott verdammt scheint. Die Heiden sind natürlich daran schuld. Im Namen Gottes werden die Eingeborenen Amerikas, Afrikas und Indiens als Sklaven gehandelt – neue Quelle des Reichtums für den spanischen Adel. Und natürlich sind auch die Juden schuld und die Protestanten. Sie werden im Namen Gottes ausgerottet. Ihr Geld teilen sich Kirche und Krone.

Der König ist Herrscher von Gottes Gnaden und sieht sich als Stellvertreter Gottes auf Erden. Trotz aller Frömmigkeit war das Ende des Mittelalters die Zeit des Kampfes zwischen König und Kirche. Es war kein Kampf um unterschiedliche religiöse Ideen, sondern um die absolute weltliche Macht.

Zur Zeit der spanischen Weltherrschaft standen die Päpste im Dienst der französischen Politik und unterstützten jeweils die Partei, die ihnen größere Einnahmen versprach. Vollends entwürdigt wurde das Papsttum durch Papst Alexander VI. (1492–1503) aus dem Hause Borgia. Er war machtgierig und habgierig, genußsüchtig und grausam, er hatte mit diversen Frauen Kinder, denen er das Vermögen der Kirche zu vererben gedachte. «Ein Papst mit Lastern aller Art befleckt», urteilten die Zeitgenossen. In dem Maß, wie das Papsttum an Ansehen verlor, schwand seine Macht.

König Karl I. war päpstlicher als die Päpste. Er war schwarz gekleidet wie ein Mönch. Sein Tag begann in gemeinsamem Gebet mit dem Beichtvater, dann ging er mit dem Hofstaat zur Messe, während der Mahlzeiten wurde aus frommen Büchern vorgelesen, jeder Mahlzeit folgte wieder eine Predigt. Als Karl 1556 abdankte, bezog er einen schwarz tapezierten Palast neben dem Hieronymiten-Kloster in Yuste. Von jedem Raum, sogar vom Bett aus, konnte er den Altar der Klosterkirche sehen.

Sein Sohn Philipp II. führte das Erbe fort. Wie sein Vater sah er als Mittelpunkt des Glaubens nicht den Papst, sondern sich selbst. Philipp erbaute sich eine weltabgeschiedene Residenz, den Escorial. Er ist Palast, Kloster und Grabmal. Hundert Mönche lebten dort, ihr Zeremoniell bestimmte den Tagesablauf. Der Escorial ist dem heiligen Laurentius geweiht, einem Märtyrer, der bei lebendigem Leib auf einem Rost verbrannt wurde – deshalb hat der Escorial den Grundriß eines Rostes. Philipp selbst ließ Zehntausende von Protestanten auf dem Scheiterhaufen verbrennen.

Als die von den Spaniern beherrschten Niederländer die Abschaffung der Inquisition und Glaubensfreiheit für die Protestanten fordern, will Philipp, um die Reinheit seines katholischen Glaubens zu wahren, Hunderttausende auf dem Scheiterhaufen verbrennen lassen, denn so groß ist mittlerweile die Anhängerschaft Luthers.

Die schwarze Mode des spanischen Weltreichs ist eine Mode züchtig wie keine zuvor, keine später: Die Kleider reichen bis zu den Ohren – das typische Requisit der spanischen Mode ist die Halskrause, genannt ‹Kröse› (→ Bild 29). Sie ist aus gefältelter oder in Wellen gelegter Spitze. Um 1540 kamen die Krösen in Mode, zuerst überragten sie das Kinn nur um einige Zentimeter, machten aber schon jede Kopfbewegung unmöglich, denn der bretthart gestärkte Spitzenkragen berührte vorn das Kinn, reichte seitlich bis zu den Ohren, stieg weiter an bis zur Mitte des Hinterkopfs. Die Männer mußten sich der Kröse wegen vom langen Bart trennen, Schnurrbärte und kurze Spitzbärte wurden Mode. Die Kröse paßt zur intriganten Atmosphäre der Inquisition: Dieser Kragen zwingt dazu, seinem Gegenüber ins Gesicht zu sehen, jede unangemessene Regung ist kontrollierbar.

Bis Anfang des 17. Jahrhunderts wuchs die Kröse ständig, wurde zum Mühlradkragen. Von den Ohren reichte sie bis über die Schultern. Sie bewirkte nicht nur optisch den Eindruck von Unnahbarkeit, sie bewirkte Unnahbarkeit sehr real: Zum Essen waren Löffel und Gabeln mit extra langen Stielen erforderlich.

Frauen trugen geschnürte Mieder, aber nicht um ihre Formen zu betonen; im Gegenteil, der Körper wurde verleugnet: Die Frauen sahen so flachbrüstig aus wie die ebenfalls eingeschnürten Männer.

Trotz des frommen Farbverzichts demonstrierten die spanischen Adligen ihren Reichtum. Ihre Kleider waren aus Seide, die Umhänge aus kostbarer Merinowolle. Die Merinoschafe gehörten nach alter Tradition dem spanischen Hochadel. Auf der schwarzen Kleidung kommt Schmuck gut zur Geltung: Männer und Frauen trugen so viel Schmuck, wie sie tragen konnten. Zusätzlich waren die Repräsentationskleider mit Perlen und Edelsteinen bestickt.

Philipp II. heiratete 1560 Elisabeth von Valois, die Tochter des französischen Königs. Die Heirat sollte den Frieden zwischen Spanien und Frankreich besiegeln, die neue Königin wurde ‹Elisabeth vom Frieden› genannt. Die Franzosen hatten die Spanier und die spanische Mode bekämpft, ihre Kleidung war farbenfreudig geblieben. Aber als spanische Königin mußte Elisabeth Schwarz tragen. Sie liebte den Luxus, also trug sie jeden Tag ein neues Kleid – immer in Schwarz.

Die spanische Mode ging unter mit der spanischen Weltherrschaft. 1588 wurde die spanische Armada vernichtet. Die zuvor von Spanien unterdrückten Niederlande wurden Weltmacht und bestimmten nun die Mode der Welt. Die Kleidung lockerte sich, die steifen Krösen wurden zu weichen Spitzenkragen. Aber die Farbe kehrte nur sehr allmählich zurück, denn in den Niederlanden hatte die Reformation gesiegt, und Schwarz war auch die Farbe der Protestanten.

Traditionelle Wirkung

11. Luthers schwarzer Talar

In Spanien herrschte noch die Inquisition, als in Deutschland schon die Reformation siegte. Die protestantische Idee der individuellen Verantwortlichkeit entsprach dem neuen Selbstbewußtsein der Bürger. Ihre Auflehnung gegen den ausbeuterischen Luxus der päpstlichen Kirche endete schließlich im Bildersturm, in der Zerstörung aller Farbigkeit. Die fromme Bescheidenheit der Protestanten zeigte sich in ihrer schmucklosen schwarzen Kleidung.

Die Reformation begann 1517, als der Augustinermönch und Professor für Moralphilosophie Dr. Martin Luther sich öffentlich gegen den Ablaßhandel wandte. Das Sensationelle an Luthers Thesen: Er sprach dem Klerus die Berechtigung ab, als Zwischenhändler Gottes aufzutreten. Wer gesündigt hat, muß bereuen, sagte Luther, die Vergebung kann nicht per Ablaß gekauft werden. Der Werbespruch der Ablaßpriester aber versprach: «Sobald das Geld im Kasten klingt, die Seele aus dem Fegefeuer springt.»

Der Ablaßhandel war die wichtigste Geldquelle der Kirche. Quittiert wurde die erkaufte Sündenfreiheit mit Reliquien: Man bekam Knochen von Märtyrern, Stoffetzen von den Gewändern Heiliger; die Ablaßhändler verkauften einen Wald von Splittern vom Kreuz Christi. Der Kardinal Albrecht von Mainz besaß 8933 Reliquien, ihr Ablaßwert betrug insgesamt Sündenerlaß für 39 Millionen Jahre.[6] Brauchten die Päpste mehr Geld, riefen sie spezielle Ablaßjahre aus – in solchen Jahren verkauften sie den Platz im Himmelreich besonders preiswert. Der Widerstand gegen den Ablaßhandel traf den Lebensnerv der päpstlichen Kirche, die Protestanten verweigerten dem Papst Gehorsam und Geld und gründeten ihre neue Kirche.

Luther zeigte seine Überzeugung, daß die Priester Gott nicht näher stehen als die gläubigen Laien, auch darin, daß er bei seinen Predigten nicht die liturgischen Gewänder trug. Er trug die gleiche Farbe wie die Kirchgänger: Luther predigte in Schwarz.

Die einheitliche schwarze Kleidung wurde zum Symbol einer Kirche, in der das Schicksal nicht mehr bestimmt ist durch den Stand der Geburt und der Platz im Jenseits nicht mehr vom standesgemäßen Einkommen abhängt. Vor Gott sind alle gleich – auch gleich gekleidet.

Luthers schwarzer Talar wurde zur Tracht aller bürgerlichen Autoritäten. Er ist das Kleidungsstück der protestantischen, der niederländischen Weltmode.

Rembrandt van Rijn malte 1662 ‹Die Staalmeesters›, die reichen Kaufleute der Tuchmacherzunft. Sie tragen den einfachen schwarzen Talar, mit einem einfachen weißen Kragen. Auf Rembrandts berühmter ‹Anatomie des Dr. Tulp›, dreißig Jahre früher, 1632 gemalt, trägt einer der schwarzgekleideten Zuschauer noch die starre Mühlsteinkröse, die anderen tragen den großen Kragen bereits weich fallend. Der

Chirurg Dr. Tulp trägt nur einen kleinen Hemdkragen – mit der abstehenden Kröse wäre es auch nicht möglich, einen Leichnam zu sezieren.

Der schwarze Luthertalar ist noch heute die festliche Amtskleidung von Bürgermeistern und die offizielle Berufskleidung der Richter.

Psychologische Wirkung

12. Die Farbe der Individualität und der Abgrenzung

Das Introvertierte (86): Schwarz 19 %, Grau 17 %, Violett 16 %, Braun 12 %, Weiß 7 %, Blau 7 %, Gelb 6 %, Rosa 5 %

Das Abweisende (1): Schwarz 20 %, Grau 18 %, Braun 15 %, Violett 8 %, Orange 8 %, Silber 7 %, Grün 6 %, Gelb 5 %

Wer seine Individualität darstellen will, trägt Schwarz. Ein schwarzes Kleid, ein schwarzer Anzug wirken abgrenzend. Schwarz verleiht Würde, zumindest Unnahbarkeit. Der größte psychologische Gegensatz zur schwarzen Kleidung ist Kleidung in Rosa. Die hautähnliche Farbe läßt den Eindruck von Nacktheit und Hilflosigkeit entstehen.

Die schwarze Kleidung der Reformationszeit konzentrierte die Wirkung eines Menschen auf sein Gesicht, das Zentrum der Individualität. Es ist ein großer Sprung zur modernsten Philosophie der Individualität, zum Existentialismus, aber die Ziele gleichen sich, und die modischen Mittel wiederholen sich. Der Existentialismus wurde um 1950 im doppelten Sinn zur Modephilosophie: Die Weltanschauung ließ sich auch in der Kleidung zum Ausdruck bringen – die Anhänger Sartres trugen Schwarz. Die Sängerin Juliette Greco, die den Existentialismus in populärer Attitüde verkörperte, war berühmt für ihre schwarz umrandeten Augen, schwarzen Cordsamthosen und die schwarzen Rollkragenpullover, hochgeschlossen bis zum Kinn.

Als Farbe der Abgrenzung ist schwarze Kleidung bei allen Gruppen populär, die sich jenseits der Masse, jenseits der Werte der Anpassung sehen wollen. Halbstarke, Rocker, Punker – die Namen wechseln, die Lieblingsfarbe bleibt Schwarz.

Traditionelle Wirkung

13. Die Bräute trugen Schwarz

Auf den Hochzeitsfotografien der Jahrhundertwende tragen fast alle Bräute ein bodenlanges schwarzes Kleid, weiß ist nur der Schleier.

Wenn die Braut es sich leisten konnte, war das Kleid aus schwarzer Seide. Das Schwarzseidene wurde nach der Hochzeit zu allen formellen Gelegenheiten getragen. Weniger begüterte Bräute trugen matte Stoffe, denn diese Kleider konnten sie später zum Kirchgang und zu Beerdigungen tragen, bei denen glänzende Seidenstoffe unangemessen sind.

Das schwarze Brautkleid ist nicht nur der Farbe wegen der völlige Gegensatz zum weißen Brautkleid. Das weiße Brautkleid soll nur einmal im Leben getragen werden – ein solcher Luxus war früher unvorstellbar. Wenn ein Kleidungsstück nicht mehr der Mode gemäß war, wurde es geändert, umgefärbt; die Stoffe wurden gewendet, um sie beidseitig abzunutzen.

Das schwarze Brautkleid hatte auch die psychologisch angemessene Farbe. Früher war eine Heirat ein so ernstes Geschäft wie eine wirtschaftliche Fusion. Wer nichts zu vererben hatte, durfte jahrhundertelang gar nicht heiraten. Die Ehe aus Liebe ist ein romantisches Ideal, das erst aufkam, als Ehen geschieden werden konnten. An Stelle heißer Gefühle herrschte früher die kalte Vernunft. Ein schwarzes Brautkleid war vernünftig.

Psychologische Wirkung

14. Eleganz ohne Risiko

Die Eleganz/Das Elegante (38): Schwarz 22 %, Silber 19 %, Weiß 15 %,
         Gold 12 %, Violett 9 %, Grau 7 %, Blau 6 %

Christian Dior sagte, Eleganz sei eine Mischung aus Vornehmheit, Natürlichkeit, Sorgfalt und Einfachheit.[7] Eleganz verlangt den Verzicht auf Pomp, auf exaltierte Auffälligkeit. Wer Schwarz trägt, verzichtet sogar auf Farbe. Schwarz ist Eleganz ohne Risiko.

Das schwarze Festtagskleid begründete die Tradition des Schwarz als Farbe der Eleganz. In der konservativen Herrenmode ist das besonders deutlich: Die eleganten Anzüge, Smoking und Frack sind immer schwarz.

Coco Chanel kreierte 1930 das ‹kleine Schwarze›. Es ersetzte das bodenlange

Schwarzseidene. Zu dieser Zeit erfand die Damenmode einen neuen, grundsätzlichen Unterschied: lange und kurze Kleider. Die Kleider für die ganz großen Ereignisse, Hochzeitskleider, Abendkleider, blieben lang, alle anderen Kleider wurden kurz. Das ‹kleine Schwarze› ist ein kurzes Kleid, bis heute ideal für alle formellen Gelegenheiten.

Das Teure (159): Gold 61 %, Silber 15 %, Schwarz 10 %, Blau 6 %

Bei Objekten des Luxus läßt der Verzicht auf Farbe den Luxus selbstverständlich wirken. Eine schwarze Luxuslimousine wirkt vornehmer als eine rote. So ist Schwarz auch eine Farbe des Teuren.

Kulturelle Wirkung

15. Das schöne Schwarz Afrikas

In Afrika hat Schwarz natürlich eine andere Bedeutung: Hier ist Schwarz die schönste Farbe.

In den Flaggen und Wappen afrikanischer Staaten ist Schwarz die Farbe des Volkes. Schwarz symbolisiert das neue Selbstbewußtsein der unabhängig gewordenen Staaten. Vor schwarzem Grund geht auf den Flaggen von Antigua und Malawi die Sonne auf: Sinnbild des Beginns einer neuen Ära im schwarzen Kontinent.

In Afrika kennt man den Unterschied zwischen fruchtbarem und unfruchtbarem Boden genau. Schwarz ist die Farbe der fruchtbaren Erde. Das Wappen von Nigeria zeigt zwei silberne Wellenlinien auf schwarzem Grund. Die Wellen sind die Flüsse Niger und Benue, der schwarze Grund symbolisiert die fruchtbare Erde des Landes. Im Wappen Sambias stehen Wellenlinien für die Victoriafälle, der schwarze Untergrund symbolisiert wieder die gute Erde und das Volk von Afrika.

Das Freiheitssymbol Afrikas ist der ‹Schwarze Stern›. Es ist der fünfzackige Freiheitsstern, als Roter Stern kommunistisches Symbol (→ Bild 25).

Symbolische Wirkung

16. Illegalität und Anarchie

Das Unerlaubte (165): Schwarz 32 %, Rot 22 %, Violett 9 %, Orange 9 %,
Gelb 8 %, Grau 5 %

Das Unmoralische (170): Schwarz 24 %, Rot 24 %, Violett 19 %, Gelb 8 %,
Rosa 7 %, Braun 6 %

Das Attribut ‹Schwarz› verweist auf Verbotenes: Arbeit und Handel sind ehren-
werte Tätigkeiten, Schwarzarbeit und Schwarzhandel sind ungesetzlich. ‹Schwarzes Geld› wird nicht versteuert. ‹Tabakschwärzen› ist ein alter Begriff für Tabak-
schmuggel. Auch Schnaps wird ohne Steuerabgabe ‹schwarz gebrannt›. Gebühren
unterschlagen Schwarzfahrer, Schwarzhörer und Schwarzseher.
‹Schwarze Listen› sind Listen unerwünschter Personen, zum Beispiel politischer
Gegner; im Kreditgewerbe gibt es Schwarze Listen nicht zahlungsfähiger Schuld-
ner; sitten- und jugendgefährdende Bücher kommen auf die Schwarze Liste des
Buchhandels.
Schwarz ist die Farbe aller geheimen Organisationen, die gegen das herrschende
Recht agieren, vom serbischen Geheimbund ‹Schwarze Hand› (1911–1917) bis
zum Ku-Klux-Klan.
Die schwarze Farbe und der schwarze Stern sind Symbole der Anarchisten. Legen-
där ist die schwarze Piratenfahne mit Totenkopf. Hier verbindet sich das Schwarz
der Illegalität wieder mit dem Schwarz des Todes: Schwarz ist die Farbe von Orga-
nisationen, über deren Mitglieder das Gesetz das Todesurteil spricht.
In der Illegalität verbindet sich das Schwarz mit dem Rot der Gefahr.

Die Gefahr (59): Rot 43 %, Schwarz 24 %, Orange 12 %, Gelb 11 %

Das Verbotene (177): Rot 33 %, Schwarz 27 %, Violett 14 %, Braun 6 %,
Gelb 6 %

Politische Wirkung

17. Die faschistischen Ideale

Die Brutalität (26): Schwarz 41 %, Rot 24 %, Braun 18 %, Orange 5 %

Die Stärke (154): Schwarz 29 %, Rot 22 %, Blau 20 %, Gold 8 %, Braun 8 %

Die Bedrohung (18): Schwarz 51 %, Rot 14 %, Braun 11 %, Grau 10 %,
     Violett 6 %

Der Lärm (97): Schwarz 28 %, Rot 18 %, Orange 12 %, Grau 12 %, Gelb 10 %,
     Braun 7 %

Schwarz und Rot sind die Grundfarben der Bedrohung und der Stärke, der Brutalität und des Lärms.

Als Farbe einer faschistischen Bewegung tauchte Schwarz zuerst 1919 in Italien auf. Die Bewegung nannte sich ‹Arditi›, zu deutsch ‹Draufgänger›. Ihr Ziel war die Zerschlagung der sozialistischen Bewegungen, ihr Kennzeichen ein schwarzes Hemd. Britische und niederländische Faschisten übernahmen 1933 das schwarze Hemd als politische Uniform.[8] In Italien, England und Irland ist ein ‹Schwarzer› ein Faschist.

Schwarz wurde zur faschistischen Farbe mit gleicher Absicht wie Braun die Parteifarbe des deutschen Faschismus wurde (→ Braun 7). Es war die alltägliche Kleiderfarbe Italiens. Die Landarbeiter trugen Schwarz, wenn sie auf den Feldern arbeiteten, sie trugen Schwarz, wenn sie in die Kirche gingen – nur gehörte zum Sonntagsanzug ein weißes Hemd. Jeder Mann besaß die Grundausstattung: Man trug einfach das schwarze Arbeitshemd zum Sonntagsanzug.

Die faschistischen Bewegungen, die sich trotz ihres Elite-Ideals einen proletarischen Anstrich gaben, um zur Massenbewegung zu werden, schätzten den gleichmacherischen Effekt des schmucklosen Schwarz, dadurch wurden die sozialen Unterschiede verdeckt. Jeder konnte sich – wenigstens optisch – als gleichberechtigtes Mitglied der Organisation fühlen.

Jede einfarbig gekleidete Gruppe fällt auf und wirkt größer, als sie tatsächlich ist. Mit der schwarzen Uniformierung entstand schnell der Eindruck einer großen Organisation.

Und alle politischen Gruppierungen, deren Mitglieder sich als Herren über das Leben anderer verstehen, beziehen sich gern auf die Symbolfarbe des Todes, um auszudrücken, daß sie für ihre Überzeugung das Leben anderer zu opfern bereit sind.

Schwarz und Blau sind die Grundfarben von Größe und Männlichkeit. Auch in diesem Sinn entsprach das Schwarz den faschistischen Idealen.

Das Große (71): Schwarz 23 %, Blau 18 %, Weiß 13 %, Rot 10 %, Grau 10 %, Gold 6 %, Gelb 6 %

Das Männliche (114): Blau 35 %, Schwarz 20 %, Braun 13 %, Rot 7 %, Grau 6 %

Politische Wirkung

18. Von Deutschland bis Uganda: Schwarz mit Rot und Gold

Sicherlich nicht international gültig, nur ‹typisch deutsch› ist die Farbabfolge, die die Frage ergab: «Welche Farbe hat die Macht?»

Die Macht (113): Schwarz 48 %, Gold 14 %, Rot 12 %, Braun 12 %

Die Geschichte der deutschen Flaggenfarben Schwarz-Rot-Gold ist die Geschichte eines absurden Kampfes um die richtigen Farben.[9]
Die Farbgebung der deutschen Flagge entstand durch einen Irrtum. 1815 wurde die Deutsche Burschenschaft an den Universitäten gegründet; Ziel der Studenten war es, freie Bürger einer Nation zu werden – noch waren sie leibeigene Untertanen der Fürsten, die in ihren Kleinstaaten als feudale Despoten herrschten. Als Burschenschaftsfahne wollten die Studenten eine dreifarbige Fahne wie die Franzosen. Sie hielten Schwarz-Rot-Gold für die Farben des Deutschen Reiches im Mittelalter – das aber war ein Irrtum. Es gab zwar ein Reichswappen, einen schwarzen Adler auf goldenem Grund, und eine Kriegsfahne, ein weißes Kreuz auf rotem Grund – aber schwarz-rot-goldene Wappen oder Fahnen hatte es nie gegeben.
Schon die Farbabfolge Schwarz-Rot-Gold ist nach den Regeln der Heraldik falsch. Zwei Farben dürfen nie nebeneinanderstehen, dazwischen muß ein Metall sein. Die Regel hat einen handwerklichen Grund: Wappen werden emailliert; um zu verhindern, daß die Glasfarben beim Schmelzen ineinanderfließen, sind Stege aus Metall erforderlich. Bei den deutschen Farben müßte das Gold korrekterweise zwischen Schwarz und Rot stehen.
Wenn die Metallfarben eines Wappens auf den Stoff einer Fahne übertragen werden, wird Gold als Gelb übertragen, aus Silber wird Weiß. Die Benennung aber entspricht den Wappenfarben. Deshalb heißt die Fahne Schwarz-Rot-Gold, nicht Schwarz-Rot-Gelb.

Die schwarz-rot-goldene Fahne wurde schnell zum Symbol bürgerlichen Freiheits-
strebens und ebenso schnell verboten. Aber in der deutschen Revolution 1848
tauchten die verbotenen Fahnen wieder auf. Ferdinand Freiligrath begrüßte die
Farben der Revolution:

> In Kümmernis und Dunkelheit,
> Da mußten wir sie bergen!
> Nun haben wir sie doch befreit,
> Befreit aus ihren Särgen!
> Ha, wie das blitzt und rauscht und rollt!
> Hurra, du Schwarz, du Rot, du Gold!
>
> Pulver ist schwarz,
> Blut ist rot,
> Golden flackert die Flamme!

Als billiges Zugeständnis an die Bürger – es gab ohnehin keine deutschen Farben –
erklärten die Fürsten des Deutschen Bundes 1848 Schwarz-Rot-Gold zur Bundes-
fahne. Aber Preußens König Wilhelm I. wollte seine Hausfarben Schwarz-Weiß
behalten, Schwarz-Rot-Gold nannte er «die Farben, die dem Straßenschmutz ent-
stiegen»[10].
1866 kämpften die Bundestruppen unter der schwarz-rot-goldenen Flagge gegen
Preußen und verloren. Nun bestimmte Preußen die Farben, die Flagge wurde
schwarz-weiß-rot, kombiniert aus Schwarz-Weiß, den preußischen Farben, und
Rot-Weiß, den Farben der Hansestädte.
Nach dem Ersten Weltkrieg war die schwarz-weiß-rote Flagge zum Symbol der
Niederlage geworden. Und vielen war die Fahne des monarchistisch-militaristi-
schen Obrigkeitsstaates verhaßt. Das liberale Bürgertum und die Sozialdemokratie
wollten zurück zu Schwarz-Rot-Gold.
Es begann die nächste Etappe des Flaggenstreits. Die eigentlich nebensächliche
Frage, ob Schwarz-Rot mit Weiß oder mit Gold die Reichsfarben sein sollten, war
«mitverantwortlich für den Untergang der Republik»[11]. Der Streit ging quer durch
die Parteien. Als 1919 der Verfassungsausschuß über die Farben abstimmte, wurden zum ersten- und einzigenmal die Stimmen nicht geheim abgegeben, jedes Mitglied des Ausschusses mußte seine Farbwahl öffentlich kundtun. Das Resultat war
ein Kompromiß: Die Reichsfahne sollte Schwarz-Rot-Gold sein, die Handelsfahne
Schwarz-Weiß-Rot. Dieser Kompromiß befriedigte keine Fraktion. Der Flaggenstreit ging weiter. Um ihn zu beenden, gab 1926 Reichskanzler Luther die Anweisung, beide Flaggen sollten immer nebeneinander stehen. Die Anweisung führte zu
Tumulten. Eine Woche später wurde der Reichskanzler gestürzt. Der Flaggenstreit
verschärfte sich. Von den konservativen Schwarz-Weiß-Rot-Anhängern wurde
Schwarz-Rot-Gold als ‹Judenfahne› beschimpft.
1935 machte Hitler dem Flaggenstreit ein Ende. Er bestimmte eine einheitliche

Reichs-, National- und Handelsflagge. Ihre Farben waren Schwarz-Weiß-Rot. Es war die Hakenkreuzfahne.

1949, als der politische Neubeginn Deutschlands geplant wurde, entschied man sich ohne Zögern für die alten Farben der bürgerlichen Freiheit, für Schwarz-Rot-Gold.

Andere Staaten haben dieselben Farben. Schwarz-Gelb-Rot, senkrecht gestreift, ist die Flagge Belgiens. Sie entstand aus den Wappenfarben belgischer Provinzen (→ Bild 40).

Schwarz-Gelb-Rot-Schwarz-Gelb-Rot in waagerechten Streifen ist die Flagge Ugandas. In der Mitte der Flagge das Landessymbol, ein Kronenkranich. In der Flagge Ugandas bedeutet Rot Brüderlichkeit aller Menschen; Gelb symbolisiert die Sonne, Schwarz das Volk von Afrika (→ Bild 42).

Psychologische Wirkung

19. Schwer, eng und hart

Das Schwere (146): Schwarz 45 %, Braun 24 %, Grau 10 %, Gold 6 %

Die Enge (42): Schwarz 48 %, Braun 17 %, Violett 8 %, Grau 6 %

Das Eckige (30): Schwarz 18 %, Grau 18 %, Silber 15 %, Blau 15 %, Weiß 12 %, Gelb 8 %, Grün 7 %

Das Harte / Die Härte (74): Schwarz 43 %, Blau 15 %, Silber 12 %, Grau 9 %, Rot 6 %

Schwarz gestrichene Räume wirken sehr viel kleiner als weiße Räume. Schwarze Möbel beherrschen den Raum – im positiven Fall wirken sie repräsentiv, im negativen Fall beengend. Und in heller Umgebung wirken schwarze Möbel schnell schäbig, denn an schwarzen Möbeln fallen Kratzer besonders auf. Wenn Schwarz nicht makellos ist, verliert es seine Eleganz.

Durch den starken Kontrast zur Umgebung wirkt Schwarz eckig und hart. Die optische Härte überträgt sich auf die mutmaßlichen Qualitäten des schwarzen Objekts. Ein schwarzes Sofa erscheint härter gepolstert als ein weißes.

Farben beeinflussen die Wirkung von Größe, Gewicht und Material. Wieweit kann man mit Farben manipulieren? Ein Beispiel geistert durch die Literatur: Ein amerikanischer Unternehmer, dessen Arbeiter klagten, die Kisten, die sie zu tragen hatten, seien viel zu schwer, ließ die vorher dunklen Kisten weiß streichen. – Resultat: Die Klagen hätten aufgehört, weil die Arbeiter die weiß gestrichenen Kisten als viel leichter empfunden hätten.

Geglückte Manipulation? Derartige Geschichten werden als Beweise menschlicher Dummheit zitiert. Was die Dummheit anderer beweisen soll, ist aber nur Beweis einer dummen Fragestellung. Typisch für solche ‹Beweise› ist die Ignoranz alles Vorwissens, die Ignoranz der Erfahrung.

Der Beweis besagt, daß helle Kisten leichter geschätzt werden als dunkle. Dieser Eindruck ist die Summe von Erfahrungen. Helle Transportbehälter sind meist aus Karton, sie sind nicht sehr stabil und deshalb für schweren Inhalt nicht geeignet. Für schweres Transportgut werden Holzkisten verwendet, also dunkle Kisten. Wieder ein Erfahrungswert: Je dunkler das Holz, desto stabiler die Kiste, desto schwerer kann sie beladen werden. Aber: Jede Wirkung einer Farbe gilt nur so lange, wie sie der Erfahrung standhält. Menschen, deren Beruf es ist, Kisten zu tragen, sind Experten für Gewichte, sie lassen sich durch irgendwelche Farben nicht lange täuschen.

Anmerkung: Solche ‹Beweise› kommen angeblich immer aus Amerika. Und mehr ist über solche Experimente nie zu erfahren. Amerika scheint für Manipulationsgläubige noch das Land der unbegrenzten Möglichkeiten. Tricks, die hier jeder durchschaut, werden dort zu wissenschaftlicher Wahrheit. – Die Amerikaner rächen sich, sie publizieren die Beweise menschlicher Dummheit unter dem Hinweis: ‹In Europa bewiesen›.

Allgemein gilt: Je bekannter die Eigenschaften eines Objekts sind, desto weniger wirken Täuschungsmanöver. Was ist schwerer: schwarzer Kaviar oder weiße Zuckerpastillen? Eine Eierkohle oder ein Hühnerei? Schwerer als die Eierkohle wird auf jeden Fall ein weißes Marmorei geschätzt. Der Eindruck eines Gewichts entsteht nicht nur durch Farbe, entscheidender ist meist das Material.

Jede Wirkung ist eine Summe von Erfahrungen.

Kulturelle Wirkung

20. Die Lieblingsfarbe der Designer

‹Form follows function› – ‹Form entsteht durch Funktion› ist das Leitmotiv des klassisch-modernen Designs. Das bedeutet den Verzicht auf Schnörkel, überflüssige Muster, überflüssige Farben. Alles wird ‹neutral› gefärbt: in Schwarz, in Weiß oder in Grau. Die liebsten Materialien des modernen Designs sind Materialien, die keine Farbe haben: Glas, transparente Kunststoffe, Spiegel und Chrom.

In den siebziger Jahren war es Designer-Mode, Altbewährtes durch schwarze Lackierung zum Designprodukt zu stilisieren. Auf den – selbstverständlich schwarzen – Schreibtischen der Designer war alles schwarz: von der Büroklammer bis zum Bleistiftspitzer. Auch im High-Tech-Design ist Schwarz die absolute Farbe. Was als modernste Technik erscheinen soll, wird schwarz lackiert: Stereoanlagen, Kameras, Armbanduhren. Schwarz entspricht der Strenge einer sich selbst genügenden Technik.

Trotzdem ist Schwarz eine Farbe des Modernen, nicht des Modischen. Durch den Verzicht auf Buntheit entsteht der Anspruch auf Sachlichkeit und Funktionalität – die Tugenden des modernen Designs.

Wenn Schwarz und Weiß funktional zusammengehören – wie beispielsweise Drukkerschwärze und Papier –, dann bekommt das sonst so negative Schwarz einen neuen Wert. Schwarz-Weiß ist die Farbkombination, die wir mit Eindeutigkeit, sogar mit Wahrheit verbinden.

Was man ‹Schwarz auf Weiß besitzt›, erscheint verbindlicher und bedeutender als Dahingesagtes. ‹Da steht es Schwarz auf Weiß› ist ein viel gebrauchtes Argument, um der eigenen Meinung durch eine vervielfältigte Meinung Gewicht zu verleihen. Und weil es keine Steigerung der Wahrheit gibt, wirken farbig gedruckte Texte unseriös, haftet ihnen der Ruch der Reklame an. Wer ‹rote Zahlen schreibt›, macht Verlust, wer ‹schwarze Zahlen schreibt›, macht Gewinn.

Eine Fotografie in Schwarz-Weiß scheint höheren dokumentarischen Wert zu besitzen und wichtiger zu sein als ein buntes Foto. Schwarz und Weiß sind die Farben objektiver Tatsachen.

Das Moderne (118): Weiß 19 %, Schwarz 14 %, Rot 13 %, Orange 11 %, Violett 10 %, Blau 10 %, Silber 8 %, Rosa 7 %

Die Eindeutigkeit (34): Weiß 34 %, Schwarz 24 %, Blau 12 %, Rot 8 %, Gold 5 %

Die Sachlichkeit (137): Weiß 27 %, Grau 22 %, Blau 20 %, Schwarz 15 %

Die Funktionalität (57): Weiß 29 %, Grau 21 %, Schwarz 19 %, Silber 10 %, Blau 5 %

21. Das kreative Schwarz

Die englische Schuhfirma Sacha macht sehr modische Schuhe und verpackt die Schuhkartons jede Saison in neue, sehr modische Plastiktüten. Eine Tüte der Saison war transparent und von oben bis unten mit einem Text in Schwarz bedruckt, der ausführlich erklärte, warum sich die Gestalter für Schwarz entschieden hatten. Der Text verrät auch, wie wenig die Entscheidungskriterien der Gestalter von psychologischen Erwägungen der Farbwirkung beeinflußt sind. In der Werbung müssen oft andere Prioritäten gesetzt werden – wichtiger als die Frage ‹Welches ist die passende Farbe?› ist oft ‹Welche Farben hat die Konkurrenz?› Schlechte Werbung imitiert die Konkurrenz, gute Werbung ist ganz anders.

Auf der Tüte stand: «Wir wollten eine durchsichtige Plastiktüte machen, und eigentlich sollte irgendein Design darauf sein, schließlich können wir unmöglich nur unseren Firmennamen Sacha draufdrucken. – Klar, theoretisch können wir einfach nur unseren Namen drucken, aber optisch wäre es natürlich viel attraktiver, wenn wir dazu irgendein Design machen. Nur, das ist das Problem: Was sollen wir machen? Die erste Idee war natürlich die Zeichnung von einem Schuh oder ein Firmenlogo – aber das ist so langweilig, das hat jede Schuhfirma, und so wie die anderen wollen wir ja gerade nicht sein, außerdem wäre die Idee mit dem Schuh sowieso zu blöd, schließlich ist der Name Sacha sowieso Synonym für Schuhe. – Also haben wir weiter überlegt, ob wir nicht was ganz Abstraktes machen, vielleicht etwas irgendwie hingepinselt Schräges? Oder aber vielleicht ein ganz pedantisches Tapetenmüsterchen? Aber schließlich haben wir uns gegen alles entschieden, weil wir nicht wußten, welche Farbe wir eigentlich nehmen sollten. Letzte Saison hatten wir Rot, das war damals witzig und schön, aber jetzt wollen wir etwas total anderes – eine schrille Neonfarbe wäre nicht schlecht, dachten wir – Limonen-Neongrün wäre doch gut! Aber dann sagte der Drucker, Neonfarben würden auf Plastik nicht so schrill leuchten, leider. Also, ein sensibles, aber nicht zu mattes Türkis wäre auch hübsch, oder vielleicht ein ganz kaltes Purpurrot? Nein, bloß kein Purpurrot oder Blaßlila, das sieht man überall – wenn man nur daran denkt, wird einem schon schlecht. Schließlich stellte sich die Frage: Wie wäre es eigentlich mit Schwarz? Schwarz auf durchsichtigem Plastik, das würde doch ganz gut aussehen, so klar, sachlich, intelligent und so gut lesbar – ja, einfach Schwarz, das würde geradezu klassisch wirken zwischen all dem quietschbunten Zeug der Konkurrenz – doch, Schwarz wäre ein neuer Trend. – Also, was wir machen, wissen wir zwar noch nicht, aber eines ist jetzt sicher: Egal, was wir machen, auf jeden Fall machen wir es in Schwarz.»

1 Elfenbeinschwarz ist aus verkohltem Elfenbein, Beinschwarz aus verkohlten Knochen.
2 Rebschwarz ist aus verkohltem Holz der Weinreben.
3 Kandinsky, S. 98.
4 Nixdorff/Müller, S. 160.
5 Bilzer, S. 22.
6 Ebd., S. 19.
7 Ebd., S. 5.
8 Rabbow, Stichwort ‹Schwarz›.
9 Ebd., Stichwort ‹Flaggenstreit›; Stichwort ‹Schwarz-Rot-Gold›; Stichwort ‹Schwarz-Weiß-Rot›.
10 Ebd., S. 221.
11 Ebd., Stichwort ‹Flaggenstreit›.

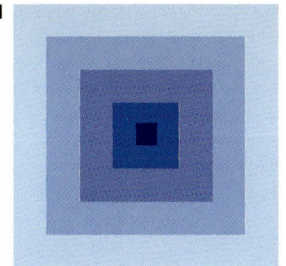

Perspektiv-Wirkung durch Farben:
Intensive Farben wirken näher als blasse Farben.

1. Das dunkle Zentrum erscheint optisch vorn.

2. Das helle Zentrum erscheint optisch hinten.

Warme Farben wirken näher als kalte Farben.

3. Das rote Zentrum scheint vorn zu liegen.

4. Das blaue Zentrum liegt hinten.

7. International sind Gebotzeichen blau-weiß. Zeichen „Atemschutz tragen".

5. Die blaue Ferne der alten Meister. Je größer die Entfernung, desto dunstiger das Blau.

6. Der blaue Mantel ist in Holland Symbol des Ehebruchs und Betrugs.

Kreative Farbgebung in der Werbung:
8. Eine Rose muß nicht immer rot sein. Firmenzeichen eines Modehauses.
9. Mit Kreativität kann sogar ein Kamel blau werden. Jeans-Werbung.

10. Der Engel der Rache:
Rot vom Flügel bis zur Sohle.

11. In der Renaissance war Rot die
schönste Farbe für jung und alt.

12. Nur Adlige durften Schuhe mit
roten Absätzen tragen.
Die Schuhe Ludwigs XIV.

14. Farbenspiel. Der Stier würde auch auf ein blaues Tuch reagieren.
Stiere sind farbenblind.

13. Falsche Farbgebung in der Werbung:
Die rote Schrift wird auf schwarzem
und weißem Grund undeutlich. Die
Aussage wird optisch ins Gegenteil
verkehrt.

15. Rote Bänder und Amulette
sollten kleine Kinder vor dem
bösen Blick schützen.

16. Kreative Farbgebung in
der Werbung:
Konventionelles Brautkleid
in unkonventionellem Rot.
Zigaretten-Werbung.

17. Grün ist die Symbolfarbe des Heiligen Geistes, deshalb erscheint die Taube vor grünem Grund. Gottvater trägt als Zeichen seiner Herrschaft den Purpurmantel. Blau ist die Farbe Marias. Hier trägt sie Dunkelblau als Zeichen ihres Gott untergeordneten Ranges. Ist Maria allein abgebildet, trägt sie meist ein leuchtendes Blau.

18. Das dämonische Grün.

19. Rettungswege und Notausgänge sind grün-weiß markiert.

20. Die grüne Flagge Saudi-Arabiens mit dem islamischen Glaubensbekenntnis.

23. Der ägyptische Gott Osiris mit grüner Hautfarbe.

22. Allegorie der Hoffnung: Eine Frau in grünem Kleid mit verbundenen Augen.

21. Der grüngekleidete Mohammed. Seine Lieblingsfarbe wurde zur heiligen Farbe des Islam.

Farbe und Lesbarkeit

Schwarze Schrift auf gelbem Grund hat die beste Fernwirkung.

Schwarze Schrift auf weißem Grund hat die beste Nahwirkung.

Fernwirkung und Nahwirkung gelten für verschiedene Arten von Informationen. Fernwirkung ist wichtig für

Informationen wie Verkehrszeichen: für kurze Informationen, deren Bedeutung bekannt ist.

Fernwirkung spielt keine Rolle bei längeren Texten mit unbekannten Informationen. Sie müssen immer aus der Nähe gelesen werden. Dabei wirken Farben störend.

Viele glauben, rote Schrift hätte einen besonders hohen Aufmerksamkeitswert, tatsächlich aber werden rotgedruckte Texte weniger gelesen als schwarzweiß gedruckte. Rotgedrucktes erweckt heute den Eindruck unwichtiger Werbung. Dagegen wirkt schwarzweiß Gedrucktes seriös und informativ.

Je geringer der Helligkeitskontrast von Schrift und Untergrund, desto geringer die Lesbarkeit.

Je farbiger ein Text, desto schwieriger ist er zu lesen, desto unwichtiger erscheint die Information.

25. Der schwarze Stern: Afrikas Freiheitssymbol in der Flagge Ghanas.

27. Das Yin-Yang-Symbol. In China ist Gelb der Gegenpol zu Schwarz.

27

26. Druckkontrolleiste zum Vierfarbendruck. Die rote Grundfarbe ist das Pinkrot, genannt Magenta (M), die blaue Grundfarbe ist Cyan (C), drittens Gelb (Y wie Yellow), viertens Schwarz (B wie Black).

26

28. Königinnen trauerten nicht wie gewöhnliche Menschen in Schwarz. Königin Victoria in violetter Trauerkleidung.

29. Zur Zeit der spanischen Weltmode trugen sogar kleine Kinder Schwarz. Der Junge trägt über der Halskrause eine rote Korallenkette als Schutz gegen den bösen Blick.

28

29

30. Das Jesuskind trug niemals Hellblau. Jahrhundertelang war Rosa eine Symbolfarbe des Männlichen.

31. Drei Töchter Königin Victorias. Das Baby in Hellblau ist Prinzessin Helena. Früher war Hellblau die Mädchenfarbe.

32. und 34. Nicht nur adlige Knaben, auch erwachsene Männer trugen rosarote Anzüge.

33. Werden Männer wieder Rosa tragen?

35. und 36. Kreative Farbgebung im Comic und in der Werbung: Der rosarote Panther und die Elefanten der Bundesbahn.

37  **38**

Alle Warnzeichen sind gelb-schwarz.
37. Explosive Stoffe
38. Radioaktive Stoffe

Gelb wird auf Flaggen Gold genannt. Nach den Regeln der Heraldik ist die Flagge der Bundesrepublik nicht korrekt, denn die Metallfarbe Gold sollte zwischen Schwarz und Rot stehen.
40. Flagge von Belgien
41. Bundesrepublik Deutschland
42. Uganda

39

40

41

39. Asiens Götter tragen Gelb. Gott Krishna mit seiner Geliebten. Die bläuliche Haut Krishnas ist Zeichen seiner himmlischen Herkunft.

43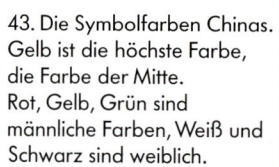

42

43. Die Symbolfarben Chinas. Gelb ist die höchste Farbe, die Farbe der Mitte. Rot, Gelb, Grün sind männliche Farben, Weiß und Schwarz sind weiblich.

44  **45**

44. Die Verkörperung des Bösen: Gelb und Grün wie Gift und Galle.

45. Gelb als Farbe der Geächteten. Eine blinde Frau im gelben Kleid als symbolische Darstellung des Judentums.

46. Farbenspiel: Giftsymbol in harmlosen Farben.

46

47. Weiß ist die Farbe der höchsten Kirchenfeste und die Rangfarbe des Papstes. Außerhalb der Gottesdienste darf nur der Papst weiße Kleidung tragen.

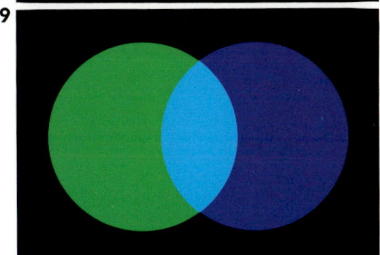

Wie sich die Farben des Lichts mischen:

48. Rotes und grünes Licht ergibt gelbes Licht.

49. Grünes und violettes Licht ergibt blaues Licht.

50. Violett und Rot ergibt Magenta – das reine Rot.

51. Aus rotem, violettem und grünem Scheinwerferlicht wird farbloses, weißes Licht.

52. Weltmode in Weiß à la Antike zur Goethezeit.

53. Weiß war auch in Europa Trauerfarbe. Die weiße Trauerkleidung wurde als farblose Kleidung verstanden, als Verzicht des Trauernden auf Selbstdarstellung.

54. Kreativer Clown.

55. Jede Farbe leuchtet auf schwarzem Grund stärker als auf weißem Grund.

56

57

58

Evangelischer
Gottesdienst
Sonntag

59

Der Purpur der Macht:

56. Der alte Purpur ist nicht rot, sondern violett.
Kaiserin Theodora im Purpurmantel.
Den Ministern war nur ein rechteckiger Besatz
aus purpurgefärbtem Stoff auf der Toga gestattet.
57. In der Tradition des alten Purpurs sind alle
englischen Königskronen mit violettem Samt gefüttert.

Der Purpur der Kirche:

58. Violett ist die evangelische Kirchenfarbe.
59. Alter und neuer Purpur: Der Kardinalspurpur ist rot,
die Bischöfe tragen den alten violetten Purpur.

60

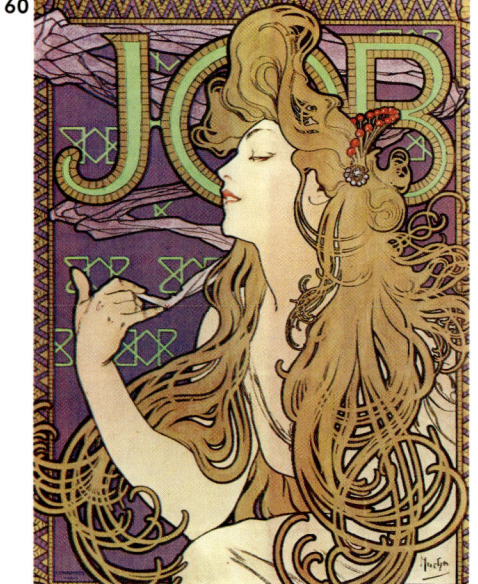

61

60. Lieblingsfarbe des Jugendstils
und der Femmes fatales.

Kreative Farbgestaltung:
61. Violette Pferde in der Kunst.
62. Eine lila Kuh in der Werbung.

62

63. Braune Kleidung unterstreicht sonnenbraune Haut.

64. Wer blasse Farben trägt, wirkt blasser.

65. Im Mittelalter war Braun die Farbe der Armen. So wurde Braun zur Ordensfarbe der Franziskaner-Mönche, die in tiefster Armut lebten.

Kreative Farbgestaltung:

66. Die blauen Bäume van Goghs. Er malte nicht die Farben der Dinge, sondern die Farben des Lichts. So werden Bäume im Schatten des Sonnenlichts blau.

67. und 68. Kreative Farbgebung wird bei Nahrungsmitteln am wenigsten toleriert. Niemand mag blaue Spaghetti oder rot-grünen Marmorkuchen.

69. Ein falscher Fünfziger.

70

71

70. Prinzessin Diana in elegantem Silber.

71. Marilyn Monroe in weniger elegantem Gold.

72. Solange Heilige auf Goldgrund gemalt wurden, waren sogar Madonnen rothaarig.

72

73. Die gelb-weiße Flagge des Vatikan-staates ist im heral-dischen Sinn eine Gold-Silber-Flagge. Als Emblem der gol-dene und silberne Schlüssel Petri.

73

74. In Silber wird sogar ein Kleinwagen zum Rennwagen 75. Und in Gold zum Luxuswagen

74

75

76. Farbenspiel: Modernes Schmuckdesign aus Verkehrszeichen.

76

77. Kreative Farbgebung in der Werbung: Hautfarbe passend zur Uhr.

77

8

78. Grisaille-Malerei: Giotto malte die
Allegorie des Neids grau-in-grau.

80. Kreative Farbgebung der alten Meister:
Särge in Rosa, Hellgrün, Hellblau.

81. Eine Zeichnung von Goethe. Wenn man dieses
Bild länger betrachtet, soll es nach seiner Theorie als
Nachbild in den richtigen Farben erscheinen: als
schwarzhaariges Mädchen vor hellgrünem Hintergrund.

1

79

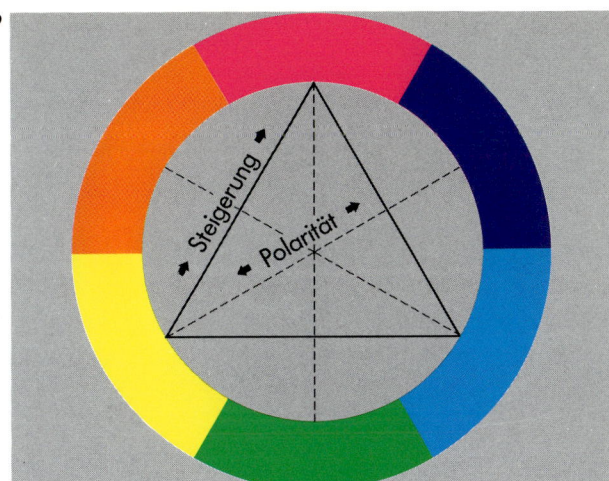

79. Goethes Farbenkreis: Alle Farben entstehen aus Grau.
Oben Rot als höchste Farbe, als Steigerung von Gelb und Blau.
Jeweils gegenüberliegend die Komplementärfarben, die sich
zu Grau ergänzen.

80

82. Das ambivalente Grau. Der gleiche Grauton in der Mitte
verändert sich mit den Farben der Umgebung.

82

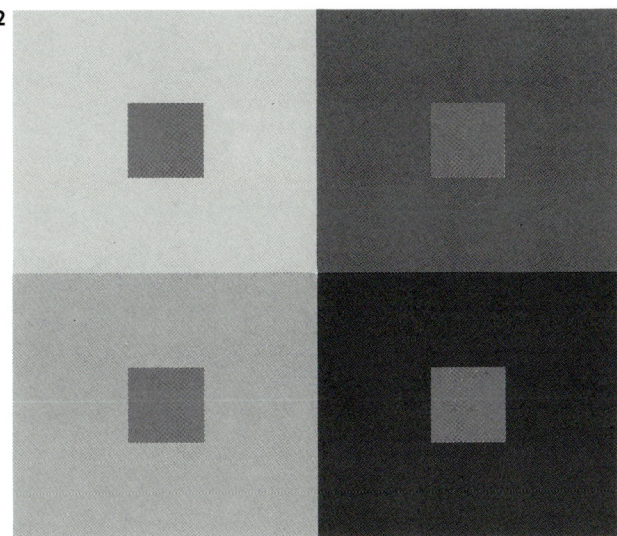

83

83. Von Orange nach Grün: Die leuchtendste Auferstehung in der Malerei.

84

87

85

86

84. Das schöne Orange Indiens, die Hautfarbe der Götter.

85. In der Flagge Indiens ist Orange die Farbe des Buddhismus und bedeutet ‚Mut' und ‚Opferbereitschaft'.

86. In der Flagge Irlands ist es die Farbe des Protestantismus.

87. Kreative Farbgestaltung: Typische Farbe gegen typische Form.

88. Orange als Farbe der Lebensfreude bei Toulouse-Lautrec.

89. Die abstrakte Darstellung der Lebensfreude bei Delaunay.

88

89

Rosa: Süß und zärtlich, weich und weiblich

Altrosa · Babyrosa · Blaßrosa · Bonbonrosa · Carthaminrosa · Cyclam · Flamingorosa · Fuchsia · Graurosa · Hautfarben · Himbeerrosa · Kirschblütenrosa · Lachsrosa · Magenta · Marzipanrosa · Mattrosa · Mauve · Muschelrosa · Orchideenrosa · Parmarosa · Pastellrosa · Perlmuttrosa · Perlrosa · Persischrosa · Pfirsichrosa · Pink · Pompadourrosa · Puderrosa · Purpurrosa · Rosé · Rosenquarzfarben · Rosenrot · Rouge · Schinkenrosa · Schweinchenrosa · Tyrischrosa · Violettrosa · Venezianer Rosa · Zartrosa [1]

Das typisch Weibliche

Bei der Farbe Rosa unterscheiden sich die Farbsympathien von Frauen und Männern deutlicher als bei jeder anderen Farbe.

8 % der Frauen finden Rosa schöner als jede andere Farbe. Fast genauso viele, nämlich 7 %, lehnen Rosa völlig ab. Von den Männern nennen nur 2 % Rosa als Lieblingsfarbe, aber 12 % als die Farbe, die sie am wenigsten mögen.

Zu Rosa gehören, im positiven wie im negativen Sinn, die typisch weiblichen Eigenschaften.

Psychologische und symbolische Wirkung

1. Die Farbe der Zärtlichkeit

Die Zärtlichkeit (195): Rosa 53 %, Rot 14 %, Blau 9 %, Violett 8 %, Weiß 7 %

Die leidenschaftlichen Gefühle sind rot. Zu den sanften Gefühlen gehört Rosa. Es ist die Farbe der Zärtlichkeit.

Das Rot der Liebe verändert sich nach zwei Seiten: Kombiniert mit Violett sind die verbotenen Gefühle der Sexualität ausgedrückt; kombiniert mit Rosa die unschuldigen Gefühle.

Das Verführerische (179): Rot 31 %, Rosa 19 %, Violett 14 %, Schwarz 12 %, Gold 7 %

Die Unschuld (173): Weiß 72 %, Rosa 12 %

Die Erotik (46): Rot 63 %, Rosa 12 %, Schwarz 9 %, Violett 8 %

Die Lust (110): Rot 46 %, Rosa 10 %, Schwarz 9 %, Blau 7 %, Violett 7 %, Gold 5 %

Die Wollust (193): Rot 31 %, Violett 22 %, Rosa 17 %, Orange 14 %, Braun 7 %, Schwarz 6 %

Die Sexualität (149): Rot 48 %, Violett 14 %, Rosa 11 %, Schwarz 6 %, Gelb 6 %, Orange 5 %

Psychologische und symbolische Wirkung

2. Die Farbe des Zarten

Rosa ist keine Farbe mit elementarer Wirkung. Es ist das geschwächte Rot, das verschönerte Weiß. Es ist die Mischung aus dem männlichen Rot und dem weiblichen Weiß. Rot ist groß und stark, Rosa klein und zart. Weiß ist kühl, Rosa ist weich und anschmiegsam.
Kombiniert mit Weiß und Gelb wird der zarte Eindruck des Rosa noch verstärkt.

Das Zarte (196): Rosa 46 %, Weiß 20 %, Gelb 12 %

Das Weiche (189): Rosa 47 %, Weiß 15 %, Gelb 8 %, Orange 5 %, Grün 5 %

Etwas Kleines (90): Rosa 27 %, Gelb 14 %, Weiß 12 %, Silber 9 %, Braun 7 %, Grau 7 %, Schwarz 6 %, Gold 5 %

Das Leichte (103): Weiß 37 %, Gelb 18 %, Rosa 17 %, Blau 10 %, Silber 5 %

Kulturelle Wirkung

3. Der Wandel vom männlichen zum weiblichen Rosa

Das Weibliche (188): Rosa 34 %, Rot 16 %, Weiß 13 %, Violett 12 %, Gelb 5 %

Rosa ist die Kennfarbe des Weiblichen von Geburt an. Und ‹Rosa› ist ein internationaler Mädchenname. Die Konvention des weiblichen Babyrosa ist so bekannt, daß viele meinen, so sei es immer gewesen. Aber der Brauch ist neu: Er entstand erst um 1920. Und dieser Brauch widerspricht unserer Farbsymbolik. Denn Rot ist die männliche Farbe. Und Rosa ist das kleine Rot – die Farbe der kleinen Jungen. Blau ist die Marienfarbe – Hellblau ist nach alter Tradition die Farbe der kleinen Mädchen.
Deshalb trägt das Jesuskind auf vielen Gemälden ein rosarotes Kleid – von Giottos berühmter Ognissanti-Madonna von 1365 bis zu Murillos Darstellung der Heiligen Familie von 1681 (→ Bild 30). Daß das rosa Kleid des Jesuskindes nicht nur symbolische Bedeutung hat, beweisen Gemälde, die historische Persönlichkeiten als Kinder zeigen. Bild 32 zeigt den kleinen Sohn eines englischen Barons im Jahre 1640. Er trägt einen rosaroten Seidenanzug.

Kinderkleider waren früher Miniaturkopien der Erwachsenenkleidung. Nicht nur zur Zeit des Rokoko trugen sogar ältere Männer rosarote Anzüge (→ Bild 34). Rosarote Kleidung war weder geschlechtsgebunden noch altersgebunden – genauso wenig, wie es blaue Kleidung war. Aber im Sinn der christlichen Farbsymbolik wurden Rot und Rosa für Jungen bevorzugt, für Mädchen Blau und Hellblau.[2] Das ist auch auf einem Gemälde von Franz Winterthaler zu erkennen, das Königin Victoria 1846 mit ihren fünf Kindern zeigt. Der damals fünfjährige Sohn Prinz Albert Edward trägt ein leuchtend rotes, kittelartiges Kleid. Die sechsjährige Prinzessin Victoria, die dreijährige Prinzessin Alice und der zweijährige Prinz Alfred tragen Kleider von gleicher Farbe und von gleichem Schnitt: Die Kleider sind weiß mit goldgelbem Besatz, und der kleine Prinz trägt wie die Prinzessinnen ein Kleid mit Dekolleté und weitgerafftem Rock. Besonders interessant ist die Kleidung der damals wenige Monate alten Prinzessin Helena: Das Baby trägt ein langes weißes Kleid, das mit einer breiten Schärpe gebunden ist – die Schärpe ist hellblau. Und die Babyhaube ist mit hellblauem Band garniert (→ Bild 31). Die Kleidung des Babys zeigt die fortschrittliche Einstellung der Königin: Das Baby ist nicht, wie es Mitte des 19. Jahrhunderts noch üblich war, zu einem starren Paket geschnürt, es kann die Arme frei bewegen. Auch das hellblaue Band ist ein Indiz des Fortschritts; beliebter waren damals für Mädchen und Jungen rote Bänder und ein rotes Korallenamulett als Schutz vor dem Bösen Blick (→ Bild 15). Die Königin wählte statt der Farbe des Aberglaubens die christliche Mädchenfarbe.

Auf einem früheren Gemälde des Hofmalers Winterthaler ist Prinz Arthur als Baby zu sehen, sein Kleid und das Häubchen sind mit rosa Band verziert.[3] Und kein zeitgenössischer Betrachter wäre auf die Idee gekommen, dieses Kind für ein Mädchen zu halten.

Im Modekatalog des Berliner Kaufhauses Wertheim wurden noch zu Beginn dieses Jahrhunderts weiße Taufkleidchen mit roten Bändern angeboten.[4] Und die Babykleidung für Mädchen und Jungen war ausschließlich weiß. Babyschuhe wurden nur in Weiß, Braun oder, passend zu den Bändern, in Rot verkauft.

Die Mode, Babys farbig anzuziehen, wurde erst in den zwanziger Jahren populär. Erst jetzt war es möglich, Farben herzustellen, die kochfest und die nicht giftig waren. Und erst seit Anfang der zwanziger Jahre gibt es Strampelhosen, die heute typische Babykleidung.[5]

Mit der Mode der farbigen Babykleidung kam der Umschwung, der das männliche Rosa zur weiblichen Farbe machte. Für diesen Wandel gab es mehrere Ursachen: Die christliche Symbolik der Kleiderfarben hatte sich von der Realität entfernt, denn die Mode war farbenfeindlich geworden. Die Farbigkeit des Rokoko, das die Pastelltöne so liebte, war längst vergessen. Als nach dem Ersten Weltkrieg die roten, weißen und blauen Militäruniformen abgeschafft wurden, statt dessen die Tarnfarben aufkamen, waren Farben auch in der zivilen Herrenmode verpönt. In der Damenmode wurde die Farbigkeit ebenfalls reduziert. Zum Wandel der Farbigkeit kam eine Moderevolution: Die Reformmode befreite um 1910 die Frauen von den Korsagen und schuf eine eigene Kindermode. Kinder wurden nicht mehr wie die Er-

wachsenen angezogen, sondern trugen überall die bequemen Matrosenanzüge und
Matrosenkleider in Blau-Weiß. Mit der Entfremdung von der religiösen Farbsymbolik wurde Blau nicht mehr als Marienfarbe wahrgenommen, sondern als Farbe
der Marine-Uniformen. Und in der industriellen Arbeitswelt trugen nun fast alle
Arbeiter indigoblaue Arbeitsanzüge.

Als es durch die kochechten und giftfreien Farbstoffe problemlos geworden war,
auch die Babykleidung einzufärben, machte es einen neuen Sinn, die kleinen Jungen in die Farbe der Arbeitswelt zu kleiden. Für Mädchen blieb als traditionelle
Kontrastfarbe zum Hellblau das Rosa. Es überzeugte als neue Mädchenfarbe, weil
es neben dem kühlen Hellblau so gefühlsbetont wirkt.

Im Londoner Museum of Childhood ist als frühestes Beispiel rosaroter Babykleidung für Mädchen eine rosarote Schachtel mit rosaroten Babyschuhen und rosaroten Babystrümpfen archiviert. 1923 bekam eine Prinzessin vor der Geburt ihres
ersten Kindes diese rosarote Schachtel geschenkt, und es ist sehr wahrscheinlich,
daß sie das gleiche Geschenk auch in Hellblau bekam. Die Prinzessin gebar nur
Söhne und vermachte Jahrzehnte später die nicht gebrauchten rosaroten Schuhe
und Strümpfe dem Museum, als Beispiel für die ganz neuen Babyfarben der zwanziger Jahre.[6]

Wo religiöse Traditionen stark verwurzelt waren, blieb bis in die sechziger Jahre
Rosa die Farbe kleiner Jungen, und Hellblau blieb die Mädchenfarbe – zum Beispiel in den katholischen Gebieten von Holland, Belgien, in Teilen der Schweiz und
Italiens.[7] In den siebziger Jahren hatte sich das weibliche Rosa international durch-
gesetzt. Damals, als die pflegeleichten Perlonstoffe so beliebt waren, erreichte die
Mode der Babyfarben ihren Höhepunkt: Jeder Kinderwagen war mit rosaroten
oder hellblauen Rüschen garniert.

Aber seit den achtziger Jahren beginnt die Beliebtheit der Babyfarben wieder zu
schwinden. Einerseits aus praktischen Gründen: Die Eltern wollen nicht bis zur
Geburt warten, um die Babyausstattung in der richtigen Farbe kaufen zu können.
Rosa und Hellblau werden durch Weiß und kräftige Farben verdrängt. Außerdem
widersprechen die geschlechtsbezogenen Farben der heutigen Mode: denn in der
Erwachsenenmode hat sich die Farbigkeit von männlicher und weiblicher Kleidung wieder angenähert.

Noch 1960 wirkte ein rosarotes Herrenhemd geradezu skandalös; heute sind sogar
rosarote Wildlederschuhe für Herren nicht mehr ungewöhnlich. Für die Jeans-
Generation, deren Unisex-Mode nicht mehr zwischen männlicher und weiblicher
Kleidung und deren Farbigkeit immer weniger zwischen Erwachsenen- und Kinderkleidung unterscheidet, sind die geschlechtsbezogenen Babyfarben eine Sitte
aus grauer Vorzeit.

Psychologische und symbolische Wirkung

4. Rosa neben Grün: das kindliche Rosa

Die Kindheit (89): Rosa 34 %, Grün 13 %, Gelb 9 %, Blau 8 %, Gold 7 %,
       Orange 6 %, Weiß 5 %

Die Naivität (123): Rosa 27 %, Grün 13 %, Gelb 13 %, Violett 10 %, Grau 7 %,
       Braun 6 %

Grün ist die Farbe des vegetativen Lebens, Rot ist die Farbe des animalischen Lebens, und Rosa ist die Farbe des jungen Lebens. Rosa und Grün – in dieser Farbkombination sind alle Aspekte des Wachstums vereint.
Je stärker das Rosa vorherrscht, desto stärker liegt die Betonung auf den Eigenschaften des Kindlichen. Herrscht das Grün vor, liegt die Betonung auf dem Aspekt
des Gedeihens. Rosa und Grün, das ist jung, frisch, angenehm.

Die Jugend (87): Grün 28 %, Rosa 20 %, Gelb 13 %, Blau 13 %, Weiß 12 %

Der Frühling (56): Grün 64 %, Gelb 12 %, Rosa 11 %, Weiß 8 %

Das Angenehme (9): Grün 23 %, Rosa 18 %, Blau 15 %, Weiß 8 %, Orange 8 %,
       Gelb 8 %, Rot 7 %

Das Gesunde (66): Grün 30 %, Rot 21 %, Rosa 12 %, Blau 12 %, Orange 7 %,
       Weiß 6 %, Gelb 5 %

Symbolische Wirkung

5. Das schwache Rot für das schwache Geschlecht

Alle Eigenschaften, die Rosa zugeschrieben werden, gelten als typisch weibliche Eigenschaften. Rosa symbolisiert die Stärken der Schwachen wie Charme und Höflichkeit. Es ist die zweite Farbe der Harmonie und der Freundlichkeit.

Der Charme (27): Rosa 19 %, Weiß 16 %, Violett 10 %, Rot 9 %, Blau 9 %, Silber 8 %, Orange 7 %, Gold 7 %, Gelb 6 %

Die Höflichkeit (82): Rosa 17 %, Silber 15 %, Weiß 14 %, Grau 11 %, Blau 10 %, Grün 9 %, Gold 6 %, Gelb 6 %

Die Harmonie (73): Blau 28 %, Rosa 14 %, Weiß 12 %, Grün 10 %, Violett 7 %, Rot 7 %, Gold 6 %

Die Freundlichkeit (52): Blau 20 %, Rosa 13 %, Gelb 11 %, Weiß 11 %, Orange 10 %, Grün 10 %, Gold 8 %, Rot 8 %

Symbolische Wirkung

6. Die rosaroten Tugenden

Die Empfindsamkeit / Die Sensibilität (39): Rosa 36 %, Violett 14 %, Weiß 12 %, Blau 12 %, Gelb 11 %, Grün 8 %, Rot 7 %

Die Sanftheit (139): Rosa 41 %, Weiß 17 %, Blau 10 %, Violett 7 %, Braun 6 %, Gelb 5 %, Grün 5 %

Das Leise (105): Weiß 27 %, Rosa 20 %, Grau 18 %, Silber 10 %, Grün 5 %, Schwarz 5 %

Die Bescheidenheit (21): Grau 22 %, Weiß 17 %, Rosa 14 %, Braun 10 %, Grün 10 %, Silber 7 %, Schwarz 5 %

Die Unsicherheit (174): Grau 22 %, Gelb 14 %, Rosa 12 %, Violett 12 %, Braun 11 %, Weiß 8 %, Orange 6 %

In seiner Wirkung ist Rosa extrem von den umgebenden Farben abhängig. Dasselbe Rosa wirkt neben verschiedenen Farben ganz unterschiedlich. Neben Weiß wirkt Rosa blasser, neben Schwarz wirkt es kräftiger, neben Rot rötlicher, neben Gelb wirkt es warm, neben Blau wirkt es kühl.

Rosa, selbst eine Mischung aus einer heißen und einer kalten Farbe, symbolisiert die Tugenden des Kompromisses, der Anpassung.

Symbolische Wirkung

7. Die Farbe der Schwärmerei und der Romantik

Schwärmerei, das ist ein Zustand, in dem man auf ‹rosaroten Wolken› schwebt, alles durch die ‹rosarote Brille› sieht. Eine Welt in Rosarot ist viel zu schön, um wahr zu sein.

Rosa ist das Unrealistische in allen Schattierungen: von der Verklärung bis zum Kitsch.

Die Schwärmerei (145): Rosa 38 %, Rot 14 %, Violett 10 %, Orange 10 %, Blau 9 %, Gelb 7 %, Silber 5 %

Die Träumerei (161): Rosa 34 %, Blau 27 %, Violett 9 %, Weiß 8 %, Grün 6 %

Die Romantik (134): Rosa 36 %, Rot 14 %, Violett 12 %, Blau 9 %, Grün 9 %, Orange 7 %, Weiß 7 %

Das Glück (70): Gold 20 %, Rot 20 %, Grün 14 %, Gelb 11 %, Rosa 10 %, Blau 10 %, Weiß 7 %, Orange 5 %

Psychologische und symbolische Wirkung

8. Rundum süß

Rosa ist die ‹Bonbonfarbe›. Keine andere Farbe paßt besser zu Süßspeisen. Süß und mild sind die Geschmackserwartungen bei Rosa. Es ist eine Farbe des Genusses. Rosa und sauer-salzig, das paßt in unseren Geschmackserwartungen nicht zusammen. Mit Rote-Bete-Saft rosa gefärbter Heringssalat erscheint vielen als seltsame Spezialität.

Als Geruch assoziiert man mit Rosa den Duft von Rosen, der ebenfalls als süß und lieblich empfunden wird.

Im übertragenen Sinn wird das Süße zum Süßlichen: Ein Buch mit rosarotem Umschlag erweckt schnell den Eindruck eines Kitschromans.

Das Süße (157): Rosa 35 %, Orange 18 %, Rot 17 %, Gelb 12 %

Das Liebliche (108): Rosa 58 %, Weiß 10 %, Rot 8 %, Blau 6 %, Orange 5 %, Gelb 5 %

Das Milde (116): Rosa 26 %, Weiß 26 %, Blau 12 %, Orange 8 %, Braun 7 %, Grün 6 %, Gelb 6 %

Der Genuß (64): Gold 18 %, Violett 15 %, Orange 13 %, Rosa 11 %, Grün 11 %, Blau 7 %, Braun 7 %, Rot 6 %

Psychologische Wirkung

9. Rosa neben Braun: das gemütliche Rosa

Als vom Rot abgeleitete Farbe ist Rosa eine warme Farbe, eine Farbe der Nähe. Wie alle warmen Farben wird Rosa mit etwas Rundem assoziiert.

Kombiniert mit männlichen Farben wie Braun, verliert es seine Schwäche und wird zu einer Farbe der Gemütlichkeit und der Geborgenheit.

Die Gemütlichkeit (62): Braun 39 %, Rosa 10 %, Grün 10 %, Gelb 8 %, Blau 8 %, Orange 7 %, Rot 7 %

Die Geborgenheit (58): Braun 24 %, Rot 18 %, Rosa 15 %, Blau 10 %, Grün 10 %, Orange 8 %

Die Nähe (122): Rot 29 %, Orange 15 %, Rosa 12 %, Grün 10 %, Braun 8 %, Gelb 8 %, Weiß 6 %

Etwas Rundes (136): Rot 24 %, Gold 15 %, Orange 14 %, Rosa 11 %, Gelb 9 %, Violett 7 %, Braun 6 %, Weiß 5 %

Traditionelle Wirkung

10. Das Rosa der Madame Pompadour und das Rosa der Kirche

Das Rokoko war die Epoche der Pastellfarben. Frankreich gab in der Mode den Ton an. Die Mode am französischen Hof war zur Zeit der spanischen Weltherrschaft farbenfroh geblieben, aber nachdem im 18. Jahrhundert die reinen Farben sogar für das niedere Volk erschwinglich geworden waren, wandelte sich der höfische Geschmack. Nun wurden Mischfarben das Besondere. Die Pastelltöne des Rokoko sind nicht einfach durch Weiß abgetönte Farben, es sind komplizierte Mischungen aus sämtlichen Grundfarben – Beweise der vollendeten Kunst der Färberei. In den hellen Farben manifestierte sich das höfische Lebensgefühl: Sie zeigten, daß die Aristokratie mit Alltag und Arbeit nichts zu schaffen hatte.

Madame Pompadour (1721–1764), Inbegriff der Rokokodame, Kunstliebhaberin mit exquisitem Geschmack, brachte die Kombination von Rosa und Hellblau in Mode, jene Farbkombination, die uns heute als ‹typisch Rokoko› erscheint. Auf dem berühmtesten Porträt der Madame Pompadour, 1757 von François Boucher gemalt, trägt sie allerdings ein grünes Kleid mit rosa Garnituren: Es ist ein raffiniertes Grün, nicht nur aus Blau und Gelb gemischt, es enthält auch Spuren von Rot, wirkt durch einen Hauch von Weiß leicht pastellig und dennoch kräftig durch einen Hauch von Schwarz. Eine besonders schwierig zu mischende Farbe ist das Pompadourrosa, das die Porzellanmanufaktur Sèvres für sie kreierte: ein dunkles Rosa mit deutlichen Spuren von Blau, mit etwas Gelb und etwas Schwarz.

Die Liebe zu den Mischfarben hatte auch einen praktischen Hintergrund: Jedes Kleid, jeder Anzug kostete ein Vermögen. Weil die Pastellfarben alle Grundfarben enthielten, waren sie mit allen Farben kombinierbar. Durch jeweils andersfarbige Accessoires konnte die Farbwirkung eines Kleides völlig verändert werden, wurde so zum neuen Kleid.

Rosa wurde von Frauen und Männern getragen, aber man empfand es der Tradition gemäß eher als männliche Farbe. Auf den zeitgenössischen Gemälden tragen die Damen häufiger Hellblau als Rosa.

Die männliche Tendenz des Rosa zeigt sich ganz besonders darin, daß es zur Zeit des Rokoko eine liturgische Farbe wurde. Reiche Adlige stifteten ihre abgelegten Kleider der Kirche. Die Kleider wurden zu liturgischen Gewändern und Paramenten umgearbeitet. Eigentlich hatte die Kirche für die rosaroten Stoffe keine Verwendung: denn nur Weiß, Rot, Grün, Schwarz, Violett waren kirchliche Farben. Die Kirche wußte Abhilfe zu schaffen: Rosa wurde 1729 zur liturgischen Farbe erklärt. Seither tragen die katholischen Geistlichen am dritten Adventssonntag und am dritten Fastensonntag Rosa.

Symbolische Wirkung

11. Rosa neben Violett: das eitle Rosa

Das Unsachliche (172): Rosa 20 %, Violett 20 %, Orange 14 %, Braun 11 %,
    Gold 10 %, Rot 7 %, Grau 5 %

Die Eitelkeit (37): Violett 22 %, Rosa 20 %, Gold 18 %, Gelb 13 %,
    Orange 10 %, Blau 8 %

In der Kombination mit anderen Mischfarben, besonders mit Violett und Orange,
verliert das Rosa seine Unschuld, es wird eitel und unsachlich. Alle Mischfarben
haben etwas Künstliches, Unnatürliches an sich.

Das Modische (119): Violett 20 %, Orange 17 %, Rosa 14 %, Gelb 12 %,
    Rot 12 %, Schwarz 8 %, Weiß 6 %

Das Künstliche (96): Violett 23 %, Silber 18 %, Rosa 15 %, Gold 15 %,
    Orange 10 %, Weiß 5 %

Das Unnatürliche (171): Violett 24 %, Silber 17 %, Rosa 15 %, Gold 15 %,
    Orange 11 %, Grau 5 %

12. Das kreative Rosa

Rosa fällt besonders auf, wenn es mit Aussagen kombiniert wird, die nicht zu Rosa
passen.

Normalerweise werden die Eigenschaften der Farbe Rosa – zart, weich, klein, süß,
leicht – mit Dingen kombiniert, die ebenfalls zart, weich, klein, süß, leicht sind. Ein
rosaroter Luftballon, ein rosarotes Häschen, ein rosarotes Herzchen, rosarot gekleidete Mädchen, ein rosarotes Schäfchen – solche Klischees sind zu alltäglich, um
der Erinnerung wert zu sein. Die Farbe ist überflüssig, sie wiederholt nur die Aussage des Sujets.

Markante Kunstfiguren und Markenzeichen lassen sich kreieren, wenn Rosa entgegen der konventionellen Erwartung kombiniert wird.

Statt mit dem Sanften mit dem Unsanften: ein rosaroter Kaktus, ein rosaroter Igel,
ein rosaroter Hammer.

Statt mit dem Kleinen mit dem Großen: Die rosaroten Elefanten der Bundesbahnwerbung blieben im Gedächtnis. Ein rosaroter Saurier wäre ebenfalls eindrucks-
voll.

Statt mit dem Niedlichen mit dem Tückischen und Bösen: ein rosaroter Teufel, ein rosaroter Rabe, ein rosaroter Haifisch. Die Comic-Figur Pink Panther (→ Bild 35) wurde weltberühmt. Das Totenkopf-Zeichen in Rosa-Hellblau ist von absurdem Reiz (→ Bild 46). Ein entsprechendes Beispiel kreativer Farbgestaltung in der mittelalterlichen Malerei zeigt Bild 80. Der Künstler malte den Stein der Gräber in Rosa, Hellgrün, Hellblau.

Statt mit dem Naiven mit dem Komplizierten: ein rosaroter Roboter. – Wer meint, solche Ideen hätten nur spielerischen Wert – die berühmteste Zeitung der Welt, die auf rosa Papier gedruckt wird, ist erstaunlicherweise die ‹Financial Times›.

Wenn Rosa als Farbe ohne Form erscheint, bekommt es eine neue Wirkung durch die Kombination mit Farben, die gefühlsmäßig nie mit Rosa kombiniert werden. Bei keinem Begriff der Farbspektren taucht die Kombination Rosa-Grau-Silber auf. In dieser Kombination bekommt Rosa eine ungewöhnliche, raffinierte Wirkung.

1   Außerdem unendlich viele Phantasienamen für rosarote Lippenstifte und Nagellacke.

2   Frieling (vgl. Mensch und Farbe, S. 84) versucht die modernen Babyfarben mit dem Bezug auf das Blau als Farbe des Geistigen und Rot als Farbe der Materie zu erklären. Der Geist, höher geschätzt als die Materie, soll den Knaben beflügeln; das Mädchen gehört in die Banalität des Alltäglichen. Aber es gibt keinen Bezug zwischen alter Symbolik und den modernen Babyfarben.

3   Dieses Bild ist öffentlich nicht zugänglich; Auskunft vom Bethnal Green Museum of Childhood, London.

4   Wertheim-Katalog von 1903/04.

5   Das Wort ‹rompers› (Strampelhosen) wird 1922 zum erstenmal im Oxford English Dictionary aufgeführt.

6   Auskunft vom Bethnal Green Museum of Childhood, London.

7   Vgl. Nixdorff/Müller, S. 137. In sehr traditionsbewußten katholischen Familien blieb man bis heute bei den alten Farben. Die 1988 geborene Prinzessin Maria Laura von Belgien wurde in weißem Kleidchen mit hellblauen Bändern getauft.

Gelb: Gut wie Gold,
schlecht wie die Geächteten

Absınthgelb · Altgelb · Bambusfarben · Bananengelb · Barytgelb · Bast-
gelb · Beigegelb · Bernsteinfarben · Blaßgelb · Blond · Buttergelb · Chamois · Champagnerfarben · Chartreusegelb · Chinesischgelb · Chrom-
gelb · Cremegelb · Curry · Dottergelb · Dunkelgelb · Echtgelb · Ecru ·
Fahlgelb · Flachsgelb · Gelbgrün · Gelborange · Ginstergelb · Goldblond · Goldgelb · Goldocker · Goyagelb · Graugelb · Gummigutt ·
Hansagelb · Hellgelb · Hochgelb · Honiggelb · Indischgelb · Kadmium-
gelb · Kalkgelb · Kanariengelb · Knallgelb · Korngelb · Kükengelb ·
Laubgelb · Lichtgelb · Limonengelb · Maisgelb · Melonengelb · Messing · Mimosengelb · Nankinggelb · Neapelgelb · Nickeltitangelb · Ni-
kotingelb · Ocker · Olivgelb · Pastellgelb · Permanentgelb · Pompeja-
nischgelb · Postgelb · Primelgelb · Quittengelb · Rauchgelb · Rostgelb ·
Rotgelb · Saharagelb · Sandgelb · Safrangelb · Schmutzgelb · Schütt-
gelb · Schwefelgelb · Senfgelb · Signalgelb · Sonnenblumengelb · Son-
nengelb · Strohblond · Strohgelb · Teegelb · Topasfarben · Urgelb ·
Uringelb · Vanillegelb · Verkehrsgelb · Veroneser Gelb · Wachsgelb ·
Zartgelb · Zinkgelb · Zitronengelb

Die zwiespältigste Farbe

Gelb ist die zwiespältigste Farbe. Die von der Erfahrung abgeleitete Symbolik ist positiv, es ist die Symbolik der Sonne, des Lichts und des Goldes. Die historisch geprägte Symbolik ist negativ. Gelb war die Farbe der Geächteten, es blieb die Symbolfarbe der egoistischen Eigenschaften.

Gelb ist die Lieblingsfarbe von 5 % der Männer, aber genauso viele Männer nannten Gelb als unbeliebteste Farbe. Bei den Frauen nannten 4 % Gelb als Lieblingsfarbe und 6 % als unbeliebteste Farbe.

Psychologische und symbolische Wirkung

1. Die Sonne und der Optimismus

Der Optimismus (128): Gelb 19 %, Grün 17 %, Blau 15 %, Weiß 11 %,
      Rot 10 %, Orange 9 %, Rosa 8 %

Die universale Erfahrung der Sonne wird verallgemeinert zur symbolischen Wirkung von Gelb. Als Sonnenfarbe wirkt Gelb heiter. Optimisten haben ein sonniges Gemüt, Gelb ist ihre Farbe.

Gelb mit Orange und Rot ist der Farbklang des Lustigen, der Lebensfreude, des Vergnügens und des Extrovertierten. Kombiniert mit den zurückhaltenden Farben Blau und Rosa ist Gelb eine Farbe der Freundlichkeit.

Das Lustige (111): Orange 25 %, Gelb 23 %, Rot 19 %, Rosa 11 %, Grün 8 %,
      Violett 6 %, Blau 5 %

Die Lebensfreude / Die Freude (101): Rot 27 %, Gelb 16 %, Orange 12 %,
      Grün 11 %, Blau 11 %, Rosa 9 %, Weiß 6 %

Das Vergnügen (180): Orange 20 %, Rot 17 %, Gelb 13 %, Rosa 11 %,
      Violett 11 %, Blau 9 %, Grün 6 %, Gold 5 %

Das Extrovertierte (48): Orange 19 %, Gelb 17 %, Rot 14 %, Gold 7 %,
      Rosa 7 %, Weiß 7 %, Grün 6 %, Blau 6 %

Die Freundlichkeit (52): Blau 20 %, Rosa 13 %, Gelb 11 %, Weiß 11 %,
      Orange 10 %, Grün 10 %, Gold 8 %, Rot 8 %

Psychologische und symbolische Wirkung

2. Das Licht und die Erleuchtung

Das Sonnenlicht wird als gelb empfunden, obwohl es eigentlich farblos ist. Je gelber das Licht einer Lampe ist, desto natürlicher und schöner erscheint es.

Als Lichtfarbe ist Gelb dem Weiß verwandt. ‹Licht› und ‹leicht› sind Eigenschaften von gleichem Charakter. Gelb ist die leichteste der bunten Farben. Es wirkt leicht, weil es von oben zu kommen scheint. Ein Zimmer mit gelbem Plafond wirkt freundlich, von Sonnenlicht durchflutet.

Für Gegenstände des täglichen Gebrauchs ist reines Gelb allerdings wenig geeignet. Schon geringe Spuren von Staub und Schmutz nehmen dem Gelb die Leuchtkraft, es wird bräunlich, gräulich. Reines Gelb ist eine Farbe des Neuen, schmutziges Gelb wird auch Altgelb genannt.

Die Leichtigkeit des Gelben wird gesteigert durch Rosa. Weiß-Rosa-Gelb ist die Farbigkeit des Zarten, des Kleinen, des Empfindsamen. Im übertragenen Sinn ist es eine Farbe der Naivität.

Das Leichte (103): Weiß 37 %, Gelb 18 %, Rosa 17 %, Blau 10 %, Silber 5 %

Das Zarte (196): Rosa 46 %, Weiß 20 %, Gelb 12 %

Etwas Kleines (90): Rosa 27 %, Gelb 14 %, Weiß 12 %, Silber 9 %, Braun 7 %, Grau 7 %, Schwarz 6 %, Gold 5 %

Die Naivität (123): Rosa 27 %, Gelb 13 %, Grün 13 %, Violett 10 %, Grau 7 %, Braun 6 %

Das Neue (126): Weiß 30 %, Gelb 13 %, Blau 11 %, Rosa 9 %, Grün 9 %, Silber 8 %, Gold 6 %

Von der Sonne hat das Gelb auch seine Hitze. Mit Rot und Orange gehört es zu den Farben der Aktivität und der Energie. Das ist der gleiche Farbklang wie bei den Farben des Lustigen (→ Gelb 1), aber hier ist das Rot stärker.

Die Hitze (81): Rot 46 %, Gelb 23 %, Orange 21 %

Die Aktivität (3): Rot 28 %, Orange 18 %, Gelb 15 %, Blau 15 %, Grün 12 %

Die Energie (41): Rot 38 %, Orange 18 %, Gelb 16 %, Gold 7 %, Blau 7 %

Idealisiert wird die Farbe des Lichtes zur Farbe der Erleuchtung. Im Islam ist Goldgelb die Symbolfarbe der Weisheit. Auch im Deutschen können ‹hell› und ‹klug› gleichbedeutend sein. Sprachlich verwandt ist ‹gelb› auch mit ‹glühen›, sogar mit ‹glotzen› – die unfeine Art, jemanden anzustrahlen.

Symbolische Wirkung

3. Das gute Gelb des Goldes

Die Sonne ist gelb, aber man nennt sie nicht die gelbe, sondern die goldene Sonne. Helios, Apoll, Sol, den Sonnengöttern, war die Farbe Gelb geweiht – es ist das Gelb, das Gold ist, ohne Metall zu sein (→ Gold 6).

Wo gelbe Blumen blühen, heißt es in der Sage, liegt in der Erde Gold vergraben. Gelbes Haar wird in lyrischer Sprache zu goldenem Haar.

Gelb wird zu Gold, wenn das Schöne, das Wertvolle gemeint ist. Umgekehrt: Was schön und kostbar ist, wird nicht als gelb bezeichnet.

Die schwarz-rot-gelbe Flagge der deutschen Staaten wird schwarz-rot-gold genannt (→ Schwarz 18). Die gelb-weiße Fahne des Vatikans ist als gold-silberne Fahne zu verstehen. Die Farben des Reichtums sollen den goldenen und den silbernen Schlüssel des Petrus symbolisieren.

‹Gelb›, ‹Gold› und ‹Glanz› sind auch sprachlich verwandt. Durch die Verwandtschaft zum Gold wird Gelb zu einer Farbe des Reichtums, des Luxus – und der Angeberei.

Der Luxus/Der Überfluß (112): Gold 40 %, Gelb 12 %, Violett 11 %, Silber 9 %, Schwarz 9 %, Rot 7 %

Der Reichtum (133): Gold 53 %, Silber 16 %, Gelb 8 %, Schwarz 8 %

Die Angeberei (8): Gold 31 %, Orange 18 %, Gelb 10 %, Violett 9 %, Rot 9 %, Braun 7 %

Symbolische Wirkung

4. Die Reife und die sinnliche Liebe

Der Sommer (151): Gelb 31 %, Grün 24 %, Rot 10 %, Blau 9 %, Orange 8 %,
    Gold 6 %

Gelb ist die Farbe der Reife. Wieder wird das Gelb als Gold idealisiert: goldene
Ähren, goldene Früchte, goldenes Laub, goldener Herbst.
Bei den Minnesängern, die den Wandel der Gefühle gern mit den Zyklen der Natur
verglichen, wurde die Farbe der Reife zur Farbe der sinnlichen Liebe. Gelb symbo-
lisiert höchste Beglückung, der Liebe Lohn.[1] Ein alter Osterbrauch: Wenn ein
Mädchen einem Verehrer gelb gefärbte Ostereier schenkte, galt das als Zeichen der
Erhörung.
Safrangelb ist auch das Kleid des Dionysos, Gott des Weines und der Fruchtbarkeit.

Symbolische Wirkung

5. Der Neid, der Geiz und aller Egoismus

Der Neid (125): Gelb 44 %, Grün 24 %, Grau 8 %, Schwarz 6 %

Die Eifersucht (33): Gelb 43 %, Grün 23 %, Schwarz 8 %, Violett 6 %

Der Geiz (60): Gelb 31 %, Grün 26 %, Grau 19 %, Schwarz 8 %, Braun 7 %

Der Egoismus (31): Schwarz 22 %, Gelb 17 %, Gold 9 %, Grün 8 %, Rot 8 %,
    Violett 7 %, Blau 7 %, Braun 6 %, Grau 6 %

Negative Assoziationen überwiegen bei Gelb. Gelb ist die Farbe allen Ärgers. Der
Neid ist gelb – Neid ist der Ärger über den Besitz anderer. Gelb ist die Eifersucht –
der Ärger über die Existenz anderer. Auch der Geiz ist gelb. Neid und Geiz sind in
der christlichen Lehre zwei der sieben Todsünden. Alle Todsünden sind Facetten
des Egoismus. In der Farbsymbolik gehören zu jeder Sünde, zu jeder schlechten
Eigenschaft die Farben Schwarz und Grau.
Jede Todsünde bestraft sich selbst, der Sünder hat am meisten darunter zu leiden.
Neid und Eifersucht sind Quellen ewigen Ärgers, auch der Geizige muß sich ständig ärgern, weil jeder ihn übervorteilen will. Nach altem Glauben sitzt der Ärger in
der Galle. Deshalb gehört das Wort ‹Galle› zur gleichen Wortfamilie wie ‹gelb›.
Wer sich viel ärgert, wird gallenkrank. Bei starkem Ärger verkrampfen sich die

Gallenwege, die Galle kann nicht mehr über den Darm abgeführt werden, sie tritt direkt ins Blut, die Haut wird gelb. Heilkundige Zauberer versuchten in früheren Zeiten, die ‹gelben Krankheiten› mit gelben Mitteln zu kurieren – gelben Rüben, gelben Blumen, Urin, und man servierte den Kranken das Essen auf gelben Messingtellern.

Die Symbolik des gelben Ärgers ist international wie die Gelbsucht. Weil die Galle gelb-grün ist, ist Grün die zweite Farbe der egoistischen Eigenschaften. Deshalb wird man auch ‹grün vor Neid›. Bild 44 zeigt einen Ausschnitt des ‹Sündenfalls› von Hugo van der Goes. Er malte die Schlange, die mit ihren Lügen Adam und Eva verführt, als gelb-grünes Reptil mit Menschenkopf.

Die Lüge (109): Schwarz 21 %, Gelb 16 %, Grau 15 %, Braun 11 %, Gold 8 %,
      Violett 7 %, Orange 6 %, Grün 5 %

Die Verlogenheit (182): Gelb 26 %, Schwarz 19 %, Grün 14 %, Violett 11 %,
      Braun 9 %, Grau 6 %

Der Vergleich der Begriffe ‹Die Lüge› und ‹Die Verlogenheit› zeigt das schlechte Image der Farbe Gelb besonders deutlich. Eine Lüge kann entschuldbar sein – immerhin meinten 8 %, die Farbe der Lüge sei Gold, und dachten dabei wohl an die höfliche Ausrede. Wer Grau nannte, dachte an die Notlüge. Aber die Verlogenheit als grundsätzlicher Charakterzug ist nicht entschuldbar: sie ist gelb.

Das reine Gelb, die Farbe der Erleuchtung, wird, kombiniert mit Schwarz, zur Symbolfarbe der Unreinheit. Der Maler und Kunstpädagoge Johannes Itten schreibt zu dieser Wirkung des Gelb: «Wie es nur eine Wahrheit gibt, so gibt es nur ein Gelb. Getrübte Wahrheit ist kranke Wahrheit, ist Unwahrheit. So ist der Ausdruck des getrübten Gelb Neid, Verrat, Falschheit, Zweifel, Mißtrauen und Irresein.»[2]

Die Mischfarbe Grau ist Inbegriff der Unbeständigkeit, der Unsicherheit. Gelb ist die zweite Farbe der Unsicherheit – es wird zu leicht durch andere Farben beeinflußt. Jede Schattierung mit einer anderen Farbe macht sich sofort als Trübung bemerkbar. Sogar Weiß ist unempfindlicher gegen Beimischungen.

Im Englischen bedeutet ‹yellow› auch ‹feige›. Ein unsicheres, gezwungenes Lachen nennen die Franzosen ein ‹gelbes Lachen› (rire jaune). Und im Russischen ist ein ‹gelbes Haus› (zeltyi dom) ein Irrenhaus.

Die Unsicherheit (174): Grau 22 %, Gelb 14 %, Violett 12 %, Rosa 12 %,
      Braun 11 %, Weiß 8 %, Orange 6 %

Die Schuld (144): Schwarz 24 %, Gelb 19 %, Braun 15 %, Violett 12 %,
      Grün 9 %, Rot 8 %, Grau 6 %

Die Gefühllosigkeit (61): Grau 26 %, Schwarz 18 %, Gelb 11 %, Blau 11 %,
      Braun 7 %, Silber 6 %, Violett 6 %, Weiß 6 %

Die Untreue (176): Schwarz 20 %, Violett 17 %, Gelb 15 %, Braun 12 %,
      Grau 12 %, Orange 8 %

Psychologische und symbolische Wirkung

6. Der Geschmack des Sauren

Das Saure (141): Gelb 38 %, Grün 38 %

Sauer, erfrischend und bitter – zu diesen Geschmacksempfindungen gehört Gelb:
Man denkt an Zitronen, die sauersten Früchte, und an die bittere Galle.
Gelb ist die zweite Farbe des Giftigen – passend zur Redewendung ‹Gift und Galle
spucken›.

Das Bittere (24): Grün 27 %, Gelb 17 %, Braun 17 %, Grau 9 %, Schwarz 8 %,
        Violett 7 %, Blau 5 %

Das Erfrischende (44): Blau 25 %, Gelb 22 %, Grün 15 %, Weiß 12 %,
        Orange 11 %, Rot 6 %, Rosa 5 %

Das Giftige / Die Giftigkeit (67): Grün 56 %, Gelb 21 %, Violett 5 %

7. Die optimale Fernwirkung

Schwarze Schrift auf gelbem Grund hat die beste Fernwirkung (→ Bild 24). Die
Gestaltungsregeln für die optimale Fernwirkung eines Zeichens:
1. Die Farben des Zeichens müssen in maximalem Kontrast zur Umgebung stehen.
2. Sie müssen zueinander in maximalem Hell-Dunkel-Kontrast stehen.
3. Die hellere Farbe sollte als Grundfarbe verwendet werden.
4. Bunte Farben sollten mit unbunten Farben kombiniert werden.
Gelb hat die beste Fernwirkung, weil es sich tags und nachts deutlich vom Him-
mel abhebt. Die optimale Farbgebung für Verkehrsschilder ist also schwarze
Schrift auf gelbem Grund. – In einer Sandwüste wäre Grün natürlich eine bessere
Grundfarbe.
Auf einem dunklen Untergrund ist eine weiße Schrift optimal, das ist ein Hell-
Dunkel-Kontrast, der das Auge nicht irritiert. Auf einem hellen Untergrund wirkt
schwarze Schrift am besten. Zwei bunte Farben konkurrieren miteinander, die
Schrift beginnt zu flimmern. Besonders ungünstig sind Farbkombinationen wie
Rot-Gelb; wenn beide Farben gleich intensiv sind, wird die Lesbarkeit stark beein-
trächtigt.
Auf rosarotem Grund beispielsweise ist schwarze Schrift viel besser lesbar als eine

Schrift in nur wenig hellerem Violett (→ Bild 24). Auf blauem Grund wirkt ein weißes Zeichen viel klarer als ein gelbes.

Es ist falsch, die Regeln für eine optimale Fernwirkung als Regeln einer optimalen allgemeinen Wirkung zu sehen. Fernwirkung und Nahwirkung haben unterschiedliche Gesetzmäßigkeiten, weil unterschiedliche Informationen übermittelt werden. Informationen, die schon von weitem erkannt werden sollen, müssen kurz sein und aus bekannten Zeichen bestehen, für deren Entschlüsselung ein Blick genügt. Texte, die aus der Nähe gelesen werden, sind meist längere Texte mit neuen Informationen.

Wenn ein Text längere Aufmerksamkeit erfordert, sind alle Farbkontraste störend, weil sie das Auge irritieren. In direkter Nähe wirken alle Farben stärker. Was in der Ferne angenehm wirkt, ist nah unangenehm grell.

Außenwerbung, die Farbigkeit und Design von Verkehrshinweisen imitiert, hat den höchsten Aufmerksamkeitswert. Allerdings ist eine solche Täuschung psychologisch riskant: Wenn ein Betrachter einen vermeintlichen Verkehrshinweis als Werbung erkannt hat – und das Erkennen als Werbebotschaft ist notwendig, sonst bleibt sie nutzlos –, dann erzeugt das Frustration. Man fühlt sich betrogen und verbindet das so beworbene Produkt mit negativen Gefühlen.

Psychologische und symbolische Wirkung

8. Die aufdringliche Warnfarbe

Durch die optimale Fernwirkung und aufdringliche Nahwirkung wurde Gelb internationale Warnfarbe. Schwarz auf Gelb sind die Symbole für giftige, leicht entflammbare, explosive, radioaktive Stoffe (Bild 37 und 38). Gelb-schwarze Streifen sind Begrenzungsmarkierungen, die unbedingt beachtet werden müssen. Sie warnen vor niedrigen und engen Durchfahrten, vor gefährlichen Kanten an Maschinen. Gelb und Schwarz sind auch die Blindenabzeichen.

Beim Fußball wird mit der ‹gelben Karte› verwarnt. Wird auf einem Schiff eine gelbe Fahne gehißt, signalisiert das den Ausbruch einer Seuche; niemand darf das Schiff verlassen, niemand es betreten. Im Flaggenalphabet bedeutet die gelbe Flagge den Buchstaben Q, wie Quarantäne. Wenn in einer mittelalterlichen Stadt die gelbe Fahne gehißt wurde, war die Pest ausgebrochen.

Stärker als Rot wirkt Gelb aufdringlich. Das englische ‹yellow› ist verwandt mit ‹gellen›, ‹kreischen› (to yell). Als ‹yellow press› bezeichnet man die Skandalblätter. Gelb lenkt die Aufmerksamkeit auf Gefährliches, Unangenehmes. So wird Gelb selbst unsympathisch.

Die Aufdringlichkeit (13): Orange 22 %, Gelb 16 %, Violett 13 %, Rosa 11 %,
     Rot 10 %, Gold 8 %, Grün 5 %

Die Aufregung (14): Rot 33 %, Orange 20 %, Gelb 13 %, Grün 12 %,
     Violett 10 %

Die Aggressivität (2): Rot 50 %, Gelb 10 %, Schwarz 10 %, Orange 9 %,
     Grün 7 %

Die Gefahr (59): Rot 43 %, Schwarz 24 %, Orange 12 %, Gelb 11 %

Das Unsympathische (175): Braun 27 %, Violett 12 %, Gelb 11 %, Orange 11 %,
     Grün 7 %, Grau 7 %, Schwarz 7 %, Rosa 5 %

Kulturelle Wirkung

9. Safran: König der Pflanzen

Die berühmteste Pflanze zum Gelbfärben ist der Safran. Der echte Safran ist als
Frühlingsblume bekannt: es ist der Krokus. Safran ist kostbar, denn für ein Kilo
Farbstoff braucht man 100000 bis 200000 Blüten. Damit können etwa 10 Kilo
Wolle gefärbt werden. Jede Krokuszwiebel treibt nur ein bis zwei Blüten, für ein
Kilo Safran müssen ganze Felder bepflanzt werden. Die Ernte ist ebenfalls mühsam: Nur die gelben bis orangeroten Staubfäden werden aus den Blüten heraus-
gezogen. Man trocknet sie bei geringer Wärme im Ofen. Safrangelb ist ein rötliches
Gelb.
Safran färbt licht- und waschecht, safrangelb hält für die Ewigkeit. In Europa
konnte man es sich nicht leisten, ganze Kleider mit Safran zu färben, so teuer war
er. In arabischen Ländern aber ist die Pflanze so verbreitet, daß Safran mit Farbe
gleichgesetzt wurde: ‹Zafaran› heißt auf arabisch ‹Farbe›, daher hat der Safran
seinen Namen.
Safran ist mehr als ein Farbstoff. Schon in den ältesten indischen Medizinbüchern,
auch bei Salomo, Homer, Hippokrates, wird Safran als Heilpflanze genannt. In
größeren Mengen eingenommen, wirkt er stark erregend, er verursacht künstliches
Fieber. Die moderne Medizin beurteilt die Wirkung allerdings eher skeptisch.
Überall auf der Welt verwendet man Safran als Gewürz. Noch um 1900 wurde er in
Niederösterreich, Südtirol, Ungarn und in der Provence angebaut, heute kommt er
meist aus Indien oder China. Sein feiner, bitterer Geschmack entfaltet sich erst in
Verbindung mit anderen Gewürzen. Milligrammweise wird Safran als Speisefarbe
verwendet – «Safran macht den Kuchen geel», heißt es im Kinderlied –, als Farb-
stoff für Liköre, Käse, und für Parfums und Haarwasser. Eine ganz besondere Rolle

spielt er in der indischen Küche, wo Reisgerichte für alle Festessen gelb gefärbt werden. Auch eine echte französische Bouillabaisse muß safrangelb sein.

Außerdem verwendete man Safran zur Herstellung von Goldfirnis. Verwertbar sind auch die Zwiebeln des Safrankrokus, man kann sie roh oder geröstet essen. – Seiner Vielseitigkeit wegen nannte man den Safran ‹König der Pflanzen›.

Es gab noch andere Pflanzen, um Gelb zu färben. Viel billiger als Safran war der Farbstoff des Saflor; er wurde deshalb viel zum Färben von Kleidern verwendet. Der Saflor ist eine Distel. Er ist ebenfalls seit alters her bekannt, in den Pyramiden fand man mit Saflor gefärbte Baumwollstoffe. Seit dem Mittelalter wurde er auch in Europa angebaut. Saflor war neben Indigo die wichtigste Färberpflanze (→ Orange 7).

Die getrockneten Distelblüten enthalten einen roten und einen gelben Farbstoff. Der gelbe Farbstoff ist zwar intensiv, aber nicht lichtbeständig und läuft beim Waschen aus, deshalb wurden damit keine kostbaren Stoffe gefärbt. Mit Indigo oder Waid überfärbt, erhielt man aber ein dauerhaftes Grün. Die Samen des Saflor werden zu Speise- und Lampenöl verarbeitet.

Als gelbfärbende Pflanze war in Europa außerdem der Wau wichtig, auch Reseda oder Gilbkraut genannt. Diese seit der Steinzeit bekannte Färberpflanze wurde noch im 20. Jahrhundert in Deutschland angebaut. Ernte und Färbung sind einfach: Man kocht die ganze, einen Meter hoch wachsende, gelbblühende Pflanze. In dieser Brühe wird gefärbt. Da man auch mit der getrockneten Pflanze färben kann, war Wau auch als Handelspflanze wichtig. Das Wau-Gelb ist allerdings ein fahles Gelb. Wie Saflor verwendete man Wau vor allem, um Grün zu färben.

Traditionelle Wirkung

10. Die Kennfarbe der Geächteten

Im Mittelalter wurde Gelb Kennfarbe aller Geächteten. Eine Hamburger Kleiderordnung von 1445 schrieb den Prostituierten ein gelbes Kopftuch vor, ein Leipziger Gesetz von 1506 kurze gelbe Umhänge. Andernorts waren gelbe Schleier oder gelber Kleiderbesatz befohlen. In Meran sollten die Prostituierten Schuhe mit gelben Bändern tragen. Auch Frauen mit unehelichen Kindern mußten ihre Schande durch gelbe Kleidung offenbaren, in Freiburg im Breisgau waren ihnen gelbe Hauben vorgeschrieben.

Ketzern wurde bei der Hinrichtung ein gelbes Kreuz umgehängt. Wer Schulden hatte, mußte gelbe Scheiben auf die Kleider nähen. Wo Geächtete wohnten, strich man die Türen gelb.[3]

Vor allem die Juden wurden diskriminiert. Die Christen erklärten Gelb zur Farbe der Juden. Seit dem 12. Jahrhundert mußten sie einen gelben Hut tragen. Diese Judenhüte waren sehr auffallend, hoch und spitz, manchmal hornartig gekrümmt. Auch mußten die Juden auf ihre Kleider große gelbe Ringe nähen. Manchmal waren diese Ringe aus Messing, meist waren es aufgenähte Stoffscheiben. Als Personifizierung des Judentums malte Konrad Witz 1430 ‹Die Synagoge› – eine blinde Frau im gelben Kleid (Bild 45). Daß die Christen den Juden das Gelb zuschrieben, hat religiöse Aspekte. In der jüdischen und in der christlichen Kirche ist Gelb als liturgische Farbe verboten. Eine Farbe, die Angehörige eines Glaubens diskriminieren soll, ist niemals eine Farbe aus deren Kultus. Es ist auch keine Farbe aus dem Kultus der Unterdrücker.

Noch in unserem Jahrhundert erlebten die Juden Gelb als Farbe der Diskriminierung: Die Nationalsozialisten zwangen sie, einen gelben Davidstern zu tragen.

Warum wurde Gelb, die Sonnenfarbe, zur Farbe der Geächteten? Gelb als leuchtende Farbe kann von jenen, die es zu tragen gezwungen sind, nicht versteckt werden, man erkennt es noch in der Dunkelheit. Und Gelb war nie eine beliebte Kleiderfarbe. Safran war zu teuer, um damit Kleider zu färben, die anderen gelben Farben blichen schnell aus. Das fahle Gelb war nie als Kleiderfarbe beliebt, denn wer Fahlgelb trägt, sieht alt und krank aus. So wie Papier vergilbt, werden im Alter die Zähne, der Teint, das Weiß der Augen gelblich. Das Vergilben ist ein Kennzeichen des Alterns und des Verderbens. Fahlgelb wird die Haut auch durch Ärger und Krankheit. Und vom schlechten Leben. Die Maler der Bohème wie Toulouse-Lautrec malen die Lebedamen und Lebemänner mit gelblicher Haut.

Symbolisch war Gelb die Farbe des schlechten Ansehens, konkret die Farbe des schlechten Aussehens.

Solange die einfachen Stoffe von gräulich-bräunlicher Grundfarbe waren, konnte leuchtendes Gelb nur auf Seide gefärbt werden, auf allen anderen Stoffen wirkte Gelb schmutzig und billig. Noch Goethe schrieb 1800: «Wenn die gelbe Farbe unreinen und unedlen Oberflächen mitgeteilt wird, wie dem gemeinen Tuch, dem Filz und dergleichen, worauf sie nicht mit ganzer Energie erscheint, entsteht eine solche unangenehme Wirkung. Durch eine geringe und unmerkliche Bewegung wird der schöne Eindruck des Feuers und Goldes in die Empfindung des Kotigen verwandelt und die Farbe der Ehre und Wonne zur Farbe der Schande, des Abscheus und Mißbehagens umgekehrt...»[4]

Als Kleiderfarbe ist Gelb auch heute wenig beliebt. Es wird selten als Modefarbe propagiert, und dann meist für sommerliche Freizeitbekleidung. In der eleganten Mode erscheint Gelb allenfalls auf hochglänzendem Material als textiles Gold. Ein gelbes Kleid aus dem zwar edlen, aber matten Samt ist außergewöhnlich.

Gelb wird als eine der modischen Farben beurteilt, das heißt, als eine Farbe, die nicht wirklich geliebt wird, sondern eher als Modetorheit gilt.

Das Modische (119): Violett 20 %, Orange 17 %, Rosa 14 %, Gelb 12 %,
          Rot 12 %, Schwarz 8 %, Weiß 6 %

Kulturelle Wirkung

11. Das ganz andere Gelb im Zentrum des Universums

Farbe der Glückseligkeit, Farbe des Ruhms, Farbe der Weisheit, Farbe der Harmonie, die Farbe der höchsten Kultur – das ist Gelb in Asien.

Jedes Volk sieht sich anderen Völkern überlegen. Jede Rasse sieht sich als Krönung der Schöpfung. Die Weißen idealisieren Weiß, für Asiaten ist Gelb die schönste Farbe – viele Europäer können es kaum fassen.

Chinesen erleben das Gelb als lebensspendende Naturkraft: Nordchina wird ständig von Staub aus der Wüste Gobi überzogen, es ist gelber Lößstaub, der zu fruchtbarem Ackerboden wird.

China nannte sich seit je ‹Das Reich der Mitte›, die Residenz des Kaisers galt als Mittelpunkt der Welt. Gelb war auch die Hoheitsfarbe des Kaisers. Die chinesischen Sagen erzählen von einem gottgleichen Kaiser, der den Menschen die Kultur brachte. Man nennt ihn den ‹Gelben Kaiser› (Huang-ti).

Die chinesische Philosophie erklärt das Schicksal der Welt, das Schicksal des Menschen aus den sich ergänzenden Gegensätzen von Yin und Yang. Yin ist die weibliche Kraft, das passive, empfangende Prinzip. Yang, das ist die männliche Kraft, das aktive, schöpferische Prinzip. Alles, was wesenhaft, und alles, was wesentlich ist – Gefühle, Nahrungsmittel, Fabelwesen, Himmelsrichtungen, Sinnesorgane und auch Farben –, wird einem der beiden Prinzipien zugeordnet. Gelb ist Yang.

In jeder Kultur ist die bedeutendste Farbe männlich. Dem männlichen Gelb steht in China als weiblicher Gegenpol Schwarz gegenüber. – Das sind Vorstellungen, die europäischem Farbempfinden widersprechen. Für uns ist Schwarz eindeutig eine männliche Farbe, wir empfinden Gelb als weiblich. Und der Gegenpol zu Schwarz ist Weiß, nicht Gelb. Aber nach der chinesischen Symbolik wird das Gelb aus Schwarz geboren, wie die gelbe Erde aus den schwarzen Urgewässern entstand.

Dem europäischen Denken genauso fremd ist die auf die Zahl 5 bezogene Symbolik Chinas. Unsere Symbolik ist auf die Zahl 3 oder 4 bezogen. Uns scheint nicht vorstellbar, daß es mehr als vier Himmelsrichtungen geben sollte – aber im chinesischen Denken gibt es fünf. Die fünfte ist die Mitte – da liegt China. Weniger fremd ist unserem Denken, daß Symbole aus verschiedenen Bereichen miteinander kombiniert werden. Auch wir verbinden mit den Jahreszeiten bestimmte Farben, auch mit den Himmelsrichtungen. Welche Farbe hat die Mitte? Natürlich Gelb.

Die fünf Grundfarben der chinesischen Symbolik sind Gelb, Grünblau, Rot, Weiß, Schwarz. Blau wird nicht als eigenständige Farbe empfunden.

Chinesische Farbsymbolik[5]

	Farben	Tierarten	Symbol-tiere	Himmels-richtung	Jahres-zeiten	Ele-mente	Gestirne	Blumen
Yang (♂)	Grün-blau	die schuppigen	Drache	Osten	Frühling	Holz	Jupiter	Päonie (Pfingst-rose)
Yang (♂)	Rot	die gefiederten	Phönix	Süden[6]	Sommer	Feuer	Mars	Lotus
Yin (♀)	Weiß	die haarigen	Einhorn/Tiger	Westen	Herbst	Metall	Venus	Chrysan-theme
Yin (♀)	Schwarz	die gepanzerten	Schild-kröte	Norden	Winter	Wasser	Mond	Pflau-me[7]
Yang (♂)	Gelb	die nackten Tiere	der (gelbe!) Mensch	Mitte	Nach-sommer	Erde	Sonne	Rose[7]

Die Tabelle zeigt die symbolischen Verbindungen der Farben mit anderen Berei-chen. In der ersten Spalte ist die Zuordnung zu Yin oder Yang angegeben.

Auch die Tiere sind in fünf Arten unterteilt: die schuppigen Tiere, die gefiederten, die haarigen, die gepanzerten und die nackten Tiere. Jede Tierart wird von einem Leittier symbolisiert: Das höchste der nackten Tiere ist der Mensch. Selbstver-ständlich ist damit der asiatische Mensch gemeint, denn seine Farbe ist Gelb – nicht Weiß, Schwarz oder Rot.

Alle Elemente der Symbolik können kombiniert werden: Eine schwarze Schild-kröte symbolisiert den Norden, ein roter Phönix den Sommer, ein grüner Drache den Frühling. Ein gelber Drache ist ein glückbringendes Zeichen. Gelb bedeutet immer Gutes.

Eine ‹gelbe Quelle› ist nicht, wie Europäer vermuten würden, eine schwefelhaltige Quelle, sondern glückbringendes Wasser. Sogar Gold wird erst durch Gelb gut. Gold ist Symbol des Reichtums. Aber ‹gelbes Gold› ist Symbol der Treue und der Unbestechlichkeit.

Bild 43 zeigt eine chinesische Prinzessin mit ihrem Hofstaat. Die Prinzessin mit schwarzem Schleier am Hut trägt ein gelb-weißes Kleid. Die Fahnen zeigen die Hierarchie der chinesischen Farben. In der Mitte das Gelb, daneben das männliche Rot und Grünblau, in der zweiten Reihe das weibliche Weiß und Schwarz.

Auch in Indien ist Gelb die Farbe der Herrscher und der Götter. Bild 39 zeigt Gott Krishna mit seiner Geliebten Radha. Beide tragen Gelb.

Politische Wirkung

12. Hier Verräter – dort Gott und Kaiser

Als politische Farbe spielt Gelb bei uns allenfalls eine negative Rolle. Noch nie gab es eine Partei, die sich ‹Die Gelben› nannte. Denn im politischen Sinn ist Gelb die Farbe der Verräter. Schon Hans Sachs dichtete:

> «Ein Verräter bist du, ein Gelber,
> friß deinen vergifteten Apfel selber.»[8]

In Deutschland und in Frankreich gab es ‹gelbe Gewerkschaften›, aber so wurden sie nur von ihren Gegnern genannt. Die gelben Gewerkschaften nannten sich ‹Werksgemeinschaften›, sie propagierten gemeinsame Interessen von Arbeitern und Arbeitgebern. Für die Arbeiter-Gewerkschaften, die sich als ‹rote Gewerkschaften› bezeichneten, waren die Anhänger der Werksgemeinschaften Verräter und Streikbrecher. Deshalb wurden sie ‹Gelbe› genannt.

Die andere Welt des Gelb ist Asien. Politische und religiöse Symbolik sind identisch. Die Kaiser waren Söhne des Himmels. Gelb als kaiserliche Farbe war die Farbe des Staates und der Religion. Gelb stand über allen Parteien.

Für Europäer ist Gelb ebenfalls Synonym für Asien. Allerdings verbindet sich die europäische Ablehnung des Gelben oft mit der Ablehnung des Fremden. Die immer wieder einmal heraufbeschworene Bedrohung Europas durch Asien ist seit Ende des 19. Jahrhunderts als ‹gelbe Gefahr› politisches Schlagwort.

13. Das kreative Gelb

Ein Druckfarbenhersteller zeigte in einer Anzeige ein Spiegelei – mit einem blauen Dotter. Viele Früchte sind gelb und bieten sich für ähnliche Gags an: eine rote Banane, eine orangefarbene Birne, rosaroter Mais, eine violette Zitrone, blaue Ananas...

Viele Nahrungsmittel sind gelblich. Seit einigen Jahren kommt Farbe in die Nudeln: Zuerst gab es grüne Spinatnudeln, dann rote Tomatennudeln, dann braune Vollkornnudeln. Vielleicht wird es bald schwarze Kaviarnudeln und Blaukrautnudeln geben.

Kartoffeln sind gelblich. Kartoffelchips sind zwar aus natürlichen Kartoffeln, aber ein so künstliches Produkt, daß pfefferminzgrüne und bordeauxrote Geschmacksvariationen wohl auch gegessen würden.

Bei Zuckerprodukten werden am ehesten ungewohnte Farben akzeptiert. Bonbons ißt man in jeder Farbe. Popcorn, ebenfalls gelb von Natur, wird auf Jahrmärkten in allen Zuckerfarben verkauft.

Sogar Bier wird als ‹Weiße mit Schuß› in Rot und Grün getrunken. – Entsprechende Farbvariationen sind noch möglich bei Honig, Senf, Cornflakes, Käse.

Parfum ist meist gelb. Ursprünglich war die Farbe durch die natürlichen Grundstoffe bedingt. Heute werden viele Düfte synthetisch hergestellt und gelb gefärbt, aus Konvention wird nur selten eine Farbdifferenzierung gewagt. Ein violettes Parfum – die Farbe paßt gut zu schweren, schwülen Düften – ist allein durch seine Farbe etwas Besonderes.

Farbveränderung als künstlerischer Effekt in der Malerei: Kerzenlicht ist immer gelblich. Die Künstler aller Zeiten aber malen das Kerzenlicht so, wie sie es haben wollen. Wenn ein magischer, dämonischer Effekt erzielt werden soll, dann leuchten die Kerzen grün oder blau.

Menschen mit künstlerischen Ambitionen in der Gartengestaltung könnten eine Gartenlandschaft mit unterschiedlich gefärbtem Sand anlegen.

Vorschläge für Markenzeichen und Symbole in neuen Farben: ein lila Löwe, eine blaue Biene, ein grünes Küken, ein Tiger in Grüntönen, eine Giraffe in Tarnfarben.

---

[1] Lauffer, S. 27.

[2] Itten, S. 85.

[3] Lauffer, S. 24 f.

[4] Goethe, Farbenlehre, § 771.

[5] Tabelle zusammengestellt nach: Eberhard, Lexikon chinesischer Symbole; Lurker, Wörterbuch der Symbolik; I Ging.

[6] Der Süden ist für Chinesen die Haupthimmelsrichtung, wie bei uns der Norden. Auf chinesischen Landkarten ist Süden oben.

[7] Die Pflaumen blühen in China im Winter, die Rosen das ganze Jahr.

[8] Nach Grimms Wörterbuch, Stichwort ‹Gelb›, Spalte 2882. Originaltext: «du verreter, wie bist so gelb, / frisz den vergiften apfel selb.»

Weiß: Das kalte Licht der Vollkommenheit

Alabasterweiß · Albinoweiß · Altweiß · Aluminiumweiß · Aschfahl · Atlasweiß · Beigeweiß · Birkenweiß · Blaß · Bleich · Bleiweiß · Blütenweiß · Blutleer · Chamois · Champagnerfarben · Clownweiß · Cremeweiß · Deckweiß · Diamantweiß · Eierschale · Eiweiß · Elfenbein · Emailweiß · Farblos · Gelblichweiß · Gipsweiß · Grauweiß · Isabellfarben · Käseweiß · Kalkweiß · Kreideweiß · Kremserweiß · Leichenblaß · Lilienweiß · Marmorweiß · Meerrettichweiß · Mehlweiß · Milchweiß · Naturfarben · Opalweiß · Papyrusweiß · Perlmuttweiß · Perlweiß · Platinblond · Porzellanweiß · Reinweiß · Schlohweiß · Schmutzigweiß · Schneeweiß · Schwanenweiß · Silberweiß · Talgweiß · Titanweiß · Totenbleich · Ultraweiß · Wachsweiß · Wäscheweiß · Wollweiß · Zahnweiß · Zinkweiß

Die Nichtfarbe

Ist Weiß eine Farbe? Nein – nicht im physikalischen Sinn. Im physikalischen Sinn ist Weiß mehr als eine Farbe: Ein Prisma zerlegt farbloses Licht in rotes, orangefarbenes, gelbes, grünes, blaues und violettes Licht. Weiß ist die Summe aller Farben des Lichts (→ Grau 16).

Für die Impressionisten, die die Farbigkeit des Lichts nachempfanden, war Weiß die «Nichtfarbe».[1] Den Malern aller anderen Epochen stellte sich dieses Problem nicht. Was Weiß ist, ist nicht farblos: Wir sehen Weiß, und wir verbinden mit Weiß Gefühle und Eigenschaften, die wir keiner anderen Farbe zuschreiben.

Weiß ist die vollkommenste aller Farben. Es gibt kaum einen Zusammenhang, in dem Weiß eine negative Bedeutung hat. Nur einige wenige, nur 0,5 % der Männer, nannten Weiß als unbeliebteste Farbe. Aber Vollkommenheit wirkt auch distanzierend: Nur 3 % nannten Weiß als Lieblingsfarbe.

Psychologische und symbolische Wirkung

1. Der Weizen und das Licht

Unsere wichtigste Nahrungspflanze hat der Farbe Weiß den Namen gegeben. ‹Weiß› und ‹Weizen› gehören sprachlich zusammen; im Englischen ‹white› und ‹wheat›; im Schwedischen ‹vit› und ‹vete›.

In anderen Sprachen ist Weiß dem Glänzenden, dem Licht verwandt. Auf italienisch heißt weiß ‹bianco›, auf französisch ‹blanc›, dem entspricht das deutsche ‹blank›. Auf griechisch heißt Weiß ‹leukos›, daher das deutsche Wort ‹leuchten›. Und die Assoziationen zum Licht, zum Leuchten bestimmen die Symbolik der Farbe Weiß.

Symbolische Wirkung

2. Das göttliche Weiß

Die Frömmigkeit (55): Weiß 34 %, Schwarz 19 %, Violett 9 %, Grau 8 %,
          Blau 8 %, Silber 6 %, Braun 6 %

Der Glaube (68): Weiß 37 %, Blau 15 %, Violett 12 %, Schwarz 10 %, Grün 9 %,
          Gold 6 %

Zeus erschien Europa als weißer Stier, Leda erschien er als Schwan. Der Heilige
Geist zeigt sich als weiße Taube. Christus ist das weiße Lamm. Das weiße Einhorn
ist das Symboltier der Jungfrau Maria. In Indien gelten die weißen Rinder als Verkörperungen des Lichts. Wenn weiße Tiere nicht selbst Götter sind, haben sie doch
Verbindung mit dem Göttlichen. Die großen weißen Vögel sind vom Himmel ge-
sandte Glücksboten: der Storch bringt die Kinder. Weil die Störche Schlangen fressen, werden sie in der mittelalterlichen Kunst auch als Bekämpfer des Bösen dargestellt. In China sind Reiher und Ibis heilige Vögel der Unsterblichkeit.
Die Farbe der Götter wurde zur Kleiderfarbe der Priester. Weiß ist seit dem Altertum die vorherrschende Farbe der Priesterkleidung. Priester indischer und japani-
scher Religionsgemeinschaften sind ganz in Weiß gekleidet. Im katholischen
Gottesdienst tragen die Priester ein weißes Untergewand, die Alba – ‹alba› ist ein
lateinisches Wort für Weiß. An Weihnachten, Ostern und den Marienfesten tragen
sie auch ein weißes Obergewand, denn Weiß ist die liturgische Farbe der höchsten
Festtage (→ Bild 47).
Nur der Papst darf außerhalb der weißen Gottesdienste und außerhalb der Kirche
Weiß tragen. Weiß ist seine Rangfarbe.

Symbolische Wirkung

3. Das Vollkommene, das Ideale, das Gute

Alles Positive ist addiert in der Symbolik des Weißen, alles Negative ist eliminiert.
Weiß-Gold-Blau ist der Farbklang des Vollkommenen, des Idealen, des Guten.
Gold ist nahe an der Vollkommenheit, aber etwas zu materiell, um ideal zu sein.
Blau ist zu vielseitig in seiner Wirkung, um nur positiv sein zu können.
Bei den Ägyptern war Weiß Farbe der Freude und des Glücks. ‹Es ist ein Kind der
weißen Henne›, sagten die Römer von jemand, der immer Glück hat.

Weiß wird ideal durch seinen Gegenpol Schwarz. Weiß gegen Schwarz, das ist der Kampf des Guten gegen das Böse in vielerlei Variationen. Der Tag gegen die Nacht, Gott gegen den Teufel; in schlichten Cowboyfilmen tragen die Bösewichter schwarze, die Kämpfer für Gerechtigkeit weiße Hüte. Die schwarze Magie verlangt das Wunder vom Teufel. Die ‹weißen Magier›, die Gesundbeter, rufen Gott zu Hilfe.

Weiß ist vollkommen. Jeder Zusatz mindert die Vollkommenheit.

Das Vollkommene (185): Weiß 30 %, Gold 26 %, Blau 16 %, Silber 5 %

Das Ideale (84): Weiß 23 %, Blau 17 %, Gold 13 %, Silber 11 %, Gelb 8 %, Grün 7 %, Rosa 6 %, Rot 6 %

Das Gute (72): Weiß 42 %, Blau 12 %, Gold 11 %, Grün 7 %, Rot 7 %, Orange 6 %, Gelb 5 %

Symbolische Wirkung

4. Der Anfang und die Auferstehung

Die Ewigkeit (4): Weiß 36 %, Blau 23 %, Schwarz 18 %, Gold 7 %, Violett 6 %, Grau 5 %

Der Anfang (7): Weiß 46 %, Grün 18 %, Blau 8 %, Schwarz 7 %, Grau 7 %

Das Neue (126): Weiß 30 %, Gelb 13 %, Blau 11 %, Rosa 9 %, Grün 9 %, Silber 8 %, Gold 6 %

Weiß ist eine absolute Farbe. Weiß ist der Anfang, Schwarz ist das Ende. Kandinsky nennt das Weiß «ein Nichts, welches vor dem Anfang, vor der Geburt ist»[2].

Ein besonderes Symbol des Anfangs ist das weiße Ei. Daß die Welt aus einem Ei entstanden ist, ist eine alte, weltweit verbreitete Vorstellung.

Der Anfang der Welt ist auch der Beginn des Bösen. Aber in allen Religionen gibt es auch einen Beginn des Guten: die Auferstehung, die Überwindung des Unreinen. Weiß ist die Farbe der Auferstehung. Die Auferstandenen treten in weißen Kleidern vor Gott. Christus als Auferstandener wird immer im lichtweißen Kleid gemalt. Im Buddhismus ist die weiße Lotusblüte das Symbol der Auferstehung. Das Ei als Symbol des Anfangs ist auch ein Symbol der Auferstehung: Christus ist an Ostern auferstanden, deshalb gibt es zu Ostern Eier.

Psychologische Wirkung

5. Sauber bis steril

Die Sauberkeit/Die Reinheit (140): Weiß 82 %, Blau 11 %

Äußerliche Sauberkeit und innere Reinheit werden gleichermaßen mit Weiß assoziiert. Es gibt keine Alternative.

Alles, was hygienisch sein soll, ist weiß. Jeder Schmutzfleck wird entdeckt, die Sauberkeit ist leicht zu kontrollieren. Weiße Arbeitskleidung ist vorgeschrieben, wo Lebensmittel verarbeitet werden: Bäcker, Köche, Fleischer tragen Weiß. Gemüsehändler, die unverarbeitete Lebensmittel, und Verkäufer, die nur abgepackte Lebensmittel anfassen, dürfen farbige Kleidung tragen.

Ganz in Weiß gekleidet sind alle, die in der Krankenpflege arbeiten. Auch Krankenhausmöbel sind weiß lackiert. Eine weiße Umgebung wirkt auf viele Menschen unangenehm, weil sie an die Atmosphäre des Krankenhauses erinnert. Dies ist einer der wenigen Kontexte, in dem die Farbe Weiß negative Assoziationen hervorruft: Sterilität und Krankheit. Einen Schwerkranken stellt man sich automatisch in einem weiß bezogenen Bett vor.

Die sprichwörtliche ‹weiße Weste› ist im übertragenen Sinn Symbol untadeligen Verhaltens – jedenfalls der Unmöglichkeit, das Gegenteil nachzuweisen. Auch hier hat die Symbolik eine lange Tradition: Wer sich in Rom um ein politisches Amt bewarb, mußte zuerst der Öffentlichkeit Rede und Antwort stehen. Vorgeschrieben war, daß alle Bewerber dabei eine weiße Toga trugen. Ein glänzendes Weiß heißt auf lateinisch ‹candidus›. Bewerber um politische Ämter nennt man noch heute ‹Kandidaten›.

Symbolische Wirkung

6. Die Opfer und die Unschuldigen

Die Unschuld (173): Weiß 72 %, Rosa 12 %

So eindeutig, wie Rot die Farbe der Liebe ist, ist Weiß die Farbe der Unschuld. Junge weiße Tiere werden geopfert, um für menschliche Schuld zu büßen. Das typische Opfertier der Unschuld ist das weiße Lamm, das Symboltier Christi.

Weiße Blumen symbolisieren in der christlichen Bildsprache die unbefleckte Empfängnis Marias. Die weiße Lilie heißt auch ‹Madonnenlilie›.

Um Hexen zu verjagen, opferten noch im letzten Jahrhundert Abergläubische ‹drei weiße Gaben›, meist weiße Lebensmittel: Mehl, Salz, Eier oder Milch.

Psychologische und symbolische Wirkung

7. Weiß als Trauerfarbe

Die Einfachheit (35): Weiß 52 %, Grau 27 %, Braun 8 %

Die Bescheidenheit (21): Grau 22 %, Weiß 17 %, Rosa 14 %, Braun 10 %,
Grün 10 %, Silber 7 %, Schwarz 5 %

Weiß ist die Farbe der Einfachheit und eine Grundfarbe der Bescheidenheit. In dieser Bedeutung wird Weiß zur Trauerfarbe. Weiße Trauerkleidung ist nicht strahlend weiß und niemals aus glänzenden Stoffen. Man verwendet ungebleichte Stoffe der schlichtesten Art. Wie schwarze Trauerkleidung drückt weiße Trauerkleidung den Verzicht auf Selbstdarstellung des Trauernden aus.

Weiße Trauerkleidung gehört vor allem zur religiösen Idee der Reinkarnation, die den Tod nicht als endgültigen Abschied von der Welt sieht. In Asien, wo dieser Glaube zu Hause ist, ist Weiß traditionelle Trauerfarbe (→ Schwarz 2). Für die Entstehung dieser Tradition spielte es natürlich auch eine Rolle, daß dort Baumwolle wächst, das wichtigste Material für weiße Stoffe.

Auch in Europa war Weiß als Trauerfarbe verbreitet. Zur Beerdigung trugen die Frauen in vielen Gegenden große weiße Tücher, die den Kopf und den Oberkörper bedeckten. Königinnen und Fürstinnen trauerten ganz in Weiß. Ihr Status hätte es ihnen nicht erlaubt, wie gewöhnliche Menschen in Schwarz zu trauern. Auch Maria als trauernde Königin des Himmels wird mit weißem Umhang gemalt (→ Bild 53).

Symbolische Wirkung

8. Die Farbe der Wahrheit

Die Wahrheit (187): Weiß 40 %, Blau 27 %, Gold 16 %

Die Eindeutigkeit (34): Weiß 34 %, Schwarz 24 %, Blau 12 %, Rot 8 %, Gold 5 %

Die Neutralität (127): Weiß 52 %, Grau 31 %

Unschuld ist die schwache Seite der Wahrheit. Eindeutigkeit ist die starke Seite der Wahrheit. Weiß oder Schwarz, Ja oder Nein, dazwischen soll es nichts geben. Wer Schwarz in Weiß verwandeln will, versucht das Unmögliche, will ‹einen Mohren weißwaschen› oder sucht einen ‹weißen Raben›. Im Englischen bedeutet ‹white› auch ‹anständig›. Eine ‹weiße Lüge› (a white lie) ist eine Höflichkeitslüge.
Die Suche nach der wissenschaftlichen Wahrheit ist differenzierter als nur die Entscheidung zwischen Extremen. Der Schein kann trügen: ‹Auch schwarze Kühe geben weiße Milch›, heißt es vorsichtig, und: ‹Aus einem weißen Ei schlüpft ein schwarzes Küken.› Nicht Schwarz neben Weiß wie bei der Eindeutigkeit, sondern Weiß neben Blau ist die Farbkombination aller wissenschaftlichen Tugenden.

Die Ehrlichkeit (32): Weiß 37 %, Blau 23 %, Grün 17 %, Gold 6 %

Die Klugheit (91): Weiß 26 %, Blau 22 %, Silber 11 %, Gold 11 %, Gelb 8 %,
      Grau 7 %, Violett 5 %

Die Wissenschaft (192): Weiß 34 %, Blau 24 %, Schwarz 8 %, Grau 8 %,
      Grün 6 %, Silber 5 %, Gelb 5 %

Die Genauigkeit (63): Weiß 23 %, Blau 20 %, Schwarz 17 %, Silber 8 %,
      Gold 8 %, Grau 5 %, Grün 5 %, Rot 5 %

Die Konzentration (93): Blau 19 %, Weiß 19 %, Schwarz 13 %, Grau 9 %,
      Rot 8 %, Gelb 6 %, Grün 5 %, Silber 5 %

Symbolische Wirkung

9. Die Toten und die Gespenster

Die Toten werden in Weiß gekleidet, denn im weißen Kleid sollen sie auferstehen. Weiß sind die Blumen und die Kerzen für die Toten.

Im Leichentuch oder im Totenhemd spuken auch die verdammten Seelen umher, die im Jenseits keine Ruhe finden. Fürstenhäuser haben ihre Privatgespenster, das Haus Hohenzollern hat eine ‹Weiße Frau›, es ist eine Urahnin, die Ehemann und Kind ermordet haben soll und nun anderen Sündern der Familie den Tod ankündigt. In manchen Landstrichen geht eine Weiße Frau nachts über Felder und Wiesen. Sie ist eine Fruchtbarkeitsdämonin, und wenn sie ein heimliches Liebespaar trifft, dann ‹segnet› sie es.

Kulturelle Wirkung

10. Ein Statussymbol: der weiße Kragen

Als sichtbares Zeichen des beruflichen Status eines Mannes galt bis vor wenigen Jahren die Farbe des Hemdes, das er bei der Arbeit trug. Arbeiter trugen blaue oder graue Hemden. Ein weißes Hemd zum dezentfarbenen Anzug war die Standardkleidung all jener, die sich bei der Arbeit nicht schmutzig machen mußten. Erst Mitte der siebziger Jahre wurden farbige Herrenhemden selbst für Bankangestellte akzeptabel.

Die Farbe des Hemdkragens wurde in Amerika und England zum Symbol sozialer Klassen: Die ‹blue-collar workers›, das sind die Arbeiter; ‹white-collar workers› die Angestellten.

Das weiße Hemd galt als Statussymbol, denn saubere Kleidung war ein Luxus, solange es keine Waschmaschinen und keine pflegeleichten Stoffe gab. Praktischerweise hatten früher die Hemden abknöpfbare Krägen und Manschetten, so mußte man nicht das ganze Hemd waschen und bügeln. Hausfrauen ohne Dienstpersonal übertünchten die Schmutzränder mit weißer Kreide.

Noch heute ist das elegante Hemd ein weißes Hemd. Und je höher die berufliche Stellung, desto konservativer die Kleidung. Unbeeindruckt vom modischen Wandel tragen die Männer in Spitzenpositionen fast nur weiße Hemden. So ist der aus dem Englischen übernommene Begriff ‹Weiße-Kragen-Kriminalität› durchaus noch zeitgemäß. Weiße-Kragen-Delikte, das sind betrügerische Aktionen in Wirtschaftskreisen, ‹saubere› Verbrechen ohne Blutvergießen.

Traditionelle Wirkung

11. Weltmode in Weiß

Nach der Französischen Revolution trugen die modebewußten Damen in ganz Europa Weiß. Sie trugen das Chemisekleid, ein Kleid ohne Taille, ohne Ärmel, unter dem Busen gerafft, über dem Busen nur noch Dekolleté. Besonders bemerkenswert waren die Stoffe: Sie waren durchsichtig, aus hauchdünnem Musselin oder Batist. Das Chemisekleid sah aus wie ein Nachthemd.

Warum kam nach den aufwendigen Roben des Rokoko ein so einfaches Kleid in Mode?

Wieder ist der entscheidende Grund für den modischen Wandel der Wandel der Gesellschaft. Die Französische Revolution war der endgültige Sieg des Bürgertums über den Adel. Nun waren die Bürger bestrebt, ihre Werte zur Geltung zu bringen. Die Werte des Bürgertums: Freiheit, Gleichheit, Brüderlichkeit.

Die Mode des Rokoko hatte rundum Künstlichkeit verlangt: die Taille geschnürt, die Waden gepolstert, das Haar verschwand unter einer Perücke, der Teint wurde mit Puder überdeckt. ‹Zurück zur Natur› war die Forderung des neuen Freiheitsideals. An Stelle des Korsetts verlangte die neue Mode eigene Haltung.

Die vom Adel geprägte Mode war Demonstration des Reichtums. Damit konnte das Bürgertum nicht konkurrieren. Statt Reichtum stellte es geistige Größe zur Schau. Der Verzicht auf äußere Werte sollte Hinweis sein auf innere Werte.

Wie die uniforme Jeansmode unserer Zeit als Ausdruck einer fortschrittlichen Gesinnung gilt, so manifestierte sich auch im uniformen weißen Kleid das Zusammengehörigkeitsgefühl einer Gesellschaftsschicht, die sich als kulturbestimmend empfand.

Goethe beschrieb in seiner Farbenlehre die Mode um 1800: «Die Frauen gehen nun fast durchgängig weiß, und die Männer schwarz.»[3] – Schwarze Männerkleidung war nicht neu, Schwarz war schon lange die Festtagsfarbe der Bürger gewesen. Neu war aber die weiße Damenmode. Sie wurde zur Weltmode, weil sie das Ideal der Zeit ausdrückte – es war die Epoche des Klassizismus, und die weiße Mode galt als klassisch-griechisch.

Das Bürgertum träumte vom antiken Griechenland. Es wurde idealisiert als vollendete Demokratie, in der Philosophen wichtiger waren als Politiker, in der Menschen allein nach ihren Verdiensten um Wissenschaft und Kunst beurteilt wurden. – Diesem Ideal entsprechend konnte der aus einer verarmten Patrizierfamilie stammende Leutnant Napoleon Bonaparte zum Kaiser aufsteigen.

Die Architekten des frühen 19. Jahrhunderts versuchten, die Antike wiederauferstehen zu lassen. Der klassizistische Baustil verstand sich als getreue Nachschöpfung des griechischen Stils. Alles war weiß.

Damals wußte man noch nicht, daß die alten Tempel und sogar die Statuen ursprünglich sehr farbenfroh waren. Die griechischen Tempel waren mit Friesen bemalt, das Blätterwerk der Säulen war grün, die Augen der Statuen waren naturalistisch ausgemalt oder mit farbigen Glassteinen beklebt. Was den gebildeten Bürgern, die wie Goethes Iphigenie das Land der Griechen mit der Seele suchten, so vollkommen erschien, waren die Ruinen der Antike, von denen die Farbe abgeblättert war.

Das falsche typische Bild des Klassizismus von der Antike: Weißgewandete Griechen wandeln disputierend zwischen weißen Marmorsäulen. Als Schmuck der Kleidung nur ein Faltenwurf, als architektonisches Dekor nur ein Relief – weiße Schlichtheit ist Erhabenheit.

Von der weißen Antike begeistert, wurde dem gebildeten Bürger alles Farbige unerträglich. Goethe schrieb: «Gebildete Menschen haben einige Abneigung vor Farben.»[4] Je bunter, desto barbarischer der Geschmack, darin waren sich Goethe und seine Zeitgenossen einig: «Naturmenschen, rohe Völker, Kinder haben eine große Neigung zur Farbe in ihrer höchsten Energie und also besonders zu dem Gelbroten. Sie haben auch eine Neigung zum Bunten.»[5]

Die elegante weiße Damenmode war ganz à la Antike: Wie griechische Göttinnen waren die Damen gekleidet, die durchsichtigen Stoffe ließen sie fast nackt erscheinen. Dazu Sandalen mit Lederriemen, hochgeschnürt bis zur Wade. Keine Strümpfe – damit man den Goldschmuck an den Zehen sehen konnte. Das Bild der mondänen Madame Récamier, 1800 von Jacques-Louis David gemalt (→ Bild 52), zeigt sie auf dem nach ihr benannten Liegesofa, sie trägt ein weißes Hemdkleid, das sich nicht von einem Nachthemd unterscheidet. Ihr Haar ist kurz und gelockt, nach dem Vorbild der griechischen Statuen. Barfüßig, selbst einer Statue gleich, empfing sie ihre Freunde. Noch im Alter von 65 Jahren.

Die Mode befahl, daß Kleid, Schuhe und Schmuck insgesamt nicht mehr als 250 Gramm wiegen dürften. Besonders modemutige Damen gingen nur mit einem Gazeschleier bedeckt spazieren. Neckisches Accessoire: ein Handtäschchen in Form einer griechischen Amphore.[6]

Allerdings war die göttinnengemäße Kleidung nicht geeignet für kühles Klima: Viele Frauen starben an Lungenentzündung, ‹Musselinkrankheit›, sagte man damals.

Das Kleid im griechischen Stil war eine kurze Modetorheit. Aber Weiß blieb jahrzehntelang die eleganteste Farbe der Damenmode. Denn Weiß signalisierte den gesellschaftlichen Status seiner Trägerin. Die Dame in Weiß hatte Dienstboten, an die sie jede das Kleid beschmutzende Tätigkeit delegierte.

Mit der weißen Weltmode kam auch das weiße Brautkleid auf.

Historischer Hintergrund

12. Die Geschichte des Brautkleids

Die Festlichkeit (51): Gold 26 %, Weiß 23 %, Silber 15 %, Schwarz 15 %,
        Blau 8 %

Das Elegante (38): Schwarz 22 %, Silber 19 %, Weiß 15 %, Gold 12 %,
        Violett 9 %, Grau 7 %, Blau 6 %

Weil Weiß Unschuld symbolisiert, empfinden noch immer viele eine schwangere
Braut in Weiß als sittenwidrige Erscheinung. Auch für bereits geschiedene Bräute
gilt Weiß als unpassend. Natürlich ist die Farbe des Brautkleides nirgendwo mehr
reglementiert, aber manche Bräuche werden strenger beachtet als Gesetze.
Dabei ist das weiße Brautkleid mit Kranz und Schleier keineswegs von alter Tradition. Die weiße Brautmode kam erst im letzten Jahrhundert auf.
Was trugen die Bräute vorher? Sie trugen ihr bestes Kleid, eine eigentliche Brautmode gab es nicht.
Jahrhundertelang war Rot die Farbe des Adels und der Reichen (→ Rot 7). Dann
kam die spanische Weltmode: Jedermann trug Schwarz. Je reicher das Brautpaar,
desto üppiger die Goldstickerei und der Edelsteinbesatz auf den schwarzen Stoffen.
Zwar gab es zur Zeit der Renaissance einige Bräute, die in Weiß heirateten, doch
wurden die weißen Seidenstoffe nur als Grundfarbe für die Gold- und Silbersticke-
reien verwendet. Als Maria von Medici 1600 mit Heinrich IV. verheiratet wurde,
trug sie ein weißgrundiges, über und über mit Gold und farbigen Edelsteinen be-
sticktes Kleid, dazu eine goldene Schleierschleppe. Maria von Medici war keine
Trendsetterin der Hochzeit in Weiß – nach ihrer Meinung und der ihrer Zeitgenossen hatte sie in einem goldenen Kleid geheiratet.
Dies alles waren aber keine eigentlichen Hochzeitskleider. Es gab keine spezielle
Farbe für Hochzeitskleider, keinen besonderen Stil; Farbe und Schnitt entsprachen
der allgemeinen Mode: In sittenstrengen Zeiten waren alle Kleider hochgeschlossen, Rokokodamen heirateten in tiefdekolletierten Ballroben.
So ist es auch falsch, aus Bildern früherer Jahrhunderte auf eine Brautmode zu
schließen. Auf der berühmten ‹Arnolfini-Hochzeit›, 1434 von Jan van Eyck gemalt, trägt der Bräutigam, ein reicher Tuchhändler, einen braunen Überwurf mit
Pelzbesatz, die Braut ein grünes, pelzbesetztes Kleid – es ist ein sehr gutes Kleid,
aber keineswegs ein Hochzeitskleid, dessen Farbe Symbolwert hätte. Das Bild zeigt
auch, wie damals Trauungen stattfanden: zu Hause gab man sich das Eheverspre-
chen. Bei der Arnolfini-Hochzeit war nur der Maler Zeuge, das genügte. Eine
Heirat war damals eine unromantische Angelegenheit – wichtig waren nur die
Ehevereinbarungen juristischer Art, und die werden auf diesem Bild in deutlicher
Symbolik dargestellt: Der Bräutigam reicht der Braut die linke Hand – und jeder

zeitgenössische Betrachter wußte mit einem Blick, daß dies eine ‹Ehe zur linken Hand› war, das heißt, die Braut hatte auf alle Erbansprüche verzichtet. Es war wohl die zweite Ehe des Herrn Arnolfini, und seine neunzehnjährige Braut ist deutlich schwanger, doch das galt nicht als Makel, die jungfräuliche Heirat war noch kein Ideal.

Noch um 1600 ließen sich sogar sehr reiche Bräute kein Hochzeitskleid machen. In Shakespeares ‹Romeo und Julia› wird die junge Gräfin Julia Capulet von ihren Eltern gezwungen, den Grafen Paris zu heiraten. Alles ist lang vorbereitet für ein großes Fest, die zwanzig besten Köche des Landes wurden engagiert... aber erst am Abend vor der Hochzeit fragt Julias Mutter, welches Kleid denn Julia zur Hochzeit tragen wird. Mit ihrer Zofe inspiziert Julia kurz die Kleidertruhen, wählt ein Kleid, die Mutter ist mit der Wahl zufrieden, das Thema ist erledigt. Gräfin Julia trug zur Hochzeit kein neues Kleid – es war nicht üblich.

Der Brauch der kirchlichen Trauung entsteht erst im späten 16. Jahrhundert. Die Heirat sei «ein weltliches Geschäft», befand noch Luther; er vertrat die Meinung, Heirat und Kirche hätten nichts miteinander zu tun. Der Einfluß der Kirche auf die Heiraten begann mit dem Konzil von Trient (1545–1563). Damals erst wurde verfügt, daß jede Eheschließung, um gültig zu sein, vor dem Ortspfarrer und zwei Zeugen stattfinden müsse.

Allmählich wurden Rituale kirchlicher Trauungen festgelegt, aber keine Hochzeitsmode. Die Kirche unterstützte die Kleiderordnung, jeder Luxus wurde verdammt. Ein Kleid für nur einen Tag – das wäre Sünde gewesen.

Die erste Frau, die in heutigem Stil mit weißem Kleid und Schleier heiratete, war die bedeutendste Braut des 19. Jahrhunderts: 1840 heiratete Königin Victoria den Prinzen Albert von Sachsen-Gotha. Die Königin trug ein Kleid aus englischem Satin und dazu – als besondere Modesensation – einen kurzen Brautschleier. Es war neu, daß eine Braut einen Schleier auf dem Kopf trug, jahrhundertelang verschleierten die Frauen ihre Haare erst nach der Hochzeit, sie trugen den Schleier wie eine Haube – daher die Redensart ‹unter die Haube kommen›. Victorias Brautschleier wurde als Anlehnung an einen Nonnenschleier verstanden: Unschuldig wie eine Braut Christi, so trat auch die weltliche Braut vor den Altar. Die Königin hatte mit ihrem Wunsch, einen Schleier zu tragen, andere Gedanken verbunden: Sie wollte die englische Spitzenindustrie unterstützen, die gegen die französische Konkurrenz ins Hintertreffen geraten war. Queen Victorias Brautkleid machte Furore. Als 1853 Kaiser Napoleon III. heiratete, trug seine Braut Eugénie ebenfalls ein weißes Kleid und einen weißen Schleier – allerdings wählte die hochelegante Eugénie ein sehr ungewöhnliches Material für ihr Brautkleid: weißen Samt.

Damals waren königliche Bräute weitaus stärker als heute tonangebend in der Mode. Aber daß nun das weiße Brautkleid so beliebt wurde, das war auch Ausdruck des Zeitgeists. 1808 brachte Jacquard die erste Webmaschine auf den Markt, danach wurden die Stoffe bedeutend billiger. Seit 1830 gibt es Nähmaschinen.

Mit einem weißen Brautkleid konnten sich nun viele Frauen den Traum erfüllen, eine Königin zu sein, wenigstens für einen Tag. Die meisten Bräute blieben aber beim praktischeren Schwarzseidenen (→ Schwarz 14) und trugen dazu den weißen Schleier. So konnten auch sie ihren jungfräulichen Brautstand demonstrieren. Die weniger romantischen Bräute verzichten bis heute auf den Tagtraum in Weiß.

Politische Wirkung

13. Die Kapitulation und die Monarchisten

Die größte politische Bedeutung hat Weiß als Farbe der Kapitulation. Wer die weiße Fahne zeigt, ist zu Verhandlungen bereit. Die weiße Fahne ist die Friedensfahne.

Als Farbe politischer Bewegungen ist Weiß die Farbe der absoluten Monarchie. Die erste monarchistische Bewegung, die sich ‹die Weißen› nannte, entstand 1814 in Frankreich, nach dem Sturz Napoleons. Die Bourbonen drängten zurück an die Macht. Ihre Anhänger kämpften unter dem Lilienbanner und propagierten die Farbe Weiß als Farbe der gottgegebenen Monarchie. Auf den ‹Roten Terror› der Französischen Revolution folgte der ‹Weiße Terror› der Restauration, der monarchistischen Gegenrevolution.

Als 1871 der Kirchenstaat Rom zur Hauptstadt des Königreichs Italien erklärt wurde, entbrannte ein neuer jahrzehntelanger Kampf um die Frage, wieviel Macht dem Papst, wieviel dem König zustehe. Die Meinungen waren geteilt in eine weiße und eine schwarze Fraktion, die Weißen unterstützten auch hier den König, die Schwarzen den Papst.

In Jugoslawien vernichtete die ‹Weiße Hand› (1917), ein Bund königstreuer Offiziere, den national gesinnten Geheimbund ‹Schwarze Hand›.

In Rußland waren die ‹Weißen›, die ‹Weißgardisten›, Anhänger des Zaren, die 1918 bis 1920 gegen die Rote Armee kämpften.

Symbolische Wirkung

14. Das leise, weibliche Weiß

Das Leise (105): Weiß 27 %, Rosa 20 %, Grau 18 %, Silber 10 %, Grün 5 %,
Schwarz 5 %

‹Bianca› und ‹Blanche› (die Weiße) sind internationale Mädchennamen. Auch in der chinesischen Farbsymbolik gehört Weiß zum weiblichen Prinzip Yin (→ Gelb 11).
Weiß ist weiblich, wenn es als farblos und kraftlos empfunden wird. Seine symbolischen Gegenfarben Schwarz und Rot sind die Farben des Lärms, der Aggression. Weiß ist die Farbe des Leisen und des Friedens.
Kombiniert mit dem schwachen Rosa ist Weiß auch eine Farbe der Sanftheit, des Zarten, des Charmes und der Sensibilität.

Die Sanftheit (139): Rosa 41 %, Weiß 17 %, Blau 10 %, Violett 7 %, Braun 6 %,
Gelb 5 %, Grün 5 %

Das Zarte (196): Rosa 46 %, Weiß 20 %, Gelb 12 %

Psychologische Wirkung

15. Von der funktionalen Sachlichkeit zur Postmoderne

Die Sachlichkeit (137): Weiß 27 %, Grau 22 %, Blau 20 %, Schwarz 15 %

Die Funktionalität (57): Weiß 29 %, Grau 21 %, Schwarz 19 %, Silber 10 %,
Blau 5 %

Nach der Popkultur der sechziger Jahre wurde es vielen zu bunt. In den siebziger Jahren waren Schwarz und Weiß die Lieblingsfarben der Designer. Farbe ohne Funktion wurde eliminiert. Aus den Wohnungen aller modernen Menschen verschwanden die bunt gemusterten Tapeten, weiße Rauhfaser wurde zum Einheitslook.
Dem emotionslosen reduzierten Design folgte in den achtziger Jahren die Postmoderne als Kontrast. Das als sinnlos verdammte Dekor ist wieder erlaubt – sinnloses Dekor ist sogar Stilprinzip. Die Architektur karikiert den Klassizismus. Was in den

siebziger Jahren noch nicht weiß war, wird es jetzt: Aus dem Architektenheim verschwindet der schwarze Gumminoppen-Fußboden, er wird ersetzt durch wei-ßen Marmor. Grauer Beton, dessen ‹brutale Ästhetik› früher von den Architekten so gerühmt wurde, wird weiß übertüncht.

Jeder Stil, der von breiten Kreisen akzeptiert wird, entspringt einem echten Bedürf-nis. Nur dann wirkt der Stil nicht aufgesetzt, sondern zeitgemäß. Weiß ist keine modische Farbe, sondern eine moderne Farbe.

Das Moderne (118): Weiß 19 %, Schwarz 14 %, Rot 13 %, Orange 11 %, Violett 10 %, Blau 10 %, Silber 8 %, Rosa 7 %

Psychologische Wirkung

16. Das Leichte und das Obere

Das Leichte (103): Weiß 37 %, Gelb 18 %, Rosa 17 %, Blau 10 %, Silber 5 %

Weiß, die hellste Farbe, ist zugleich die leichteste Farbe. Auch in der Kleidung ist die Verbindung von hell und leicht eine sich immer wieder bestätigende Erfahrung. Daß Sommerkleidung hell ist, Winterkleidung dunkel, ist nicht nur Anpassung an die Stimmung der Jahreszeit, sondern auch materialbedingt: Die winterlichen Wollstoffe können nicht oft gewaschen oder gereinigt werden.

Außerdem absorbiert dunkle Kleidung die Sonnenstrahlen, hat deshalb einen zu-sätzlichen Wärmeeffekt. Helle Kleidung reflektiert die Sonnenstrahlen, wirkt küh-lend. – Dennoch tragen alle Wüstenvölker dunkle Kleidung, die Landarbeiter in südlichen Ländern tragen seit Jahrhunderten Schwarz. Warum? Der Sand, der Schmutz sind allgegenwärtig, und Wasser ist zu kostbar, um es täglich als Wasch-lauge zu vergeuden.

Die Farbe des Leichten ist auch die Farbe des Oberen. Ein kurzer Brief, eine Ur-kunde mit wenigen Zeilen, jeder Text, der eine Seite nicht füllt, wirkt ästhetischer, wenn der freibleibende Raum oben ist. Immer sollte der obere Rand größer sein als der untere, sonst entsteht ein Eindruck von Instabilität, die Zeilen scheinen herun-terzufallen.

Ein Zimmer mit weißem Fußboden und schwarzer Zimmerdecke irritiert das Raumgefühl. Die Decke scheint einem auf den Kopf zu fallen, gleichzeitig entsteht das Gefühl, den Boden unter den Füßen zu verlieren. Wer einen solchen Raum betritt, zieht automatisch den Kopf ein und schaut bei jedem Schritt unsicher auf den Fußboden.

Psychologische und symbolische Wirkung

17. Der Geschmack des Weißen

Das Salzige (138): Weiß 36 %, Grau 12 %, Grün 12 %, Blau 12 %, Silber 8 %,
    Gelb 7 %

Das Milde (116): Weiß 26 %, Rosa 26 %, Blau 12 %, Orange 8 %, Braun 7 %,
    Grün 6 %, Gelb 6 %

Fragt man, welche Farbe das Salzige hat, ist die selbstverständlichste Antwort:
«Weiß.» Aber diese Wirkung des Weißen ist nicht generalisierbar: Was weiß ist,
wirkt nicht unbedingt salzig. Weiß ist auch die Farbe des Milden. Erst die nachge-
ordneten Farben definieren die Wirkung des Weißen. Das Salzige ist weiß-grau-
grün, das Milde weiß-rosa-blau.
Wenn man Waschpulver in einen Salzstreuer füllt und ahnungslose Versuchspersonen fragt, welchen Geschmack das weiße körnige Zeug wohl habe, sagen Leute,
es schmecke salzig; füllt man Waschpulver in einen Zuckerstreuer, vermuten sie
süßen Geschmack; preßt man es in Tablettenform, scheint der Geschmack neutral;
man kann Waschpulver auch wie Pfefferminzbonbons formen, wie Schlagsahne
aufsprühen – immer werden die Versuchspersonen den entsprechenden Geschmack vermuten. Nur: jeder, der davon probiert, wird sofort merken, daß es
Waschpulver ist.[7]
Das Beispiel zeigt, wie stark eine Farbwirkung vom Vorwissen abhängt. Vor jeder
emotionalen Wirkung steht die Vernunft.

Psychologische und symbolische Wirkung

18. Fein und rein, künstlich und substanzlos

Bei Nahrungsmitteln ist reinweiße Farbe oft Merkmal von Veredelung. Weißer
Zucker ist künstlich entfärbter Zucker; weißer Reis ist geschälter und polierter
Reis; weißes, fettloses Kalbfleisch ist besonders teuer. Solche Veredelung der Nahrungsmittel gerät mehr und mehr in Mißkredit. Weiße Nahrungsmittel wirken
zwar optisch schöner, aber die Verbraucher haben gelernt, daß mit der Farbe oft
auch die Substanz schwindet.
Weiße Lebensmittel haben eine widersprüchliche Anmutung bekommen: Sie wirken fein und rein, künstlich und substanzlos.

Symbolische Wirkung

19. Das Leere und das Unbekannte

Eine ‹weiße Stimme› ist im Französischen eine tonlose Stimme. Eine ‹weiße Nacht› ist eine Nacht ohne Schlaf. In vielen Sprachen ist weiß gleichbedeutend mit leer. Obwohl im Deutschen der sprachliche Zusammenhang nicht so deutlich ist, wird Weiß häufig als Farbe der Leere genannt. Im übertragenen Sinn ist Weiß eine Farbe der Einsamkeit.

Weiß ist auch die Farbe des Unbekannten. Weiße Areale auf alten Landkarten markierten unentdeckte Gebiete. In höflicher Umschreibung nennt man heute eine Wissenslücke einen ‹weißen Fleck›.

Die Leere (102): Schwarz 37 %, Weiß 21 %, Grau 21 %, Blau 5 %

Die Einsamkeit (36): Grau 33 %, Schwarz 20 %, Weiß 16 %, Violett 6 %, Blau 6 %, Braun 5 %

Psychologische und symbolische Wirkung

20. Die Farbe des Nordens

Der Winter (191): Weiß 65 %, Grau 15 %, Blau 10 %

Der ‹Weiße Tod› ist der Tod durch Erfrieren. Weiß ist die Farbe des Nordens. Die ‹Weißrussen› waren ein ursprünglich im Norden Rußlands lebender Volksstamm. Das Volk aus dem Norden gab Weißrußland den Namen.

Weiß-Blau ist die typische Farbkombination für Tiefgefrorenes und für Spirituosen, die eisgekühlt getrunken werden. Wird eher die Frische eines Produkts betont, ist die typische Farbkombination Grün-Weiß.

Im übertragenen Sinn ist Weiß eine Farbe der Gefühlskälte: eine Farbe des Stolzes.

Die Kälte (88): Blau 47 %, Weiß 23 %, Grau 14 %, Silber 11 %

Die Frische (54): Grün 34 %, Blau 27 %, Weiß 20 %, Gelb 11 %, Rosa 5 %

Der Stolz (156): Gold 21 %, Violett 12 %, Blau 12 %, Weiß 12 %, Rot 10 %, Silber 9 %, Schwarz 7 %, Braun 5 %

21. Das kreative Weiß

Die Welt wird ständig bunter. Beispielsweise im Badezimmer: Zahnbürsten haben farbige Borsten, Zahnpasta hat farbige Streifen, Seife gibt es von Schwarz bis Orange, auch in mehreren Farben meliert. Dazu regenbogenbunte Badesalze. Bunt werden sogar Medikamente gestylt: Viele Tablettenkapseln sind zweifarbig, eine Hälfte leuchtend rot, die andere leuchtend grün, oder bunte Kügelchen in transparenten Kapseln sollen die vielfältigen Wirkungen des Medikaments zumindest farblich sichtbar machen.

Der Überfluß an Farben hat zum Überdruß geführt. Besonders gut sind solche Tendenzen an den Badezimmerkacheln abzulesen. Kacheln sind teuer, sie werden viel seltener ausgetauscht als Tapeten. Als um die Jahrhundertwende die ersten Wohnungen mit Badezimmern ausgestattet wurden, waren alle Kacheln weiß. Dann wurden Friese mit blauen und grünen Kacheln Mode. In den fünfziger Jahren wurden die Kacheln pastellfarben: Rosa, Hellblau, Hellgelb war Standard. Avantgardistische Innenarchitekten liebten schwarzgekachelte Bäder. In den siebziger Jahren wurden kräftige Farben Mode. Olivgrün, Bordeauxrot, Senfgelb galten als besonders chic. Passend dazu wurden die Badewannen olivgrün und senfgelb. Weniger farbmutige Hausbesitzer wählten die Modefarben pastellig gemildert: Olivpastell, Beigebraun, Graublau. In den achtziger Jahren begann man, die Fugen zwischen den Kacheln in kräftigem Blau, Rot und Grün auszumalen, damit war das letzte Weiß aus den Badezimmern getilgt. Und damit begann der Umschwung. Der neue Trend sind Badezimmer ganz in Weiß. Nun sind sogar die Fußböden weiß gekachelt. Alle Accessoires, von der Seife bis zum Handtuch, strahlen im modischen Bad in ‹edlem› Weiß. Hausbesitzer, denen das zu kalt wird, lockern das Weiß mit blauen Friesen auf – wie man es früher machte...

Es bleibt heute nur noch wenig Weißes, was durch andere Farben zu ersetzen wäre. Noch weniger bleibt, was durch andere Farben kreativ zu verbessern wäre.

Nur in der Welt der Phantasie sind neue Farben immer witzig. Das fabelhafte Einhorn ist vielleicht gar nicht weiß. Ein Clown, der sich nicht weiß schminkt, wäre eine originelle Abwechslung (→ Bild 54).

Neue Farben im Produktdesign: Einige wenige Zigaretten haben pastellfarbiges Zigarettenpapier. Ein Gag, der diese Marken trotz ihres hohen Preises seit Jahrzehnten auf dem umkämpften Zigarettenmarkt hält.

Reinigungsmittel sind traditionell in Weiß oder Weiß-Blau verpackt. Die Farben der Sauberkeit sollen die Wirkung des Produkts unterstreichen. Bei Produkten mit altbekannter Wirkung sind solche Gedächtnisstützen überflüssig. Hübscher wäre es, ein Putzmittel fürs Bad in den Farben der Badezimmerkacheln zu verpacken. Es ist kein Problem, Plastikdosen und Flaschen beliebig zu färben, also könnte man das Scheuerpulver in rosa, hellblauen und bordeauxroten Dosen anbieten. Ein Produzent zeigt damit mehr als mit Werbesprüchen, daß er auf die Wünsche der Verbraucher eingeht. Es gibt viele Leute, die noch mit einem bordeauxroten Badezimmer leben. Und die Avantgardisten von vorgestern wollen Scheuerpulver in schwarzen Dosen.

Klaviertasten sind heute meist aus Kunststoff. Elfenbeinweiß und Ebenholzschwarz sind nur noch Imitation der Tradition. Zur Aufmachung von Pop- und Rockgruppen würde ein Klavier mit bunten Tasten passen.

Schach, Dame, Mühle, Backgammon, Go, Brettspiele für zwei Personen werden traditionell in Weiß-Schwarz angeboten. Diese Farbgebung könnte durch jeden anderen Farbkontrast ersetzt werden. Rote und blaue Schachfiguren sind genausogut zu unterscheiden.

Statt weiße Keramik farbig zu bemalen, könnte farbige Keramik weiß bemalt werden. Die Porzellanmanufaktur Wedgewood ist für ihr blaues und schwarzes Porzellan mit weißem Dekor berühmt.

Auch farbige Herrenhemden haben weiße Perlmuttknöpfe. Es wäre durchaus ästhetisch, die Knöpfe in der Farbe des Hemdes einzufärben.

Eine Zeitung, gedruckt auf hellblauem Papier, würde wirken wie eine internationale Luftpostzeitung. Farbiges Zeitungspapier wäre auf jeden Fall ein reizvoller Gag für Jubiläumsausgaben.

[1] Kandinsky, S. 95 f.
[2] Ebd., S. 96.
[3] Goethe, Farbenlehre, § 841.
[4] Ebd.
[5] Ebd., § 835.
[6] Bilzer, S. 60 f.
[7] Heller, S. 111.

Violett: Von der Farbe der Macht zur Farbe der Unmoral und des Feminismus

Amethystfarben · Auberginefarben · Bischofslila · Blaßlila · Blaulila · Blaurot · Blauviolett · Bordeauxviolett · Dunkellila · Echtviolett · Erikablau · Feministinnenlila · Flieder · Glockenblumenviolett · Heliotrop · Kobaltviolett · Königspurpur · Kristallviolett · Lavendel · Lila · Magenta · Malvenfarben · Manganviolett · Mauve · Methylviolett · Nürnberger Violett · Orchideenlila · Parmaviolett · Pastellviolett · Paynesgrau · Pflaumenblau · Purpurrosa · Purpurviolett · Rotlila · Rotviolett · Tiefviolett · Ultramarinviolett · Veilchenblau · Violettbraun · Violettgrau · Violettrosa

Veilchen, Flieder, Jod und Gewalt

Violett ist die Mischung aus Rot und Blau. Lila ist geschwächtes Violett, es ist die Mischung aus Rot, Blau und Weiß.[1]

Violett ist auch eine Farbe der gemischten Gefühle. Es wird von mehr Menschen abgelehnt als geliebt. Für 12 % der Männer und 10 % der Frauen ist Violett die Farbe, die sie am wenigsten mögen. Nur 1 % der Männer nennt Violett als Lieblingsfarbe, bei den Frauen sind es 5 %.

Violett und Lila sind so seltene Farben in der Natur, daß die Farbnamen in den meisten Sprachen identisch sind mit den Namen der wenigen Blumen, die violett oder lila sind. ‹Violet› beziehungsweise ‹violette›, so heißen das Veilchen und die Farbe im Englischen und Französischen. Auch das deutsche ‹Veilchen› gehört zum Farbnamen ‹Violett›. – Wo keine Veilchen wachsen, ist es die Aubergine, die dem Violett den Namen gibt. Nach dem Veilchen wurde sogar das chemische Element Jod benannt: Im Altgriechischen heißt Veilchen ‹ion›, daraus wurde ‹Jod›. Denn wenn Jod erhitzt wird, entstehen violette Dämpfe.

Lila ist die Farbe des Flieders. Er heißt im Englischen ‹lilac›, im Französischen ‹lilas›.

Merkwürdig ist die sprachliche Nähe des Violett zur Gewalt. ‹Viola› ist das lateinische Wort für Veilchen – ‹violentia› ist die Gewalt und ‹violare› heißt schänden. In England und Frankreich ist ‹violence› beziehungsweise ‹violation› Gewalt, auch die Vergewaltigung. Es ist historisch plausibel, daß diese Verbindung über den Purpur entstand. Purpur, die antike Herrscherfarbe, war violett.

Die Farbe des Veilchens wurde als Purpur zur Farbe der Macht. So wurde der Name des Veilchens zum Namen der Gewalt.

Historischer Hintergrund

1. Das Geheimnis des Purpurs

Der antike Purpur wurde aus Schnecken gemacht. Das Farbspektrum des Schneckenpurpurs reicht vom tiefen Blauviolett bis zum blassen Lila.

Die Purpurschnecken sind Meeresschnecken, ihr braun-weiß gestreiftes Gehäuse ist mit groben Stacheln besetzt und hat einen röhrenförmigen Fortsatz, der wie ein Schwanz wirkt. ‹Stachelschnecken› oder ‹Leistenschnecken› nennen sie die Zoologen. Überall am Mittelmeer gibt es diese Schnecken, sie werden noch heute auf den Märkten angeboten, allerdings nicht zum Färben, sondern als ‹frutti di mare›.

Der berühmteste Purpur kam aus Phönizien, aus den Städten Tyrus und Sidon, das sind im heutigen Libanon die Städte Sur und Saida. Immer noch liegen dort in meterhohen Schichten die stacheligen Schneckenhäuser, Reste der ehemaligen Purpurproduktion. Auch in Italien wurde Purpur hergestellt, der Monte Testaceo bei Tarent ist ein Berg aus Schneckenschalen.

Zur Gewinnung des Purpurs braucht man nicht die ganzen Schnecken, nur den farblosen Schleim, den sie an der Innenwand ihrer Kiemenhöhle absondern. Der Schleim enthält die Vorstufe des Purpurfarbstoffs – aber das wußte man früher noch nicht, man glaubte, Purpur sei Schneckenblut. Man sammelte die Schnecken in Kesseln, ließ sie anfaulen, dadurch entstand noch mehr Schleim, und vor allem ein ungeheurer Gestank, für den die Färberstädte berüchtigt waren.

Der trüben Brühe aus faulenden Schnecken wurde Salz zugesetzt, zehn Tage lang wurde sie geköchelt. Der Gestank nahm zu, die Brühe reduzierte sich: Aus 100 Litern Brühe bekam man schließlich 5 Liter Färbeextrakt. Dieser Extrakt war noch gelblich-trübe, und so sahen auch die Wolle und die Seidengarne aus, wenn sie aus dem Färbebad kamen. Erst wenn die Garne im Sonnenlicht getrocknet wurden, entstand das Violett. Dann wird aus dem Schmutzgelb ein Grün, es schlägt um ins Rot, und schließlich entsteht als Höhepunkt der Farbentwicklung das Violett. (Der Farbton des Purpurs – ob lila oder dunkelviolett – war abhängig von der verwendeten Schneckenart. Aus der Schnecke mit dem zoologischen Namen Murex trunculus gewann man ein rötliches Lila, aus der Schnecke Murex brandaris den kostbarsten, den dunkelvioletten Purpur.)

Purpur ist vollkommen lichtecht, er entsteht ja durch das Licht. So war Purpur in jenen Zeiten, als die Farben noch unbeständig waren, wie geschaffen als Symbolfarbe der Ewigkeit.

Der Chemiker Paul Friedländer versuchte 1908 die chemische Analyse des Farbstoffs. Dazu mußte Friedländer Purpur zuerst selbst herstellen. Er kaufte in den Markthallen von Triest 12 000 Purpurschnecken, verarbeitete sie nach alter Art und bekam schließlich 1,4 Gramm Purpurfarbe. Eine Menge, die ausreicht, um ein Taschentuch zu färben. – Man hat ausgerechnet, daß zum Färben eines Krönungsmantels drei Millionen Purpurschnecken gebraucht wurden. Obwohl die Purpurschnecken und die Arbeitskräfte billig waren, kostete in altrömischer Zeit das Färben eines Kilogramms Purpurwolle 6000 bis 7000 Mark.[2]

Friedländer entschlüsselte die Struktur des Purpurs und erlebte eine Überraschung: Purpur, der Farbstoff aus Schneckensekret, ist chemisch fast identisch mit dem Pflanzenfarbstoff Indigo. Indigo plus zwei Brom-Atome – das ist Purpur. Der blaue Indigo wird durch die Brom-Atome violett.[3] Aber Friedländers Entdeckung hatte keine wirtschaftlichen Konsequenzen wie die Entschlüsselung des Indigos. Denn die Anordnung der zwei Brom-Atome im Purpurmolekül ist chemisch so ungewöhnlich, daß die synthetische Herstellung des Purpurs technisch äußerst umständlich und extrem teuer wäre.[4] So hat der Purpur bis heute seine Exklusivität bewahrt.

Und bis heute ist Violett die Farbe der Extravaganz, extravaganter als Gold (→ Violett 5).

Traditionelle Wirkung

2. Die Farbe der Macht

Man nimmt an, daß die Phönizier um 1500 vor unserer Zeitrechnung das Geheimnis der Purpurfärberei entdeckten. Purpur wird schon im Alten Testament als kostbarste Farbe genannt. Moses wurde von Gott befohlen, wie der Tempel ausgestattet werden sollte: «Du sollst einen Vorhang machen aus blauem und rotem Purpur, Scharlach und gezwirnter feiner Leinwand, und du sollst Cherubim einweben in kunstreicher Arbeit.»[5] Auch die Priesterkleidung soll purpurblau, purpurrot und scharlachrot sein, mit Gold durchwirkt.

Die Farbe zu Ehren Gottes war in der antiken Welt auch die Farbe der Herrscher. Purpur zu tragen war ein höheres Privileg, als Gold zu tragen. Als beim Gastmahl des gottlosen Königs Belsazar die geheimnisvolle Schrift «Mene mene tekel u-parsin» an der Wand erscheint, verspricht der entsetzte König demjenigen, der die Schrift deuten kann: «Welcher Mensch diese Schrift lesen kann und mir sagt, was sie bedeutet, der soll mit Purpur gekleidet werden und eine goldene Kette um den Hals tragen und der Dritte in meinem Königreich sein.»[6]

Die Anfertigung eines purpurfarbenen Prachtgewandes dauerte mehrere Jahre: Aus China wurde die Seide über Karawanenpfade nach Syrien gebracht, dort in Damaskus von den berühmten Seidenwebern verarbeitet, dann wurden die Stoffe nach Tyrus gebracht, dort mit Purpur gefärbt, die gefärbten Stoffe schickte man ins ägyptische Alexandrien, dort wurden die Gewänder genäht und mit Goldfäden bestickt.

Im römischen Reich durften nur der Kaiser, die Kaiserin und der Thronfolger Mäntel aus Purpur tragen. Ministern und hohen Beamten war ein purpurfarbener Besatz am Gewand gestattet. Sonst trug niemand Purpur, darauf stand die Todesstrafe. Noch Julius Caesar bestätigte dieses Gesetz: Für die Senatoren purpurfarbene Streifen an der Toga, für ihn allein den Purpurmantel. Kleopatra, Königin von Ägypten, hatte sich nicht an Caesars Gesetze zu halten, sie übertrumpfte den Purpurmantel Caesars, sie ließ das Segel ihres Schiffes purpurn färben.

Um das Jahr 300 n. Chr. machte Kaiser Diokletian die Purpurfärberei zum kaiserlichen Monopol, er verlegte die Werkstätten nach Byzanz, dem späteren Konstantinopel.

Die oströmischen Kaiser hüteten das Geheimnis der Purpurfärberei. Nur als Geschenke dieser Kaiser kamen purpurfarbene Stoffe ins Abendland. Auch der Purpurmantel, in dem Karl der Große gekrönt wurde, war ein Geschenk aus Konstantinopel.

Zwar wäre es damals schon möglich gewesen, mit dem blauen Indigo und dem roten Kermesfarbstoff ein Violett zu färben, aber das machte man nicht. Indigo war billiger als Kermes, so wären die violetten Stoffe billiger als die roten geworden. Und für weniger kostbare violette Stoffe bestand keine Nachfrage: Purpur blieb per Gesetz die kaiserliche Farbe. Auch die Tinte, mit der der Kaiser unterschrieb, war purpurfarben. Die Tinte wurde bewacht von einem Beamten mit dem Titel ‹Bewahrer des kaiserlichen Schreibzeugs›. Die Bücher des Kaisers waren mit Purpurtinte geschrieben, die Illustrationen seiner Gebetbücher purpurfarben grundiert.

Die byzantinische Kunst ist in ihrer Farbharmonie ganz auf den Purpur abgestimmt. Auf den Mosaiken von San Vitale in Ravenna, die Kaiser Justinian und Kaiserin Theodora mit ihrem Hofstaat zeigen, ist die Bedeutung der dargestellten Personen an der Menge des Purpurs abzulesen, der ihnen zu tragen erlaubt war: Der Kaiser ist ganz in Purpur gehüllt mit goldener Schärpe. Da er auch Oberhaupt der Kirche ist, steht ihm ein Heiligenschein zu. Neben dem Kaiser der Patriarch von Konstantinopel – ohne Heiligenschein, doch mit purpurner Stola über weißem Untergewand. Dann die höchsten Beamten, auf ihren weißen Gewändern ist ein großes Rechteck aus Purpurstoff, genannt ‹Tablion›.

Auf der gegenüberliegenden Wand in San Vitale ist Kaiserin Theodora mit ihrem Gefolge zu sehen. Auch sie mit Heiligenschein, auch sie mit Purpurmantel aus Seide über goldenem Untergewand. Der Purpurmantel ist mit Goldfäden bestickt, die Bordüre am Saum zeigt die Heiligen Drei Könige. Links von der Kaiserin zwei hohe Beamte, die das Purpurtablion tragen dürfen (→ Bild 56). Rechts neben ihr die Großmeisterin des Palastes, ihr Gewand ist mit breiten Purpurstreifen besetzt. Die anderen Damen des Gefolges hatten zwar die Ehre, auf dem Mosaik abgebildet zu werden, aber Purpur durften sie nicht tragen.

Prokop, Geschichtsschreiber und Zeitgenosse Theodoras, berichtet, daß sich die Kaiserin geweigert habe, vor dem aufständischen Volk, das im Jahr 432 Stadtteile niederbrannte und den Palast belagerte, ins Exil zu fliehen. «Ich möchte nie den Purpur ablegen», erklärt sie, «und niemals den Tag erleben, an dem die, welche mir begegnen, mich nicht mit Kaiserin anreden. Der Purpur ist ein gutes Leichentuch.» Auf ihren Rat schlagen Justinians Generale den Aufstand nieder. Es gibt 40 000 Tote. Ihren Purpurmantel nimmt Theodora sechzehn Jahre später mit ins Grab.[7]

Der Purpur blieb die Farbe der Macht, solange es den echten Purpur gab. In Westminster Abbey in London steht der Stuhl, auf dem seit 1308 alle englischen Königinnen und Könige gekrönt werden. Seine Armlehnen sind mit violettem Samt bezogen. Mit violettem Samt sind alle englischen Königskronen unterlegt (→ Bild 57). Aber die Farbe hat nur noch traditionelle Bedeutung, seit 1453 wird nicht mehr mit Purpur gefärbt.

Denn 1453 wurde Konstantinopel von den Türken erobert, umbenannt in Istanbul. Der Untergang des oströmischen Kaiserreichs war das Ende der Purpurfärberei. Als es den Purpur nicht mehr gab, wurde Kermes, der rote Farbstoff aus Läusen, zur kostbarsten Farbe. So wurde der Purpur rot.

Symbolische und psychologische Wirkung

3. Die Farbe der Bischöfe und der Buße

Die einzige öffentliche Institution, die ihre Bediensteten in Violett kleidet, ist die katholische Kirche. Violett hat hier zwei verschiedene Bedeutungen: Es ist die Rangfarbe der Bischöfe und Farbe der Buß- und Fastenzeit.

Auch das kirchliche Violett hat seinen Ursprung im Purpur. Die Farbe der weltlichen Macht ist in kirchlicher Interpretation die Farbe der Ewigkeit und der Gerechtigkeit.

Violett tragen Bischöfe und Prälaten. ‹Violettstrumpf› ist eine alte, nicht sehr respektvolle Bezeichnung für einen Bischof. An der schwarzen Alltagskleidung der Bischöfe sind violette Knöpfe, an der der Kardinäle rote Knöpfe.

Als es noch den echten Purpur gab, war Violett die Rangfarbe der Kardinäle gewesen. Nachdem es keine Purpurstoffe aus Konstantinopel mehr gab, ordnete 1464 Papst Paul II. an, die Kardinalsgewänder künftig mit Kermes zu färben. Nun war der ‹Kardinalspurpur› ein Rot mit leichtem Blaustich. Die Bischofsgewänder färbte man nun mit einer Mischung aus Kermes und dem billigeren Indigo – das ergab Violett. Dem Preis der Farben entsprechend wurden die Rangfarben geändert.[8]

In der evangelischen Kirche ist Violett allgemeine Kirchenfarbe. An evangelischen Kirchentagen werden weiße Fahnen mit violettem Kreuz geflaggt, Schilder, die auf evangelische Gottesdienste hinweisen, zeigen eine stilisierte violette Kirche (→ Bild 58).

Violett ist die traditionelle Farbe der Theologie. Als die Professoren noch Talare trugen, hatte jede Fakultät ihre besondere Farbe. An den preußischen Universitäten trugen die Theologen Violett, Dunkelrot trugen die Juristen, Hellrot die Mediziner, Dunkelblau die Philosophen.

So ist Violett eine Farbe der Frömmigkeit und des Glaubens.

Der Glaube (68): Weiß 37 %, Blau 15 %, Violett 12 %, Schwarz 10 %, Grün 9 %,
    Gold 6 %

Die Frömmigkeit (55): Weiß 34 %, Schwarz 19 %, Violett 9 %, Grau 8 %,
    Blau 8 %, Silber 6 %, Braun 6 %

Als liturgische Farbe ist Violett die Farbe der Buße und der Besinnung. Es ist die Farbe der Fastenzeit im Advent und der Fastenzeit vor Ostern.[9] Seit dem Zweiten Vatikanischen Konzil 1962 bis 1964 werden auch die Totenmessen in Violett abgehalten. Das Schwarz wurde verdrängt, weil die Farbe der alltäglichen Priesterkleidung und der weltlichen Trauerkleidung keine Farbe des religiösen Zeremoniells sein sollte.

In der christlichen Symbolik ist Violett auch die Farbe der Demut. Diese alte Symbolik steht zwar im Widerspruch zum Purpur als Farbe der Macht, aber sie war die kirchliche Erklärung, warum Kardinäle Purpur trugen: Könige herrschen durch Gewalt, die Kirche durch Demut. Dazu passend wurde das Veilchen zur christlichen Symbolblume der Tugend und der Bescheidenheit: «Sei wie das Veilchen im Moose – bescheiden, sittsam und rein.» Schon in der Antike galt das Veilchen als Blume der Mäßigung, allerdings in sehr weltlichem Sinn: Bei Festgelagen trugen die Zechenden Veilchenkränze auf dem Kopf – der Veilchenduft, hoffte man, würde vor Rausch und Kopfschmerzen bewahren.

Gleiche Wirkung wurde dem violetten Edelstein Amethyst zugesprochen. Wer einen Amethyst trage, sei immun gegen Gift und gegen Trunkenheit geschützt. Daher hat der Amethyst auch seinen Namen: Das griechische Wort ‹amethysos› bedeutet ‹nicht-trunken›. – Daß die Kardinäle vom Papst einen Amethystring bekommen, hat natürlich einen anderen Sinn: Nüchternheit bedeutet hier wieder Demut.

Symbolische Wirkung

4. Die Farbe der Eitelkeit

Die Eitelkeit (37): Violett 22 %, Rosa 20 %, Gold 18 %, Gelb 13 %,
Orange 10 %, Blau 8 %

Auch die Eitelkeit ist eine der sieben Todsünden – für das heutige Verständnis sicherlich die harmloseste. Doch in der mittelalterlichen Welt mit ihren Kleiderordnungen war Eitelkeit ein großes Thema der kirchlichen Prediger: ein arger Sünder, wer auf der Menschen Gefallen bedacht ist statt auf Gottes Wohlgefallen.

Wie wenig Eitelkeit heute als Sünde gesehen wird, zeigt sich im Fehlen der Sündenfarbe Schwarz. Violett-Rosa-Gold ist der Farbklang der Eitelkeit: zu schön und harmlos, um Sünde zu sein.

Psychologische Wirkung

5. Das Extravagante und das Modische

Das Außergewöhnliche/Das Extravagante (16): Violett 30 %, Gold 21 %,
    Silber 15 %, Schwarz 11 %, Orange 7 %

Das Modische (119): Violett 20 %, Orange 17 %, Rosa 14 %, Gelb 12 %,
    Rot 12 %, Schwarz 8 %, Weiß 6 %

Das Unkonventionelle (169): Violett 28 %, Silber 14 %, Orange 10 %,
    Schwarz 10 %, Gelb 9 %, Rot 8 %

Das Originelle (129): Violett 22 %, Orange 17 %, Silber 11 %, Gold 8 %,
    Gelb 8 %, Rot 7 %, Schwarz 7 %, Rosa 6 %

Die Aufdringlichkeit (13): Orange 22 %, Gelb 16 %, Violett 13 %, Rosa 11 %,
    Rot 10 %, Gold 8 %, Grün 5 %

Die sakrale Bedeutung des Violett steht in krassem Gegensatz zur Wirkung des
profanen Violett. Niemand denkt beim Anblick einer violett gekleideten Person an
Demut, Bescheidenheit oder gar an Buße – Violett wird empfunden als Farbe der
Extravaganz. Violett ist das Unkonventionelle, das Originelle.
Violett trägt man nicht einfach so, nicht unüberlegt wie Kleidung zwischen Beige
und Grau. Wer Violett trägt, will auffallen. Trotz seiner Kühle ist Violett eine laute
Farbe, durch seine Seltenheit sogar aufdringlicher als Rot.
Violett ist die Farbe des Modischen. Es gilt als typische Modefarbe, obwohl es nur
selten ein echter Modehit wird. Vielen erscheint Violett doch zu gewagt. ‹Das Modische› ist für viele ein negativ besetzter Begriff. Man assoziiert Kurzlebigkeit, Ver-
schwendung und demonstrative Gefallsucht. Die Farbigkeit des Modischen ist –
abgesehen von dem völlig ungeliebten Braun – ähnlich wie die Farbigkeit des Unsympathischen.

Das Unsympathische (175): Braun 27 %, Violett 12 %, Orange 11 %, Gelb 11 %,
    Schwarz 7 %, Grau 7 %, Grün 7 %, Rosa 5 %

Symbolische Wirkung

6. Das magische Violett

Die Magie (115): Schwarz 54 %, Violett 25 %, Gold 8 %

Die Phantasie (130): Violett 18 %, Blau 18 %, Gelb 13 %, Rosa 9 %, Grün 9 %, Orange 8 %, Rot 8 %, Weiß 7 %, Silber 5 %

Im Violett verschmelzen die Gegensätze. Als typische Form des Violett wird das Oval empfunden. Es entsteht als eigenständige Form aus der Verbindung des Eckigen mit dem Runden.
Violett verbindet Sinnlichkeit und Geist, Gefühl und Verstand, Liebe und Entsagung. In indischer Symbolik ist Violett die Farbe der Seelenwanderung.
Violett ist die Farbe der Magie. (In der Umfrage wurde Schwarz häufiger genannt – der Begriff der ‹Schwarzen Magie› dominiert die Farbassoziation.) Violett ist der Mantel der Zauberer. Auch das Violett der Zauberer steht in der Tradition des Purpur. Als Moses verkündete, die Priester sollten purpurfarbene Gewänder tragen, waren Priester und Zauberer noch gleichrangige Vermittler zum Jenseits.
Johannes Itten schrieb: «Violett ist die Farbe der nicht-wissenden Frömmigkeit und verdunkelt oder getrübt die Farbe des düsteren Aberglaubens.»[10] Violett symbolisiert die unheimliche Seite der Phantasie, die Sehnsucht, Unmögliches möglich zu machen.

Traditionelle Wirkung

7. Die Dekadenz und die Künstlichkeit

Das Künstliche (96): Violett 23 %, Silber 18 %, Gold 15 %, Rosa 15 %, Orange 10 %, Weiß 5 %

Das Unnatürliche (171): Violett 24 %, Silber 17 %, Gold 15 %, Rosa 15 %, Orange 11 %, Grau 5 %

Violett ist das Künstliche, das Stilisierte. Violett wurde zur Lieblingsfarbe des Jugendstils, jener Kunstrichtung, die alles Natürliche als kunstlos verachtete. In den typischen Blumen- und Pflanzenornamenten des Jugendstils wird Natur dekorativ gestylt, um der Ästhetik der Zeit zu genügen. Der Jugendstil ist die einzige Epoche, die Violett als Raumfarbe schätzte. Der violette Salon mit violett bezogenen Polstermöbeln galt als Nonplusultra der Ästhetik. Diese violetten, meist mit Schwarz kombinierten Interieurs der Jahrhundertwende wirken heute im Tageslicht der Museen abschreckend. Sind sie im authentischen Licht der Petroleumlampen zu sehen, wirken sie geheimnisvoll.

Das berühmte Plakat für Job-Zigarettenpapier von Alfons Mucha zeigt das Frauenideal der Zeit: die Femme fatale in gekünstelter Verruchtheit (→ Bild 60). Da ist Violett der passende Hintergrund. Auch die dämonischen Frauengestalten Gustav Klimts tragen oft Violett, immer kombiniert mit Silber und Gold. Violett-Silber-Gold: diese Kombination ist typisch für den Jugendstil. Es ist die Kombination der künstlichen und unnatürlichen Farben.

Psychologische und symbolische Wirkung

8. Unsachlich und zweideutig

Die Zweideutigkeit (199): Violett 22 %, Orange 14 %, Rosa 13 %, Grau 12 %, Grün 11 %, Gelb 8 %, Gold 7 %

Das Unsachliche (172): Violett 20 %, Rosa 20 %, Orange 14 %, Braun 11 %, Gold 10 %, Rot 7 %, Grau 5 %

Die Unsicherheit (174): Grau 22 %, Gelb 14 %, Violett 12 %, Rosa 12 %, Braun 11 %, Weiß 8 %, Orange 6 %

Die Untreue (176): Schwarz 20 %, Violett 17 %, Gelb 15 %, Braun 12 %, Grau 12 %, Orange 8 %

Alle Mischfarben werden als zweideutig, unsachlich, unsicher empfunden. Die unsachlichste und zweideutigste von allen ist Violett. Die Unsicherheit, ob ein Violett eher rötlich oder eher bläulich ist, löst sich nie, denn der Farbeindruck ändert sich mit dem Licht. Deshalb gilt Violett auch als Farbe der Täuschung und der Untreue. Lila, in dem sich Rot, Blau, Weiß gegenseitig nivellieren, ist die Farbe mit der größten Ambivalenz.

Symbolische Wirkung

9. Violett und Gold: verderblicher Genuß

Der Genuß (64): Gold 18 %, Violett 15 %, Orange 13 %, Rosa 11 %, Grün 11 %,
 Braun 7 %, Blau 7 %, Rot 6 %

Der Stolz (156): Gold 21 %, Violett 12 %, Blau 12 %, Weiß 12 %, Rot 10 %,
 Silber 9 %, Schwarz 7 %, Braun 5 %

Der Luxus / Der Überfluß (112): Gold 40 %, Gelb 12 %, Violett 11 %,
 Schwarz 9 %, Silber 9 %, Rot 7 %

Die Völlerei / Die Unmäßigkeit (184): Braun 22 %, Orange 14 %, Violett 13 %,
 Rosa 12 %, Grün 9 %, Blau 8 %, Gelb 7 %

Violett kombiniert mit Gold charakterisiert die verderbliche Seite des angenehmen
Lebens. Gold symbolisiert die positive Seite des Genusses und des Stolzes. Violett
ist die Kehrseite der Medaille: Maßlosigkeit und Überheblichkeit.

Psychologische Wirkung

10. Die Farbe zwischen den Geschlechtern

Das Weibliche (188): Rosa 34 %, Rot 16 %, Weiß 13 %, Violett 12 %, Gelb 5 %

Die Empfindsamkeit / Die Sensibilität (39): Rosa 36 %, Violett 14 %, Weiß 12 %,
 Blau 12 %, Gelb 11 %, Grün 8 %, Rot 7 %

Der Charme (27): Rosa 19 %, Weiß 16 %, Violett 10 %, Rot 9 %, Blau 9 %,
 Silber 8 %, Orange 7 %, Gold 7 %, Gelb 6 %

In seinem 1948 entstandenen Farbtest bemerkt Max Lüscher, daß Violett besonders häufig von Schwangeren als Lieblingsfarbe genannt wird (→ Grau 6). Lüscher
führt dies auf hormonelle Ursachen zurück.[11] – Vor solchen Spekulationen sollte
analysiert werden, was sich die befragten Frauen bei dieser Wahl dachten. Denn
den Schwangeren war klar: hätten sie Blau als Lieblingsfarbe genannt, wäre dies
als Wunsch nach einem Jungen gedeutet worden, und Rot als Wunsch nach einem
Mädchen (Rosa kommt im Lüscher-Test nicht vor). Jede werdende Mutter weiß,
daß Festlegungen auf das gewünschte Geschlecht des Kindes leicht zu Enttäu-

schungen führen. Was liegt also näher, als zu denken: ‹Hauptsache, das Kind ist gesund›, und demonstrativ die Mischfarbe zwischen den Geschlechtern zu wählen. Als Mischfarbe zwischen den Geschlechtern wurde Violett in den siebziger Jahren zur Farbe der feministischen Bewegungen. Und über die feministischen Bewegungen hinaus wurde Violett zu einer neuen Symbolfarbe der Weiblichkeit, die sich vom süßen hilflosen Rosa eher karikiert als charakterisiert fühlt.

Violett ist auch eine Farbe der Sensibilität und des Charmes – positiver, typisch weiblicher Eigenschaften.

Symbolische Wirkung

11. Violett und Rot: die Sünden der Sexualität

Die Farben der Liebe werden mit Violett zu den Farben der alten Todsünde Wollust. Je mehr Schwarz und Violett mit Rot kombiniert werden, desto sichtbarer wird das Unmoralische.

Die Wollust (193): Rot 31 %, Violett 22 %, Rosa 17 %, Orange 14 %, Braun 7 %, Schwarz 6 %

Die Sexualität (149): Rot 48 %, Violett 14 %, Rosa 11 %, Schwarz 6 %, Gelb 6 %, Orange 5 %

Die Leidenschaft (104): Rot 54 %, Violett 12 %, Orange 7 %, Gelb 6 %, Gold 5 %, Rosa 5 %

Das Verführerische (179): Rot 31 %, Rosa 19 %, Violett 14 %, Schwarz 12 %, Gold 7 %

Das Verbotene (177): Rot 33 %, Schwarz 27 %, Violett 14 %, Braun 6 %, Gelb 6 %

Das Unmoralische (170): Rot 24 %, Schwarz 24 %, Violett 19 %, Gelb 8 %, Rosa 7 %, Braun 6 %

Symbolische Wirkung

12. Lila – der letzte Versuch

‹Lila – der letzte Versuch› ist eine alte Redensart. Gemeint ist damit das letzte
Aufflackern sexuellen Begehrens.

Lila, das durch Weiß geschwächte Violett, gilt als altjüngferlich. Es war früher die
Farbe unverheirateter Frauen, die für das kindische Rosa schon zu alt waren, aber
trotzdem eine jungmädchenhafte Pastellfarbe tragen wollten. Lila signalisierte:
Trotz meines fortgeschrittenen Alters bin ich noch zu haben.

So entstand das miserable Image des Lila. Es hafte ihm «etwas Lebhaftes ohne
Fröhlichkeit» an, meinte Goethe.[12] Zur Zeit Goethes wurde in der Mode erstmals
zwischen Kleiderfarben für Männer und für Frauen unterschieden. Nur Frauen
trugen Lila, deshalb die negative Beurteilung sexuellen Begehrens; für Männer gibt
es kein Alterslimit erlaubter Sexualität, keine Farbe des letzten Versuchs.

Als altjüngferlich gelten auch die typisch violetten Düfte: Lavendel, Veilchen, Rosmarin. Düfte, die als süßlich und unerotisch empfunden werden.

Mit den gedeckten Farben Grau, Braun und mit Schwarz kombiniert, gehört Violett zum Farbklang des Alten und des Altmodischen. Es wird eine Farbe des Rück-
zugs, des Introvertierten und schließlich des Verdorbenen.

Das Altmodische (6): Braun 39 %, Grau 21 %, Violett 9 %, Schwarz 9 %,
    Gold 8 %

Das Introvertierte (86): Schwarz 19 %, Grau 17 %, Violett 16 %, Braun 12 %,
    Weiß 7 %, Blau 7 %, Gelb 6 %, Rosa 5 %

Das Verdorbene (178): Braun 26 %, Schwarz 22 %, Violett 14 %, Grau 11 %,
    Grün 7 %, Gelb 7 %

13. Das kreative Violett

Der Charakter des Violett erzeugt das Gefühl einer künstlichen Schönheit. Violett
wird als Modefarbe empfunden, als Farbe für nur eine Saison. Das führt zu typischen Bereichen, in denen Violett verwendet wird: Bei billigen Produkten von geringer Lebensdauer, bei modischen Accessoires greifen die Gestalter gern zu dieser
Farbe. Denselben Gestaltern widerstrebt es, sich Produkte, die für den langfristigen
Gebrauch bestimmt sind, in Violett vorzustellen. Noch größer wird ihr Widerwille,

wenn es sich dabei um technische Geräte handelt. Violett erscheint als die Farbe des Unseriösen – das Gegenteil des Technischen.

Unter Frauen gibt es jedoch genügend Violett-Fans, um auch Produkte des gehobenen Bedarfs und Produkte, die für den langfristigen Gebrauch bestimmt sind, in Violett anzubieten. Ein violettes Ledersofa wirkt exquisiter als das in Standardschwarz. Auch Frauen ohne feministische Ambitionen lieben dunkelviolett lackierte Autos.

Alle technischen Geräte mit bekannter Funktion kann man in Violett verkaufen. Eine Schreibmaschine ist in violettem Gehäuse genauso gut wie in konventionellem Grau. Es gibt Radios aus lila Plastik, sie wirken billig und sind billig. Ein Radio mit einem Gehäuse aus violett eloxiertem Metall würde elegant und teuer wirken.

Einerseits wird Violett von den Gestaltern abgelehnt, andererseits ist Violett eine Lieblingsfarbe der Werbung, denn es ist auffallend, oft schon aufdringlich. Aber wenn in einer Anzeige beispielsweise eine violette Parkbank zu sehen ist – das kann eine Anzeige für ein beliebiges Produkt sein: vom Modeartikel bis zur Altersversorgung –, wirkt das nur konventionell. Denn die Farbe ist nicht als reale Farbe gemeint, sondern als werbetypischer Blickfang. Eine echte Parkbank in Violett aber wirkt verblüffend, denn für eine reale Parkbank würde kaum ein Gestalter Violett wählen.

Konventionell wird Violett verwendet bei der Verpackungsgestaltung jener Kosmetika, die sich für ‹die reife Frau› empfehlen. Die Verpackungsgestalter folgen hier der Konvention des Violett als Altweiberfarbe – der letzte Versuch. Es bleibt zu fragen, ob diese Assoziation von der Zielgruppe als angenehm empfunden wird. Die Idee der Verjüngung durch Kosmetik wäre mit grünen Verpackungen positiver dargestellt.

Mit dem Prinzip der unmöglichen Farben wurde ein berühmtes Werbetier kreiert: die lila Schokoladenkuh (→ Bild 62). Als Firmenzeichen für ungewöhnliche Mode wären violette Maiglöckchen möglich.

Als magische Farbe läßt Violett magische Tiere noch geheimnisvoller wirken: eine violette Katze, eine violette Fledermaus. In der magischen Farbigkeit der Südseebilder Gauguins wurden auch die Pferde violett (→ Bild 61).

---

[1] Manchmal wird im Deutschen unter Lila ein Violett verstanden, das zu gleichen Teilen Rot und Blau enthält. Diese Definition ist allerdings in anderen Ländern nicht üblich.

[2] Vogt, S. 36.

[3] Chemiker nennen den Purpur deshalb ‹Dibromindigo›. Die exakte Strukturbezeichnung ist ‹Sechs-sechs-Strich-Dibromindigo›. Mit Friedländers Analyse wurde auch belegt, daß der antike Purpur ein blaustichiges Violett war. Durch Beizen konnte der Farbton allerdings rötlicher gemacht werden.

[4] Vgl. Seefelder, S. 71 ff.

[5] 2. Moses 26, 31.

[6] Daniel 5, 7.

[7] Hagen und Hagen, S. 16.

[8] Goethe pflegt in seiner Farbenlehre ein Karminrot als «Purpurrot» zu bezeichnen. Er schreibt dazu: «Wir haben diese Farbe ihrer hohen Würde wegen manchmal Purpur genannt, ob wir gleich wohl wissen, daß der Purpur der Alten sich mehr nach der blauen Seite hinzog» (§ 792). Goethe nennt Karminrot «Purpurrot», weil zu seiner Zeit der Kardinalspurpur mit Cochenille karminrot gefärbt wurde.

[9] Aschermittwoch bis Gründonnerstag; in der evangelischen Kirche erster Passionssonntag bis Karfreitag.

[10] Itten, S. 136.

[11] Der Lüscher-Test, Ausgabe von 1971, S. 29.

[12] Goethe, Farbenlehre, § 789.

Gold: Das teure Glück.
Viel mehr als eine Farbe

Altgold · Antikgold · Bronzefarben · Dukatengold · Goldblond · Goldbraun · Goldgelb · Goldmetallic · Klassisches Gold · Kupfergold · Mes-
singfarben · Platinblond · Rotgold · Reichgold · Topasgold · Weißgold ·
Weizengold

Gold – viel mehr als eine Farbe

Wer an Gold denkt, denkt zuerst an das Edelmetall. Die Farbe Gold ist Ersatz und Symbol des Metalls.

Nur 1 % der Frauen und 2 % der Männer nennen Gold als Lieblingsfarbe. Für 3 % der Frauen und 4 % der Männer ist Gold die Farbe, die am wenigsten gefällt.

Als Farbe ist Gold dem Gelb verwandt. Aber in der Symbolik gleicht Gold keiner anderen Farbe. Gold ist Geld, bedeutet Macht. Seine soziale Bedeutung und die Eigenschaften des Metalls bestimmen die Symbolik der Farbe.

Historischer Hintergrund

1. Die Wege zum Gold

Gold ist selten, aber überall auf der Welt gibt es Gold. Die Ägypter bauten schon vor siebentausend Jahren Goldbergwerke. ‹Nub› heißt ‹Gold› in ihrer Sprache. ‹Nubien› war das Goldland der Ägypter.

Das spanische Wort ‹dorado› bedeutet ‹vergoldet›. Irgendwo in Südamerika, erzählten sich die spanischen Eroberer, gebe es einen Indianerstamm, der seinen Häuptling in Goldstaub bade. Die Legende nannte ihn ‹El dorado›, den Vergoldeten. Wo solche Sitten herrschten, da mußte es viel Gold geben. Nachdem die Spanier schon das Gold der Inkas gefunden hatten, machten sie sich auf die Suche nach ‹Eldorado› – nach dem sagenhaften Land, in dem es Gold und Edelsteine im Überfluß gab. Eldorado blieb bis heute unentdeckt.

Auch in Mitteleuropa fand man Gold. Vom 12. bis zum 15. Jahrhundert war Böhmen das goldreichste Land Europas. Dann entdeckte man bei Gastein und Salzburg große Goldlager, dann im schlesischen, thüringischen und rheinischen Schiefergebirge. Und überall wurde aus dem Sand der Flüsse Gold gewaschen. Der goldreichste war der Rhein. Das sagenumwobene ‹Rheingold› ist also nicht nur Erfindung. Ein romantischer Amerikaner wusch noch 1900, als die Goldsuche am Rhein längst unrentabel geworden war, das Gold für seine Eheringe aus dem Rheinsand.

Drei Wege führen zum Gold:

1. Das Berggold. Es ist das ursprüngliche Gold. In den Bergwerken werden die größten Goldbrocken, die sogenannten Nuggets, gefunden. Sie haben vielerlei Formen: es gibt teigig runde Batzen; manche Nuggets sind löchrig wie ein Schwamm;

manche sehen aus wie stachelige Äste. Gold kann vorkommen als hauchdünne
Schuppen; als kleine Nadeln. Pro Tonne Gestein findet man in den Bergwerken 1
bis 25 Gramm Gold.

2. Das Waschgold oder Seifengold. Es ist das Gold aus den Flüssen, verwittertes,
durch Geröll und Flußsand zerriebenes Berggold. Das Waschgold ist körnig wie
Sand oder Staub.

Berggold und Waschgold sind ‹gediegenes Gold›. Es ist kein pures Gold, es enthält
immer Silber und meist Spuren von Kupfer, Platin, Quecksilber, Eisen, Palladium,
Nickel.

3. Das Scheidegold. Etwa 10 % des Goldes werden heute auf chemischem Weg
gewonnen. Unsichtbare Goldpartikel werden aus goldhaltigem Erz gelöst. Aus 900
bis 3000 Metern Tiefe wird das Erz geholt, zerkleinert und mit viel Wasser zu
Schlamm zermahlen. Dann wird der Schlamm mit Cyanid-Lauge zersetzt. Diese
Lauge aus Salzen der Blausäure löst feinverteiltes Gold auf. Um es zurückzugewinnen, filtert man den Schlamm ab und gibt der Gold-Cyanid-Lösung ein unedles
Metall bei, meist Blei- oder Zinkstaub. Das unedle Metall verdrängt das Gold, es
wird in der chemischen Lösung ausgefällt. Auch dieses Gold enthält noch andere
Metalle. Es wird deshalb mehrmals geschmolzen, durch weitere Zugaben von Säu-
ren werden die unedlen Metalle abgeschieden.

‹Geläutertes Gold› nennt man das von allen anderen Elementen gereinigte Gold.
100 bis 150 Kilo Gestein müssen für 1 Gramm geläutertes Gold zermahlen werden.
Die Goldraffinerien sind von riesigen Schlammhalden umgeben.

Jedes Goldlager ist einmal erschöpft. Aber die Goldproduktion nimmt nicht ab.
Neue Techniken ermöglichen den Abbau, wo er früher unmöglich oder unwirt-
schaftlich gewesen wäre. Den größten Aufschwung in der Goldproduktion brachte
die Cyanid-Laugerei, die Ende des 19. Jahrhunderts eingeführt wurde.
Die jährliche Goldproduktion auf der ganzen Welt betrug:

um 1500	6 Tonnen
um 1700	11 Tonnen
1830	25 Tonnen
1900	390 Tonnen
1965	1450 Tonnen
1978	1300 Tonnen
1985	1250 Tonnen

Die größten Goldreserven, geschätzte 70 000 000 Tonnen, sind im Meerwasser.
Aber eine rentable Methode, Gold aus Meerwasser zu gewinnen, hat noch niemand entdeckt.

Psychologische und symbolische Wirkung

2. Die Farbe des Reichtums

Der Reichtum (133): Gold 53 %, Silber 16 %, Gelb 8 %, Schwarz 8 %

Die Macht (113): Schwarz 48 %, Gold 14 %, Rot 12 %, Braun 12 %

Der Fluch, der auf dem Gold liegt, ist die Gier nach Macht. Zu den Farben des Reichtums gehört Schwarz, die Farbe des Bösen. Und zu den Farben der Macht gehört das Gold.

Der berühmteste Schatz antiker Sagen ist das ‹Goldene Vlies›. Es ist das goldene Fell eines Widders, das die griechischen Argonauten aus Kolchis raubten. Der Hintergrund der Sage: Das Land Kolchis an der Südostküste des Schwarzen Meeres war berühmt für den goldhaltigen Sand seiner Flüsse. Die Kolchier legten Schaffelle in die Flüsse, der Sand wurde darübergespült, wieder weggespült, nur die schweren Goldpartikel blieben in den Zotteln der Felle hängen. Die Kolchier besaßen tatsächlich goldene Vliese.

Das Königreich Lydien lag im westlichen Kleinasien. Auch hier wurde viel Gold gefunden. Krösus (595–546 v. Chr.), König von Lydien, war der erste, der Goldmünzen prägen ließ. Sein Reichtum blieb sprichwörtlich.

Geld und Gold gehören zusammen. Die Gulden waren ursprünglich aus Gold. Das alte Wort für ‹golden› ist ‹gülden›. Die ‹Krone›, in vielen Ländern Währungsbezeichnung, verweist auf das Gold der Königskronen. Früher wurde Gold nicht in Barren, sondern in Stangen gegossen, deshalb sagt man: ‹Das kostet eine Stange Geld›.

Alles, womit Geld zu machen ist, hat Teil am Glanz des Goldes. Ein erfolgreicher Sänger hat ‹Gold in der Kehle›, ein erfolgreicher Fußballspieler ‹Gold in der Kniekehle›. Wer ein ‹goldenes Händchen› hat, kann sich eine ‹goldene Nase› verdienen. Ein ‹Goldgräber› ist Inhaber eines florierenden Unternehmens. Eine ‹Goldgräberin› aber ist eine Frau, die nur an reichen Männern interessiert ist.

Merkwürdig ist, daß in allen Kulturen Frühaufstehen mit Reichtum verbunden wird: ‹Morgenstund hat Gold im Mund› ist eine internationale Weisheit. Die Römer sagten: ‹Aurora ist den Musen hold›. Aurora ist die Göttin der Morgenröte, sie ist die ‹Goldene›. Gold heißt auf lateinisch ‹aurum›, daher die chemische Abkürzung ‹Au› für das Element Gold.

Erdöl wird ‹schwarzes Gold› genannt. ‹Weißes Gold› ist Elfenbein, früher hatte das Porzellan diesen Beinamen. In der Werbung für Skitourismus wird jetzt sogar Schnee als ‹weißes Gold› bezeichnet. Kaffee wurde, als er noch teuer war, das ‹braune Gold› genannt. Alles, was teuer zu verkaufen ist, wird zu Gold.

Symbolische Wirkung

3. Die Farbe des Stolzes

Der Stolz (156): Gold 21 %, Violett 12 %, Blau 12 %, Weiß 12 %, Rot 10 %,
Silber 9 %, Schwarz 7 %, Braun 5 %

Wie das Gold höchsten Wert symbolisiert, so setzt der Stolz den eigenen Wert über
alle anderen Werte. Stolz und Eitelkeit sind verwandt, das Violett verweist auf die
negative Bewertung beider Charaktereigenschaften. Auch zum Egoismus gehört
das Gold.

Die Eitelkeit (37): Violett 22 %, Rosa 20 %, Gold 18 %, Gelb 13 %,
Orange 10 %, Blau 8 %

Der Egoismus (31): Schwarz 22 %, Gelb 17 %, Gold 9 %, Grün 8 %, Rot 8 %,
Violett 7 %, Blau 7 %, Braun 6 %, Grau 6 %

Symbolische Wirkung

4. Die Farbe der Verblendung
und des Überflusses

Der Luxus / Der Überfluß (112): Gold 40 %, Gelb 12 %, Violett 11 %, Silber 9 %,
Schwarz 9 %, Rot 7 %

Der Genuß (64): Gold 18 %, Violett 15 %, Orange 13 %, Rosa 11 %, Grün 11 %,
Braun 7 %, Blau 7 %, Rot 6 %

Das Verlockende (181): Rot 26 %, Gold 16 %, Blau 16 %, Violett 13 %,
Grün 7 %, Silber 5 %

Das ‹Goldene Kalb› ist das biblische Symbol der Verblendung, des falschen Glaubens. Das Kalb stellte den Gott Baal dar. Moses zerstörte das Kalb und vernichtete
sogar das Gold, aus dem es gegossen war: «Und nahm das Kalb, das sie gemacht
hatten, und ließ es im Feuer zerschmelzen und zermalmte es zu Pulver und streute
es aufs Wasser und gab's den Israeliten zu trinken.»[1]
Gefangene im ‹goldenen Käfig› sind Opfer der Bequemlichkeit und des Luxus.
‹Was hilft es, wenn man einen goldenen Galgen hat und muß doch daran hängen›,

sagt die Weisheit des armen Volkes. Daß Reichtum und Überfluß den Charakter verderben, ist eine ebenso tröstliche Überzeugung: ‹Das Feuer prüft das Gold, das Gold prüft die Leute›.

In der Farbigkeit des Überflusses steht Gold neben Gelb. Gelb bedeutet falsches Gold. Das Violett signalisiert wieder einmal das Unmoralische. In der Farbigkeit des Genusses sind Gold und Violett mit den Farben der Lebensfreude kombiniert.

Psychologische und symbolische Wirkung

5. Gelbgold, Rotgold, Weißgold, Grüngold

Das Teure (159): Gold 61 %, Silber 15 %, Schwarz 10 %, Blau 6 %

Ein Stempel gibt auf Goldschmuck und Goldbarren den Feingehalt des Goldes an. Da der Goldgehalt sehr exakt in Promille angegeben wird, müßte ganz reines Gold, das Barrengold, mit 1000 gestempelt werden. Es wird aber nur 999 oder 999,9 gestempelt, denn sogar geläutertes Gold ist niemals vollkommen rein.

Ohnehin wird reines Gold nicht zu Schmuck verarbeitet, denn es ist fast so weich wie Blei. Ein Schmuckstück aus Barrengold wäre schnell verbogen und zerkratzt. Deshalb wird es legiert, das heißt mit anderen Metallen vermischt. Mit Silber und Kupfer legiert, wird das Gold härter, bleibt aber genauso dehnbar. Gold wird außerdem häufig mit Palladium, Zink und Nickel legiert, es kann Spuren aller Metalle enthalten.

In vielen Ländern wird der Goldgehalt in Karat angegeben. (Die Maßeinheit Karat ist bei uns nur als Edelsteingewicht üblich: dabei sind 1 Karat 200 Milligramm.) Als Qualitätsangabe der Goldlegierung hat reines Gold 24 Karat. 1 Karat entspricht einem Goldanteil von 4,1667 %, rund 42 Promille.

Bis Mitte des 19. Jahrhunderts wurde in Deutschland die Karatzahl gestempelt. Allerdings waren diese Stempelungen nicht einheitlich, jedes Land hatte andere Vorschriften für die Legierungen. Viele Schmuckstücke wurden gar nicht gestempelt, weil die Stempelung mit Luxussteuer und sonstigen Gebühren verbunden war. Die heute in Deutschland üblichen Goldanteile in Legierungen:

> Stempel 333 = 8 Karat
> Stempel 585 = 14 Karat
> Stempel 750 = 18 Karat

Es gibt jedoch Legierungen in jeder möglichen Karatzahl. In der Schmuckherstellung hat die goldhaltigste Legierung 22 Karat, die untere Grenze sind 6 Karat.

In den USA sind 10 Karat, 14 Karat und 18 Karat üblich. In England hat die billigste Legierung 9 Karat, die teuerste 22 Karat. In Indien ist 22karätiger Schmuck üblich. In der Schweiz, Belgien, Holland, Luxemburg, Norwegen und Dänemark muß Goldschmuck mindestens 14 Karat haben, also 585 Anteile Gold; in Frankreich und Schweden sogar mindestens 18 Karat.

Sehr schwankend ist der Goldanteil beim Zahngold: Es enthält 50 % bis 92 % Gold, 4 % bis 25 % Silber, 2 % bis 15 % Palladium, Zink, Nickel, Kupfer; es kann Spuren von Platin enthalten.

Der Goldgehalt einer Legierung wird so geprüft: Man reibt das zu prüfende Gold mehrmals leicht über einen schwarzen Schieferstein. Die abgeriebenen Goldstriche auf dem Stein werden mit den Abstrichen von goldenen Probiernadeln verglichen, deren Goldgehalt bekannt ist. Der Goldgehalt des Probestücks wird festgestellt, indem die Goldstriche mit verschieden konzentrierten Mischungen von Salzsäure und Salpetersäure benetzt werden: Je höher der Goldgehalt, desto konzentriertere Säure ist notwendig, um den Goldstrich aufzulösen.

Die Farbnuance des Goldes wird durch die beigemischten Metalle bestimmt. Gelbgold, das ‹normale› Gold, wird mit Silber und Kupfer legiert.

Rotgold ist eine Legierung mit Kupfer. Gold 333 enthält 667 Anteile Kupfer, ist also rötlicher als Gold 750, das nur 250 Gewichtsanteile Kupfer enthält. Die Farbe des Goldes läßt jedoch nur bedingt Rückschlüsse auf den Goldgehalt der Legierung zu: Blaßrotes Gold kann auch mit Kupfer und Silber legiert sein. Alter Schmuck ist meist aus Rotgold, denn bis Anfang dieses Jahrhunderts war Rotgold das schönste Gold. Schon die Römer legierten Gold am liebsten mit Kupfer, deshalb trägt die Göttin der Morgenröte den Namen des Goldes.

Weißgold ist eine sehr harte Legierung mit Palladium und Nickel. Früher war Weißgold unbeliebt. ‹Bleiches Gold – schlechtes Gold› hieß es. Man befürchtete, weißes Gold sei mit Quecksilber gestreckt.

Grüngold ist mit Silber und Kadmium legiert. Dieser Farbton wird nur als Kontrast in Schmuckstücken mit diversen Goldnuancen verarbeitet. Man kann Gold sogar bläulich färben, indem es mit Stahl legiert wird.

Egal welcher Goldton: Zum Gold gehört das Wertvolle. Rubine, Smaragde, Saphire, Brillanten und echte Perlen werden nur in Gold oder Platin gefaßt. Für die weniger wertvollen Halbedelsteine und für Zuchtperlen wird auch Silber verwendet.

Schätze von ideellem Wert – eine Locke des Geliebten, ein Bild des Kindes, ein Talisman – werden im goldenen Medaillon aufbewahrt. Auch im übertragenen Sinn wird ein geliebter Mensch ‹in Gold gefaßt›. Alles, was von echtem Gold umgeben ist, ist teuer.

Symbolische Wirkung

6. Kennfarbe des Göttlichen

Das Gold gehört zur Sonne. Nach alter Vorstellung wächst es aus ihren Strahlen. Gold ist himmlisches Feuer, das auf die Erde fiel. Eine Sonne ist das alte chemische Symbol für Gold.

In frühen Religionen, die die Planeten als göttliche Mächte verehrten, verkörperte die Sonne die höchste Gottheit. Die Goldschätze der Pharaonen zeigten ihre himmlische Herkunft, denn Pharaonen sind die Söhne des Sonnengottes Rê. Die Pharaonen starben nicht, sie kehrten nach ihrem irdischen Leben zur Sonne zurück. Die Goldmaske Tut-ench-Amuns ist aus 22karätigem Gold. Auch der Sarkophag, in dem Tut-ench-Amun zur Sonne zurückkehrte, ist aus Gold – aus 225 Kilogramm Gold.

Die Azteken hielten das Gold für Exkremente des Sonnengottes. Gold heißt in ihrer Sprache ‹teocuitatl›, das bedeutet ‹Götterkot›.[2]

In der christlichen Symbolik ist Gold nicht heilig, aber es ist Kennzeichen des Göttlichen. Die Aureole, der Strahlenkranz der Heiligen, ist golden, hat den Namen vom Gold (aurum).

Das von minderwertigen Elementen gereinigte Gold ist das geläuterte Gold. ‹Geläutert› werden auch die Sünder. Gold wird durch das Feuer geläutert, die Sünder durch das Fegefeuer.

Historischer Hintergrund

7. Das überirdische Licht der Malerei

Die Farbe Gold ist in der Malerei des Mittelalters die Steigerung der Lichtfarbe Weiß. Gold ist das überirdische Licht.

Seit dem 4. Jahrhundert bis zum Ende des Mittelalters war der Goldgrund allgemein üblich in der christlichen Malerei. Erst um 1500, mit der Entdeckung der Perspektive, verschwand der raumlose Flächengrund. Die russische Ikonenmalerei hat den Goldgrund beibehalten.

Zur Herstellung von Blattgold wird Gold papierdünn ausgewalzt, dann in kleine Quadrate geschnitten. Zwischen die Goldquadrate wird Pergament gelegt, das Gold wird mit dem Hammer weiterbearbeitet. Die dünner und größer werdenden Quadrate werden mehrmals geviertelt. Zuletzt wird das Gold zwischen Goldschlägerhäutchen gehämmert: Goldschlägerhäutchen werden aus dem Blinddarm von

Ochsen gefertigt, sie sind noch dünner und widerstandsfähiger als Pergament. Das handelsübliche Blattgold hat ein Format von 10×10 Zentimeter, es ist ein zehntausendstel Millimeter dünn, tausendmal dünner als ein Blatt Papier. Aus 1 Gramm Gold kann man 3000 Quadratzentimeter Blattgold schlagen. Für den Goldschnitt bei Gesangbüchern verwendet man Blattgold von ein achttausendstel Millimeter. Das Blattgold der alten Gemälde ist viel dicker, etwa ein tausendstel Millimeter.

Die älteste und schönste Methode der Vergoldung ist die Polimentvergoldung. Zuerst wird in mehreren Schichten eine Grundierung aus Bolus, einer Tonerde, aufgetragen. Der Bolus ist geschmeidig und fettig, seine Feuchtigkeit saugt das Blattgold an, am Fett bleibt es kleben. Es gibt weißlichgelben, schwarzen und roten Bolus. Der rote Bolus wurde am liebsten verwendet, denn die Grundierung schimmert durch das dünne Blattgold und bestimmt den Farbton des Goldes. Alle Goldgründe auf den Tafelbildern des Mittelalters sind Polimentvergoldungen.
Um makellosen Glanz zu erzielen, muß die Grundierung spiegelglatt geschliffen werden, deshalb sind die alten Gemälde mit Goldgrund auf Holztafeln gemalt. Leinwand ist zu elastisch für diese Vergoldungsmethode. Oft ist der Goldgrund mit Gravuren dekoriert, sie werden schon vor der Vergoldung in den Bolusgrund eingeritzt. Dann wird das Blattgold mit einem breiten, flachen Pinsel aufgelegt. Der Vergolder fährt sich mit dem Pinsel durch das Haar, dadurch wird der Pinsel statisch aufgeladen, das Blattgold bleibt am Pinsel hängen und wird so auf dem Untergrund plaziert. Nachdem das aufgelegte Gold angetrocknet ist, wird es mit glattgeschliffenen Halbedelsteinen poliert.
Polimentvergoldungen eignen sich wegen der wasserempfindlichen Grundierung nicht für Außenvergoldungen. Dafür macht man Ölvergoldungen. Bei der Ölvergoldung wird das Blattgold auf eine klebrige, hart auftrocknende Mischung aufgelegt, eine sogenannte Mixtion. Sie wurde früher aus Leinöl und gelöstem Gummi hergestellt. Um der Grundierung eine goldgelbe Farbe zu geben, wurde Safran beigemischt. Die Ölvergoldungen sind weicher als die Polimentvergoldungen; sie können nicht poliert werden, glänzen also nicht so stark.
In der Malerei wurden Poliment- und Ölvergoldungen kombiniert: Polimentvergoldungen für Untergründe und größere Flächen, Ölvergoldungen für filigrane Ornamente, die auf die fertige Malerei aufgetragen werden. Für feine goldene Linien wird zuerst Mixtion mit spitzem Pinsel aufgetragen, ein Stück Blattgold daraufgelegt, das überstehende Gold wird mit einer Feder abgewischt. Natürlich verarbeitete man die Goldreste wieder. Wie das teuere Ultramarin wurde Blattgold in den Rechnungen der Maler gesondert ausgewiesen.
Als billige Goldimitation wurden Zinn-, Blei- und Silberfolien mit gelbgefärbtem Ölfirnis überzogen.

Psychologische und symbolische Wirkung

8. Die Farbe der Beständigkeit

‹Treu wie Gold› – übersetzt in die poesielose Sprache der Chemie heißt das: träge wie Gold. Denn Gold geht mit anderen Elementen kaum Verbindungen ein. Gold ist widerstandsfähig gegen Säuren und Laugen, oxydiert nicht, rostet nicht. Es gibt nur ein Mittel, um Gold aufzulösen: konzentrierte Salzsäure, gemischt mit konzentrierter Salpetersäure. Dieses Säurengemisch, das stärker ist als Gold, heißt ‹Königswasser›.

Das unvergängliche Gold war wertbeständig – bis 1967, so lange wurde der Goldpreis vom internationalen Goldpool kontrolliert. Seither bestimmen Angebot und Nachfrage den Preis. Gold wurde zur Spekulationsware.

Die Beständigkeit des Metalls macht das Gold im übertragenen Sinn zur Farbe der Beständigkeit. Es ist die Farbe der großen Jubiläen. Die Goldene Hochzeit wird nach fünfzig Ehejahren gefeiert.

Gold gehört zu den stillen Tugenden, die sich in der Dauer bewähren: die Treue und die Freundschaft, die Wahrheit und die Hilfsbereitschaft. Aber Gold ist nie die dominierende Farbe dieser Tugenden, dazu ist Gold zu offensichtlich mit materiellem Lohn verbunden.

Die Freundschaft (53): Blau 28 %, Gold 17 %, Rot 15 %, Grün 12 %, Rosa 8 %, Orange 6 %, Weiß 6 %

Die Wahrheit (187): Weiß 40 %, Blau 27 %, Gold 16 %

Die Treue (163): Blau 28 %, Grün 17 %, Gold 10 %, Rot 8 %, Weiß 7 %, Braun 6 %, Silber 5 %, Violett 5 %, Gelb 5 %

Symbolische Wirkung

9. Das Glück und das Ideale

Das Glück (70): Gold 20 %, Rot 20 %, Grün 14 %, Gelb 11 %, Rosa 10 %, Blau 10 %, Weiß 7 %, Orange 5 %

Gold ist Geld, Rot ist Liebe, Grün ist Leben: Geld und Liebe und Gesundheit – das ist das Glück.

Gold ist Attribut des Idealen. Die ‹Goldene Regel des Lebens› ist in der Bibel so formuliert: «Wie ihr wollt, daß euch die Menschen tun sollen, so tut ihnen auch!»[3]

Besonders bekannt ist die negative Formulierung der Goldenen Regel: ‹Was du nicht willst, das man dir tu, das füg auch keinem andern zu.›

Im Gegensatz zur Goldenen Regel ist die Maxime vom ‹goldenen Mittelweg› nach Belieben zu deuten: ‹Nicht zuviel und nicht zuwenig›, das sei ideal in allen Fällen. Eine ‹goldene Epoche› ist eine utopische Zukunft oder eine idealisierte Vergangenheit – nie die Gegenwart. Der erste Dichter, der von einem ‹Goldenen Zeitalter› schwärmte, war Hesiod. 700 v. Chr. beschrieb er ein vergangenes Zeitalter vollkommenen Glücks: «wo die Menschen sorglos ohne Arbeit und Weh dahinlebten, wie die Götter, ohne Altersbeschwerden, immer tafelfreudig, und starben, als schliefen sie ein; wo der Acker von selbst Frucht trug»[4].

Gold ist Attribut des Schönen. ‹Goldig› bedeutet in der Umgangssprache hübsch, niedlich, reizend. Der ‹Goldene Schnitt› ist das berühmteste Gliederungsprinzip in der Kunst. Er definiert das ideale Verhältnis zwischen Breite und Höhe. Die Proportionen von Gebäuden, Formate von Fenstern und Türen, Dimensionen in Gemälden, Idealproportionen von Figuren werden so berechnet: die Breite verhält sich zur Höhe wie die Höhe zu Breite plus Höhe. Nach dem Goldenen Schnitt ergibt sich ein Verhältnis von Breite zu Höhe von ungefähr 5 : 8. Das ist das schönste, das goldene Verhältnis.

Gold ist Attribut des Guten. Goldmarie und Pechmarie verkörpern als Märchenfiguren das Gute und das Schlechte. Natürlich ist Goldmarie die Gute. Natürlich ist Goldmarie blond. Blonde Haare haben Teil an der Idealisierung des Goldes. Sogar die Griechen stellten sich ihre Götter blond vor. – In der Malerei des Mittelalters gibt es allerdings kaum blonde Heilige: Der Goldgrund und die scheibengleichen Aureolen hätten blondes Haar optisch geschluckt. Die Heiligen erblondeten erst, als Heiligenscheine nur noch als zarte Strahlen und Ringe gemalt wurden. Auf den mittelalterlichen Bildern sind viele Heilige rothaarig. Kupferrote Haare galten als goldfarben, denn das alte Gold ist Rotgold (→ Bild 72).

In der Farbigkeit des Vollkommenen, des Idealen und des Guten dominiert Weiß. Durch Weiß und Blau bekommt das materielle Gold den Glanz des Immateriellen.

Das Vollkommene (185): Weiß 30 %, Gold 26 %, Blau 16 %, Silber 5 %

Das Ideale (84): Weiß 23 %, Blau 17 %, Gold 13 %, Silber 11 %, Gelb 8 %,
        Grün 7 %, Rosa 6 %, Rot 6 %

Das Gute (72): Weiß 42 %, Blau 12 %, Gold 11 %, Grün 7 %, Rot 7 %,
        Orange 6 %, Gelb 5 %

Psychologische Wirkung

10. Die Pracht und die Festlichkeit

Die Pracht (131): Gold 50 %, Rot 16 %, Violett 10 %, Silber 10 %

Die Festlichkeit (51): Gold 26 %, Weiß 23 %, Silber 15 %, Schwarz 15 %, Blau 8 %

Brokatstoffe, Lurex, Goldlamé, goldfarbenes Leder sind in der Mode den Damen und den festlichen Anlässen vorbehalten.

Früher trugen auch die Herren goldene Kleidung, und das zu jeder Gelegenheit. Herzog Karl der Kühne von Burgund nahm 1476 für den Feldzug gegen die Schweizer hundert goldbestickte Röcke mit.

König Franz I. von Frankreich (1494–1547) war der eleganteste Mann seiner Zeit. Er ließ 13 600 goldene Knöpfe anfertigen, um einen einzigen Samtanzug zu besetzen. Das Geld dafür nahm er aus der Kriegskasse. Franz I. erließ auch das Gesetz, daß keine Geringeren als königliche Prinzen Goldstoffe tragen dürften.[5]

Als der Adel noch die Macht hatte, waren goldene Stoffe ohnehin Privileg des Adels. Niemand sonst konnte sie auch bezahlen, denn die Goldfäden waren aus echtem Gold. Je mehr der Adel von den reichen Bürgern abhängig wurde, desto mehr Goldstoffe durften die Patrizier tragen. Man kann sagen, daß ihre gesellschaftliche Stellung nach der Elle Goldbrokat bemessen wurde. Ende des 15. Jahrhunderts bekamen die reichen Münchner die Erlaubnis, eine ¾ Elle Gold- oder Silbergewebe für ihre Kleidung zu verwenden und zusätzlich eine ¾ Unze Gold, um Schleier und Hemden zu dekorieren.[6] Eine Unze Gold sind etwa 30 Gramm. Damit ließ sich viel Pracht entfalten, denn Gold ist das dehnbarste aller Metalle: aus einem Gramm Gold läßt sich ein Faden von 3 Kilometer Länge ziehen.

Goldene Hauben für die Damen kamen um 1500 groß in Mode und blieben es jahrhundertelang. Es waren mit Goldfäden dicht bestickte Hüte oder Kappen. Jede Frau wollte an Festtagen eine goldene Kappe tragen, aber lange Zeit war es nicht jeder Frau gestattet. Noch Mitte des 18. Jahrhunderts kontrollierte die Münchner Obrigkeit die Berechtigung zum Tragen einer Goldhaube. Viel Aufregung gab es, als im Jahre 1749 Polizisten nach dem Neujahrsgottesdienst die Kirchgängerinnen kontrollierten und vielen die goldene Haube vom Kopf rissen. Der unstandesgemäße Luxus wurde beschlagnahmt.[7]

Erst Ende des 18. Jahrhunderts waren allen Frauen, auch den Dienstmädchen, an Festtagen goldene Hauben erlaubt. Die Männer trugen mit reichlich Gold bestickte Trachtenjacken.

Für die Goldstickerei wird ein Seidenfaden mit einem blattgolddünnen Fädchen umwickelt. Der Goldfaden wird nicht wie gewöhnliches Stickgarn durch den

Stoff gezogen, dazu ist er zu empfindlich, er wird nur auf der Oberseite des Stoffes angenäht. Im Altertum wurden Goldfäden so hergestellt: Man zog Schafsdärme über Stöcke und beklebte die Därme mit Blattgold. Während man die Stöcke drehte, schnitt man die Därme spiralig in fadendünne Streifen.

Als goldbestickte Trachten dem einfachen Volk erlaubt wurden, stieg die Nachfrage nach Goldimitationen. Sämtliche Goldimitationen bestehen hauptsächlich, zu 60 bis 90 %, aus Kupfer. In der Verbindung mit Zink oder Zinn färbt sich das Kupfer goldgelb. Schon geringe Variationen des Kupferanteils verändern die Farbe stark. Je mehr Kupfer eine Legierung enthält, desto dunkler ist ihre Farbe und desto feinkörniger ihre Struktur. Je höher der Zinkgehalt, desto heller und härter die Legierung.
Messing und Bronze sind die wichtigsten goldfarbenen Legierungen. Messing ist eine Kupfer-Zink-Legierung, Bronze eine Kupfer-Zinn-Legierung, die außerdem Zink und Blei enthält. Bronze ist dichter als Messing und kann deshalb stärker poliert werden.
Unter vielen Namen werden die Modeschmuck-Legierungen verkauft: ‹Similor›, ‹Pinchbeak›, ‹Mannheimer Gold›, ‹Musivgold›, ‹Tombak›. Tombak war früher sehr verbreitet, es besteht aus 85 % Kupfer und 15 % Zink. ‹Talmi›, heute generell Inbegriff des Unechten, hat seinen Namen von dem Pariser Erfinder Tallois. Seine Goldimitation ‹Tallois-demi-or› wurde verkürzt zu Talmi. Diese Kupfer-Zink-Legierung kann sogar 1 % Gold enthalten.
Nur ‹Doublé› ist mehr als Imitation. Hier wird ein dünnes Blech aus echtem Gold auf Stahl aufgewalzt. Doublé heißt deshalb auch Walzgold.
Heute ist Goldschmuck nur noch in geringem Maß Kennzeichen der Reichen. Niemand kommt mehr auf die Idee, in Brokatstoffen, Lurex- und Lamégeweben echtes Gold zu vermuten. Die Lurexfäden sind aus gefärbtem Aluminium. Die goldenen Stoffe sind zwar immer noch teuer, aber nicht mehr außergewöhnlich. Und sie wirken etwas zu aufdringlich, um wirklich elegant zu sein (→ Bild 71).

Das Außergewöhnliche / Das Extravagante (16): Violett 30 %, Gold 21 %,
        Silber 15 %, Schwarz 11 %, Orange 7 %

Das Elegante (38): Schwarz 22 %, Silber 19 %, Weiß 15 %, Gold 12 %,
        Violett 9 %, Grau 7 %, Blau 6 %

Psychologische und symbolische Wirkung

11. Die Farbe des Ruhms

Gold ist die Farbe des Ruhms. Der Sieger bekommt die Goldmedaille. Die höchste Auszeichnung für besondere Leistungen ist bei uns das Bundesverdienstkreuz in Gold. In der Sowjetunion wird der ‹Goldene Stern› an die ‹Helden der Sowjetunion› verliehen.

In allen Bereichen gibt es goldene Ehrenpreise. Als Filmpreise werden in Deutschland der ‹Goldene Bär› und das ‹Goldene Bambi› verliehen, in China der ‹Goldene Hahn›. Die amerikanischen Popcorn-Produzenten verehrten früher jenem Regisseur den ‹Goldenen Maiskolben›, in dessen Filmen am meisten Popcorn gegessen wurde. In der französischen Modeindustrie bekommt der erfolgreichste Modeschöpfer des Jahres den ‹Goldenen Fingerhut›. – Diese Preise sind nur von geringem Materialwert, sie sind nur mit Blattgold überzogen.

Aber die ‹Goldene Rose›, die der Papst jedes Jahr verleiht, ist aus massivem Gold, mit Brillanten besetzt und mit Moschus und Balsam parfümiert. Am Sonntag Lätare, dem Rosensonntag, weiht der Papst eine Goldene Rose und schenkt sie einer verdienstvollen katholischen Persönlichkeit.

Die Leistung (106): Blau 20 %, Gold 18 %, Rot 15 %, Orange 9 %, Silber 7 %, Gelb 7 %

Symbolische Wirkung

12. Das politische Gold

Wichtige Schriftstücke wurden früher gesiegelt. Dem Kaiser war es vorbehalten, statt des Siegellacks Gold zu verwenden. Aber auch er siegelte nur besonders Bedeutungsvolles mit Gold. ‹Goldene Bulle› nannte man eine solche Urkunde – ‹Bulle› ist ein altes Wort für ein gesiegeltes Schriftstück. Die wichtigste Goldene Bulle des Heiligen Römischen Reiches ließ 1356 Kaiser Karl IV. schreiben, sie regelte die Kaiserwahl und reglementierte das Faustrecht.

Jedes Wappen muß Gold oder Silber enthalten, aber nicht beide Metalle gleichzeitig, denn die Farben werden ja auf einem durchgängigen Metallgrund aufgetragen. Nur Rot, Blau, Grün und Schwarz sind heraldische Farben. Gelb ist keine heraldische Farbe, denn auf nichtmetallischem Untergrund ist Gelb Ersatz für Gold (→ Gelb 3). Wem Gold als Wappenmetall zustand und wer sich mit Silber begnügen mußte, war durch Hierarchie und Herkunft geregelt. Seit Privatwappen nach Belieben erfunden werden dürfen, wird Gold bevorzugt. Auch in den Staatswappen überwiegt das Gold.

Das heraldische Gesetz, daß jedes Wappen nur eine der beiden Metallfarben zeigen darf, kennt eine historische Ausnahme: das Wappen des Königreichs Jerusalem, Ziel der mittelalterlichen Kreuzfahrer. Das Wappen zeigte goldene Kreuze auf silbernem Grund. In Anlehnung an dieses Gold-Silber-Wappen entstanden die gelb-weiße päpstliche Fahne (→ Bild 73) und die Fahne der katholischen Kirche.

Psychologische und symbolische Wirkung

13. Die Farbe des Dekors

Das Künstliche (96): Violett 23 %, Silber 18 %, Gold 15 %, Rosa 15 %,
          Orange 10 %, Weiß 5 %

Das Unnatürliche (171): Violett 24 %, Silber 17 %, Gold 15 %, Rosa 15 %,
          Orange 11 %, Grau 5 %

Etwas Rundes (136): Rot 24 %, Gold 15 %, Orange 14 %, Rosa 11 %, Gelb 9 %,
          Violett 7 %, Braun 6 %, Weiß 5 %

Nur in der religiösen Malerei wird Gold als Hintergrundfarbe verwendet. Nur in Palästen ist Gold als Flächenfarbe zu sehen. Große Goldflächen wirken überwältigend. Aber sie wirken auch distanzierend, denn Gold ist mehr als eine Farbe, es ist eine Macht.

Gold ist ein Naturprodukt, aber es hat keine Seele, es ist kein lebendiges Material. Die meisten Menschen kennen Gold nur in bearbeitetem Zustand, geprägt von einem Goldschmied oder einer Bank. Dadurch haftet dem Gold immer etwas Künstliches und Unnatürliches an.

Als Form wird mit dem Gold meist etwas Rundes assoziiert. Optisch wirkt Gold leicht durch seinen Glanz, aber diese Wirkung wird aufgehoben durch das Wissen, daß Gold das schwerste Metall ist. Ein Würfel mit einer Kantenlänge von 10 Zentimetern – das entspricht dem Volumen von 1 Liter – würde mehr als 19 Kilo wiegen. Gold ist ambivalent zwischen Symbolwirkung und Erfahrungswirkung. In seiner symbolischen Wirkung ist es groß und mächtig. In seiner Erfahrungswirkung ist es klein. Selbst wenn man weiß, daß eine Goldfarbe nicht aus echtem Gold ist, wird sie sparsam verwendet. Bittet man Versuchspersonen, ein abstraktes Muster aus verschieden großen Quadraten mit allen Farben auszumalen, dann wählen die meisten Gold für die kleinsten Quadrate. Denn im alltäglichen Leben taucht Gold nur als Dekorfarbe auf, es ist eine Farbe des Details.

Traditionelle Wirkung

14. Das künstliche Gold der Alchimie

Aus den Steinen entsteht das Gold – davon waren die Alchimisten überzeugt. Denn im Gestein der Berge wachsen die Goldklumpen, im Sand der Flüsse die Goldkörner. Der Zusammenhang schien offensichtlich: Wo Gold ist, da sind Steine.

Alle Metalle, auch Silber, Kupfer, Quecksilber, kamen aus den Steinen. Also mußte es einen Stein geben, der alle Substanzen zu Metallen machte. Als Ursprung aller Metalle galt das Quecksilber, das einzige flüssige Metall. ‹Transmutation› nannten die Alchimisten den geheimnisvollen Prozeß der Umwandlung vom Flüssigen zum Festen, vom unedlen Metall zum Gold. Den Stein, der alles zuerst in Metall, dann in Gold verwandeln konnte, nannten sie ‹Stein der Weisen›.

Man stellte sich die Transmutation so vor: Der Stein der Weisen wird auf ein unedles Metall gelegt, dazu andere – leider unbekannte! – Substanzen, alles wird geschmolzen und erkaltet zu Gold. Die Idee einer Transmutation wurde dadurch belebt, daß Gold in geschmolzenem Zustand seine Farbe verändert, es wird grün.

Es waren keineswegs nur Spekulanten und Spinner, die an den Stein der Weisen glaubten. Die klügsten Köpfe aller Nationen, Gelehrte und Geistliche, waren auf der Suche nach ihm. – Und nur Gelehrten konnte es einfallen, den Stein, der Reichtum bringen sollte, ‹Stein der Weisen› zu nennen.

Mit den Enttäuschungen der Goldmacher wuchsen ihre Ansprüche: Bald wurde dem Stein der Weisen noch die Fähigkeit zugeschrieben, sämtliche Krankheiten zu heilen, unsterblich zu machen. Dem Gold wurden ohnehin wundersame Heilkräfte zugeschrieben. Reiche Leute schluckten pulverisiertes Gold gegen ‹gelbe Krankheiten› wie Gelbsucht. Die Alchimisten produzierten auch ‹Goldwein›, er sollte Aussatz und Syphilis heilen. Noch heute wird verflüssigtes Gold in alkoholischer Lösung als Arznei gegen allerlei Leiden verkauft, gegen Gicht wie gegen Depressionen. Ein Heilerfolg ist allerdings wissenschaftlich weder erklärbar noch nachprüfbar. Aber im Gegensatz zu den Goldtränken der Alchimisten ist heute der Goldgehalt der Lösungen nachweisbar.

Nach dem Prinzip ‹Gleiches mit Gleichem› versuchten die Alchimisten, aus sämtlichen gelben Substanzen Gold zu machen. 1450 probierte ein Bernhard von Trier dieses Rezept mit dreierlei gelben Zutaten: 20 000 Eidotter, dazu die gleiche Gewichtsmenge Olivenöl und die gleiche Gewichtsmenge Schwefelsäure. Zwei Wochen lang ließ er die Masse auf kleiner Flamme köcheln. – Dann gab der Alchimist die enttäuschende Mixtur seinen Schweinen zum Fraß. Sie starben an Vergiftung.[8]

Die Suche nach dem künstlichen Gold begann vor fünftausend Jahren; und doch führte sie nur zu zwei Entdeckungen: 1669 entdeckte der Alchimist Brand das Element Phosphor. Er gewann es aus dem ‹goldfarbenen› Grundstoff Urin. 1710 gelang es dem Apotheker Böttger, ‹weißes Gold› herzustellen, er hatte das Geheimnis des Porzellans entschlüsselt.

Die Hoffnung auf das künstliche Gold ist noch nicht begraben. Ja, heute ist die Transmutation, von der die Alchimisten träumten, möglich geworden: Man kann im Kernreaktor durch Element-Umwandlung aus Quecksilber Gold machen. Aber dieses Gold ist fast unbezahlbar. Noch immer ist Gold eine Farbe der Magie.

Die Magie (115): Schwarz 54 %, Violett 25 %, Gold 8 %

Psychologische und symbolische Wirkung

15. Das Talmi der Reklame

Die Angeberei (8): Gold 31 %, Orange 18 %, Gelb 10 %, Violett 9 %, Rot 9 %, Braun 7 %

Der Poet erblickt Gold, wo der Realist nur Gelb sieht: goldene Ähren, goldener Wein, goldener Herbst. Allerdings gilt dieser Stil in der Dichtung als antiquiert.
Der Werbetexter redet bereits von Gold, wo der Käufer nur Blaßgelb wahrnimmt: goldene Nudeln, goldene Brötchen, goldene Margarine. In der Werbung gilt dieser Sprachstil als modern.
Die Sucht der Werbung nach dem Gold wird besonders offenkundig im Verpackungsdesign. Je wertloser ein Artikel, desto mehr wird er mit Goldpapier, goldfarbigem Blech ‹veredelt›. Der Inbegriff des Billigen ist vergoldetes Plastik.
‹Es ist nicht alles Gold, was glänzt› ist eine volkstümliche Weisheit. Derber formuliert ist das Mißtrauen gegen unangemessenes Gold, speziell gegen demonstrativen Pomp der Kleidung, in dem Sprichwort ‹Goldene Tressen – nichts zu fressen›.
Jeder weiß, daß Gold teuer ist. Aber jeder weiß auch, daß goldfarbenes Papier, Blech und Plastik kein Gold ist. Gold in der Werbung signalisiert keinen Wert, es signalisiert nur Werbung. Gold kombiniert mit Orange, der typischen Werbefarbe, ist der Farbklang der Angeberei.
In der durch die Werbung vermittelten Erfahrung bekommt Gold eine negative Wirkung. Das falsche Gold der Verpackungen, das falsche Gold der Markennamen, der ‹Gold›-Margarine, ‹Gold›-Gummibänder, ‹Gold-Nudeln› – die Werbung hat das Gold zu etwas ganz Gewöhnlichem gemacht. Es ist hier auch eine Farbe des Unsachlichen, des Spießigen und sogar des Billigen.

Das Spießige (152): Braun 32 %, Grau 18 %, Gold 14 %, Grün 9 %, Silber 7 %, Schwarz 7 %

Das Billige (23): Orange 19 %, Braun 15 %, Grau 15 %, Weiß 10 %, Gold 9 %, Rosa 9 %, Grün 8 %, Violett 7 %

16. Das kreative Gold

Wie gestaltet man einen Luxusartikel? Das einfachste Prinzip: Irgendein Alltagsgegenstand, der üblicherweise aus einem billigen Material ist, wird aus Gold gefertigt.

So wird aus jedem beliebig gestalteten Feuerzeug, aus jeder Uhr ein Luxusmodell. So werden Kugelschreiber, Puderdosen, Zahnstocher, Nagelfeilen, Kämme zu Statussymbolen. Ein goldenes Gehäuse macht aus einem schlichten Radio ein Modell der Luxusklasse. Für den anspruchsvollen Schreibtischbesitzer gibt es goldene Brieföffner, goldene Locher, goldene Taschenrechner, goldene Scheren, goldene Bleistiftspitzer, goldene Lineale. Was nicht aus Metall ist, nicht direkt in Gold umzusetzen ist, wird in eine goldene Hülle gesteckt. So können sogar Radiergummis vergoldet werden.

Die Montage auf Bild 76 zeigt Verkehrszeichen. In Gold und Silber umgesetzt, wirken sie wie modernes Schmuckdesign.

Der Künstler Friedensreich Hundertwasser lud 1980 zu einem goldenen Luxusdiner. Selbstverständlich waren die Bestecke golden, man trank aus goldenen Pokalen. Mit Blattgold überzogen war aber auch der Braten, mit Blattgold überzogen das Gemüse. Die Gäste aßen alles – Blattgold ist als Lebensmitteldekoration zugelassen. Im Danziger Goldwasser sind kleine Blattgoldflitter. Und die kleinen Goldquadrate auf Pralinen sind aus echtem Blattgold.

Wo endet die Eleganz des Luxus und des Luxusdesigns, wo beginnt die ganz unelegante Protzerei? Darauf gibt es keine allgemeingültige Antwort. Niemand wird einen Mann, der einen goldenen Ehering trägt, der Protzerei bezichtigen. Wo beginnt die Protzerei? Wenn er außer dem Ehering einen goldenen Siegelring trägt? Und goldene Manschettenknöpfe? Und dazu eine goldene Krawattennadel? Und eine goldene Uhr mit goldenem Armband? Und ein goldenes Feuerzeug benutzt? Und eine goldene Geldscheinklammer? Und einen goldenen Schlüsselring? Und einen goldenen Zahnstocher? Und ein goldenes Taschenmesser? Und wenn er auch noch einen goldenen Sektquirl benutzt? Und einen vergoldeten Rolls-Royce fährt?

[1] 2. Moses 32,20.
[2] Lurker, Wörterbuch der Symbolik, S. 234.
[3] Lukas 6,31; entsprechend auch Matthäus 7,12.
[4] Büchmann, S. 265.
[5] Bilzer, S. 25.
[6] Nixdorff/Müller, S. 26.
[7] Ebd.
[8] Green, S. 19.

Braun: Die heimliche Geliebte, der Nationalsozialismus und die Dummheit

Altgelb · Altgold · Bahamabeige · Bastfarben · Beige · Bernsteinfarben · Biberbraun · Bismarckbraun · Bister · Braungrau · Braungrün · Braunrot · Bronzefarben · Brünett · Café-au-lait · Calaharibeige · Caput mortuum · Carmin gebrannt · Cognacfarben · Curryfarben · Dreckfarben · Dunkelblond · Eichenbraun · Englischrot · Erdfarben · Goldbraun · Granatbraun · Graubraun · Grünerde gebrannt · Havannabraun · Herbstgold · Holzfarben · Honigfarben · Hornfarben · Indischrot · Kackbraun · Kaffeebraun · Kakaobraun · Kamelhaarfarben · Kaneelbraun · Karamelbraun · Kasseler Braun · Kastanienbraun · Khakibraun · Kokosnußbraun · Korkbraun · Kupferfarben · Lamahaarbraun · Leberbraun · Lederbraun · Lehmbraun · Madeirabraun · Mahagonibraun · Maronenbraun · Mittelbraun · Muskatbraun · Naturlederfarben · Negerbraun · Nerzbraun · Nikotinbraun · Nougatbraun · Nußbraun · Nutriabraun · Ocker · Olivbraun · Orangebraun · Packpapierbraun · Pfefferbraun · Rehbraun · Rosenholzfarben · Rostbraun · Rotbraun · Saharabeige · Sandelholzbraun · Sandfarben · Sandsteinfarben · Schmutzbraun · Schokoladenbraun · Schwarzbraun · Senffarben · Sepiabraun · Sepia koloriert · Siena gebrannt · Siena natur · Sonnenbraun · Tabakbraun · Teakholzbraun · Terracottafarben · Tiefgelb · Tonfarben · Umbra gebrannt · Umbra natur · Umbrischbraun · Van-Dyck-Braun · Whiskybraun · Zedernbraun · Ziegelbraun · Zimtbraun · Zobelbraun · Zwiebelbraun

Die unsympathische Farbe

Das Unsympathische (175): Braun 27 %, Violett 12 %, Orange 11 %, Gelb 11 %, Schwarz 7 %, Grau 7 %, Grün 7 %, Rosa 5 %

Von allen Farben wird Braun am heftigsten abgelehnt. Für 29 % der Frauen und 24 % der Männer ist Braun «die Farbe, die mir am wenigsten gefällt». Nur sehr wenige nennen Braun als Lieblingsfarbe: 2 % der Frauen und 1 % der Männer. Bei keiner anderen Farbe überwiegt die Ablehnung so stark.

Das ist erstaunlich, denn Braun ist eine bevorzugte Farbe in der Damenmode. Erdfarben in allen Schattierungen sind seit Jahren überaus beliebt.

Auch als Wohnfarbe gehört Braun zu den beliebtesten Farben. Holzverkleidungen an der Decke und den Wänden und dazu brauner Teppichboden sind für viele Inbegriff des schönen Wohnens.

Aber als ‹Farbe an sich› ist Braun verachtet.

Psychologische und symbolische Wirkung

1. Die Faulheit und das Unerotische

Das Unerotische (166): Braun 31 %, Grau 16 %, Grün 14 %, Gelb 8 %, Orange 7 %, Weiß 6 %, Blau 5 %

Die Faulheit (49): Braun 42 %, Grau 22 %, Schwarz 10 %, Blau 8 %, Violett 6 %

Die Völlerei / Die Unmäßigkeit (184): Braun 22 %, Orange 14 %, Violett 13 %, Rosa 12 %, Grün 9 %, Blau 8 %, Gelb 7 %

Zu Braun assoziiert man spontan: Exkremente, Dreck. Braun steht an erster Stelle, wenn negative Assoziationen zum Körperlichen auftauchen. Es ist die Farbe des Unerotischen.

Und es ist die Farbe zweier Todsünden: der Völlerei – oder, moderner: der Unmäßigkeit – und der Faulheit. Beide Todsünden sind wieder Facetten des Egoismus. Die Unmäßigkeit ist der Egoismus, immer mehr für sich haben zu wollen. Die Faulheit ist der Egoismus, nichts für andere zu tun. Die Todsünde Faulheit wurde früher auch ‹Trägheit des Herzens› genannt.

Braun ist moralisch schlechter beleumdet als Grau. Grau enthält wenigstens Spuren des tugendhaften Weiß. Braun als dunkelste Farbmischung ist eine Farbe des Bösen, des Schlechten, der Schuld.

Das Böse (25): Schwarz 62 %, Braun 12 %, Rot 6 %, Violett 5 %, Grau 5 %

Das Schlechte (142): Schwarz 43 %, Braun 22 %, Grau 13 %, Violett 8 %

Die Schuld (144): Schwarz 24 %, Gelb 19 %, Braun 15 %, Violett 12 %,
     Grün 9 %, Rot 8 %, Grau 6 %

Psychologische Wirkung

2. Die Gemütlichkeit und die Geborgenheit

Die Gemütlichkeit (62): Braun 39 %, Rosa 10 %, Grün 10 %, Gelb 8 %,
     Blau 8 %, Rot 7 %, Orange 7 %

Die Geborgenheit (58): Braun 24 %, Rot 18 %, Rosa 15 %, Blau 10 %,
     Grün 10 %, Orange 8 %

Als Raumfarbe wird Braun positiv erlebt. Es ist die Farbe der rustikalen Materialien, von Holz, Leder, ungebleichter Wolle. Räume mit braunen Möbeln, braunen Teppichen wirken zwar enger, aber die Begrenzung vermittelt Geborgenheit. Braune Zimmer wirken gemütlich, denn Braun hat das ideale Raumklima – es ist eine Farbe der Wärme, aber es ist nicht zu heiß.

Die Enge (42): Schwarz 48 %, Braun 17 %, Violett 8 %, Grau 6 %

Das Schwere (146): Schwarz 45 %, Braun 24 %, Grau 10 %, Gold 6 %

Die Wärme (186): Rot 42 %, Orange 23 %, Braun 12 %, Gelb 8 %, Gold 5 %

Psychologische und symbolische Wirkung

3. Knusprig, aromatisch und verdorben

Das Aromatische (11): Braun 27 %, Orange 20 %, Grün 16 %, Rot 13 %

Das Herbe (78): Grün 34 %, Braun 17 %, Grau 10 %, Schwarz 9 %, Silber 7 %, Gelb 5 %

Das Bittere (24): Grün 27 %, Braun 17 %, Gelb 17 %, Grau 9 %, Schwarz 8 %, Violett 7 %, Blau 5 %

Das Verdorbene (178): Braun 26 %, Schwarz 22 %, Violett 14 %, Grau 11 %, Grün 7 %, Gelb 7 %

Das Ungenießbare (168): Grün 23 %, Braun 19 %, Grau 15 %, Gelb 11 %, Violett 11 %, Schwarz 9 %

Braun ist die Farbe mit dem stärksten Aroma. Gebratenes Fleisch ist braun, gebak-kener Teig ist braun, Kaffee, Bier und Schokolade sind braun. Es ist die Farbe zubereiteter und veredelter Nahrungsmittel. Der charakteristische Geschmack des Braunen ist herb und bitter, aber nicht so sehr, daß es unangenehm wäre.
Braun ist eine gehaltvolle Farbe. Werden hellbraune Nahrungsmittel wie Weißbrot und Nudeln dunkler gefärbt, wirken sie kalorienreicher. In kalorienbewußter Wahrnehmung wirkt eine dunkle Torte gefährlicher als eine helle. Eier mit brauner Schale scheinen intensiver zu schmecken als die weißen.
Aber die Geschmackswirkung von Braun hängt ab von den mit ihm kombinierten Farben. Braun ist auch die Farbe des Verdorbenen, denn Verfaultes wird braun. Die Farben des Ungenießbaren sind den Farben des Bitteren sehr ähnlich. Denn ob etwas bitter oder ungenießbar ist, ist keine Frage der Farbe mehr, sondern der Erfahrung.

Symbolische Wirkung

4. Das Spießige und das Biedere

Das Spießige (152): Braun 32 %, Grau 18 %, Gold 14 %, Grün 9 %, Silber 7 %, Schwarz 7 %

Das Biedere / Die Biederkeit (22): Braun 34 %, Grau 32 %, Weiß 9 %, Silber 7 %, Blau 5 %

Rot, Gelb, Blau gemischt ergeben Braun. Die meisten Brauntöne enthalten außerdem Schwarz, oft noch Weiß. Aber Braun ist keine Steigerung der gemischten Farben, sondern Nivellierung, die jeder in Braun enthaltenen Farbe den Charakter nimmt. Im Braun verschwindet die Individualität der Grundfarben. Deshalb ist Braun die Farbe des Spießigen und des Biederen.
Die Modejournale schreiben gern von ‹edlem Rot›, ‹edlem Schwarz›, sogar von ‹edlem Grau›. Aber ‹edles Braun› gibt es nicht. Der Widerspruch wird als zu kraß empfunden.
Braun ist neben Grau die Farbe der Mittelmäßigkeit, des Angepaßten, der Gleichgültigkeit und der Langeweile. ‹I'm browned off›, heißt es im amerikanischen Slang, wenn man restlos gelangweilt ist.

Das Angepaßte (10): Grau 33 %, Braun 25 %, Weiß 7 %, Grün 5 %, Blau 5 %, Rot 5 %

Das Mittelmäßige (117): Grau 29 %, Braun 27 %, Grün 10 %, Gelb 9 %, Orange 8 %, Blau 5 %

Die Gleichgültigkeit (69): Grau 52 %, Braun 13 %, Schwarz 7 %, Weiß 7 %, Violett 6 %

Die Langeweile (98): Grau 45 %, Braun 24 %, Schwarz 9 %, Rosa 7 %

Traditionelle Wirkung

5. Das Braun der Armen

Als häßlichste Farbe galt Braun bereits im Mittelalter. Braun war die Kleidung der armen Bauern, Knechte, Diener, Bettler. Denn braune Kleidung, das war nur ungefärbte Kleidung. Gefärbte Kleidung war schöner, und man glaubte, mit dem Färben die Kräfte der Farben zu übertragen. Deshalb wurden fast alle pflanzlichen und tierischen Farbstoffe auch als Arzneimittel eingenommen. Was äußerlich Kraft gab, sollte innerlich ebenfalls stärken. Die ungefärbte Kleidung bestand aus Abfallwolle, dazu wurden Haare von Ziegen, Rehen, Hasen versponnen; außerdem ungebleichter Flachs, der gelb-bräunlich ist, und grau-bräunlicher Hanf. In einer Zeit, die Farbe als Macht begriff, war ungefärbte Kleidung sichtbare Schwäche.

Die ersten christlichen Mönche trugen ungefärbte Kutten. Als die Mönchsorden die Kutten einheitlich färben ließen, wurden Braun und Grau die Farben der Orden, die das Gelübde der ‹höchsten Armut› ablegen (→ Grau 10). Die Franziskaner sind ‹braune Mönche›. Ihr Ordensgründer, der Bettelmönch Franz von Assisi, trug noch die ungefärbte Kutte (→ Bild 65). Der freiwillige Verzicht auf die Kraft der Farben machte Braun zur christlichen Symbolfarbe der Demut.

Braun war jahrhundertelang auch eine Trauerfarbe, allerdings nur als Notbehelf. Die Armen, die sich schwarze Kleider nicht leisten konnten – schwarzgefärbte Stoffe waren teurer als braungefärbte –, trugen in Trauerzeiten Dunkelbraun. In einem Volkslied sagt ein trauernder Knecht:

> «Ach Gott, wie weh tut scheiden,
> bedenk dich recht,
> ich bin ein armer Knecht,
> Schwarzbraun will ich mich kleiden.»[1]

Traditionelle Wirkung

6. Das Flohbraun der Gebildeten

Das ästhetische Ideal der reinen Farben galt so lange, wie reine Farben teuer waren. Im 18. Jahrhundert konnten leuchtende Farben zu erschwinglichen Preisen gefärbt werden. Da änderte sich die Wertschätzung der Farben. Nun waren die reinen Farben die einfachen Farben, die Kunst des Färbens wurde zur Kunst des Mischens und des Schattierens.

Das Rokoko liebte die pastelligen Mischfarben, sogar Braun wurde eine Modefarbe. Natürlich kein Braun, das nur aus zwei, drei Farben zusammengerührt ist; es sind viele Arbeitsgänge notwendig, um die changierenden Töne zu erzielen (→ Rosa 10).

Ludwig XVI. liebte die ‹couleurs de puce› – die Farben des Flohs. Wer Flohbraun trug, dem sei der Erfolg bei Hofe gewiß, wurde gemunkelt. Was dem König gefiel, gefiel aller Welt – in einem Almanach von 1779 wird das Entzücken einer Dame geschildert, die anderen Damen einen toten Floh präsentiert: «Sehen Sie nur, meine Damen, die Farbe dieses Flohes! Es ist ein Schwarz, das kein Schwarz ist, ein Braun, das mehr als ein Braun ist, aber wahrhaftig eine köstliche Farbe…»[2] Es gab Flohbraun in feinen Nuancen, der König persönlich hatte mit Kennerschaft die Farbnamen festgelegt: ‹Alter Floh›, ‹Junger Floh›, ‹Flohrücken›, ‹Flohkopf›, ‹Flohschenkel›, ‹Flohbauch› und ‹Flohbauch vor dem Eierlegen›.[3]

Die dem Rokoko folgende Epoche des Klassizismus feierte als ästhetisches Ideal eine weiße Antike. Aber die weiße Antike des 18. und 19. Jahrhunderts ist ein Irrtum (→ Weiß 11). Die Griechen und Römer kleideten sich so farbenfroh, wie sie es sich leisten konnten. Leuchtend rote Kleidung war ebenso geschätzt wie im Mittelalter. Braun trugen nur die Verachteten. Die ‹Braungekleideten› (pullati) nannten die Römer das Lumpenproletariat. Völker, die die Kunst des Färbens nicht beherrschten, galten als Barbaren. Die klassische Antike war bunt – aber das wußte man um 1800 noch nicht.

Damals galt umgekehrt alles Farbige als barbarisch. Goethe charakterisierte den Farbgeschmack seiner Zeit: «Gebildete Menschen haben einige Abneigung vor Farben.»[4] Er erklärte diese Abneigung damit, daß die kräftigen, reinen Farben, die er «ganze Farben» nennt, in der Kleidung nur schwer zu kombinieren seien: «Man ist freilich bei dem Gebrauch der ganzen Farben sehr eingeschränkt; dahingegen die beschmutzten, getöteten, sogenannten Modefarben unendlich viele abweichende Grade und Schattierungen zeigen, wovon die meisten nicht ohne Anmut sind.»[5]

Als weiterer Nachteil führt er an, daß Frauen sich schminken müssen, wenn sie kräftige Farben tragen: «Zu bemerken ist noch, daß die Frauenzimmer bei ganzen Farben in Gefahr kommen, eine nicht ganz lebhafte Gesichtsfarbe noch unscheinbarer zu machen; wie sie denn überhaupt genötigt sind, sobald sie einer glänzenden

Umgebung das Gleichgewicht halten sollen, ihre Gesichtsfarbe durch Schminke zu erhöhen.»[6]

Goethes Abneigung gegen farbenfrohe Kleidung blieb in Deutschland bis heute populär (→ Grau 17). Zusätzlichen Reiz erhielten die «beschmutzten, getöteten» Farben zu Beginn dieses Jahrhunderts, als man sich bemühte, die deutschen Machtansprüche über andere Völker kulturell zu legitimieren. Die kämpferischen Germanen wurden zum Vorbild – sogar in der Mode. Germanische Volkstrachten wurden nachempfunden, oft neu erfunden. Rustikal das Material, rustikal die Muster, rustikal die Farbigkeit. Das Urtümliche, Naturbelassene, das war ‹echt deutsch›. Die farbenfrohe Kleidung des Mittelalters erschien jetzt wie der machtlos gewordene Adel: weibisch, verweichlicht, dekadent.

In Mode kamen auch alte germanische Vornamen: Bruno, das ist ‹der Braune›, als Mädchenname wurde Brunhilde beliebt.

Braun war eine schöne Farbe geworden. So wurde Braun wenig später zur Farbe des Nationalsozialismus.

Politische Wirkung

7. Die Farbe des deutschen Nationalsozialismus

Hitler war nicht dabei, als Braun zur Parteifarbe der Nationalsozialisten gewählt wurde – er gab allerdings nachträglich seine Zustimmung. Arnold Rabbow recherchierte, wie es zu dieser Farbwahl kam: «Während Hitlers Festungshaft in Landsberg warf Röhm auf einer Besprechung mit Göring und dem Freikorpsführer Gerhard Roßbach in Salzburg 1924 die Frage der Uniformierung der SA auf. Roßbach verwies auf das khakifarbene Hemd, das er trug, Röhm meinte: ‹Das sieht gut aus!›, und Göring nickte beifällig. Am 27.2.1925, dem Tag der offiziellen Neugründung der NSDAP und SA, wurde Braun offiziell zur Einheitsfarbe der gesamten Partei erhoben.»[7]

Rabbow erhebt die Frage, ob hinter dieser ungewöhnlichen Uniformfarbe eine unbewußte Selbstdarstellung der geistigen Qualitäten der NSDAP-Schlägertrupps vermutet werden darf. Er schreibt: «Ob die SA sich wirklich nicht bewußt war, zu welchen derb-drastischen Assoziationen beispielsweise ihr Sturmlied ‹Wir sind des Führers braune Haufen› geradezu herausforderte?»[8]

Allerdings darf neben solchen psychologischen Deutungen nicht vergessen werden, daß Braun in der damaligen Männermode allgegenwärtig war. Der braune Anzug war der Alltagsanzug. Braun war normal, angepaßt. Der psychologisch wichtige Effekt dieser Farbwahl bestand darin, daß den Sympathisanten der NSDAP die optische Anpassung an die Parteiuniformierung leicht gemacht wurde.

Die Sympathisanten brauchten keinen neuen Anzug in unüblicher Farbe, es genügte der Alltagsanzug und dazu ein braunes Hemd. Braune Hemden waren ebenfalls gängige Mode, die Führer der NSDAP trugen sie schon vor der Festlegung der Uniformfarbe.

Als 1931 die Reichsregierung unter Brüning politischen Gruppierungen das Tragen von Abzeichen und Uniformen verbot, war dieses Verbot für die ‹braunen Bataillone› leicht zu umgehen. Den braunen Alltagsanzug konnte man nicht verbieten, und das braune Hemd ließ sich gegebenenfalls leicht verdecken. Damit war ein unauffälliges Untertauchen in der Masse garantiert. Wie Rabbow schreibt, erschienen manche Mitglieder der NSDAP zu den Versammlungen «mit pathetisch-rabaukenhafter nackter Brust, so daß das Braunhemd sich sogar durch sein Fehlen den Zuschauern nachträglich in Erinnerung brachte»[9].

Braun verkörpert alle Ideale des Nationalsozialismus. Es ist eine Farbe des Konservativen, der Männlichkeit, der Macht und der Brutalität.

Das Konservative (92): Schwarz 40 %, Braun 28 %, Gold 9 %, Grau 8 %, Blau 7 %

Das Männliche (114): Blau 35 %, Schwarz 20 %, Braun 13 %, Rot 7 %, Grau 6 %

Die Macht (113): Schwarz 48 %, Gold 14 %, Braun 12 %, Rot 12 %

Die Brutalität (26): Schwarz 41 %, Rot 24 %, Braun 18 %, Orange 5 %

Symbolische Wirkung

8. Die Farbe der Dummheit

Die Dummheit (28): Braun 25 %, Grau 20 %, Schwarz 14 %, Gelb 9 %, Violett 7 %, Grün 7 %

Braun ist die Farbe der Dummheit. Verständlich, daß dieser durch nichts zu beschönigenden Eigenschaft die häßlichste Farbe zugeschrieben wird.

Psychologische und symbolische Wirkung

9. Die Patina des Vergänglichen

Der Herbst (79): Braun 55 %, Gold 16 %, Orange 10 %, Grau 7 %, Gelb 5 %

Das Alte (4): Grau 57 %, Braun 31 %, Schwarz 6 %

Das Alter (5): Grau 32 %, Schwarz 22 %, Braun 20 %, Silber 7 %, Violett 5 %

In der Natur ist Braun die Farbe des Welken, des Absterbenden. Braun ist die Farbe des Herbstes.

In der leicht unterschiedlichen Farbigkeit des Alters und des Alten zeigen sich die Nuancen unserer Assoziationen. Beim Begriff des Alters und des Alten denkt man an das Alter des Menschen, deshalb dominiert Grau. Beim Begriff des Alten denkt man stärker an den Alterungsprozeß der Dinge: Stoff und Papier vergilben, werden schließlich braun. Holz und Leder bekommen einen dunkleren Braunton.

Grau ist die Asche alles Sterblichen. Braun ist die Patina des Vergänglichen.

Traditionelle Wirkung

10. Die heimliche Geliebte

«Schwarzbraun ist die Haselnuß
schwarzbraun bin auch ich,
schwarzbraun soll mein Madel sein
genau, genau wie ich.»

«... ein schwarzbraunes Mädchen, ein junger Knab,
die sind so wohl besammen behut,
als wenn man ein Wolf in ein Schafstall tut.»[10]

Das ‹braune Mägdelein› wird in alten Volksliedern und in der Dichtung besungen. Manchmal ist es ‹schwarzbraun›, manchmal ‹nußbraun›. Obwohl Braun bei uns die häufigste Haarfarbe ist, ist damit häufig nicht ein braunhaariges Mädchen gemeint, sondern eine von der Sonne gebräunte Landarbeiterin. Ein ‹braunes Mädchen› ist ein arbeitendes Mädchen, und damit war früher klar, daß sie arm war. Ein vornehmes Fräulein hütete ihre Blässe. Besonders wichtig waren weiße Hände, rein vom Makel jeder Arbeit. Sonnenschirme, Hüte, Schleier schützten den Teint, immer trug eine Dame Handschuhe.

Sonnenbräune war ein Zeichen der Armut. Das galt auch für Männer. In einem Gedicht wird ein Mädchen gefragt, ob sie nur nach reichen Männern Ausschau halte und ihren armen Verehrer, den Fischersohn, vergessen wolle:

> «Willst du so nach Junkern schaun
> und des Fischersohns vergessen?»
> «Freilich ist er arm und braun.»[11]

In alter Symbolik ist Braun eine weibliche Farbe. Es ist die Farbe der Mutter Erde, der Fruchtbarkeit. ‹Die Braune› bedeutet in alter Sprache die weibliche Scham und die Vagina. Sie wird auch mit braunen Früchten in Verbindung gebracht, mit der Feige und der Pflaume. (Zwar ist die Pflaume violett, aber früher wurde Dunkelviolett auch als Braun bezeichnet. Deshalb ist in alter Lyrik von der ‹braunen Nacht› und ‹braunen Veilchen› die Rede.) Die Brombeere, früher Braunbeere genannt, spielt im deutschen Volkslied eine ähnliche Rolle wie die Rosenknospe. Wenn ein Mann ‹Brombeeren pflücken› ging, dann entjungferte er ein Mädchen. ‹Eine Rose brechen›, nannte man das auch.[12]

In der Farbsymbolik der Minnedichtung bedeutet Braun ‹Gebundenheit in Minne›. Es ist aber keine laute Liebe, wie sie durch das Rot symbolisiert wird; Braun steht für die verschwiegene Liebe, die nicht standesgemäß war. In einem Lied mit dem aufschlußreichen Titel «Es spielt ein Graf mit einer Maid» heißt es:

> «Weine nicht Braunsmägdelein
> Dein Ehr will ich dir zahlen.
> Ich will dir geben den Reitknecht mein
> dazu dreihundert Taler.»[13]

Braun wird noch heute häufig als eine Farbe der Untreue genannt. Und die schwarzbraunen Mädchen der Volksdichtung erscheinen als leichtsinnige Frauen, gern bereit zu außerehelichen Liebschaften. In den Liedern über die schwarzbraunen Mädchen geht es aber weniger um die Moral als um sozialen Status. Arme Leute – braune Leute – konnten früher nicht heiraten, denn um heiraten zu dürfen, mußte man nachweisen, daß man eine Familie ernähren konnte. Die häusliche Idylle eines ordentlichen Familienlebens war für Landarbeiter und Dienstboten unerreichbar. Sie hatten nicht einmal ein eigenes Zimmer. Das Heiraten war eine Angelegenheit der Wohlhabenden, die Armen brauchten keine Erben. Kinder hatten sie dennoch.

Liest man, daß ein Mann seiner heimlichen Geliebten einen Ring mit einem braunen Stein schenkte, so verweist das nicht nur auf die symbolische Bedeutung von Braun als Farbe der Verschwiegenheit, sondern vor allem auf die finanziellen Verhältnisse: Rotbraun ist der Granat, ein Halbedelstein, der früher so billig war, daß er nie in Gold gefaßt wurde. Der alte Granatschmuck, typischer Schmuck der Bäuerinnen, ist nur in Silber oder Messing gefaßt. Noch billiger ist der gelbbraune bis dunkelbraune Bernstein. Teure Brautgeschenke konnten die braunen Mädchen von ihrem Geliebten nicht erwarten.

> «Brauns Mägdlein zieh dein Hemdlein ab
> und leg dich her zu mir
> ich teil mit dir was ich vermag.»[14]

Kulturelle Wirkung

11. Die Farbe des Altmodischen als Modefarbe der Freizeitgesellschaft

Das Altmodische (6): Braun 39 %, Grau 21 %, Violett 9 %, Schwarz 9 %,
Gold 8 %

Erst nach dem Zweiten Weltkrieg wurde sonnengebräunte Haut zum Schönheitsideal in allen nördlichen Industrieländern. Nun, da die Mehrheit der Bevölkerung in Fabriken und Büros arbeitete, bewies Sonnenbräune, daß man sich Urlaub in südlichen Ländern leisten konnte. Nachdem Urlaubsreisen allgemein erschwinglich geworden waren, wurde es zum Statussymbol, nicht nur in den Sommermonaten braun zu sein. So zeigte man, daß man sich Reisen in außereuropäische Länder leisten konnte. Dann wurde der Ferntourismus zum Billigtourismus, und mit der künstlichen Bräune von der Sonnenbank verlor die Sonnenbräune endgültig den Statuscharakter. Die Folgen jahrelanger Hautgerbung wurden sichtbar. Vor allem: Mit zunehmender Arbeitslosigkeit sank der Wert der Freizeit. Nicht braun zu sein, bedeutet nun, am Arbeitsplatz unabkömmlich zu sein. Das Schönheitsideal begann sich wieder zu ändern. In den siebziger Jahren pries die Werbung für Sonnencremes noch tiefbraune Haut als Ideal, jetzt werden zarte Bräune und Sonnenschutz propagiert.

Das Schönheitsideal der Sonnenbräune erklärt, warum Braun als Kleiderfarbe so beliebt ist, obwohl es als unsympathischste Farbe und sogar als Farbe des Altmodischen genannt wird: Wer sonnengebräunt ist und Braun trägt, wirkt noch brauner gebrannt. Die Farbe der Kleidung bestimmt den Eindruck von der Farbe der Haut. Die Hautfarbe ist eine Mischung aus allen Farben: aus Weiß, Rot, Gelb, Blau und Schwarz. Kaum eine Farbe ist so schwierig zu mischen wie die eigene Hautfarbe, es kommt auf kleinste Nuancen an. Die Wirkung jeder Farbe ist von den umgebenden

Farben abhängig, die jeweils größte Farbfläche dominiert die Wirkung. Ein Pullover, eine Bluse, ein Hemd ist eine größere Farbfläche als das Gesicht. Die Hauptfarbe der Kleidung unterstreicht die entsprechende Farbe im Hautton (→ Bild 63 und 64).

Ein roter Pullover läßt ein rötliches Gesicht noch roter wirken. Ein blauer Pullover verringert den Eindruck der rötlichen Haut.

Wer blaß ist und ein weißes Kleid trägt, wirkt noch blasser. Weiß bietet zwar einen starken Kontrast zu sonnenbrauner Haut, läßt sie aber heller wirken. Ein schwarzes Kleid steigert dagegen die Sonnenbräune. Deshalb wurde mit dem Ideal der Sonnenbräune Schwarz zur Sommerfarbe.

Für die Wahl der kleidsamsten Farbe ist die Abstimmung auf den Hautton viel wichtiger als auf die Haarfarbe. Die bekannte Empfehlung, Rothaarige sollten Grün tragen, stammt aus der Zeit, als rote Haare als häßlich galten. Grüne Kleidung läßt rote Haare bräunlicher wirken. Heute, da viele Frauen sich die Haare rot färben, besteht kein Grund mehr, die Wirkung roter Haare durch die Kleiderfarbe wieder abzuschwächen. Für Rothaarige mit blaß-bläulichem Teint ist Rot kleidsamer als Grün. Denn durch grüne Kleidung wirkt ein blaß-bläulicher Teint ungesund.[15]

Gelb ist als Kleiderfarbe so unbeliebt, weil gelbe Haut nicht schön wirkt, jedenfalls für Europäer nicht. Rosa ist der Hautfarbe am ähnlichsten. Ein rotbetontes Rosa läßt die Haut rosiger wirken, ein blaustichiges Rosa wirkt einer allzu rötlichen Gesichtsfarbe entgegen. Die klassische weibliche Farbe ist die kleidsamste Farbe für nichtgebräunte Haut.

In dem Maße, wie sonnengebräunte Haut unpopulär wird, werden die dunklen Kleiderfarben unpopulär werden. Farben, die auf die Wirkung der blassen Haut abgestimmt sind, werden wieder Mode.

12. Das kreative Braun

Braune Plastikblumentöpfe sollen aussehen wie Tontöpfe, braune Plastikschuhsohlen wie Ledersohlen. Braune Plastikkästchen mit geprägter Maserung sollen Holzschatullen sein. Plastikfolien in allen Holzarten veredeln Spanplatten. Holzimitat gibt es sogar auf dem Blech von Autokarosserien und Schreibmaschinen. Das bräunliche Filtermundstück an Zigaretten soll Kork vortäuschen. Kunstpelze in allen Braunschattierungen imitieren jedes Fell. – Das falsche Braun ist überall, wo Billiges wertvoller wirken soll.

Aber heute täuscht Plastik niemandem mehr einen Naturstoff vor. Niemand findet die falsche Natur noch schön. Also wäre es sinnvoll, die Kunststoffe nicht zu kaschieren, sondern ästhetisch zu integrieren. Statt brauner Pseudo-Tontöpfe wären weiße, gelbe, blaue, passend zur Farbe der Blüten, schöner. Statt Pseudo-Ledersohlen wären Kunststoffsohlen in den Farben der Schuhe schicker. Statt Holz zu imitieren, wäre es witziger, die Freiheiten der Kunststoffarbigkeit auszuspielen. Die Schrankwand in Teakholzimitat wirkt massig und bieder – bedruckt mit Wolken wirkt sie leicht und originell.

Es gibt nur sehr wenige künstlerische Entwürfe, die ein edleres Material als Holz so verfremden, daß es aussieht wie Holz: Im Rokoko, als Porzellan teuer war wie Gold, war es ein ganz besonderer Gag, die Henkel von Tassen und Terrinen wie Holz zu formen und zu bemalen. Porzellanteller wurden bemalt, als seien sie aus einfachem Holz mit Astlöchern. Vielleicht wäre es für die Snobs von heute eine besondere Attraktion, die Marmorplatte ihres Schreibtisches so bemalen zu lassen, daß sie wie eine Spanplatte aussieht?

Viele Nahrungsmittel sind braun; auf den Widerwillen gegen unübliche Farben bei Nahrungsmitteln wurde schon hingewiesen. Den Marmorkuchen in Grün und Rot (→ Bild 68) würde niemand essen wollen.

Einen Verblüffungseffekt mit einer neuen Farbgebung zeigt Bild 69: Der Zehn-Mark-Schein in Braun wird automatisch als Fünfzig-Mark-Schein wahrgenommen.

Es gibt viele braune Tiere mit charakteristischem Aussehen, die in origineller Farbgebung zu einprägsamen Markenzeichen und Firmensignets werden können: ein grüner Hase, ein grüner Hirsch, ein grünes Kamel, ein grünes Eichhörnchen.

Was es noch nicht in Braun gibt, aber geben sollte: Verbandspflaster haben die ‹natürliche› Hautfarbe rosa-beige. Aber es gibt keine Verbandspflaster in Braun – die natürliche Hautfarbe dunkelhäutiger Menschen.

1 Massny, S. 56.
2 Edmond und Jules de Goncourt, S. 505.
3 Ebd., S. 338.
4 Goethe, Farbenlehre, § 841.
5 Ebd., § 845.
6 Ebd., § 846.
7 Rabbow, Stichwort ‹Braun›.
8 Ebd.
9 Ebd.
10 Massny, S. 61.
11 Grimms Wörterbuch, Stichwort ‹Braun›, Spalte 324.
12 Massny, S. 57.
13 Ebd., S. 59.
14 Ebd.
15 Jacksons System der optimalen Kleiderfarben ist die Auswahl von Kleiderfarben passend zur Hautfarbe, nicht, wie üblicher, zur Haarfarbe. Vgl. Jackson, ‹Color Me Beautiful›.

Grau: Die Mittelmäßigkeit, die Langeweile und die Theorie

Achatgrau · Aluminiumgrau · Anthrazitgrau · Aschgrau · Asphaltgrau · Austerngrau · Basaltgrau · Beigegrau · Betongrau · Blaugrau · Bleigrau · Braungrau · Cendré · Dämmergrau · Dunkelgrau · Eisengrau · Elefantengrau · Fahlgrau · Feldgrau · Flanellgrau · Gelbgrau · Gewittergrau · Graphitgrau · Grüngrau · Hellgrau · Kaltgrau · Khakigrau · Kieselgrau · Kittgrau · Koksgrau · Leichenblaß · Lichtgrau · Lodengrau · Maulwurfsgrau · Mausgrau · Metallgrau · Mittelgrau · Nebelgrau · Neutralgrau · Olivgrau · Pastellgrau · Paynesgrau · Perlgrau · Platingrau · Quarzgrau · Rauchgrau · Sandgrau · Schiefergrau · Schmutzgrau · Sepiagrau · Silbergrau · Stahlgrau · Staubgrau · Steingrau · Taupe · Tiefgrau · Umbragrau · Violettgrau · Warmgrau · Weißgrau · Wolfsgrau · Zartgrau · Zementgrau

Die Farbe ohne Charakter

Die Langeweile (98): Grau 45 %, Braun 24 %, Schwarz 9 %, Rosa 7 %

3 % der Männer nannten Grau als Lieblingsfarbe, 10 % als unbeliebteste Farbe. Bei den Frauen sind es 7 %, die Grau überhaupt nicht mögen, als Lieblingsfarbe wurde Grau von Frauen nicht genannt.

Grau ist die Farbe ohne Charakter. Im Grau ist das vollkommene Weiß beschmutzt, die Kraft des Schwarz gebrochen. Grau ist nicht die goldene Mitte, nur Mittelmäßigkeit.

Jede mit Weiß und jede mit Schwarz gemischte Farbe wird trüb. Die Mischung von Weiß mit Schwarz ergibt die trübste aller Farben. Es gibt Blaugrau, Grüngrau, violettes und gelbliches Grau – aber niemals ein strahlendes, leuchtendes Grau.

Abstrakt wird es zur Farbe aller trüben Gefühle: von der Sorge bis zur Langeweile. Grau ist konformistisch – wie hell oder dunkel es eingeschätzt wird, hängt stärker von der umgebenden Farbe ab als von der Graumischung selbst. Typisch für Grau ist seine Unsicherheit. Bild 82 zeigt in der Mitte jeweils den gleichen Grauton, der Farbeindruck ändert sich stark durch die umgebenden Farben.

An der Wandlungsfähigkeit der Farbe Grau wird auch besonders deutlich, wie problematisch Befragungen zum Farbempfinden sind, bei denen den Befragten Farbmuster vorgelegt werden. Wird beispielsweise nach der Farbe trüber Gefühle gefragt und als Farbmuster nur ein leichtes Grau vorgelegt, dann entscheiden sich viele Befragte statt für das eigentlich empfundene Grau für Schwarz oder Dunkelblau.

Wenn man in einer Befragung Farbmuster vorlegt, dann müssen von jeder Farbe verschiedene Nuancen vorgelegt werden – theoretisch wären bei zweihundert Begriffen zweihundert Nuancen jeder Farbe notwendig. Die Diskussion mit Befragten zeigte, daß sich jeder zu den Begriffen ‹Alter›, ‹Mittelmäßigkeit›, ‹Langeweile› jeweils andere Graunuancen vorstellte. Die Unterschiede der Farbnuancen sind in ihrer Wirkung aber geringer als der Einfluß der sonstigen Farben, die mit einem Begriff assoziiert werden. Grau neben Gelb (wie in der Farbigkeit der Unsicherheit) wirkt ganz anders als Grau neben Braun (wie in der Farbigkeit der Langeweile) oder Grau neben Blau (wie in der Farbigkeit der Nachdenklichkeit).

Symbolische Wirkung

1. Alle trüben Gefühle

Vier ‹graue Weiber› besuchen in Goethes Tragödie den alten Faust, der alles erlebt hat und trotzdem nicht sterben will. Die vier grauen Weiber wollen ihn in den Tod treiben – sie sind: ‹die Sorge›, ‹der Mangel›, ‹die Schuld›, ‹die Not›.

Grau ist die Farbe allen Elends, das die Lebensfreude zerstört. Wer Sorgen hat, bekommt ein fahles Gesicht und, manchmal sogar über Nacht, graue Haare. Die Redensart ‹Laß dir keine grauen Haare wachsen› besagt: ‹Mach dir keine Sorgen›. Wie alle Redensarten, die auf ewig wiederholbaren Beobachtungen beruhen, ist sie international.

‹Gray areas› nennt man in Amerika Gebiete, in denen die Arbeitslosigkeit besonders hoch ist.

Grau ist eine leise Farbe, Symbol des stillen Schmerzes. Heute tragen bei Beerdigungen nur noch die engsten Angehörigen Schwarz; Trauernde, die dem Toten nicht so nahe standen, tragen Grau.

Pflanzen mit grauen Blättern gelten als Symbole der Trauer. Sträuße und Kränze aus Rosmarin waren früher typischer Grabschmuck. In der mittelalterlichen Blumensprache bedeutet Rosmarin auch ‹betrogene Liebe›. Die gleiche Bedeutung hatte die Weide mit ihrem grauen Laub.[1]

Die Einsamkeit (36): Grau 33 %, Schwarz 20 %, Weiß 16 %, Violett 6 %,
       Blau 6 %, Braun 5 %

Die Trauer (162): Schwarz 88 %, Grau 10 %

Die Bedrängnis (17): Schwarz 35 %, Grau 18 %, Braun 14 %, Orange 7 %,
       Rot 6 %, Blau 6 %

Die Leere (102): Schwarz 37 %, Grau 21 %, Weiß 21 %, Blau 5 %

Psychologische und symbolische Wirkung

2. Die Farbe der Unfreundlichkeit

Die Unfreundlichkeit (167): Grau 30 %, Schwarz 22 %, Braun 18 %, Gelb 8 %,
      Grün 6 %, Orange 5 %

Regen, Nebel, die schneelose Kälte des Novembers und die Farbe Grau gehören
zusammen. Menschen, deren Wohlbefinden vom Wetter abhängig ist, neigen
dazu, ihre schlechte Laune an Regentagen durch graue Regenmäntel und graue
Regenschirme zu verstärken. An grauen Tagen gehen sie in Grau. Zwar wird
heute im Winter gern Weiß getragen und im Sommer Schwarz, aber Grau ist eine
Farbe der Schlechtwetterzeit geblieben. Ein Sommerkleid in Grau erscheint als
Widerspruch.

‹Graue Zeiten› werden auch im übertragenen Sinn erlebt. Der ‹graue Alltag› ist
auch bei Sonnenschein trübe und langweilig.

Die Farbe des unfreundlichen Wetters wird generell als Farbe der Unfreundlichkeit,
als abweisend, eckig und kalt empfunden.

Das Abweisende (1): Schwarz 20 %, Grau 18 %, Braun 15 %, Violett 8 %,
      Orange 8 %, Silber 7 %, Grün 6 %, Gelb 5 %

Das Eckige (30): Grau 18 %, Schwarz 18 %, Silber 15 %, Blau 15 %, Weiß 12 %,
      Gelb 8 %, Grün 7 %

Die Kälte (88): Blau 47 %, Weiß 23 %, Grau 14 %, Silber 11 %

Der Winter (191): Weiß 65 %, Grau 15 %, Blau 10 %

Symbolisch ist der größte Gegensatz zu Grau das Orange der Lebensfreude: Grau-
Orange ist eine Kombination, die als provokant unpassend empfunden wird; bei
keinem Begriff erscheint dieser Farbklang.

Symbolische Wirkung

3. Die ungeliebten Tugenden.
Die Farbe der Theorie

Die Pünktlichkeit (132): Grau 20 %, Blau 17 %, Weiß 10 %, Braun 10 %,
    Grün 8 %, Gold 7 %, Silber 7 %, Orange 6 %

Die Nachdenklichkeit (121): Grau 21 %, Blau 17 %, Schwarz 15 %, Weiß 9 %,
    Braun 9 %, Violett 7 %, Silber 7 %, Grün 7 %

Pünktlichkeit ist eine ungeliebte Tugend, die Symbolfarbe verrät es. Das Grau wird
hier durch die Kombination mit dem wissenschaftlichen Blau aufgewertet. Funktionalität und Sachlichkeit sind ebensolche Vorzüge, die zwar achtenswert, aber
nicht liebenswert sind. Grau ist die zweite Farbe der Neutralität. Und Grau ist die
Farbe, die am häufigsten zu ‹Bürokratie› assoziiert wird.
Die Farbe der Nachdenklichkeit ist die Farbe der Theorie. In der grauen Gehirn-
substanz sitzt der Verstand. Agatha Christies Detektiv Hercule Poirot verläßt sich
nie auf den inszenierten Schein, sondern auf seine «kleinen grauen Zellen». Theorien sind meist ungeliebte Lehren, deshalb werden Mephistos Worte an den einfäl-
tigen Studenten Wagner so gern zitiert:

> «Grau, teurer Freund, ist alle Theorie
> und grün des Lebens goldner Baum.»

Aber Grau als Farbe der Theorie, der Nachdenklichkeit ist der einzige positive
Bedeutungszusammenhang dieser Farbe. Natürlich tritt Grau hier mit den positiven Farben, mit Weiß und Blau, auf. Positiv mit Weiß erscheint es auch als Farbe
der Sachlichkeit, der Funktionalität und der Neutralität.

Die Sachlichkeit (137): Weiß 27 %, Grau 22 %, Blau 20 %, Schwarz 15 %

Die Funktionalität (57): Weiß 29 %, Grau 21 %, Schwarz 19 %, Silber 10 %,
    Blau 5 %

Die Neutralität (127): Weiß 52 %, Grau 31 %

Fehlt das Weiß, wird Grau mit dunklen Farben kombiniert, verkehrt sich die Farbwirkung wieder ins Gegenteil. Kombiniert mit dem unsympathischen Braun erscheint Grau in seiner negativsten Bedeutung: als Farbe der Dummheit und der
Faulheit.

Die Dummheit (28): Braun 25 %, Grau 20 %, Schwarz 14 %, Gelb 9 %,
    Violett 7 %, Grün 7 %

Die Faulheit (49): Braun 42 %, Grau 22 %, Schwarz 10 %, Blau 8 %, Violett 6 %

Symbolische Wirkung

4. Das Grauenhafte, Gräßliche und Grausame

Die Gefühllosigkeit (60): Grau 26 %, Schwarz 18 %, Gelb 11 %, Blau 11 %, Braun 7 %, Silber 6 %, Violett 6 %, Weiß 6 %

Die sprachliche Nähe zeigt es: Grau ist das ‹Grauen›, das ‹Grausen›. Ein ‹greulicher Mensch› ist in alter Sprache ein ‹gräußlicher› oder ‹gräßlicher› Mensch. Man ‹grault› sich vor dem Grauenhaften.

Es sind die Gestalten des Schattenreichs – des Grauen im konkreten Sinn –, die das Gefühl des Grauens hervorrufen.

Wie die Farben, so werden auch die Gefühle durch Grau zerstört; deshalb ist grau grausam.

Psychologische Wirkung

5. Gefühlsarm oder introvertiert – oder farbenblind?

Die Gleichgültigkeit (69): Grau 52 %, Braun 13 %, Schwarz 7 %, Weiß 7 %, Violett 6 %

Die Unsicherheit (174): Grau 22 %, Gelb 14 %, Violett 12 %, Rosa 12 %, Braun 11 %, Weiß 8 %, Orange 6 %

Das Introvertierte (86): Schwarz 19 %, Grau 17 %, Violett 16 %, Braun 12 %, Weiß 7 %, Blau 7 %, Gelb 6 %, Rosa 5 %

Unscheinbar, unsicher, verschlossen ist Grau. Es symbolisiert eine Mentalität ohne Gefühl, zumindest der unzugänglichen Gefühle.

3 % der Männer nannten Grau als Lieblingsfarbe. Was bedeutet das? Es kann natürlich eine graue, introvertierte oder sogar ‹grausame› Persönlichkeit sein, die Grau als Lieblingsfarbe nennt. Doch ehe man den Charakter eines Menschen analysiert, muß man seine Situation analysieren.

Jemand kann Grau wählen, weil er trauert. In Zeiten der Trauer gibt es keine bunten Lieblingsfarben. Dann ist Grau Ausdruck der Trauer, nicht des Charakters.

Genauso ist es möglich, daß die Lieblingsfarbe Grau darauf hindeutet, daß der Befragte farbenblind ist. Etwa 5 % der Bevölkerung sind farbenblind. Totale Farbenblindheit, bei der nur Hell-Dunkel-Abstufungen erkannt werden, ist sehr selten. Weitaus am häufigsten ist die Rot-Grün-Blindheit. Genetisch bedingt, tritt diese Art der Farbfehlsichtigkeit nur bei Männern auf. Rot-Grün-Blinde können Gelb und Blau gut unterscheiden, aber Grün und Rot sehen sie als gleichartigen bräunlich-gräulichen Farbton.

Die Farbenblinden lernen dennoch durch die Sprache die Farben der Dinge. Das Wissen bestimmt die Wahrnehmung: Rot-Grün-Blinde empfinden einen Blutstropfen eindeutig als rot und Gras eindeutig als grün. Ein roter Kunstrasen allerdings würde einen Rot-Grün-Blinden nicht erstaunen – er würde es nicht merken. Bei Verkehrsampeln haben Rot-Grün-Blinde keine Probleme: Das rote Licht ist heller als das grüne, und es ist immer über dem grünen Licht. Schwierig wird es für sie nur, wenn etwas rot oder grün sein kann und keine zusätzlichen Informationen Aufschluß geben. Viele Rot-Grün-Blinde erzählen, daß sie, solange ihre Farbfehlsichtigkeit nicht erkannt war, ausgelacht oder ausgeschimpft wurden, weil sie beim Erdbeerenpflücken auch die unreifen grünen Erdbeeren pflückten.

Und natürlich gibt es auch psychologische Gründe, Grau als Lieblingsfarbe zu nennen. Kann ein tiefenpsychologischer Farbtest die wahren Ursachen enthüllen?

Psychologische Wirkung

6. Wie verhält man sich bei einem tiefenpsychologischen Farbtest?

Es gibt Farbtests, die den Anspruch erheben, auf Grund von Farbvorlieben den Charakter analysieren zu können.

Der bekannteste Farbtest ist der Lüscher-Test. Der Schweizer Psychologe Max Lüscher veröffentlichte ihn zuerst 1948. Der Test besteht aus acht Kärtchen in Blau, Rot, Grün, Gelb, Violett, Grau, Braun, Schwarz. Die acht Farbkärtchen müssen in der Reihenfolge der individuellen Beliebtheit geordnet werden. Das ist alles. Lüscher schreibt dazu: «Der Test ist anziehend, läßt sich schnell durchführen, und die Testpersonen sehen nicht ein, ‹warum sie sich etwas vergeben, wenn sie Farben auswählen›. Möglicherweise würden sie ihre Meinung revidieren, wenn sie wüßten, wie enthüllend der Test tatsächlich ist.»[2]

Mit diesem Test können, verspricht Lüscher, versteckte Strukturen der Persönlichkeit enthüllt und berufliche Eignungen entdeckt werden, aber auch kriminelle

Neigungen. Ärzte sollen damit Krankheiten frühzeitig erkennen können, vom Herzschaden bis zum Magenleiden. Außerdem soll der Test Eheberatern und Pädagogen bei der Beratung helfen, und natürlich Personalchefs bei der Wahl des richtigen Bewerbers.[3] Was geschieht bei diesem so einfachen und so entlarvenden Test? Jede der acht Farben symbolisiert einen Gefühlsbereich. Die Zuordnung von Gefühl zu Farbe entspricht der traditionellen Farbsymbolik:

Rot symbolisiert Aktivität, Dynamik, Leidenschaft.
Blau: Harmonie, Zufriedenheit.
Grün: Durchsetzungsvermögen, Beharrlichkeit.
Gelb: Optimismus, Vorwärtsstreben.
Violett: Selbstbezogenheit, Eitelkeit.
Braun: die körperlichen Bedürfnisse, Sinnlichkeit und Bequemlichkeit.
Grau: Neutralität.
Schwarz: Negation, Auflehnung.

Die Abfolge der acht Farben von der Lieblingsfarbe zur unbeliebtesten Farbe wird in vier Bedeutungskategorien unterteilt. In der Abfolge der Farben symbolisieren
die Farben an erster und zweiter Stelle die Lebensziele der Testperson
die Farben an dritter und vierter Stelle die derzeitige Lebenssituation
die Farben an fünfter und sechster Stelle latente Neigungen, die momentan verdrängt werden
die Farben an siebter und achter Stelle Gefühle, die völlig abgelehnt werden.

Entsprechend diesen Bedeutungskategorien variiert die Interpretation jeder Farbe: Blau an erster oder zweiter Stelle symbolisiert das Streben nach Harmonie, Blau an dritter oder vierter Stelle einen bereits erreichten Zustand der Zufriedenheit und Harmonie, Blau an fünfter oder sechster Stelle den Wunsch nach Harmonie, der aber in der augenblicklichen Situation als nicht realisierbar empfunden wird; Blau an siebter oder achter Stelle soll symbolisieren, daß der Wunsch nach Harmonie völlig verdrängt ist.
Rot an erster oder zweiter Stelle symbolisiert den Wunsch nach Aktivität, Rot an dritter oder vierter Stelle eine aktive Lebensphase, Rot an fünfter oder sechster Stelle unterdrückte Aktivität, Lustlosigkeit; Rot an siebter oder achter Stelle soll bedeuten, daß jede Aktivität abgelehnt wird. Das kann als Überreizung oder als Faulheit interpretiert werden.
Grün an erster oder zweiter Stelle symbolisiert den Wunsch nach Selbstbehauptung, Grün an dritter oder vierter Stelle erreichte Selbstbehauptung, Grün an fünfter oder sechster Stelle die Notwendigkeit, sich anzupassen; an siebter oder achter Stelle symbolisiert Grün das Gegenteil von Selbstbehauptung, nämlich unerwünschte Abhängigkeit.
Die Bedeutung von Gelb wird ebenso variiert: vom optimistischen Lebensgefühl bis zur Angst vor Enttäuschungen.

Rot, Blau, Grün, Gelb sind die Farben mit positiver Grundbedeutung. Bei den Farben mit negativer Grundbedeutung – bei Schwarz, Grau, Braun und auch bei Violett – verändert sich die Bewertung in umgekehrter Richtung.

Schwarz an erster oder zweiter Stelle symbolisiert die Ablehnung aller Werte und Aggression, an dritter oder vierter Stelle eine egoistische Anspruchshaltung. Wenn Schwarz an fünfter oder sechster Stelle steht, wird seine Bewertung positiv, denn das Negative wird ja von der Testperson abgelehnt. Schwarz soll dann die Bereitschaft zur Anpassung bedeuten. Wird Schwarz als siebte oder achte Farbe eingeordnet, bedeutet das die Ablehnung aller Aggression und Einengung.

Beim Violett, der Farbe der Eitelkeit, ist der Wandel von negativer zu positiver Bewertung ähnlich: An erster oder zweiter Stelle symbolisiert es eine starke Ich-Bezogenheit, an dritter oder vierter Stelle Empfindlichkeit. An fünfter und sechster Stelle ist Violett positiv: Empfindungsfähigkeit im privaten Bereich. Wird Violett als letzte Farbe genannt, sollen damit unerfüllte Idealvorstellungen symbolisiert sein.

Braun als Lieblingsfarbe: Wunsch nach Erfüllung körperlicher Bedürfnisse. Braun als unbeliebteste Farbe: Ablehnung aller Körperlichkeit. Positiv wird Braun an fünfter und sechster Stelle, hier soll das symbolisch richtige Verhältnis zu körperlichen Bedürfnissen liegen.

Grau als Lieblingsfarbe wird als Abschirmung gegenüber anderen gedeutet. An fünfter und sechster Stelle, wenn also die Testperson Grau ablehnt, wird die Bewertung positiv: da soll Grau die Bereitschaft zum Kontakt mit anderen symbolisieren.

Nach diesem Schema ist der Lüscher-Test aufgebaut. Er war in den fünfziger bis siebziger Jahren überaus beliebt. Die wissenschaftliche Psychologie stand den Farbtests allerdings von Anfang an skeptisch gegenüber, heute werden sie ganz abgelehnt.

Die Gründe der Ablehnung: Man kann am Lüscher-Test speziell kritisieren, daß die Farben paarweise bewertet werden. Obwohl die Lieblingsfarbe so viel über den Charakter aussagen soll, müssen nach diesem Schema Menschen, die Rot als Lieblingsfarbe nennen und Violett an zweiter Stelle, von gleichem Charakter sein wie Menschen, deren Lieblingsfarbe Violett ist und die Rot an zweiter Stelle nennen. Da die Farben paarweise interpretiert werden, wird hier im Lüscher-Test kein Unterschied gemacht.

Man kann bemängeln, daß es nach dem Lüscher-Test nur wenige verschiedene Charaktere, Lebensziele und Lebenssituationen geben müßte, denn die überwiegende Mehrheit der Testpersonen wählt Blau, Rot, Grün als beliebteste Farben und Schwarz, Braun und Grau als unbeliebteste. Für Individualität bleibt wenig Spielraum.

Aber die Kritik der wissenschaftlichen Psychologie beginnt an diesem Punkt: Die Aussagen sind so vage, daß es nicht möglich ist, zwischen richtigen und falschen Aussagen zu unterscheiden.

Zum Beispiel die Farbe Blau – sie symbolisiert Harmonie, Zufriedenheit. Jeder Mensch strebt nach Harmonie. Niemand wünscht sich ein Leben voll Ärger und

Sorgen. Aber jeder wird jederzeit einen Bereich nennen können, mit dem er gern zufriedener wäre – mehr Harmonie im Privatleben oder mehr Harmonie im Berufsleben oder mehr Zufriedenheit mit sich selbst. Die Aussage ‹Die Testperson strebt nach mehr Harmonie› trifft immer zu. Die wenigen, die Blau nicht mögen, werden mit der Deutung ‹Angst vor Abhängigkeit› konfrontiert – auch dies ist eine Aussage, die auf jeden Menschen zutrifft. Derart vage Aussagen sind in wissenschaftlichen Tests nicht zulässig, weil es keine Möglichkeit gibt, das Gegenteil zu beweisen.

Rot bedeutet Aktivität. Und Rot ist eine beliebte Farbe. Jeder wird dem Testergebnis zustimmen, daß man sich ein aktives Leben wünscht. Denn Leben bedeutet Aktivität. Aber in welchem Bereich die Testperson aktiv sein will, das kann die Farbwahl nicht verraten.

Die Ergebnisse des Lüscher-Tests sind nur durch die Erklärungen der Testpersonen zu verstehen. Wer den Test für sich allein interpretiert, kann dadurch sicherlich angeregt werden, Probleme zu überdenken. Wer den Test freiwillig mit einem Partner macht, wird schnell merken, wie die vagen Deutungen konkretisiert werden. Meist stellt sich dabei heraus, daß zwar beide Partner nach Harmonie streben, aber unterschiedliche Vorstellungen haben, wie man Harmonie verwirklicht.

Was aber, wenn man den Test nicht freiwillig macht? Angenommen, man müßte sich bei einer beruflichen Bewerbung einem Farbtest unterziehen. Wie verhält man sich? Natürlich kann man sich weigern, sich testen zu lassen, aber das ist keine erfolgversprechende Strategie, wenn man sich um eine Stelle bewirbt. Angst vor solchen Tests ist sowieso überflüssig; wer die Bewertungskriterien kennt, kann nichts falsch machen.

Wichtiger als die Konzentration auf die Farben ist zuerst das Verhalten bei der Auswahl: Es gibt Menschen, die brauchen eine Ewigkeit, bis sie sich für eine Abfolge entschieden haben. Dann machen sie ihre Entscheidungen mehrmals rückgängig und sind trotzdem nicht sicher, ob sie wirklich richtig gewählt haben. Verständlich, daß, wer sich so verhält, nicht geeignet erscheint für eine Position, die rasche Entscheidungen verlangt. ‹Ängstlich und unentschlossen› wird die Beurteilung lauten – gleichgültig, welche Farbfolge schließlich gewählt wurde.

Andere legen die Farbkärtchen ohne Zögern und zeigen unmißverständlich, daß sie nur diese eine Möglichkeit gelten lassen. ‹Kompromißlos, nicht zur Teamarbeit fähig›, wird in der Beurteilung stehen.

Auf die Frage eines Testers, ob man sich auch eine andere Abfolge vorstellen könne, sollte man nach kurzem Nachdenken zwei nebeneinanderliegende Karten vertauschen. Das signalisiert Kooperationsbereitschaft und ändert nichts am Testergebnis. Denn allein entscheidend sind die Kommentare zur Farbwahl.

Die meisten Menschen kommentieren ihre Farbwahl unaufgefordert. Wer das nicht tut, wird gefragt werden, was er bei den verschiedenen Farben empfinde. Wer die Abfolge Blau-Rot-Grün-Gelb-Schwarz etwa so kommentiert: «Bei Blau denke ich an die blaue Ferne, an Ferien... bei Rot an die Liebe... bei Grün denke ich an

Golf spielen und Spaziergänge... bei Gelb an die Sonne, an Strand... bei Schwarz an Schlaf» – der offenbart, daß er mit dem Arbeitsleben nicht viel im Sinn hat. Wer die gleiche Farbfolge bei einer Bewerbung so kommentiert, hat mehr Chancen: «Bei Blau denke ich an Vertrauen, Konzentration... bei Rot an Aktivität, Energie... bei Gelb an Optimismus, daran, daß man die Aufgabe doch schaffen wird... bei Grün denke ich an die Entspannung nach der Arbeit... bei Schwarz denke ich an ‹schwarze Zahlen›.»

Für die Wahl jeder Farbe gibt es positive und negative Begründungen. Gelb kann man schätzen als optimistische Farbe, man darf Gelb aber auch ablehnen, weil es aufdringlich wirkt. Man kann Gelb auch deshalb nicht mögen, weil es Neid und Eifersucht symbolisiert, doch sollte man nicht zu viele negative Charaktereigenschaften nennen – sie werden leicht auf einen selbst bezogen. Man kann bei Gelb auch Gallenkrankheiten assoziieren, das macht meist keinen guten Eindruck. Man kann Gelb mit Geld in Verbindung bringen, das macht manchmal einen guten Eindruck.

Die nach Lüscher optimale Abfolge, bei der jede Farbe ihre positivste Bedeutung hat, ist diese: Blau-Rot-Grün-Gelb-Violett-Grau-Braun-Schwarz.

Aber egal, welche Farbfolge gewählt wird, es kommt auf die Erklärungen an. Wer die Farbsymbolik kennt, wird immer optimale Erklärungen finden. Wie wenig es bei diesem Test auf die Farben ankommt, verrät die für viele wohl erstaunlichste Aussage Lüschers: Der Test kann sogar bei Farbenblinden angewendet werden.[4]

Es gibt andere Farbtests mit einer größeren Auswahl von Farben. Der ‹Frieling-Test›, 1961 veröffentlicht, will Charakter und Schicksal mit Kärtchen in 23 Farben offenbaren. Hier sollen Farben ausgewählt und gefühlvoll miteinander kombiniert werden, mal auf hellem, mal auf dunklem Untergrund. Die Testperson muß nicht jede Farbe verwenden und kann eine Farbe mehrfach wählen. Einen solchen Test mit freier Farbwahl gibt es auch von Lüscher, den ‹Klinischen Lüscher-Test› (1948). 25 Farben werden in verschiedenen Kombinationen angeboten, dreiundvierzigmal muß die Testperson eine Wahl treffen.

Alle Farbtests werden nach den gleichen Kriterien interpretiert: Wie verhält sich die Testperson bei der Auswahl? Zögernd? Spontan? Wird eine Entscheidung wieder rückgängig gemacht? Statt der Reihenfolge der Farben wird bei Tests mit vielen Farben die Auswahl interpretiert: Warum verwendet eine Testperson kein Gelb? Warum wird viel Grau verwendet? etc. Die Erklärungen der Testperson sind wieder die eigentlichen Ergebnisse.

Für die Interpretation jeder Art von Farbtest gilt: Ehe irgendein Rückschluß von der Farbwahl (und den Kommentaren dazu) auf den Charakter gezogen werden darf, muß die Testsituation analysiert werden. Denn bei vielen Menschen – vor allem bei jenen, die Grau als Lieblingsfarbe nennen – hat die Testsituation einen größeren Einfluß auf die Farbwahl als alle Charaktereigenschaften.

Die Testsituation analysieren, das heißt fragen: Welche Konsequenzen hat der

Test? Es ist ein entscheidender Unterschied, ob jemand freiwillig oder unfreiwillig einen Test macht. Noch wichtiger ist die Frage: Wer deutet die Ergebnisse? Und die wichtigste Frage: Weshalb wird der Test gemacht? Sind es eigene Deutungen, die im privaten Kreis mit Freunden diskutiert werden? Oder interpretiert ein Fremder, der sich mit dem Nimbus eines ‹Tiefenpsychologen› umgibt? Und dessen Deutungen etwa über das Berufsleben entscheiden sollen? Jede Testperson stellt sich auf die Konsequenzen eines Tests ein. – Wer vor ‹Tiefenpsychologen› besondere Angst hat, den mag es vielleicht beruhigen, daß der Titel ‹Tiefenpsychologe› von jedermann nach Belieben geführt werden kann, er erfordert keinerlei akademischen Abschluß, nicht einmal irgendein Studium. Die Diplom-Psychologen mit Hochschulabschluß versuchen seit Jahrzehnten vergebens, den selbsternannten Psychologen die irreführenden Berufsbezeichnungen zu verbieten.

Welchen Einfluß die Testsituation hat, zeigt auch der Vergleich der Befragungsergebnisse dieses Buches mit den Ergebnissen Lüschers. In der freiwilligen und anonymen Befragung für «Wie Farben wirken» nannten 3 % Grau als Lieblingsfarbe – im Lüscher-Test aber nannten 15 % Grau an erster oder zweiter Stelle![5] Denn Grau ist die Farbe, die signalisiert, daß den Getesteten die Testsituation unangenehm war. Die meisten Menschen wollen in Tests, an denen sie nicht freiwillig teilnehmen, ihre Gefühle verbergen. Nicht alle Gefühle – sondern speziell das Gefühl der Abneigung gegen den Test. Diese Abneigung ist bei jenen Menschen besonders stark, die nicht an Farbtests glauben.

Die problematischste Situation für jede Testperson ist die Aversion gegen den Tester. Höflichkeit und Klugheit verbieten es, diese Gefühle offenzulegen. Kaum ein Tester ist so selbstkritisch, um aufrichtig zu akzeptieren, daß ihn jemand unsympathisch findet – lieber vermutet er bei der Testperson charakterliche Defizite.

Aber auch wenn man nicht an Farbtests glaubt und einen Test sabotieren will, sollte man nicht Grau als Lieblingsfarbe nennen. Denn oft wird dann direkt gefragt: ‹Warum verheimlichen Sie Ihre Gefühle?› – eine Unterstellung, die das Gefühl suggeriert, ertappt worden zu sein. Als Rechtfertigung liefert dann der Beschuldigte doch die Auskünfte, die der Tester als Diagnose ausgibt – zusätzlich wird der Sabotageversuch negativ vermerkt. Und wer zu erkennen gibt, daß er nicht an Farbtests glaubt, wird niemals positiv beurteilt werden, denn ein Tester, der Farbtests macht, glaubt daran.

Der Vorsatz, in einem Farbtest Gefühle zu verheimlichen, ist unnötig. Denn die Angst, Gefühle könnten durch einen Farbtest entlarvt werden, ist unnötig. Ein Farbtest offenbart lediglich, was eine Testperson über Farbsymbolik weiß. Jeder kann sein Wissen seinen Interessen gemäß einsetzen.

Psychologische und symbolische Wirkung

7. Das Alter und das Alte

Das Alter (5): Grau 32 %, Schwarz 22 %, Braun 20 %, Silber 7 %, Violett 5 %

Das Alte (4): Grau 57 %, Braun 31 %, Schwarz 6 %

‹Alt und grau› ist eine internationale Assoziation. Der Ursprung ist offensichtlich: Egal ob blond oder schwarz, im Alter wird jeder grau.
‹In Ehren ergrauen› bedeutete früher, ein Leben ohne Skandale zu führen. Heute wird diese Redensart auf jene bezogen, die ihre grauen Haare nicht überfärben. Immerhin gelten graue Schläfen als attraktiv, allerdings nur bei Männern. ‹Besser graues Haar als gar kein Haar›, tröstete man sich schon im Mittelalter.
«Vor einem grauen Haupt sollst du aufstehen und die Alten ehren», gebot Moses. Grau war gleichbedeutend mit erfahren, ehrwürdig, weise. Mit der jugendbestimmten Kultur ist diese Assoziation untergegangen. ‹Graue Panther› nennt sich eine weltweite Interessengemeinschaft alter Menschen – ihr Wappentier läßt kaum an durch Erfahrung erworbene Weisheit denken, eher an konservierte Jugendlichkeit.
Als Farbe des Alten ist Grau auch eine Farbe des Altmodischen.

Das Altmodische (6): Braun 39 %, Grau 21 %, Violett 9 %, Schwarz 9 %,
          Gold 8 %

Symbolische Wirkung

8. Die vergessene Vergangenheit

Grau ist die unbestimmte Ferne, an die man ohne Sehnsucht denkt. Anders als Grün wird Grau stärker in der zeitlichen Dimension als in der räumlichen empfunden, seine Ferne ist die Vergangenheit. Im Gegensatz zur idealisierten ‹goldenen Vergangenheit› ist die ‹graue Vorzeit› eine finstere Zeit. ‹Graue Sitten› sind barbarische Sitten.
Der Staub und die Asche sind grau. Der Staub ist das Symbol des Vergessenen, die Asche das Symbol des Zerstörten.

Zwischen nah und fern (200): Grau 20 %, Grün 20 %, Blau 12 %, Violett 10 %,
          Silber 9 %, Gelb 8 %, Weiß 6 %, Braun 5 %

Kultureller Hintergrund

9. Grisaille – Malerei in den Totfarben

Grisaille heißt eine Maltechnik, deren Farbigkeit auf Grautöne reduziert ist. Man nannte das Grau-in-Grau auch ‹Malerei in den Totfarben›.

Die grau gekleideten Zisterziensermönche waren die ersten, die keine Buntheit in ihren Kirchen duldeten. 1134 verbot der Orden farbige Kirchenfenster: das bunte Licht lenke von der Andacht ab. Das Glas der Fenster wurde nun grau-in-grau bemalt, meist mit Flecht- und Blattornamenten. Als Grisaille-Malerei wirken die Ornamente wie aus Stein gehauen.

Grau-in-grau malte Giotto zwischen 1303 und 1310 in der Arena-Kapelle zu Padua die sieben Laster: ‹Die Verzweiflung›, ‹Der Neid›, ‹Der Unglaube›, ‹Die Ungerechtigkeit›, ‹Der Zorn›, ‹Die Unbeständigkeit›, ‹Die Torheit›. – Grau ist die Farbe, die zu allem Schlechten paßt (→ Bild 78).

Symbolische Wirkung

10. Die Farbe der Armut und der Bescheidenheit

Graue Kleidung war – wie braune Kleidung – ursprünglich nur ungefärbte Kleidung. Im Althochdeutschen bedeutet ‹grau› (griseus) gering, unbedeutend – es war die Farbe der Armen. Bedeutende Personen trugen nur gewichtige Farben. In der Kaiserchronik Karls des Großen wird den Bauern Kleidung aus grauem, nämlich aus ungefärbtem Material befohlen. ‹Große Worte und graues Tuch sind billig zu haben›, sagt ein altes Sprichwort.[7]

Mönche und Nonnen legen die drei Klostergelübde des Gehorsams, der Keuschheit und der Armut ab. Die Armut wird von den Orden unterschiedlich ausgelegt: Es gibt eine ‹hohe Armut›, eine ‹höhere Armut›, eine ‹höchste Armut›. Die hohe Armut erlaubt den Orden so viel Besitz, wie zu ihrer Erhaltung notwendig ist; die höhere Armut erlaubt zwar keinen Grundbesitz, aber bewegliche Güter; die höchste Armut verbietet jeden Besitz. Zu den Orden, die höchste Armut gelobten, gehörten die Kapuziner und die Zisterzienser. Sie trugen früher graue Kutten. In der freiwillig gewählten Armut wurde Grau zur Farbe der Demut.

Das Gewand Christi, der Heilige Rock, ist grau. Die Pilger trugen Grau. Der steinige Weg, Symbol der Entbehrungen, ist grau.

‹Griseldis› oder ‹Griselda› ist eine Sagengestalt, deren Schicksal von vielen Dichtern erzählt wurde: Sie ist die Gemahlin eines despotischen Grafen. Er betrügt sie, verbannt ihre Kinder, will eine andere heiraten – Griseldis leidet und gehorcht schweigend. Ihr Name, vom französischen ‹gris› (grau), ist Ausdruck ihres Charakters: Bescheidenheit und Demut in einem elenden Leben.

Die Bescheidenheit (21): Grau 22 %, Weiß 17 %, Rosa 14 %, Braun 10 %, Grün 10 %, Silber 7 %, Schwarz 5 %

Die Einfachheit (3): Weiß 52 %, Grau 27 %, Braun 8 %

Psychologische und symbolische Wirkung

11. Die Farbe des Minderwertigen

Graue Nahrungsmittel scheinen zwar naturbelassen, aber minderwertig. Graubrot ist aus billigstem Mehl, ohne Weizen. Grau ist auch eine Farbe des Ungenießbaren, es ist die Farbe des Schimmels. Deshalb werden mit Grau schlechte Gerüche assoziiert.[6] Man denkt an Abfall und an undefinierbare Reste.
Alle Produkte, die in Weiß bekannt sind, wirken in Grau weniger wertvoll: zum Beispiel graues Umweltpapier, graue Zahnpasta, graues Porzellan. Die Abwertung funktioniert sogar bei edlen Materialien: grauer Marmor wirkt billiger als weißer Marmor, grauer Nerz billiger als weißer Nerz.

Das Ungenießbare (168): Grün 23 %, Braun 19 %, Grau 15 %, Gelb 11 %, Violett 11 %, Schwarz 9 %

Das Herbe (78): Grün 34 %, Braun 17 %, Grau 10 %, Schwarz 9 %, Silber 7 %, Gelb 5 %

Traditionelle Wirkung

12. Die grauen Kleider der Grisetten und der Gefängnisinsassen

Grau schluckt Schmutz. Schmutz und Armut gehören zusammen.

Grau war die Kleidung der Waisenkinder, die in öffentlichen Heimen lebten. Grau trugen die Insassen der Armenhäuser und der Gefängnisse. Graue Kleidung kennzeichnet die Armseligkeit in allen Schattierungen.

Die französischen ‹Grisetten› sind ursprünglich schlichte graue Kleider. Sie wurden im 19. Jahrhundert zum Kennzeichen arbeitender Frauen. ‹Grisetten› nannte man Näherinnen, Putzmacherinnen – Mädchen und Frauen aus den ärmsten Familien, die für miserablen Lohn arbeiteten. Für Kleidung hatten die Grisetten kein Geld, zur Kleiderpflege keine Zeit: Sie trugen grau – diese Stoffe waren am billigsten, und darauf sah man den Schmutz am wenigsten. Weil im konservativen Denken nicht vorstellbar ist, daß eine Frau von ihrer Arbeit lebt, wurde das graue Kleid, das Kennzeichen der Arbeit war, bald uminterpretiert zum Kennzeichen unmoralischer Frauen. ‹Grisette› – die Bezeichnung des beruflichen Standes wurde zum Synonym für die billigsten Prostituierten.

Die sprichwörtliche ‹graue Maus› ist eine unscheinbare Person. In der Damenmode wird zwar Grau seit Jahren als elegant propagiert, aber ob Grau ärmlich oder edel wirkt, ist keine Frage der Graunuance, sondern allein durch das Material bestimmt. Graue Arbeitskittel sind, wie überhaupt alle Kleidung aus billigen grauen Stoffen, besonders unbeliebt, weil sie sehr an die Armseligkeit von Gefängniskleidung erinnern. Jedes Material – Stoff, Leder, sogar Kunststoff – wirkt in Grau billiger als in Weiß oder Schwarz. Noch billiger wirkt nur die Plastikfarbe Orange.

Das Billige (23): Orange 19 %, Grau 15 %, Braun 15 %, Weiß 10 %, Gold 9 %, Rosa 9 %, Grün 8 %, Violett 7 %

Symbolische Wirkung

13. Heimlich und illegal

Die Heimlichkeit (76): Grau 29 %, Schwarz 19 %, Violett 14 %, Braun 8 %,
         Gelb 8 %, Weiß 7 %

‹Bei Nacht sind alle Katzen grau› – der ursprüngliche Sinn dieser Redensart: Solange niemand davon weiß, soll Verbotenes erlaubt sein.
Im juristischen Sinn ist eine ‹Grauzone› der diffuse Bereich zwischen noch Erlaub-
tem und schon Strafbarem.
Der ‹graue Markt› schaltet den Zwischenhandel aus, bietet unerlaubte Rabatte,
umgeht Preisbindungen. Auch ‹graue Importe› sind eigentlich illegal, werden nur
unter Ausnutzung von Gesetzeslücken juristisch nicht anfechtbar.
Nicht illegal, aber schwer zugänglich ist ‹graue Literatur›. Das sind Publikationen,
die vom Auftraggeber selbst bezahlt werden. Zur ‹grauen Literatur› gehören Ver-
bandsveröffentlichungen und Dissertationsdrucke. Diese Publikationen werden
nur in den ‹grauen Buchhandelskatalogen› erfaßt.
Der Heimlichkeit haftet das Böse an. Grau ist eine Farbe der Lüge, des Schlechten,
des Geizes und der Untreue – all jener Strebungen, die jeder verheimlicht.

Die Lüge (109): Schwarz 21 %, Gelb 16 %, Grau 15 %, Braun 11 %, Gold 8 %,
         Violett 7 %, Orange 6 %, Grün 5 %

Das Schlechte (142): Schwarz 43 %, Braun 22 %, Grau 13 %, Violett 8 %

Der Geiz (61): Gelb 31 %, Grün 26 %, Grau 19 %, Schwarz 8 %, Braun 7 %

Traditionelle und symbolische Wirkung

14. Graue Eminenzen und andere Unheimliche

Eine ‹graue Eminenz› ist eine Person mit heimlicher Macht, umgeben von einer
Aura des Unheimlichen. Es ist jemand, der offiziell nicht verantwortlich erscheint,
aber hinter den Kulissen die Entscheidungen bestimmt. ‹Drahtzieher› ist die moderne, weniger elegante Bezeichnung.
Der politische Begriff hat realen Ursprung: Die historisch erste ‹Eminence grise›
war der Baron François le Clerc du Tremblay (1577–1638). Gegen den Willen
seiner Familie ging er mit 22 Jahren ins Kloster. Als Kapuzinermönch Père Joseph

wurde er zur politischen Persönlichkeit. Joseph wurde Beichtvater Richelieus, dann sein engster Berater. Der graugekleidete Mönch galt schließlich als der heimliche Herrscher Frankreichs.

In der Geisterwelt gibt es eine farblich abgestufte Hierarchie der Verdammnis: Geister, die noch erlöst werden können, spuken im weißen Totenhemd umher. Die Höllenteufel sind schwarz. Grau gekleidet, mit fahlgrauer Haut, sind die Gestalten des Zwischenreichs, der Vorhölle. Sie sind nicht zu ewiger Qual, aber zu ewiger Arbeit verdammt. Heinzelmännchen und Zwerge kommen im Grau der Dämmerung und arbeiten bis zum Morgengrauen. Die heidnischen Geister, die Kobolde, Erdgeister und Trolle, werden auch ‹Graumännchen› genannt.

Psychologische und symbolische Wirkung

15. Angepaßte Mittelmäßigkeit: das Ideal der Herrenmode

Das Angepaßte (10): Grau 33 %, Braun 25 %, Weiß 7 %, Grün 5 %, Blau 5 %, Rot 5 %

Das Mittelmäßige (117): Grau 29 %, Braun 27 %, Grün 10 %, Gelb 9 %, Orange 8 %, Blau 5 %

Das Spießige (152): Braun 32 %, Grau 18 %, Gold 14 %, Grün 9 %, Silber 7 %, Schwarz 7 %

Das Biedere / Die Biederkeit (22): Braun 34 %, Grau 32 %, Weiß 9 %, Silber 7 %, Blau 5 %

Im 19. Jahrhundert begann Englands Weltherrschaft über die Meere, die Kolonien, die Industrien und die Herrenmode.

Die tonangebende Klasse kam nicht mehr aus der höfischen Kultur, nun herrschten die Fabrikbesitzer. Ihre Kleidung war so nüchtern wie ihre Geschäfte. Aus der Herrenmode verschwanden die glänzenden Stoffe, die Rüschen, die Farben. Der Herrenanzug des Viktorianischen Zeitalters blieb, bis heute kaum verändert, der typische Anzug. Der Stoff ist matt, der Schnitt folgt den natürlichen Formen des Körpers, die Farben sind unauffällig. Der ideale Tagesanzug ist im Sommer von gemäßigtem Hellgrau, im Winter von gemäßigtem Dunkelgrau.

Der Philosoph Friedrich Theodor Vischer lästerte 1861 über den modischen Herrn seiner Zeit: «Neu aber kam auf das Graue. Und dies war sehr richtig gefühlt; die vollendete Mattheit und Schlaffheit im Schnitt mußte sich mit der Farbe der Waisenbubenuniform vermählen; das ganz Blasirte ist farblos, selbst Schwarz ist ihm zu entschieden, grau, grau, wie die Seele drinnen mußte der Kittel werden.»[8]

Im Ersten Weltkrieg wurden die Soldatenuniformen grau – feldgrau. Die zivile Herrenmode bot keinen Kontrast – sie blieb von Grau beherrscht. 1930 schrieb Hans Adolf Bühler: «Grau innen und außen, so sieht der zeitungslesende Mensch von heute aus.»[9]

Historischer Hintergrund

16. Goethes Theorie gegen Newtons Theorie

Für Goethe entstehen alle Farben aus dem Grau – aus dem ‹Trüben›. Goethe erklärt es so: Das Sonnenlicht ist eigentlich farblos. Wenn aber der Himmel bewölkt ist oder wenn man die Sonne durch eine getrübte Glasscheibe betrachtet, dann erscheinen die Sonnenstrahlen gelb. Je mehr das Sonnenlicht getrübt wird, desto intensiver wird seine Farbe: In der Abenddämmerung und im Morgengrauen ist die Sonne dunkelrot.

Auch aus der Finsternis entstehen nach Goethe Farben, indem das Schwarze getrübt wird: Betrachtet man den schwarzen Nachthimmel durch eine von Kerzenlicht angeleuchtete, leicht getrübte Glasscheibe, dann erscheint der Himmel violett. Je stärker die Scheibe getrübt wird, desto heller und blauer wirkt der Himmel. – So entstehen Gelb, Rot und Blau, die Grundfarben der Maler, aus dem Trüben, erklärt Goethe.[10]

Mit seiner 1810 erschienenen Farbenlehre wollte Goethe den als genialsten Naturwissenschaftler aller Zeiten gefeierten Isaac Newton stürzen. Goethes Farbenlehre besteht aus drei Teilen: einem «Didaktischen Teil», einem «Polemischen Teil» und den «Materialien zur Geschichte der Farbenlehre». Der wichtigste Teil ist der Polemische Teil, sein Untertitel ist Programm: «Enthüllung der Theorie Newtons».

Newton (1643–1727) hatte bereits ein Jahrhundert vor Goethe (1749–1832) gezeigt, daß das Sonnenlicht alle Farben enthält: Er lenkte einen Lichtstrahl auf eine Seite eines dreikantigen Glasprismas, das Prisma fächert den Lichtstrahl auf, er wird auf der anderen Seite des Prismas projiziert als Regenbogenband von Rot-Orange-Gelb-Grün-Blau-Blauviolett-Rotviolett. Daraus ergab sich für Newton, daß das weiße Licht die Summe aller Lichtfarben ist.

Newton hatte experimentell einwandfrei die Zerlegung des farblosen Lichts in die Farben bewiesen. – Aber das Experiment, mit dem er umgekehrt die Synthese der Farben zur Summe Weiß darstellen wollte, war weniger überzeugend. Newton hatte dafür einen Farbenkreisel konstruiert, eine Scheibe, unterteilt in sieben Farb-segmente; die Größe jedes Segments entspricht dem Anteil jeder Farbe im Spek-trum. Wenn man die Scheibe schnell dreht, vermischen sich die Einzelfarben zur Gesamtfarbe, es entsteht – nach Newtons Theorie – Weiß. Aber auf dem Farben-kreisel entsteht Grau.

Der Fehler liegt im technischen Verfahren: Die Farben des immateriellen Lichts addieren sich zu Weiß. Die Mischung der Lichtfarben ist die ‹additive Farbenmi-schung›, denn sie addiert die Lichtfarben (→ Bild 51). Newton konnte bei seinem Farbenkreisel aber keine Lichtfarben verwenden, sondern mußte Malfarben ver-wenden. Die Malfarben und der Maluntergrund des Farbenkreisels schlucken so viel Licht, daß bestenfalls ein helles Grau entsteht. Die Mischung von Malfarben, aller materiellen Farben, ist die ‹subtraktive Farbmischung›. Denn jede weitere Farbe subtrahiert Licht, macht die Mischung dunkler.

Goethe also drehte Newtons Farbenkreisel und sah immer nur Grau. Er schrieb: «Daß alle Farben, zusammengemischt, Weiß machen, ist eine Absurdität, die man nebst anderen Absurditäten schon ein Jahrhundert gläubig und dem Augenschein entgegen zu wiederholen gewohnt ist.»[11]

In Rage brachte Goethe auch dieser Konflikt: Für ihn waren Gelb, Rot, Blau die Urfarben, denn aus ihnen sind alle anderen Farben mischbar. Und Gelb, Rot, Blau können nicht aus anderen Farben gemischt werden. Aber in der Farbmischung des Lichts, behaupteten die Physiker, würden andere Gesetze gelten. Hier sind Grün, Orange, Violett die Grundfarben! Denn:

> Grünes Licht + violettes Licht = blaues Licht
> Oranges Licht + grünes Licht = gelbes Licht
> Violettes Licht + oranges Licht = rotes Licht
> Grünes Licht + oranges Licht + violettes Licht = weißes Licht!

Über das von Newton beschriebene Prinzip der Farbmischung lästerte Goethe:

«Gelbrot und Grün macht das Gelbe, grün und violblau das Blaue!
So wird aus Gurkensalat wirklich der Essig erzeugt!»[12]

Goethe konnte nicht glauben, daß die Farben des Lichts sich nach anderen Geset-zen mischen sollten als die Farben seines Aquarellkastens. (Wenn sich die Strah-len eines grünen Scheinwerfers und eines violetten Scheinwerfers zu einem blauen Lichtkreis mischen, wirkt das noch auf heutige Theaterbesucher wie Zauberei.)

Es ging natürlich um mehr als die Frage, ob Grau der Ursprung oder ob Weiß die Summe aller Farben sei. Zur Zeit Goethes sah man die Naturwissenschaft als über-geordnetes Prinzip. In naturwissenschaftliche Kategorien wollte man auch die Ästhetik fassen, naturwissenschaftlich die Farben ordnen und ihre Wirkung festle-gen. Goethe war keineswegs der einzige, der damals auf diesem Gebiet forschte, seit Newton waren Farbenlehren ein Modethema. In jedem Salon wurde über Far-

benlehren geredet. In seinen «Materialien zur Geschichte der Farbenlehre» diskutiert Goethe die Farbenlehren von Dutzenden seiner Zeitgenossen.

Goethe erklärte die Farbenlehre zu seinem Lebenswerk: «Auf alles, was ich als Poet
geleistet habe, bilde ich mir gar nichts ein. Es haben treffliche Dichter mit mir
gelebt, es lebten noch trefflichere vor mir, und es werden ihrer nach mir sein. Daß
ich aber in meinem Jahrhundert in der schwierigen Wissenschaft der Farbenlehre
der einzige bin, der das Rechte weiß, darauf tue ich mir etwas zu gute, und ich habe
daher ein Bewußtsein der Superiorität über viele.» [13]

In seiner Farbenlehre warf Goethe den Naturwissenschaftlern vor, nur Details zu
kontrollieren, das «Wesen der Farben an sich» jedoch nicht zu begreifen. Dagegen
vertrat er den Anspruch einer totalen Betrachtungsweise. Statt der «künstlichen
Natur der Naturwissenschaft» wollte er die Wahrheit der «Urphänomene» offenbaren.

Für die Physiker ist jede Spektralfarbe gleichwertig. Goethe aber empfand die Farben als ein System mit hierarchischer Ordnung von hohen und niederen Farben.
Die gegensätzlichen hohen und niederen Farben sollen sich gegenseitig fordern,
einander steigern. «Polarität» und «Steigerung» sind die beiden Prinzipien, die
Goethes Farbenlehre zugrunde liegen. Er wollte eine Naturphilosophie begründen,
die sämtliche Wissenschaften umfassen sollte. Mit seiner Naturphilosophie wollte
Goethe die Naturwissenschaft übertrumpfen. [14]

Goethes Philosophie revolutionierte die Wissenschaft nicht – peinliches Aufsehen
erregte jedoch die Heftigkeit, mit der er Newton angriff. Die Experimente Newtons seien viel zu kompliziert und das nur, um die Leute so zu verwirren, daß sie
Newtons Lehre blind glauben müßten. Goethe hielt die naturwissenschaftlichen
Experimente für «Hokuspokus» und Newton für einen Betrüger, der optische Phänomene suggerierte, die es gar nicht gab. «Nur derjenige, der die Gewalt des Selbst-
betrugs kennt und weiß, daß er ganz nahe an die Unredlichkeit grenzt, wird allein
das Verfahren Newtons und seiner Schule sich erklären können.» [15] Goethe behauptete zu zeigen, wie Newton «zu Werke geht, um das Unwahre wahr, das
Wahre unwahr zu machen» [16].

Aber trotz der großen Verehrung, die dem Dichterfürsten entgegengebracht wurde,
stieß seine Farbenlehre auf eisige Ablehnung. Man warf Goethe dasselbe vor, was
er Newton vorwarf: Er betrachte nur jene Phänomene, die seine Theorien bestätig-
ten. Da er zudem naturwissenschaftliche Meßverfahren ablehne, seien seine Aussagen gar nicht zu überprüfen. Und grundsätzlich: Goethes Theorie über die Entstehung der Farben aus dem Trüben sei ein Irrtum.

Goethes Theorie beginnt beim Grau. Nach seinem Prinzip der Polarität bilden jene
Farben eine natürliche Einheit, die sich miteinander zu Grau ergänzen – die Komplementärfarben. Es sind die Farbpaare Rot-Grün, Gelb-Violett, Blau-Orange und
die Polarität Weiß – Schwarz.

Das Prinzip der ‹Steigerung› verweist ebenfalls aufs Grau, denn ‹Steigerung› ist
‹Trübung›. In Goethes Farbenkreis (→ Bild 79) steht oben Rot als aktivste Farbe in

höchster Steigerung. Rot ist Steigerung von Gelb, weil sich das gelbe Sonnenlicht im Abenddunst rot trübt. Rot ist auch die Steigerung von Blau, weil aus dem trüb-blauen Nachthimmel das Morgenrot entsteht.

Auch wenn man die Grundfarben Rot, Gelb, Blau mischt, entsteht Grau. Deshalb steht in der Mitte von Goethes Farbkreis Grau.[17]

Weil sich «naturgemäß» alles zum Grau addieren muß, erschien es Goethe auch notwendig und naturgegeben, daß jedem visuellen Eindruck ein optisches Nach-bild folgen müsse. Er bringt folgendes Beispiel als Beweis: «Als ich gegen Abend in ein Wirthshaus eintrat und ein wohlgewachsenes Mädchen mit blendend weißem Gesicht, schwarzen Haaren und einem scharlachroten Mieder zu mir ins Zimmer trat, blickte ich sie, die in einiger Entfernung von mir stand, in der Halbdämme-rung scharf an. Indem sie sich nun darauf hinbewegte, sah ich auf der mir entgegen-stehenden weißen Wand ein schwarzes Gesicht, mit einem hellen Schein umgeben, und die übrige Bekleidung der völlig deutlichen Figur erschien von einem schönen Meergrün.»[18] Goethe belegte dieses Phänomen auch mit der Zeichnung, Bild 81.

«Der Aufmerksame» sehe diese Erscheinungen überall, schreibt Goethe. – Hier zeigt sich die Problematik von Experimenten, deren Bedingungen nicht mit natur-wissenschaftlicher Exaktheit festgelegt sind. – Es gibt negative Nachbilder, aber sie tauchen nicht zuverlässig auf. Am ehesten ist der Effekt zu erzielen, wenn man längere Zeit eine einfarbige Fläche starr ansieht und dann eine weiße Fläche be-trachtet. Auch dann wird nicht immer ein komplementäres Nachbild gesehen. Bis heute ist ungeklärt, wann dieser Effekt zustande kommt und warum er meist erst nach sekundenlanger Verzögerung auftritt. Aus experimentalpsychologischer Sicht ist auffallend, daß das Gelingen des Effekts die Kenntnis der Komplementär-kontraste voraussetzt. So verstärkt sich der Verdacht, daß ein Nachbild nur gese-hen wird, wenn es zuvor im Denken vollzogen wurde. Die von Goethe beschrie-bene Umkehrung eines mehrfarbigen Bildes gelingt nur mit großer Übung.

Auge und Gehirn sind vollkommen voneinander abhängig. Wird durch einen Un-fall das Sehzentrum im Gehirn verletzt, werden die Betroffenen blind – trotz völlig gesunder Augen. Je mehr erforscht wird, wie stark unsere Wahrnehmung von unse-ren Erwartungen abhängig ist, desto kritischer steht man solchen Visionen gegen-über. Existieren sie nur, wenn man daran glaubt? Auch Goethe stellte fest, daß das Phänomen um so häufiger auftritt, je mehr man darüber reflektiert. Er schreibt, daß Friedrich Schiller die Nachbild-Theorie oft verwünscht hätte, denn er sah plötzlich überall komplementäre Nachbilder, die er vor Kenntnis der Theorie nie gesehen hatte.[19]

Es gibt noch einen Grund, der für ein psychologisch konditioniertes Phänomen spricht: Die komplementären Nachbilder werden vor allem in der deutschsprachi-gen, das heißt in der von Goethe beeinflußten Literatur behandelt.

Phänomene wie Nachbilder und Komplementärfarben wurden im 19. Jahrhun-dert, das von den Naturwissenschaften fasziniert war, von jedermann diskutiert. Aber Goethes Lehre von der Entstehung der Farben aus dem Urphänomen des Trüben wurde nicht akzeptiert. Goethe war darüber tief verbittert, mehr als über

jede Kritik an seinem dichterischen Werk. Deshalb ruft er am Schluß seiner Farbenlehre künftige Generationen auf, über sein liebstes Werk zu urteilen.

Goethe starb 1832. Im Vorwort zu Band 10 der Gesamtausgabe von 1885 steht das
Urteil der ‹künftigen Generationen›: «Ohne den Gehalt, den Goethes Namen aus
anderen Leistungen gewonnen, würde dieses Werk längst vergessen sein. Die Wissenschaft gedenkt seiner wie einer Verirrung…»[20]

Kulturelle Wirkung

17. Goethes Einfluß auf die deutsche Mode

Populärer wurden Goethes Ausführungen über die «sinnlich-sittliche» Wirkung
von Farben im «Didaktischen Teil» seiner Farbenlehre. Mit sinnlich-sittlicher Wir-
kung meinte er die psychologisch-symbolische Wirkung. Ausgehend von der
Ästhetik seiner Zeit stellte Goethe im Didaktischen Teil Richtlinien auf für die
Malerei und für den guten modischen Geschmack. Im Bereich der Mode hatte
Goethes Farbenlehre die nachhaltigste Wirkung.

Nach seinem Prinzip der Harmonie durch Polarität passen Farben nicht zusammen, die im Farbenkreis nebeneinanderliegen. Nebeneinanderliegende Farben addieren sich nicht zu Grau, deshalb würde der Gesamteindruck der Farbigkeit zu
grell wirken. Unharmonische Kombinationen sind für Goethe deshalb: Rot-
Orange, Violett-Rot, Blau-Grün. Diese Farbkombinationen gelten noch heute in
der konservativen Mode als geschmacklos – in der progressiven Mode allerdings
gelten sie als besonders attraktiv.

Zu Goethes Zeiten durften niemals die leuchtenden Farben in der Kleidung domi-
nieren. Weiß galt als die schönste Farbe der Damenmode, der elegante Herr trug
Schwarz. Die Kleidung des idealen Paares ergänzte sich gegenseitig zu Grau
(→ Weiß 11).

Um eine harmonische Farbwirkung zu erzielen, müssen die Farben beruhigt und in
eine hierarchische Ordnung gebracht werden. Harmonie durch Hierarchie – das
bedeutet, daß sich die komplementären Farben nicht gleichwertig gegenüberste-
hen. Nur eine Farbe soll als reine Farbe wirken, die jeweilige Komplementärfarbe
soll als getrübte Farbe kombiniert werden. Und: Die Fläche der getrübten, gebro-
chenen Farbe soll immer überwiegen. So entsteht trotz der Verwendung einer kräftigen Farbe eine gedeckte Gesamtwirkung. Die reine Farbe herrscht durch Qualität, die gebrochene Farbe ist beherrschte Quantität.

Farbkombinationen, die nach Goethe besonders schön wirken:

Rot mit Graugrün oder Blaßgrün
Grün mit Dunkelrot oder Rosa
Orange mit Blaugrau oder Hellblau
Blau mit Braun
Gelb mit Schwarzviolett
Violett mit Hellgelb

Goethe gab auch noch einen Rat, wer welche Farben tragen sollte: «Die weibliche Jugend hält auf Rosenfarb und Meergrün, das Alter auf Violett und Dunkelgrün. Die Blondine hat zu Violett und Hellgelb, die Brünette zu Blau und Gelbrot Neigung, und sämtliche mit Recht.»[21]

Bis heute blieb die Neigung zu gedeckten Kleiderfarben nirgendwo so ausgeprägt wie in Deutschland. Gedeckt = gediegen = geschmackvoll – das ist die deutsche Modeformel. Viele Deutsche ereifern sich über die bunt gekleideten Amerikaner. Die farbenbewußtere Kleidung der Italiener und Franzosen – Nationen, die im Gegensatz zu den Deutschen Weltmode kreieren – gilt hierzulande als indezent-unseriös.

Kulturelle Wirkung

18. Die Abneigung der Maler gegen die Theorie

Goethe, der lange erwogen hatte, Maler zu werden, schrieb den «Didaktischen Teil» vor allem für Künstler. Er hoffte, mit seiner Farbenlehre deren Abneigung gegen jede Theorie zu überwinden. «Man fand bisher bei den Malern eine Furcht, ja eine entschiedene Abneigung gegen alle theoretischen Betrachtungen über die Farbe und was zu ihr gehört, welches ihnen jedoch nicht übel zu deuten war. Denn das bisher sogenannte Theoretische war grundlos, schwankend...»[22]
Trotzdem hatten Goethes Ausführungen kaum Einfluß auf die Künstler. Die mit Goethe befreundete Angelika Kauffmann, berühmteste Malerin der Zeit, malte auf seinen Wunsch ein Bild Grau in Grau und übermalte es abschließend mit farbigen Lasuren. Die Wirkung sei «sehr erfreulich» gewesen, meinte Goethe; allerdings bemerkte er auch, daß man das nach seiner Anweisung gemalte Bild «von einem auf die gewöhnliche Weise gemalten Bilde nicht unterscheiden konnte»[23].
Auch die anderen Ausführungen Goethes waren für die Künstler zu wenig faßbar, um Anleitung zu sein. Das Prinzip der sich ergänzenden Polaritäten ist auch ein Grundprinzip der asiatischen Malerei, aber deren Farbigkeit ist völlig verschieden

von der europäischen Malerei der Goethezeit. Goethe selbst kommt zu dem Schluß, keine allgemeinverbindlichen Regeln nennen zu können; der Maler müsse im jeweils konkreten Fall das jeweils Entsprechende seiner Lehre auswählen. – Wie üblich, verfuhren die Künstler umgekehrt: Die Theorie ist nicht Basis ihres Schaffens, nur Alibi der Interpretation.

Den Malern späterer Generationen erschien Goethes Lehre von noch begrenzterer Gültigkeit: In der für Goethe noch nicht vorstellbaren abstrakten Malerei gibt es keine ‹naturgegebene› Farbigkeit, keine ‹natürliche› Harmonie.

Das grundsätzliche Problem der Goetheschen Farbenharmonie: Es gibt keine zeitlose Ästhetik, kein erfahrungsloses Empfinden. Die Aufgabe der Kunst wird von jeder Generation anders bewertet, mit jeder Erfahrung wandelt sich die Ästhetik. Es gibt nur wenige Epochen, in denen die Malerei wie zur Goethezeit nach einer Harmonie strebte, die Widersprüche nivellieren sollte. Vielleicht ist es bezeichnend für die rückwärtsgewandte Zeit des Klassizismus, daß Grau, die Farbe der Anpassung, als fundamentale Farbe bewertet wurde. Heute wäre Grau sicherlich nicht der Anfang aller Farbigkeit – eher das Ende.

19. Das kreative Grau

Was traditionell mit Grau assoziiert wird, muß nicht immer unbedingt grau sein. Wenn Grau spielerisch ins Gegenteil, ins Rosarote, verkehrt wird, dann gibt es zum Beispiel:

den rosaroten Alltag
rosarote Arbeitsanzüge
rosarote Asche
rosaroten Asphalt
rosarote Autobahnen
rosarote Autoreifen
rosaroten Beton
rosarotes Blech
rosarote Büromöbel
den Eiffelturm in Rosarot
rosarote Eisenbahnen und Gleise
rosarote Elefanten
rosarote Esel
rosarote Felsen
Flanellanzüge mit rosaroten Nadelstreifen

rosarote Gefängnisse
rosarote Geister und Gespenster
das Grauenhafte in Rosarot
rosarote Haie
rosarote Industriegebiete
rosarote Lodenmäntel
rosarote Müllcontainer
rosarote Novembertage
rosarote Pflastersteine
rosarote Pfützen
rosarote Pudel
rosaroten Regen
rosarote Schieferdächer
rosarote Schrauben und Nägel
rosarote Schwalben

rosarote Soldatenuniformen

rosarote Sorgen

rosarote Spinnweben

rosaroten Staub

rosarote Tauben

rosarote Theorien

rosarote Traurigkeit

rosarote Wale

rosarote Wölfe

rosaroten Zement...

[1] Wackernagel, S. 237.

[2] Lüscher, zitiert nach der 1971 erschienenen Ausgabe «Der Lüscher-Test. Persönlichkeitsbeurteilung durch Farbwahl», S. 21.

[3] Ebd., S. 12 ff.

[4] Ebd., S. 11.

[5] Diese Angaben sind errechnet nach der Tabelle S. 161. Lüschers Prozentangaben zu den Kommentaren im Textteil beziehen sich nur auf männliche Studenten zwischen zwanzig und dreißig Jahren. Diese Angaben sind also nicht repräsentativ! Vgl. S. 47.

[6] Vgl. Favre/November, S. 30.

[7] Grimms Wörterbuch, Stichwort ‹Grau›, Spalte 2085.

[8] Vischer, Vernünftige Gedanken über die jetzige Mode (1861).

[9] Bühler, Das innere Gesetz der Farbe (1930).

[10] Goethe, Farbenlehre, § 150–156.

[11] Ebd., § 558.

[12] Goethe, Xenien, S. 870.

[13] Johann Peter Eckermann, Gespräche mit Goethe in den letzten Jahren seines Lebens; 1836 und 1848. Gespräch vom 19.2.1829.

[14] Goethe, Farbenlehre, § 716–721.

[15] Goethe, Farbenlehre. Polemischer Teil, § 45.

[16] Ebd., § 23.

[17] Goethe, Farbenlehre, § 517, § 556, § 557.

[18] Ebd., § 52.

[19] Goethe, Nachträge zur Farbenlehre, S. 608.

[20] Gesamtausgabe, Band 10, Vorwort von Karl Goedeke, S. XVI.

[21] Goethe, Farbenlehre, § 840.

[22] Ebd., § 90.

[23] Goethe, Materialien zur Geschichte der Farbenlehre, S. 586.

Silber: Rasant, doch ewig zweitrangig

Aluminiumglanz·Altsilber·Antiksilber·Chromglanz·Metallicglanz·
Neusilber · Nickelglanz · Platingrau · Platinweiß · Silberblond · Sil-
bergrau · Silberweiß · Standardsilber · Silberschwarz · Titanglanz ·
Weißgoldglanz·Zinkglanz

Der ewige Vergleich mit dem Gold

Von allen Farben ist Silber diejenige, an die man am wenigsten denkt. Als Lieblingsfarbe wurde Silber nur von 1 % der Männer genannt, von Frauen gar nicht. Es überwiegt die Ablehnung: 2 % Prozent Frauen und Männer nennen Silber als die Farbe, die ihnen am wenigsten gefällt.

Wie Gold wird Silber zuerst mit dem Edelmetall assoziiert. Aber der Gedanke an das Metall Silber führt nicht weiter zur Farbe Silber – die spontane Assoziation zu ‹Silber› ist bei den meisten Menschen – ‹Gold›.

Immer sagen wir: ‹Gold und Silber› – niemals ‹Silber und Gold›. Silber ist nur das Zusätzliche, nie das Grundsätzliche. Ein Sprichwort sagt: ‹Wo man Gold graben kann, gräbt man nicht nach Silber›.

Silber wird nur in Kombination mit Gold als Farbe des Teuren genannt, und natürlich ist Silber viel weniger wertvoll. Der Sieger bekommt die Goldmedaille, für den Zweiten bleibt als Trost das Silber.

Die dem Silber zugeschriebenen Eigenschaften sind oft keine Eigenschaften des Silbers, sondern nur Kontraste zum Gold. 1 Liter Wasser wiegt 1 Kilogramm, die gleiche Menge Silber 10,5 Kilogramm. Silber ist schwer. Aber es wird als ‹leichte Farbe› eingestuft – denn Gold ist doppelt so schwer. Obwohl Objekte aus Silber meist größer sind als Objekte aus Gold, wird Silber häufiger als eine Farbe des Kleinen genannt. Unabhängig von den tatsächlichen Größenverhältnissen wirkt es neben dem großartigen Gold klein und bescheiden.

Weil Silber eine so nachgeordnete Rolle spielt, wird hier auch auf Nennungen mit nur wenigen Prozenten eingegangen. Interessant ist schon, daß die Befragten überhaupt an Silber dachten.

Besonders bemerkenswert ist, wenn Silber ohne den ewigen Bezug zum Gold auftaucht, wenn bei einem Begriff also nur Silber genannt wurde.

Das Teure (159): Gold 61 %, Silber 15 %, Schwarz 10 %, Blau 6 %

Der Reichtum (133): Gold 53 %, Silber 16 %, Gelb 8 %, Schwarz 8 %

Die Pracht (131): Gold 50 %, Rot 16 %, Silber 10 %, Violett 10 %

Die Festlichkeit (51): Gold 26 %, Weiß 23 %, Silber 15 %, Schwarz 15 %,
        Blau 8 %

Kultureller Hintergrund

1. Der Name des Riesen

Der Riese Argus (oder Argos) der antiken Götterwelt bekam seinen Namen vom Silber (lateinisch: ‹argentum›; griechisch: ‹argyros›). Argus ist der allsehende Wächter, er hat tausend Augen, die nie alle gleichzeitig schlafen. Man kann die wachen, wie Silber blinkenden Augen des Argus nachts am Sternenhimmel sehen.

Auch ein südamerikanisches Land trägt den Namen des Silbers – 1516 entdeckten die Spanier an der Küste Südamerikas die Mündung eines großen Flusses. Auf der Suche nach Gold und Silber fuhren sie ins Land hinein und nannten den Fluß, der sie zu den Schätzen bringen sollte, ‹Río de la Plata› – ‹Silberstrom›. Drei Jahrhunderte blieb das Land unter spanischer Herrschaft als ‹Königreich von Río de la Plata›, dann hatten sich die Südamerikaner mit Hilfe der Franzosen die Unabhängigkeit erkämpft, und statt des spanischen ‹plata› nahmen sie ‹argent›, den französischen Namen des Silbers, an: ‹Argentinien› – obwohl in Argentinien nie bedeutende Mengen von Gold oder Silber gefunden worden waren.

Ein anderes silberfarbenes Metall, erst Mitte des 18. Jahrhunderts als chemisches Element entdeckt, wurde nach ‹plata›, dem spanischen Wort für Silber, benannt: das Platin.

Historischer und kultureller Hintergrund

2. Das praktische Edelmetall

Zwanzigmal häufiger als Gold und Platin ist das Element Silber. Es ist das meistgeförderte Edelmetall.

Silber gibt es überall auf der Welt. In Deutschland wurde schon im frühen Mittelalter Silber abgebaut. Die wichtigsten Bergwerke waren im Harz bei Rammelsberg, in Sachsen bei Freiberg und im sächsisch-böhmischen Erzgebirge. Bei Potosí in Bolivien entdeckten die Spanier 1545 die ergiebigste Silbermine der Welt durch einen Zufall: Ein Sturm hatte einen Baum aus der Erde gerissen. Zwischen seinen Wurzeln schimmerten Tropfen aus Silber. Noch heute wird viel Silber in Südamerika gefördert. Große Silbervorkommen gibt es außerdem in Mexiko, in Nevada und Kanada.

Das Silber aus den Bergwerken ist nie rein. Es ist vermischt mit Nickel oder Zink, Zinn, Blei, Kupfer, manchmal auch mit Gold und Platin. Zwar enthält Silber nicht immer Gold, aber natürliches Gold enthält immer Silber. Etwa 20 % des Silbers werden als Nebenprodukt des Goldabbaus gewonnen.

Silber verbindet sich auch mit nichtmetallischen Elementen: Der ‹Bleiglanz› ist eine mineralische Schwefel-Blei-Verbindung, die weniger als 1 % Silber enthält, aber die Hälfte des Silbers wird durch die Verhüttung von Bleiglanz gewonnen.

Silber läßt sich bis 0,00027 Millimeter auswalzen. Es läßt sich so dünn ziehen, daß ein Faden von einem Kilometer Länge nur 0,5 Gramm wiegt.

Silber ist das meistverwendete Edelmetall. Aber nur 15 % des Silbers werden zu Schmuck und Silbergeräten verarbeitet. 30 % verbraucht die fotochemische Industrie: Die lichtempfindliche Schicht von Filmen und Fotopapieren ist aus Silberbromid. 20 % verbraucht die Elektroindustrie: Kein anderes Metall leitet Elektrizität und Wärme besser. Silber wird zu vielfältigen Zwecken verarbeitet. Mit Silber werden Thermosgefäße beschichtet. Und Spiegel – kein anderes Material reflektiert das Licht besser. Silber wirkt keimtötend, es wird zur Aufbereitung von Trinkwasser gebraucht. Medikamente gegen Magen-Darm-Erkrankungen und Kehlkopfentzündungen enthalten Silber als Wirkstoff. Silber ist als Lebensmittelfarbe zugelassen – die silbernen Zuckerdragees sind mit echtem Silber überzogen. Früher wurde der größte Teil des Silbers zu Münzen verarbeitet, doch diese Verwendung wird zunehmend eingeschränkt.

Jährlich werden auf der Welt 12 000 bis 15 000 Tonnen Silber gefördert. Aber diese Menge liegt ungefähr 5000 Tonnen unter dem Jahresbedarf. Deshalb wird überall versucht, das Silber zurückzugewinnen, beispielsweise aus den Fixierbädern der Fotolabore und aus alten Batterien. Vor allem aber wurden die alten Silbermünzen aus dem Verkehr gezogen und eingeschmolzen.

Früher entsprach der Wert einer Münze dem Preis des darin verarbeiteten Metalls: Wenn fünf Gramm Silber eine Mark kosteten, dann enthielt ein Markstück fünf Gramm Silber. Die letzte silberne Münze der Bundesrepublik war das Fünfmarkstück von 1974. Nun enthalten nur noch die Gedenkmünzen Silber, aber ihr Silbergehalt ist geringer als ihr Preis. Sie enthalten höchstens 93 %, oft nur 40 % Silber. Und die gewöhnlichen silberfarbenen Münzen sind Legierungen aus Kupfer und Nickel – ganz ohne Silber.

Psychologische und symbolische Wirkung

3. Die Farbe des schnöden Geldes

Wieviel Gold kostet ein Ei? – Die Eierpreise steigen und der Goldpreis schwankt – im letzten Jahrzehnt hätte man für ein Ei zwischen einem dreißigstel und einem dreihundertstel Gramm Gold bezahlen müssen. Auf jeden Fall zuwenig Gold, um daraus eine Münze prägen zu können. Für die kleinen Käufe des täglichen Lebens braucht man handliche Münzen aus weniger wertvollem Material.

König Krösus, der die ersten Goldmünzen prägen ließ, brachte auch Silbermünzen in Umlauf: 8 Gramm schwere Münzkügelchen, klein wie ein Streichholzkopf.

Silber war bis vor wenigen Jahren das wichtigste Material für Münzen. ‹Silber› und ‹Geld› wurden in vielen Sprachen identisch – in unserer Umgangssprache bedeutet ‹versilbern› verkaufen.

Wer einen ‹Silberblick› hat, schielt. Ursprünglich war damit ein Schielen im übertragenen Sinn gemeint: der Blick heimlicher Geldgier, das Schielen nach dem Silber. Von einem Kind reicher Eltern sagt man in England: ‹Es wurde mit einem Silberlöffel im Mund geboren›.

Geld wird stärker als Gold mit Habgier, Geiz und allem Schlechten verbunden. Geld ist unmoralischer als Gold. Judas Ischariot verriet Jesus für 30 Silberlinge an die Hohenpriester. 30 Silberlinge, das war der Monatslohn eines Arbeiters – eine Summe, die auch in Goldmünzen hätte bezahlt werden können. Aber Verräter bezahlt man nicht mit Gold. Judas bereute den Verrat, gab das Geld zurück, erhängte sich. Die Hohenpriester wollten dieses blutbefleckte Geld nicht im Tempel behalten und kauften von den 30 Silberlingen ein abgelegenes, unfruchtbares Stück Land, auf dem Verbrecher und Fremde begraben werden sollten.

Gold wird gehortet, idealisiert. Mit Silber wird bezahlt. Silber ist das schnöde Geld, es hat seinen Preis, aber keinen ideellen Wert.

Obwohl Silber viel alltäglicher ist als Gold, wird es stärker als künstliche und unnatürliche Farbe empfunden.

Das Künstliche (96): Violett 23 %, Silber 18 %, Rosa 15 %, Gold 15 %,
        Orange 10 %, Weiß 5 %

Das Unnatürliche (171): Violett 24 %, Silber 17 %, Rosa 15 %, Gold 15 %,
        Orange 11 %, Grau 5 %

Historischer und kultureller Hintergrund

4. Legierungen und Fälschungen

Silber ist härter als Gold, aber zu weich, um pur verarbeitet zu werden. Es wird mit Kupfer, Nickel und Zink legiert. In Deutschland wird der Feingehalt des Silbers in Tausendsteln angegeben. Silberschmuck enthält meist 80 % Silber, trägt also den Stempel 800.

In anderen Ländern wird der Silbergehalt durch Symbole gekennzeichnet. Das englische Sterlingsilber ist mit einem schreitenden Löwen gestempelt, es ist 925er Silber. Das Britannia Standard-Silber, gestempelt mit einer sitzenden Britannia, enthält 958 Tausendstel Silber.

In Frankreich wird Silber mit dem Gallischen Hahn gestempelt. Steht neben dem Hahn die Ziffer 1, ist es 950er Silber, die Ziffer 2 bedeutet 800er Silber. In vielen außereuropäischen Ländern wird Silber mit einer Mondsichel gestempelt, zusätzliche Ziffern geben Aufschluß über den Feingehalt.

Deutsches Silber mit dem Feingehaltsstempel in Tausendsteln ist kein antikes Silber. Denn bis Ende des 19. Jahrhunderts wurde der Silbergehalt in ‹Lot› angegeben. 1000 Promille Silber entsprechen 16 Lot. Üblich waren Legierungen mit 12 Lot, das ist 750er Silber. Es gab auch höherwertige Legierungen von 13, 14, 15 Lot.

Solange es noch kein europäisches Porzellan gab, speiste, wer es sich leisten konnte, von silbernen Tellern, trank aus silbernen Pokalen. Für die nicht ganz so Reichen wurde Tafelsilber aus achtlötigem (500er) oder sechslötigem (375er) Silber gefertigt. Die Lotangaben auf alten Silbergeräten sind mit dem Stadtbeschauzeichen kombiniert. In jeder Stadt hatten die Gold- und Silberschmiede einen Stadtstempel. Dadurch ist bei altem Silber die Herkunft festzustellen.

Eine ganz besondere, natürlich vorkommende Legierung ist ‹Elektron›. Es ist Silber, das 20 oder mehr Prozent Gold enthält. Münzen, Schmuck, Kunstobjekte aus Elektron sind sehr alt und sehr selten: Fast alles aus Elektron wurde eingeschmolzen, um das Gold zu gewinnen.

Der Silbergehalt ist nicht an der Farbe zu erkennen, er muß wie beim Gold am Probierstein ermittelt werden (→ Gold 5). Und der Silbergehalt ist kaum am Gewicht zu erkennen, denn Silber und Kupfer sind fast gleich schwer – ideale Voraussetzungen für Falschmünzer.

Schon immer war der Silbergehalt von Münzen starken Schwankungen ausgesetzt. Die Herrscher aller Zeiten, aller Länder benutzten einen einfachen Trick, um zu mehr Geld zu kommen: Sie ließen die alten Silbermünzen für ungültig erklären und einschmelzen. Dann ließen sie neue Münzen prägen mit geringerem Silbergehalt. So wurde aus den alten Münzen mehr Geld. Viele Regenten betätigten sich als Falschmünzer. Manche brachten silberweiße Münzen in Umlauf – Legierungen aus Kupfer und Arsen.

Wenn das Geld so wertlos geworden war, daß es niemand mehr in Zahlung nehmen wollte, wurde der Silbergehalt wieder erhöht, dann begann die Inflation durch Münzverschlechterung von neuem.

‹Schrot› nennt man das Gesamtgewicht einer Münze, ‹Korn› den Gewichtsanteil des Edelmetalls. Eine Münze, deren Edelmetallgehalt unverfälscht den jeweiligen Vorschriften entsprach, war ‹von echtem Schrot und Korn›.

Psychologische und symbolische Wirkung

5. Das Silber des Mondes

Gold und Silber sind ein Paar, wie Sonne und Mond, wie Mann und Frau. Eine Mondsichel war das Zeichen der Alchimisten für das Element Silber, sie nannten es ‹Luna›. Altes Silber ist oft mit einer Mondsichel gestempelt.

Der Mond ist in den meisten Sprachen weiblichen Geschlechts: Der Mann im Mond und Frau Sonne sind anderswo nicht bekannt, dort kennt man ‹Lady Luna› und ‹Mister Sun›. Das männliche Gold gehört zur männlichen Sonne und zur männlichen Farbe Rot. Zum weiblichen Metall Silber gehört die weibliche Farbe Blau. In der Allegorienmalerei wird das Silber als blaugekleidete Frau dargestellt: Frau Silber wohnt auf dem Mond und fährt nachts in einem von Hirschen gezogenen Schlitten spazieren.

Wie der Mond gehört das Silber zu den Kräften der Nacht. Nur Gewehrkugeln aus Silber können einen Werwolf töten. Freikugeln, die jedes erwünschte Ziel treffen, sind aus Silber. Besonders starke zauberabwehrende Kräfte hat altes Silber aus Familienbesitz.

Symbolische Wirkung

6. Die Farbe der Zurückhaltung

‹Reden ist Silber, Schweigen ist Gold› – dieses Sprichwort wiederholt einmal mehr die höhere Wertschätzung des Goldes. Aber es widerspricht unserem Gefühl: Als leise, stille Farbe gilt nicht Gold, sondern Silber. Schweigsamkeit gehört zur Höflichkeit, und Silber ist eine Farbe der Höflichkeit.

Die Höflichkeit (82): Rosa 17 %, Silber 15 %, Weiß 14 %, Grau 11 %, Blau 10 %, Grün 9 %, Gold 6 %, Gelb 6 %

Das Stille (155): Blau 22 %, Weiß 15 %, Grün 15 %, Schwarz 13 %, Silber 11 %, Grau 11 %

Das Leise (105): Weiß 27 %, Rosa 20 %, Grau 18 %, Silber 10 %, Grün 5 %, Schwarz 5 %

Silber wird mit den Tugenden geistiger Arbeit assoziiert. Es steht gleichberechtigt neben Gold als eine Farbe der Klugheit, der Selbständigkeit, der Genauigkeit, der Pünktlichkeit. Silber wird stärker als Gold als eine Farbe der Sicherheit empfunden. Gold wirkt protzig und laut. Silber ist intellektuelle Zurückhaltung.
Schon die Alchimisten sahen einen Zusammenhang zwischen dem Silber und der Intelligenz. Sie pulverisierten Silber, vermischten es mit Öl und verkauften diese Mixtur gegen Krankheiten des Gehirns.

Die Klugheit (91): Weiß 26 %, Blau 22 %, Silber 11 %, Gold 11 %, Gelb 8 %, Grau 7 %, Violett 5 %

Die Selbständigkeit (148): Blau 27 %, Schwarz 10 %, Silber 9 %, Gold 9 %, Grün 9 %, Rot 8 %, Orange 7 %, Gelb 5 %, Weiß 5 %

Die Genauigkeit (63): Weiß 23 %, Blau 20 %, Schwarz 17 %, Silber 8 %, Gold 8 %, Grau 5 %, Grün 5 %, Rot 5 %

Die Pünktlichkeit (132): Grau 20 %, Blau 17 %, Weiß 10 %, Braun 10 %, Grün 8 %, Silber 7 %, Gold 7 %, Orange 6 %

Die Sicherheit (150): Grün 23 %, Weiß 15 %, Blau 14 %, Silber 10 %, Braun 10 %, Gold 6 %, Gelb 6 %

Psychologische und symbolische Wirkung

7. Kühl und distanziert

Das Kühle (95): Blau 46 %, Silber 14 %, Weiß 13 %, Grau 11 %, Grün 6 %

Die Kälte (88): Blau 47 %, Weiß 23 %, Grau 14 %, Silber 11 %

Silber wirkt kühl. Es ist Weiß, Blau und Grau verwandt, den kalten Farben.
Als Farbe des Kühlen wird Silber täglich erlebt: Gekühlte Lebensmittel sind in Aluminiumfolien verpackt. In der Symbolik ist die kühle Wirkung in verschiede-

nen Dimensionen präsent: Silber gehört zum kalten Licht des Mondes, zum kalten Element Wasser, zum kalten Verstand.

Silber bleibt immer auf Distanz, es ist eine Farbe zwischen nah und fern. Silber ist die zweite Farbe der Höflichkeit, der kühlsten Form der Zuneigung.

Zum kühlen, distanzierenden Silber gehört als Form das Eckige.

Zwischen nah und fern (200): Grau 20 %, Grün 20 %, Blau 12 %, Violett 10 %, Silber 9 %, Gelb 8 %, Weiß 6 %, Braun 5 %

Das Eckige (30): Schwarz 18 %, Grau 18 %, Silber 15 %, Blau 15 %, Weiß 12 %, Gelb 8 %, Grün 7 %

Das Harte / Die Härte (74): Schwarz 43 %, Blau 15 %, Silber 12 %, Grau 9 %, Rot 6 %

Psychologische und symbolische Wirkung

8. Die schnellste aller Farben

Die Schnelligkeit (143): Silber 35 %, Rot 18 %, Gelb 12 %, Weiß 11 %, Schwarz 8 %, Blau 8 %

Schnelligkeit ist der einzige Begriff, bei dem die meisten Menschen zuerst an die Farbe Silber denken, und Silber ist ganz eindeutig die schnellste Farbe. Man denkt an ‹Silberpfeile› – an Flugzeuge, Raketen, an die rasanten Lokomotiven. Das Silber ist hier funktional: Der helle Glanz reflektiert die Sonnenstrahlen, reduziert die Hitze.

Als Farbe der Schnelligkeit ist das Silber nicht mehr Farbe des Edelmetalls, nicht mehr Ausdruck von Wert, sondern die Farbe der modernen Leichtmetalle. Es ist die Kennfarbe eines funktionalen Stromlinienstils.

Das schnelle Silber ist auch eine Farbe der Dynamik und der Sportlichkeit.

Die Dynamik (29): Rot 25 %, Blau 20 %, Orange 13 %, Silber 10 %, Gelb 9 %, Schwarz 9 %, Grün 5 %, Weiß 5 %

Die Sportlichkeit (153): Blau 34 %, Rot 17 %, Weiß 12 %, Silber 9 %, Grün 7 %, Gelb 7 %

Symbolische Wirkung

9. Hell und klar und in Bewegung

Eine ‹silberne Stimme›, ein ‹silbernes Lachen›, ein ‹silberner Quell›, ‹silberne Wogen› des Meeres – eine vom Gold unabhängige Bedeutung hat das Silber als Attribut des Hellen und des Klaren. Einige Sprachen haben für ‹silbern› und ‹hellglänzend› dasselbe Wort.

Es sind nicht nur Helligkeit und Klarheit, die zur Assoziation Silber führen, es gehört dazu auch die Dynamik. Silber muß in Bewegung sein, sonst wird es schwarz. Angelaufenes Silber ist in der mittelalterlichen Malerei Symbol der Trägheit.

Der ‹Silberstreif am Horizont› kündigt einen Wandel an zu besseren Zeiten. Diese Redensart wurde erst 1924 von Gustav Stresemann kreiert. Sie blieb populär, weil sie diese in der Symbolik verankerte Bedeutung des Silbers in Worte faßt. Silber ist auch eine Farbe der Zuversicht.

Psychologische und symbolische Wirkung

10. Das moderne Metall

Die Funktionalität (57): Weiß 29 %, Grau 21 %, Schwarz 19 %, Silber 10 %,
    Blau 5 %

Das Moderne (118): Weiß 19 %, Schwarz 14 %, Rot 13 %, Orange 11 %,
    Blau 10 %, Violett 10 %, Silber 8 %, Rosa 7 %

Silber ist eine Farbe der Funktionalität, Gold eine Farbe der Unsachlichkeit.

Gold drängt sich in den Vordergrund, verdrängt mit der Demonstration seines Preises alle anderen Werte. Im Glanz des Goldes wird jede andere Farbe verzerrt. Der Glanz des Silbers verdrängt nicht, er spiegelt andere Farben unverfälscht wider, das Silber selbst tritt in den Hintergrund.

Silber ist eine Farbe des Modernen, Gold gehört zum Altmodischen. Goldfarbene unedle Metalle wollen wirken wie Gold, mehr scheinen als sein. Aber nicht alles, was silbern glänzt, will Silber sein. Aluminium, Nickel, Chrom haben einen eigenständigen Wert: Es sind die modernen Materialien des modernen Designs.

Die Idee des Modernen bestimmt auch das Schmuckdesign der silberfarbenen Edelmetalle Weißgold und Platin.

Psychologische und symbolische Wirkung

11. Eleganter, unkonventioneller und origineller als Gold

Ein silbernes Abendkleid wirkt eleganter als ein goldenes Abendkleid. Goldstoffe und Silberstoffe sind heutzutage gleich teuer, denn goldene und silberne Metallfäden sind aus Aluminium. Wer ein goldenes Kleid wählt, will für sein Geld maximale Pracht demonstrieren. Wer sich für Silber entscheidet, hat es nicht nötig, so aufzutrumpfen. Das silberne Kleid entspricht der Zurückhaltung, die Eleganz ausmacht (→ Bild 70 und 71).

Gold ist die typische, die standardisierte Pracht. Accessoires aus goldenem Leder werden viel häufiger gekauft als Gürtel, Schuhe und Taschen aus silberfarbenem Leder. Silber ist unkonventioneller und origineller.

Das Unkonventionelle (169): Violett 28 %, Silber 14 %, Orange 10 %, Schwarz 10 %, Gelb 9 %, Rot 8 %

Das Elegante (38): Schwarz 22 %, Silber 19 %, Weiß 15 %, Gold 12 %, Violett 9 %, Grau 7 %, Blau 6 %

Das Originelle (129): Violett 22 %, Orange 17 %, Silber 11 %, Gelb 8 %, Gold 8 %, Schwarz 7 %, Rot 7 %, Rosa 6 %

Psychologische Wirkung

12. Das beschönigte Grau

Weiße oder graue Haare werden in poetisierender Sprache zu ‹Silberlocken›. Ein bärtiger Greis darf als ‹Silberbart› bezeichnet werden. Solange nur einzelne Haare ergraut sind, wird von ‹silbernen Fäden› geredet. Silber ist beschönigendes Attribut des Alters.

Allgemein wird glänzendes Grau gern Silber genannt. Die Kürschner haben den Graufuchs zum Silberfuchs veredelt. Die Gärtner haben aus den grauen Tannen Silbertannen gezüchtet. Weil jede Beschönigung als verkaufsfördernd gilt, wird in der Werbesprache sogar mattes Grau zum Silbergrau ernannt.

Das Alter (5): Grau 32 %, Schwarz 22 %, Braun 20 %, Silber 7 %, Violett 5 %

Politische Wirkung

13. Das politische Silber

Als Wappenfarbe symbolisiert Silber Demut, Ehrenhaftigkeit, Reinheit, Unschuld. Keine kämpferischen Tugenden – ein weiterer Grund, warum Gold die weitaus beliebtere Wappenfarbe wurde. Silber wird meist mit Blau kombiniert. Denn zum Metall Silber gehört nach alter Symbolik das Wasser. Silber ist Wappenfarbe, wenn Wassertiere zum Wappen gehören.

Silber ist außerdem die Metallfarbe fast aller Wappen, die den Mond im Schilde führen. Der Halbmond ist das bekannteste Zeichen der islamischen Welt. Die zunehmende Mondsichel ist religiöses und zugleich politisches Symbol, sie versinnbildlicht die Einheit der Länder mohammedanischen Glaubens. Die Türkei, Pakistan, Tunesien, Algerien, die Malediven führen die silberne Mondsichel im Wappen oder in der Flagge.

Silber wird zu Weiß, wenn Wappenfarben zu Flaggenfarben werden. Die Symbolik des Silbers wird identisch mit der Symbolik der Farbe Weiß. Silber wird zur Farbe des Friedens.

14. Das kreative Silber

Zum funktionalen Design gehört die Farbe Silber, wie zum Luxus-Design das Metall Gold gehört. All jene Gegenstände, die die Luxus-Designer vergolden, werden von den High-Tech-Designern verchromt (→ Gold 16).

Aber auch ohne das Zutun der Designer sind silberfarbene Objekte überall: Bestecke, Konservendosen, Nägel, Schrauben, Werkzeuge aller Art, Nadeln, Schlüssel und Schlösser, Spiegel, Stoßstangen, Felgen, Uhren, Wasserhähne, Aluminiumfolien.

Vieles davon läßt sich auch anders einfärben. Modeschmuck, Aschenbecher, Schnapsbecher, Bestecke aus farbig eloxiertem Aluminium waren in den fünfziger Jahren Mode. In den achtziger Jahren wurde das Metall Titan, in allen Regenbogenfarben schillernd, zu Modeschmuck verarbeitet. Auch Schlüssel sind in verschiedenen Metallfarben erhältlich. Als ästhetisches Gestaltungsprinzip könnten die Schlösser an Koffern, Aktentaschen, Handtaschen der Farbe des Leders angepaßt werden.

Vielleicht wagt es ein Hersteller, besonders exquisite Konserven in farbig eloxierten Dosen auf den Markt zu bringen. Das Silberpapier bei Schokoladenverpackungen könnte zur Abwechslung auch eine andere Farbe haben. Dunkle Schokolade wäre passend in dunkelbraunem Metallpapier verpackt. Das Gold- und Silberpapier in Zigarettenschachteln könnte durch Metallpapier in anderen Farben ersetzt werden, zum Beispiel grünes Metallpapier für Mentholzigaretten.

Nägel und Schrauben gibt es nun auch in den gängigen Holzfarben. Das ist praktisch; wenn die Nagelköpfe sichtbar bleiben, sind sie in den Holzfarben wenigstens unauffälliger. Praktisch wäre es auch, Nähnadeln, deren unterschiedliche Stärke oft kaum sichtbar ist, durch verschiedene Farben zu kennzeichnen. Reißverschlüsse gibt es in allen Farben – warum nicht auch Druckknöpfe und Sicherheitsnadeln? Wasserhähne sind nicht mehr unbedingt silbern (als Standardmodelle) oder golden (als Luxusmodelle) – es gibt nun, passend zur Küchen- und Badezimmereinrichtung, Wasserhähne und Armaturen in allen Lackfarben.

Die Chromleisten an den Autos sind verschwunden, seit einigen Jahren werden sogar die Stoßstangen in der Farbe des Autos lackiert. Genauso könnten bei Fahrrädern die Speichen farbig werden. Fahrradspeichen, in Leuchtfarben lackiert, wären ein Beitrag zur Sicherheit im Straßenverkehr.

In den popbunten siebziger Jahren ließen einige Flugunternehmen ihre Flugzeuge bunt lackieren. Aber diese heitere Farbigkeit wurde bald wieder abgeschafft, denn der erste Gedanke beim Flugzeug gilt der Sicherheit, und wenn es um das Gefühl der Sicherheit geht, ist die Farbtoleranz minimal. Ein Flugzeug wirkt um so sicherer, je konventioneller es aussieht. Das gilt allgemein: Je konventioneller etwas wirkt, desto seriöser und sicherer wirkt es.

Wie immer lassen sich die stärksten Farbwirkungen durch eine Farbgebung erzielen, die den Erwartungen widerspricht. Farbig beschichtete Spiegel, die alles in goldenem oder blauem Licht zeigen, wirken immer verblüffend.

Nach dem Prinzip, was konventionell silbern ist, in einer anderen Farbe zu machen, entwickelte eine Uhrenfirma ein erfolgreiches, weil außergewöhnliches Modell: eine Armbanduhr, deren Gehäuse nicht silbern, überhaupt nicht aus Metall ist, sondern aus gesprenkeltem Granit. Nach dem umgekehrten Prinzip – silbern zu machen, was nie silbern ist – gestaltete ein anderer Uhrenhersteller eine auffallende Werbekampagne: Eine silberne Uhr war an einer Männerhand zu sehen, passend zur Uhr war die Hand silbern lackiert (→ Bild 77).

Orange: Die billige Modernität, die Aufdringlichkeit, das Vergnügen

Apfelsinenfarben · Apricot · Aprikosenfarben · Blaßorange · Blutorangerot · Braunorange · Chromorange · Echtorange · Flamingoorange · Gelberübenfarben · Gelborange · Goldocker · Goldorange · Hummerrot · Indischgelb · Kadmiumorange · Karottenrot · Korallenrot · Krebsrot · Kupferorange · Lachsfarben · Lichter Ocker · Mandarinenorange · Melonenorange · Mennige · Neapelgelb · Ockergelb · Ockerrot · Orangengrau · Pastellorange · Persischorange · Pfirsichorange · Reinorange · Rotorange · Safrangelb · Safranrot · Tieforange · Zinnoberorange

Die Farbe, die niemand mag

Orange ist nach Braun – allerdings mit beträchtlichem Abstand – die unbeliebteste Farbe. 14 % der Frauen und 9 % der Männer nannten Orange als «die Farbe, die mir am wenigsten gefällt».

Männer lehnen – vielleicht demonstrativ – das typisch weibliche Rosa und das feministische Violett stärker ab als Orange. Doch Rosa und Violett wurden jeweils auch von einigen Prozent der Männer als Lieblingsfarbe genannt. Kein Mann nannte Orange als Lieblingsfarbe. Von den Frauen konnte sich nur ein knappes Prozent für Orange begeistern. Orange ist zwar nicht die unsympathischste Farbe, aber es ist die Farbe, die niemand mag.

Das Unsympathische (175): Braun 27 %, Violett 12 %, Orange 11 %, Gelb 11 %, Grün 7 %, Grau 7 %, Schwarz 7 %, Rosa 5 %

Anders als Grün und Violett, die wir als eigenständige Farben mit eigener Symbolik empfinden, ist Orange in der europäischen Kultur immer eine untergeordnete Mischfarbe geblieben. Wir denken zuerst an Rot und Gelb, ehe wir bei einem Begriff an Orange denken. Aber deshalb ist ein geringer Prozentwert von Orange für die Farbigkeit eines Begriffs meist typischer als die häufigere Nennung von Rot und Gelb.

Kulturelle und psychologische Wirkung

1. Das Orange der Orange

Vor der Orange gab es kein Orange. In allen Sprachen ist der Name der Farbe identisch mit dem Namen der Frucht. Auch der Geschmack, der mit der Farbe Orange verbunden wird, ist ganz von der Frucht geprägt.

Das Süße (157): Rosa 35 %, Orange 18 %, Rot 17 %, Gelb 12 %

Das Aromatische (11): Braun 27 %, Orange 20 %, Grün 16 %, Rot 13 %

Das Erfrischende (44): Blau 25 %, Gelb 22 %, Grün 15 %, Weiß 12 %, Orange 11 %, Rot 6 %, Rosa 5 %

Die Orange stammt aus Indien, ‹nareng› heißt sie dort. Von Indien kam sie nach Arabien, wurde dort ‹narang› genannt. Die Kreuzfahrer brachten sie nach Europa. In Spanien heißt sie ‹naranja›. Als die Orange schließlich in Frankreich heimisch wurde, verwandelten die Franzosen das erste ‹a› in ein ‹o› – denn ‹or› heißt Gold, und das paßt gut zur Orange.

Die Mandarine kam aus China. Weil sie dieselbe Farbe hat wie die Kleidung der chinesischen Minister, der sogenannten ‹Mandarine›, gaben ihr die Portugiesen den Beamtentitel als Namen. – Einem Minister und einer Frucht denselben Namen nur wegen derselben Farbe zu geben – in dieser Idee zeigt sich, wie fremdartig die Farbe Orange für Europäer war.

Solange nur reine Farben als schön empfunden wurden, vermied man Orange, wählte entweder Rot oder Gelb. Als schön galt nur ein leicht rotstichiges Gelb, das Goldgelb. Ein gelbliches Rot (Scharlachrot) war schon weniger vornehm als ein blaustichiges Rot (Karminrot). Echtes Orange, gemischt aus gleichen Anteilen von Rot und Gelb, ist auf europäischen Gemälden des Mittelalters weder als symbolisch gemeinte noch als real wiedergegebene Kleiderfarbe zu finden.

Nach den Regeln der Heraldik war Orange als Wappenfarbe nicht erlaubt. Ohnehin wollte niemand ein Wappen in der unästhetischen Mischfarbe. Erst in der Neuzeit tauchen in Wappen orangefarbene Schmuckelemente auf. Die Farbe Orange heißt in der Heraldik ‹Hyazinth›, benannt nach dem bräunlich-orangeroten Edelstein.[1]

Die alte Ablehnung des Orange bestimmt noch heute unsere Wahrnehmung der Farbe. Wir nehmen weniger Orange wahr, als uns tatsächlich umgibt. Man spricht vom ‹Abendrot›, obwohl ‹Abendorange› zutreffender wäre, auch die ‹Morgenröte› ist eher ein ‹Morgenorange›. Wir sprechen von ‹roten Felsen›, doch genauer besehen sind es eher orangefarbene Felsen.

Orange ist eine exotische Farbe geblieben.

Psychologische und symbolische Wirkung

2. Die billige Modernität

Das Billige (23): Orange 19 %, Braun 15 %, Grau 15 %, Weiß 10 %, Gold 9 %, Rosa 9 %, Grün 8 %, Violett 7 %

Was orange ist, wirkt billig, denn es ist meist aus Plastik.

Braun und Grau wirken billig, weil diese Farben typisch sind für einfache naturbelassene Materialien. Es gibt keine Naturmaterialien in Orange. Orange signalisiert die billigste Künstlichkeit.

Das traditionell schlechte Image der Farbe Orange hat sich in den letzten Jahren verstärkt. Vom Abfalleimer bis zur Zitronenpresse – jeder Artikel aus Plastik wurde in Orange angeboten, und oft in keiner anderen Farbe. Vom Schraubenzieher bis zum Schneebesen – alles bekam orangefarbene Plastikgriffe.

Wer die Forschungsfeindlichkeit der Werbebranche nicht kennt, vermutet hinter solch einheitlicher Farbigkeit ausgeklügelte Marktstrategien. Tatsächlich aber imitieren sich die Verkaufsstrategen nur gegenseitig. Jeder hofft, der andere hätte Geld für die Erforschung der Verbraucherwünsche ausgegeben. – Wenn es nützliche Produkte nur in Orange gibt, dann kaufen die Leute sie eben in Orange. Was Hersteller und Werbeleute zu der Überzeugung bringt: Die Leute lieben Orange.

Das Ende der orangefarbenen Plastikära kam nicht durch die Erkenntnis, daß viele Leute gern andere Farben hätten, sondern allein durch die Diskussion in den Medien über die hochgiftigen Farbstoffe in gelbem und orangefarbenem Plastik.

In der Werbung ist Orange die wichtigste Farbe neben Rot, der ‹klassischen› Reklamefarbe. Aber die orangefarbenen Werbebotschaften, die durch ihre Aufdringlichkeit Aufmerksamkeit erzielen wollen, bewirken schon seit Jahren einen gegenteiligen Effekt. Der Verbraucher erkennt die Botschaft als Werbung, ohne sie zu lesen. Die Reaktion auf Werbung bei immer mehr Menschen: Eine orangefarbene Seite in einer Zeitschrift wird automatisch überblättert, ein orangefarbenes Blatt Papier im Briefkasten wandert unbesehen in den Müll.

Orange ist eher eine modische als eine moderne Farbe. Es ist modisch im negativen Sinn: Ausdruck des unangenehm Grellen, des manipulierten Geschmacks.

Das Modische (119): Violett 20 %, Orange 17 %, Rosa 14 %, Gelb 12 %,
    Rot 12 %, Schwarz 8 %, Weiß 6 %

Psychologische und symbolische Wirkung

3. Die Farbe der Aufdringlichkeit

Die Aufdringlichkeit (13): Orange 22 %, Gelb 16 %, Violett 13 %, Rosa 11 %,
    Rot 10 %, Gold 8 %, Grün 5 %

Das Extrovertierte (48): Orange 19 %, Gelb 17 %, Rot 14 %, Gold 7 %,
    Rosa 7 %, Weiß 7 %, Grün 6 %, Blau 6 %

Zu den wenigen Eigenschaften, bei denen die meisten Befragten zuerst an die Farbe Orange denken, gehören die Aufdringlichkeit und das Extrovertierte.

Der Aufdringlichkeit verwandt ist die Angeberei. Auch hier drängt sich der Gedanke an Orange auf.

Die Angeberei (8): Gold 31 %, Orange 18 %, Gelb 10 %, Violett 9 %, Rot 9 %,
    Braun 7 %

Was aufdringlich ist, ist laut und nah. Orange ist erfahrungsgemäß eine Farbe der
Nähe – in größerer Entfernung, überlagert von bläulichen Luftschichten, wirkt
Orange nur noch braun.

Das Laute (99): Rot 28 %, Orange 21 %, Gelb 19 %, Violett 13 %, Schwarz 9 %

Die Nähe (122): Rot 29 %, Orange 15 %, Rosa 12 %, Grün 10 %, Braun 8 %,
    Gelb 8 %, Weiß 6 %

Symbolische Wirkung

4. Das Vergnügen, das Lustige, die Geselligkeit

Die Farbe des Vergnügens, des Lustigen, der Geselligkeit – das ist die positive Seite
des Orange. Immer wird es in dieser Wirkung mit Gelb und Rot kombiniert. «Jedermann weiß, daß Gelb, Orange und Rot Ideen der Freude und des Reichtums
einflößen und darstellen», schrieb der Maler Eugène Delacroix.[2] Auch die modernen Maler verwenden Orange als Farbe der Lebensfreude (→ Bild 88 und Bild 89).
Man kann diese Wirkung des Orange theoretisch erklären: Orange ist komplementär zu Blau. Blau ist die Farbe des Geistigen, der Nachdenklichkeit und Stille,
sein Gegenpol Orange repräsentiert die entgegengesetzten Eigenschaften.

Das Vergnügen (180): Orange 20%, Rot 17 %, Gelb 13 %, Rosa 11 %,
    Violett 11 %, Blau 9 %, Grün 6 %, Gold 5 %

Das Lustige (111): Orange 25 %, Gelb 23 %, Rot 19 %, Rosa 11 %, Grün 8 %,
    Violett 6 %, Blau 5 %

Die Geselligkeit (65): Orange 22 %, Gelb 17 %, Rot 13 %, Grün 10 %, Rosa 9 %,
    Blau 9 %, Braun 7 %

Aber die Wirkung einer Farbe wird weniger über ihre Komplementärfarbe definiert, wichtiger sind die Assoziationen, die durch die Erfahrung mit der Farbe entstehen. Und Orange ist die Kombination aus Licht und Wärme. Deshalb hat es ein
angenehmes Raumklima. Seine Helligkeit ist nicht so grell wie die des Gelb. Und im
Gegensatz zu Gelb wirkt Orange nie schmutzig-trüb, nur gedeckt. Die Temperatur
des Orange ist nicht so schwül wie die des Rot. Orange ist erhellend und erwär-
mend, die ideale Mischung, um Geist und Körper zu erfreuen.

‹Media naranja› – ‹orangefarbene Hälfte› nennen spanische Ehemänner ihre ‹bessere Hälfte›.

Dionysos – die Römer nannten ihn Bacchus – ist der Gott des Weines, des Rausches, der Fruchtbarkeit. Er ist der Gott des weltlichen Vergnügens. Dionysos trägt orangefarbene Kleider. Beim Bacchus-Kult gab es keine Priester, sondern Priesterinnen, die Bacchantinnen. Sie trugen orangefarbene Kleider, bekränzten sich den Kopf mit Weinlaub und feierten in betrunkener Ekstase ihren Gott.

Der Genuß (64): Gold 18 %, Violett 15 %, Orange 13 %, Rosa 11 %, Grün 11 %, Braun 7 %, Blau 7 %, Rot 6 %

Die Völlerei / Die Unmäßigkeit (184): Braun 22 %, Orange 14 %, Violett 13 %, Rosa 12 %, Grün 9 %, Blau 8 %, Gelb 7 %

Psychologische und symbolische Wirkung

5. Die zweite Farbe der Energie

Rot-Orange-Gelb ist der Farbklang der Energie. Orange steht dem Rot des Feuers am nächsten. Orange gehört auch zur Aufregung, zur Begierde.

Goethe nennt leuchtendes Orange «Hohes Gelbrot» oder «Scharlachrot». Natürlich ist das aufdringliche Orange die Farbe, die der dezentfarbenen Ästhetik der Goethezeit am wenigsten entspricht. Goethe schreibt: «Die aktive Seite ist hier in ihrer höchsten Energie, und es ist kein Wunder, daß energische, gesunde, rohe Menschen sich besonders an dieser Farbe erfreuen. Man hat die Neigung zu derselben bei wilden Völkern durchaus bemerkt. Und wenn Kinder, sich selbst überlassen, zu illuminieren anfangen, so werden sie Zinnober und Mennig nicht schonen.»[3] Und: «Auch habe ich gebildete Menschen gekannt, denen es unerträglich fiel, wenn ihnen an einem sonst grauen Tage jemand im Scharlachrock begegnete.»[4]

Die Energie (41): Rot 38 %, Orange 18 %, Gelb 16 %, Gold 7 %, Blau 7 %

Die Aktivität (3): Rot 28 %, Orange 18 %, Gelb 15 %, Blau 15 %, Grün 12 %

Die Aufregung (14): Rot 33 %, Orange 20 %, Gelb 13 %, Grün 12 %, Violett 10 %

Die Begierde (19): Rot 34 %, Orange 13 %, Gelb 11 %, Schwarz 11 %, Gold 10 %, Violett 10 %

Die Wärme (186): Rot 42 %, Orange 23 %, Braun 12 %, Gelb 8 %, Gold 5 %

Kulturelle Wirkung

6. Die Farbe des Wandels und des Buddhismus

In China ist Gelb die Farbe der Vollkommenheit. Gelb symbolisiert alle edlen Eigenschaften (→ Gelb 11). Rot ist die Farbe des Glücks und der Macht. Orange ist nicht nur die Farbe zwischen Vollkommenheit und Glück, Orange hat eine eigene Bedeutung: Es ist die Farbe des Wandels.

Die Idee des Wandels ist fundamental im Konfuzianismus, der alten chinesischen Staatsreligion. Eine Religion ohne Kirchen, ohne Priester, ihr geistiges Oberhaupt ist der Kaiser. Weltliche und geistige Herrschaft sind vereint, deshalb ist der Konfuzianismus ebenso auf das Diesseits wie auf das Jenseits ausgerichtet. Es ist eine Religion, die eine Lebensphilosophie ist.

Alles Sein wird begriffen als Wechselwirkung zwischen dem männlichen, aktiven Prinzip Yang und Yin, dem weiblichen, reaktiven Prinzip. Yin und Yang sind keine starren Gegensätze, sie verwandeln sich ineinander, denn nichts kann auf Dauer gleich bleiben. Niemand lebt nur durch sich selbst, jeder muß auf andere mit gegensätzlichen Interessen reagieren. Wandel bedeutet die Wechselwirkung zwischen Fortschritt und Beharren. Auch im Beharren ist ein Moment der Veränderung, denn nur Beharrlichkeit führt zum Fortschritt.

In einem dreitausend Jahre alten Weisheitsbuch haben chinesische Philosophen die Probleme des Lebens interpretiert. Auch Konfuzius schrieb Ratschläge für das ‹I Ging› oder ‹I-ching›, so heißt das Weisheitsbuch, übersetzt: ‹Das Buch der Wandlungen›.

Orange als Farbe des Wandels ist so die Farbe der chinesischen Philosophie. Wie keine andere Farbe symbolisiert Orange den Wandel. – Die Mischfarbe Grün ist als Farbe der Natur zu eigenständig. Violett aus Rot und Blau symbolisiert eher die Vereinigung elementarer Gegensätze. Aber Gelb und Rot sind verwandt, gehören zusammen wie das Feuer und das Licht, wie Sinnlichkeit und Geistigkeit. – Der Konfuzianismus kennt nicht die körperfeindliche Askese des Christentums, das Sinnlichkeit als dem Geistigen feindliche Kraft begreift.

Zur gleichen Zeit wie Konfuzius (551–479 v. Chr.) lebte Buddha, der indische Religionsstifter (560–480 v. Chr.). Schon bald nach seinem Tod war die indische Mönchsreligion auch in China verbreitet. Beide Religionen führten nie Religionskriege. Im Buddhismus ist Orange die Farbe der Erleuchtung. Das ist im buddhistischen Denken die höchste Stufe der menschlichen Vollkommenheit. So ist Orange auch die Symbolfarbe des Buddhismus.

Orange sind die Gewänder der Mönche, die aus einem einzigen ungenähten Stück Stoff bestehen und eine Schulter frei lassen. Der orangefarbene Goldfisch ist eines der wichtigsten Symbole des Buddhismus: Er symbolisiert Erleuchtung.

In Indien wird die Farbe Orange viel differenzierter wahrgenommen als bei uns.

Man kennt mehr Orangetöne: Erstaunlich – ganz besonders für die Inder –, daß die typisch indischen Orangetöne bei uns als Gelbtöne bezeichnet werden. Das sogenannte Indischgelb ist ein Orange. Safrangelb ist orange.

Die Flagge Indiens ist Orange-Weiß-Grün (→ Bild 85). Es sind die gleichen Farben wie in der Flagge Irlands (→ Bild 86). In Indien wird die Flaggenfarbe Orange ‹Safran› genannt, nach der Färbepflanze. Die Flaggenfarbe Orange/Safran ist natürlich auch auf den Buddhismus bezogen, gleichzeitig aber, in politischer, nicht religionsgebundener Symbolik, bedeutet das Orange ‹Mut› und ‹Opferbereitschaft›. Dies zeigt, welch großes Bedeutungsspektrum Orange in Indien hat.

In der asiatischen Kunst spielt Orange die Rolle, die dem Farbenpaar Rot-Blau in der europäischen Malerei zukommt: Rot-Blau ist der Gegensatz, der bei uns vielfältige Bedeutung hat und darüber hinaus in der Mode immer populär war. In der asiatischen Malerei sind auf fast allen Gemälden orange gekleidete Götter und Menschen zu sehen. Viele Bilder haben einen orangefarbenen Hintergrund – so ist Orange sogar die Farbe des Himmels.

Der wichtigste Grund, warum Orange in allen Schattierungen in Indien so geschätzt wird: Es ist die Hautfarbe der indischen Menschen. So wie die weißhäutigen Menschen die weiße Farbe idealisieren, obwohl ihre Haut keineswegs strahlend weiß ist, so idealisieren die Inder ihre Hautfarbe im Safrangelb. Auf indischen Gemälden werden Gottheiten und Hoheiten mit strahlend orangefarbener Haut gemalt (→ Bild 84). Überall denken sich die Menschen die Götter nach ihrem Bild.

Kulturelle Wirkung

7. Von Indischgelb bis Hennarot: das vielfältige Orange Indiens

Viele Pflanzen färben orange, die berühmtesten kommen aus Indien. Der Safran, eine Krokuspflanze, die als ‹König der Pflanzen› gerühmt wird, kam ursprünglich aus Ostindien. Diese Pflanze und die Gewinnung des gelben bis orangeroten Farbstoffs wurde bereits im Kapitel Gelb 9 beschrieben. In Europa war Safran zu teuer, um damit Kleider zu färben. Aber in Indien trugen die Adligen safrangefärbte Kleider. Die Färber konnten das Farbspektrum des Safrans vom klaren Gelb bis zum tiefen Orangerot variieren.

Verbreiteter, weil viel billiger, war die Färberei mit Saflor, dem ‹falschen Safran›. Das ist eine Distel mit orangefarbenen Blüten, die zuerst in Indien und China kultiviert wurde. Aus den getrockneten Distelblüten kann man zwei verschiedene Farbstoffe gewinnen: einen gelben, der wasserlöslich ist, und einen roten, der sich durch

Zusatz von Alkohol und Alkalien löst. Der gelbe Farbstoff ist nur wenig lichtbeständig und verblaßt beim Waschen. Der rote Farbstoff ist licht- und waschecht. In
Europa trennte man die beiden Farbstoffe: das wasserlösliche Gelb wurde ausge-
schwemmt, als schlechter Safranersatz verwendet. Der zurückbleibende rote Farbstoff enthält zwar noch Spuren von Gelb, färbt also orange, aber nach mehrmali-
gem Waschen verblaßt das Gelb, es entsteht ein klares Rot. In Asien trennte man
die Farbstoffe des Saflors nicht. Man schätzte die Farbe Orange und die typische
Farbveränderung der mit Saflor gefärbten Kleider. Die Trennung der Farbstoffe
hätte auch dem asiatischen Denken widersprochen: denn der gelbe Farbstoff ist der
vergängliche Farbstoff, aber in der Symbolik ist Gelb die Farbe der ewigen Werte.
Indem man den roten und gelben Farbstoff des Saflors nicht trennte, nicht verglich,
vermied man den Widerspruch zwischen Erfahrungswerten und symbolischen
Werten.

Ein leuchtendes Orange färbt man auch mit den Samenkapseln eines Strauches, des
Orlean. Die Farbe ist recht beständig und die Färbung einfach: die pflaumengro-
ßen Samenkapseln werden zerstoßen und in Wasser gegoren. So erhält man eine
rote, matschige Masse, die zum Färben von Stoffen und als Basis für Lackfarben
verwendet wurde. Orlean ist noch als Lebensmittelfarbe in Gebrauch – der rote
Überzug des Edamer Käses wird damit gefärbt.

Henna ist berühmt als Färbemittel für Haar und Haut. Der rote Farbstoff wird aus
den Wurzeln des Hennastrauches gewonnen. In Europa war Henna jahrzehntelang
vergessen, heute schätzt man das pflanzliche Haarfärbemittel wieder sehr. Es ist ein
altbekannter Farbstoff: Archäologen fanden eine 3500 Jahre alte Mumie einer
ägyptischen Prinzessin, ihre Haare waren mit Henna gefärbt.

Auch Männer färbten sich den Bart damit. Die Araber färbten sogar die Mähnen
ihrer kostbaren Pferde mit Henna. Beim ‹Aufstand der roten Augenbrauen› im Jahr
17 in China färbten sich die aufständischen Bauern die Augenbrauen mit Henna.
Das war nicht nur ein deutlich sichtbares Bekenntnis der politischen Zugehörig-
keit, es war auch ein Zeichen, das nicht so einfach zu verändern war, denn Henna
färbt recht dauerhaft.

Für traditionelle Zeremonien malen sich die Frauen in Indien noch heute mit
Henna Ornamente auf Fingernägel, Handflächen und Fußsohlen. Mit Henna kann
man auch Stoffe färben. Auf Seide und Baumwolle ergibt es ein leuchtendes
Orange, Leder wird rotbraun.

Die gelblichen Blüten des Hennastrauches duften betörend. Hennablüten gehören
zum buddhistischen Zeremoniell wie der Weihrauch zum katholischen Gottesdienst. ‹Blume des Paradieses› heißt die Hennablüte in Indien.

Die Wertschätzung der Farbe Orange führte zu aufwendigen Verfahren, um spezielle Farbnuancen zu gewinnen. ‹Indischgelb› ist ein leicht rotstichiges Gelb. Es ist
eine alte Malerfarbe, heute wird sie synthetisch hergestellt. Ursprünglich gewann
man die Farbe aus dem Urin von Kühen, die mit Mangoblättern gefüttert wurden.

Politische Wirkung

8. Die Oranier und die Protestanten

Orange ist die Nationalfarbe der Niederländer. Es ist die Farbe ihres Königshauses, die Farbe der Oranier. ‹Oranje› heißt ‹orange›.

Die Dynastie der Oranier war ursprünglich die Dynastie von Orange. Denn das Stammhaus dieses Adelsgeschlechts ist in der französischen Provencestadt Orange. Diese Stadt war bis ins 18. Jahrhundert ein unabhängiges Fürstentum. Die Prinzen von Orange herrschten nicht nur über dieses kleine Fürstentum, sie waren jahrhundertelang auch Regenten (Statthalter) der niederländischen Provinzen.

Der berühmteste der Oranier, Prinz Wilhelm I., organisierte 1568 den Freiheitskampf der Niederländer gegen die Spanier, die das Land beherrschten. Wilhelm I. wurde ermordet. Seine Familie führte den patriotischen Kampf weiter. Erst 1648 waren die Niederlande frei. Wilhelm II., der Enkel Wilhelms I., wurde der vom Volk verehrte Regent. Dessen Sohn, Wilhelm III., wurde 1688, nach dem Sturz der katholischen Stuarts, König von England und Irland. ‹William of Orange› wurde er genannt.

William of Orange war Protestant wie alle Oranier. ‹Orangemen› nannten sich die Protestanten, Orange wurde zur Farbe des Kampfes gegen die irischen Katholiken. Die Farbe der Katholiken war Grün, denn Grün ist die Nationalfarbe Irlands, und das sollte auch die Farbe der traditionellen Religion Irlands sein (→ Grün 15).

Die heutige irische Flagge ist eine Trikolore, Grün-Weiß-Orange (→ Bild 86). Der weiße Streifen zwischen dem katholischen Grün und dem protestantischen Orange soll den zwischen den Religionen geschlossenen Frieden symbolisieren. – Aber noch wirkt der weiße Streifen eher wie eine Pufferzone zwischen gegnerischen Parteien. In Irland ist Orange noch unbeliebter als in Deutschland.

Das Fürstentum Orange existiert nicht mehr. Doch seit 1815 regieren die Oranier das Königreich der Vereinigten Niederlande. Die Staatsflagge hat die Farben Rot-Weiß-Blau – ursprünglich war der oberste Streifen jedoch Orange, zu Ehren der Oranier. Das Orange wurde durch Rot ersetzt, weil Rot auf große Distanzen besser zu erkennen ist – wichtig für eine seefahrende Nation. Weiterhin werden die Farben der niederländischen Flagge ‹Oranje-blanje-bleue› genannt.[5]

Wenn ein Mitglied des Königshauses Geburtstag hat, hissen königstreue Untertanen orangefarbene Wimpel. Königin Beatrix ist auf vielen Fotos mit orangefarbenen Rosen zu sehen. Bei internationalen Sportwettkämpfen pflegen die niederländischen Fans ihre Mannschaft in orangefarbenen Hemden anzufeuern. Die niederländischen Schlachtenbummler bezeichnen sich selbst gern als ‹Oranjehemden›. In den Niederlanden ist Orange weitaus beliebter als in Deutschland.

Psychologische Wirkung

9. Die Sicherheitsfarbe

Straßenbauarbeiter, Straßenkehrer, Müllmänner tragen Orange. Orange schützt durch Auffälligkeit. Die Straßenbaumaschinen und Müllautos sind ebenfalls orange. Straßenbahnen und Omnibusse haben häufig orangefarbene Streifen. So bedeutet Orange: ‹Achtung, Personen auf der Fahrbahn!› – ‹Achtung, langsames Fahrzeug!›

In Frankreich wird die gelbe Ampelphase als ‹feu orange› bezeichnet – obwohl es dasselbe Gelb ist wie in Deutschland.

Auch in Fabriken wird Orange als Sicherheitsfarbe eingesetzt. Es kennzeichnet Maschinenteile, die gefährlich sein könnten, wie Messer von Schneidemaschinen. Die früher gelben Etiketten auf Behältern mit leicht entzündlichem, explosivem oder giftigem Inhalt werden mehr und mehr durch orangefarbene Aufkleber ersetzt.

Je mehr sich das Orange der Straßenbauarbeiter und der Müllmänner eingebürgert hat, desto mehr ist es aus der Alltagskleidung verschwunden. Und trotz aller Empfehlungen der Verkehrssicherheitsexperten, eine in Dunkelheit und Nebel gut sichtbare Autofarbe zu wählen, will kaum jemand einen orangefarbenen Wagen. Solange das Auto noch als Prestigeobjekt gilt, ist Sicherheit weniger wichtig als der Eindruck, daß ein schwarz lackiertes Auto viel teurer wirkt als ein orange lackiertes.

Die Gefahr (59): Rot 43 %, Schwarz 24 %, Orange 12 %, Gelb 11 %

10. Das kreative Orange

Es ist schwierig, heutzutage einen Gebrauchsartikel aus Plastik zu finden, der nicht in Orange produziert wird. Die Produkte in Orange konkurrieren miteinander um die Aufmerksamkeit der Konsumenten. So wird am auffälligsten, was nicht orange ist.

Ohnehin hat sich mit der wachsenden Aversion gegen Werbung die Wirkung der Signalfarben verändert. Die Konsumenten reagieren nicht mehr auf Orange. Die orangefarbenen Plakate werden nicht mehr gelesen, denn ein Blick genügt, um sie als Werbung zu identifizieren, schon mit dem Erkennen ist das Interesse erloschen. Unter diesem Erfahrungsaspekt müßte der kreative Einsatz von Orange vor allem darin bestehen, auf Orange zu verzichten.

Da es kaum Dinge gibt, deren natürliche Farbe Orange ist, sind die Möglichkeiten der Farbspielereien auch begrenzt. Ein seltenes Beispiel einer kreativen Farbgestaltung mit Orange zeigt Bild 87. Die typische Farbe und die typische Struktur einer Orangenschale wurde mit der typischen Form einer Birne kombiniert. – Ein Gag, der einen zweiten Blick wert ist.

Zu den wenigen Dingen, die bisher noch nicht in Orange angeboten wurden, gehören die sehr teuren Luxusartikel. Aber dafür gibt es auch keine Nachfrage: Luxus und Orange – das paßt nicht zusammen. Es gibt keine Luxuslimousinen in Orange. Bhagwan Shree Rajneesh, Guru und Sektengründer, schrieb seinen Anhängern jahrelang orangefarbene Kleider vor. Die Farbe entsprach dem indischen Image seiner Lehren. Von seinen Anhängern wurde die orangefarbene Kleidung als Ausdruck der Lebensfreude interpretiert. Vor allem aber bewirkte diese Kleiderfarbe, die in der westlichen Welt von Männern gar nicht und von Frauen nicht häufig getragen wird, einen immensen Publicity-Effekt. Die orangefarbene Kleidung war öffentlich sichtbares Bekenntnis zu Bhagwan.

Bhagwan selbst trug nie Orange. Und obwohl er über hundert Rolls-Royce-Limousinen besaß, hatte er keine in Orange. Ein Rolls-Royce in Orange wäre ein Widerspruch in sich selbst: Der Luxus würde durch die Farbe lächerlich gemacht. Außerdem, sagte der Bhagwan in einem Interview, könnte er die Farbe Orange nicht leiden.

[1] Der Hyazinth ist ein roter Zirkon.
[2] Hess, S. 21.
[3] Goethe, Farbenlehre, § 775.
[4] Ebd., § 776.
[5] Rabbow, S. 167.

Literaturverzeichnis

Bächthold-Stäubli, Hanns; Hoffmann-Krayer, Eduard: Handwörterbuch des deutschen Aberglaubens. 10 Bände, 1927–1942. Nachdruck Berlin/New York 1987

Die Bibel. Revidierte Fassung der Luther-Bibel von 1984. (In älteren Ausgaben ist ‹Purpurrot› teilweise als ‹Scharlachrot› übersetzt.)

Bilzer, Bert: Meister malen Mode. Braunschweig 1961

Birren, Faber: Schöpferische Farbe. Winterthur 1971

Boehn, Max von: Die Mode. 2 Bände, 3., überarbeitete Auflage. München 1986

Büchmann, Georg: Geflügelte Worte. Frankfurt 1957

Bühler, Hans Adolf: Das innere Gesetz der Farbe. Eine künstlerische Farbenlehre. Berlin 1930

Chevalier, Jean; Gheerbrant, Alain: Dictionnaire des Symboles. Paris 1982

Eberhard, Wolfram: Lexikon chinesischer Symbole. Köln 1983

Eisenbart, Liselotte Constanze: Kleiderordnungen der deutschen Städte zwischen 1350 und 1700. Göttingen 1962

Farbtabellen mit Farbnamen von: Glasurit-Lacke; HKS-Farben; Lukas-Künstlerfarben; Schwan-Stabilo; Schmincke-Künstlerfarben

Favre, Jean-Paul; November, André: Color and Communication. Zürich 1979

Feddersen-Fieler, Gretel: Farben aus der Natur. Hannover 1982

Frieling, Heinrich; Auer, Xaver: Mensch–Raum–Farbe. Angewandte Farbpsychologie. München 1954

Frieling, Heinrich: Der Farbenspiegel. Göttingen 1955

Frieling, Heinrich: Mensch und Farbe. München 1972

Frieling, Heinrich: Der Frieling-Test. Ein Farbtest zur Charakter- und Schicksalsdiagnostik. Göttingen 1961

Gerittsen, Frans: Farbe – optische Erscheinung, physikalisches Phänomen und künstlerisches Ausdrucksmittel. Ravensburg 1975

Goethe, Johann Wolfgang von: Zur Farbenlehre. Didaktischer Teil; 1808. Polemischer Teil: Enthüllung der Theorie Newtons; 1810. Materialien zur Geschichte der Farbenlehre; 1810. Nachträge zur Farbenlehre. Zitiert nach der Cotta'schen Gesamtausgabe, Stuttgart 1885, Band 10. Vorwort von Karl Goedeke

Goethe, Johann Wolfgang von: Farbenlehre. Auswahl und Einführung von Johannes Pawlik. 5., ergänzte Auflage. Köln 1985

Goethe, Johann Wolfgang von: Xenien, 1796. Stuttgart 1885, Band 1

Goncourt, Edmond und Jules de: Die Frau im 18. Jahrhundert. Paris 1862/Bern 1963

Green, Timothy: Die Welt des Goldes. Frankfurt 1968

Gregory, Richard L.: Auge und Gehirn. München 1966

Grimm, Jacob; Grimm, Wilhelm: Deutsches Wörterbuch, 1854–1984. München 1984

Gross, Rudolf: Warum die Liebe rot ist. Farbsymbolik im Wandel der Jahrtausende. Düsseldorf/Wien 1981

Hagen, Rose-Maria; Hagen, Rainer: Meisterwerke europäischer Malerei als Dokumente ihrer Zeit erklärt. Warum trägt die Göttin einen Landsknechtshut? Köln 1984

Heller, Eva: Wie Werbung wirkt: Theorien und Tatsachen. Frankfurt 1984

Hess, Walter: Das Problem der Farbe in den Selbstzeugnissen der Maler von Cézanne bis Mondrian. Mittenwald 1981

Herder Verlag (Hg.): Lexikon der Symbole. Freiburg/Basel/Wien 1978

I Ging. Das Buch der Wandlungen; verdeutscht und erläutert von Richard Wilhelm. Düsseldorf/Köln 1924

Im Reiche der Chemie. 100 Jahre BASF. Düsseldorf/Wien 1965

Itten, Johannes: Kunst der Farbe. Ravensburg 1961

Jackson, Carole: Color Me Beautiful. Entdecken Sie Ihre natürliche Schönheit durch Farben. Bern 1985

Kandinsky, Wassily: Über das Geistige in der Kunst, 1912. München 1987

Kirschbaum, Engelbert (Hg.): Lexikon der christlichen Ikonographie. 8 Bände. Rom/Freiburg/Basel/Wien 1968–1976

Knuf, Astrid; Knuf, Joachim: Amulette und Talismane. Symbole des magischen Alltags. Köln 1984

Knuf, Joachim: Unsere Welt der Farben. Symbole zwischen Natur und Kultur. Köln 1988

Kornerup, A.; Wanscher, J. H.: Taschenlexikon der Farben. Zürich/Göttingen 1963

Kranz, Gisbert: Farbiger Abglanz. Eine Symbolik. Nürnberg 1957

Küpper, Heinz: Illustriertes Lexikon der deutschen Umgangssprache. 8 Bände. Stuttgart 1984

Lauffer, Otto: Farbensymbolik im deutschen Volksbrauch. Hamburg 1948

Lipffert, Klementine: Symbolfibel. Eine Hilfe zum Betrachten und Deuten mittelalterlicher Bildwerke. Kassel 1956

Lüscher, Max: Psychologie der Farben. Basel 1948

Lüscher, Max: Der Lüscher-Test. Persönlichkeitsbeurteilung durch Farbwahl. Reinbek 1971

Lüscher, Max: Der Vier-Farben-Mensch. München 1987

Lurker, Manfred: Wörterbuch biblischer Bilder und Symbole. München 1973

Lurker, Manfred: Wörterbuch der Symbolik. Stuttgart 1983

Lurker, Manfred: Lexikon der Götter und Dämonen. Stuttgart 1984

Lurker, Manfred: Symbol, Mythos und Legende in der Kunst. 2., vermehrte Auflage. Baden-Baden 1984

Lurker, Manfred: Lexikon der Götter und Symbole der alten Ägypter. Bern/München/Wien 1987

Massny, Doris: Die Formel ‹das braune Mägdlein› im alten deutschen Volkslied. In: Niederdeutsche Zeitschrift für Volkskunde 15, 1937

Mertens, Heinrich A.: Handbuch der Bibelkunde. Düsseldorf 1984

Modekatalog Warenhaus A. Wertheim 1903/1904. Reprint Hildesheim/New York 1979

Möhres, Franz Peter: Purpur. In: Die BASF, Heft 4, 1962

Neumüller, Otto-Albrecht: Römpps Chemie-Lexikon. 5 Bände, 1979–1988

Nicolaus, Kurt: Handbuch der Gemäldekunde. Köln 1986

Nixdorff, Heide; Müller, Heidi: Weiße Westen – rote Roben. Von den Farbordnungen des Mittelalters zum individuellen Farbgeschmack. Berlin, Staatliche Museen Preußischer Kulturbesitz, Katalog zur Sonderausstellung 1983

Oswald, Gert: Lexikon der Heraldik. Mannheim/Wien/Zürich 1985

Paczensky, Susanne von: Die Testknacker. Wie man Karrieretests erfolgreich besteht. München 1987. Darin über Farbtests S. 77–81

Pawlik, Johannes: siehe Goethe, Farbenlehre

Ploss, Emil Ernst: Purpurfärben in der Antike. In: Die BASF, Heft 4, 1962

Ploss, Emil Ernst: Ein Buch von alten Farben. Technologie der Textilfarben im Mittelalter mit einem Ausblick auf die festen Farben. München 1967

Pracht, Fanny-Ilse: Färben von Textilien. Köln 1984

Rabbow, Arnold: dtv-Lexikon politischer Symbole. München 1970

RAL-Farbregister; herausgegeben vom RAL Deutsches Institut für Gütesicherung und Kennzeichnung, Bonn

Riedel, Ingrid: Farben in Religion, Gesellschaft, Kunst und Psychotherapie. Stuttgart 1983

Röhrich, Lutz: Lexikon der sprichwörtlichen Redensarten. 4 Bände, 4. Auflage. Freiburg 1988

Runge, Philipp Otto: Die Farbenkugel und andere Schriften zur Farbenlehre, 1810. Stuttgart 1959

Schenzinger, Karl Aloys: Anilin. Berlin 1937

Schmidt, Heinrich; Schmidt, Margarete: Die vergessene Bildsprache christlicher Kunst. München 1981

Seefelder, Matthias: Indigo. Hg. von der BASF, 1982

Sutherland, C. H. V.: Gold. Macht, Schönheit und Magie. Wien/München 1970

Vischer, Friedrich Theodor: Vernünftige Gedanken über die jetzige Mode. Stuttgart 1861

Vogt, Hans-Heinrich: Farben und ihre Geschichte. Stuttgart 1973

Vrande, Jet van de: Wolle färben mit Naturfarben. Ravensburg 1982

Wackernagel, Wilhelm: Die Farben- und Blumensprache des Mittelalters. In: Kleinere Schriften, Band 1. Leipzig 1872

Wehlte, Kurt: Werkstoffe und Techniken der Malerei. Ravensburg 1977

Wilhelmi, Christoph: Handbuch der Symbole in der bildenden Kunst des 20. Jahrhunderts. Frankfurt/Berlin 1980

Wörterbuch der deutschen Volkskunde; neu bearbeitet von Richard Beitl, 3. Auflage. Stuttgart 1974

Wulf, Heinrich: Kleine Farbwarenkunde. Köln-Braunsfeld 1983

Wunderlich, Eva: Die Bedeutung der roten Farbe im Kultus der Griechen und Römer. Gießen 1925

Register

Das Abweisende 101, 219
Ägyptische Farbsymbolik → Farbsymbolik, ägyptische
Die Aggressivität 54, 136
Die Aktivität 51, 65, 130, 263
Alchimie 64 (Zinnober), 78 (Grün), 195 f. (Gold), 251 (Gold)
ALEXANDER VI. (Papst) 98
Das Alte 209, 228
Das Alter 209, 228, 254
Das Altmodische 176, 211, 228
Amethyst, Symbolik 170
Der Anfang 147
Die Angeberei 131, 196, 262
Das Angenehme 81, 119
Das Angepaßte 204, 233
ARGUS 246
Das Aromatische 91, 203, 259
Das Attraktive/Das Anziehende 65
Die Aufdringlichkeit 136, 171, 261
Auferstehung 147
Die Aufregung 53, 136, 263
Die Ausdauer 81
Das Außergewöhnliche/Das Extravagante 171, 192

BACCHUS 132, 263
BAEYER, ADOLF (VON) 33, 35
BASF (Badische Anilin- und Sodafabrik) 33–35
BAYER (Farbenfabriken) 33
Die Bedrängnis 92, 218
Die Bedrohung 105
Befragung, Auswertung und Durchführung 13, 17–19
Die Begierde 55, 263
BERNHARD VON TRIER 195
Das Beruhigende 81
Die Bescheidenheit 120, 149, 230
BHAGWAN SHREE RAJNEESH 269
Das Biedere/Die Biederkeit 204, 233
Das Billige 196, 231, 260
Das Bittere 76, 134, 203

Blau
— abweisend 28
— als liturgische Farbe verboten 38
— ‹blau› (betrunken) 32, 41, 46 f. (Anm. 10)
— Blaudrucke 35
— ‹blaue Blume› 26
— ‹blaue Jungs› 40
— ‹blaue Krankheiten› 37
— ‹blauer Brief› 40
— ‹blauer Dunst› 26
— ‹blauer Montag› 46 f. (Anm. 10)
— ‹blaues Auge› 41
— ‹blaues Blut› 41
— ‹Blauhemd› 40
— Blaufärbung, Wirkung der 43
— ‹blaumachen› 32, 46 f. (Anm. 10)
— ‹Blaumacher› 40
— ‹Blaumann-Berufe› 35 f.
— ‹Blaustrumpf› 41 f.
— ‹blue›, ‹blues› 41
— ‹blue-collar workers› 151
— ‹blue hour› 28
— ‹blue-stocking club› 42
— Ehrlichkeit 150
— Entspannung 28
— entsteht aus dem Transparenten 24
— (das) Erfrischende 134
— Erholung 28
— Ewigkeit 38
— Färberei 30–32, 46 f. (Anm. 7, 10)
— Farbbezeichnungen 21
— Farbe des Adels 35
— Faschistenfarbe 40
— Ferne 14, 23 f.
— Fern-Nah-Wirkung 24
— Freundlichkeit 23, 129
— Freundschaft 23
— Frieden 40
— Gefühllosigkeit 27 f.
— geistige Tugenden 29, 56, 150, 220
— göttlich, himmlisch 38
— (das) Große 106

– große Dimensionen 24
– (das) Gute 146 f.
– Härte 27 f.
– Harmonie 23, 91
– Helligkeit, Sichtbarkeit 62
– hohe Werte 38
– (das) Ideale 146 f.
– im Lüscher-Test 223–225
– immateriell 56
– in China 139 f.
– in der Malerei 24, 35, 44, 46
– in der Minnedichtung 25
– in der Werbung 45
– Indigoblau 30, 32–35
– in Goethes Farbenlehre 235–237
– in sozialistischen Staaten 40
– ‹ins Blaue schießen› 24
– Jeansblau 36 f.
– Kälte 14, 27 f., 160
– Kleiderfarbe 30, 35 f., 40, 41 f., 58,
  116–118, 151, 212, 238 f.
– Königsblau 35
– Konzentration 29, 150
– kreative Farbgebung 42–46
– kühl 27 f.
– Lebensmittelfarbe 44
– Leistung 29
– Lieblingsfarbe 23
– liturgische Bedeutung 76
– Lüge 26 f.
– (das) Männliche 29, 106, 116–118
– männliche Farbe 56 f.
– Malerfarbe 37
– Marienblau 38 f., 118
– (das) Milde 159
– Mischfarbe 235
– Modefarbe→Kleiderfarbe
– Mut 29
– Phantasie 26 f.
– Preußischblau 36
– Pünktlichkeit 29
– Raumfarbe 27 f.
– Ruhe 28
– Sehnsucht 26
– Selbständigkeit 29
– Silber, Assoziation mit 250, 255
– Sportlichkeit 29

– Stille 28
– Stolz 27 f.
– Sympathie 23
– Treue 24 f.
– Ultramarinblau 37–39
– Unendlichkeit 23
– Uniformfarbe 36, 40
– Vertrauen 25
– (das) Vollkommene 146 f.
– Wahrheit 38, 150
– weibliche Farbe 39, 116–118
– Weite 23
– Wissenschaft 29, 150
– Zuverlässigkeit 25
Blutopfer 51 f.
Das Böse 202
BÖTTGER, JOHANN FRIEDRICH 145
BRAND, HENNIG 145
Braun
– (das) Alte, Alter 209
– (das) Altmodische 211
– angepaßt 204
– Armenfarbe 205, 210
– aromatisch 91, 203
– bieder 204
– bitter 203
– (das) Böse 202
– ‹braunes Mädchen› 209–211
– Brutalität 208
– Demut 205
– Dummheit 208, 220
– Egoismus 201
– Enge 202
– Erdfarbe 24, 210
– Farbbezeichnungen 199
– Faulheit 201, 220
– Flohbraun 206
– Fruchtbarkeit 210
– Geborgenheit 122, 202
– gehaltvoll 203
– Gemütlichkeit 122, 202
– Gleichgültigkeit 204
– heimliche Geliebte 209–211
– herb 203
– Herbst 209
– im Design 212 f.
– im Lüscher-Test 223 f.

– im Mittelalter 205
– im Rokoko 206
– im römischen Reich 206
– in der Minnedichtung 210
– Kleiderfarbe 201, 205–208, 211
– kreative Farbgebung 212 f.
– (das) Konservative 208
– Langeweile 204
– Lebensmittelfarbe 203
– Macht 208
– (das) Männliche 208
– (das) Mittelmäßige 204
– Modefarbe→Kleiderfarbe
– Nationalsozialismus 207 f.
– nivelliert Grundfarben 204
– Ordensfarbe 94, 205
– Raumfarbe 201 f.
– rustikal 207
– (das) Schlechte 202
– Schuld 202
– schwer 202
– sexuelle Symbolik 210
– Sonnenbräune 209 f.
– spießig 204
– Trauerfarbe 205
– unbeliebteste Farbe 201
– unerotisch 201
– ungenießbar 203
– Unmäßigkeit 201
– (das) Unsympathische 201
– Untreue 210
– (das) Verdorbene 91, 203
– (das) Vergängliche 209
– Wärme 202
– weibliche Farbe 210
BRUEGEL, PIETER D. Ä. 27, Bild 6
Die Brutalität 105, 208
BUDDHA 264
Buddhistische Farbsymbolik→Farbsymbolik, buddhistische; chinesische; indische
BÜHLER, HANS ADOLF 234

CAESAR 167
CHAGALL, MARC 44
CHANEL, COCO 102
CHARLES (Prinz) 25

Der Charme 120, 174
Chinesische Farbsymbolik→Farbsymbolik, chinesische
Christliche Farbsymbolik→Farbsymbolik, christliche

DAVID, JACQUES-LOUIS 153
DELACROIX, EUGÈNE 262
DELAUNAY, ROBERT 44, Bild 89
Design (s. a. Farbgestaltung, kreative) 83 f. (Grün), 109 f. (Schwarz, Weiß, Grau), 157 f. (Schwarz, Weiß), 161 f. (Weiß), 176 f. (Violett), 197 (Gold), 212 f. (Braun), 253 (Silber), 255 f. (Silber), 260 f. (Orange)
DIANA (Prinzessin) 25
DIOKLETIAN (Kaiser) 167
DIONYSOS→BACCHUS
DIOR, CHRISTIAN 102
DÜRER, ALBRECHT 37
Die Dummheit 208, 220
Die Dynamik 65, 252

Das Eckige 108, 219, 252
Der Egoismus 91, 92, 132, 184
Ehrenpreise 193
Die Ehrlichkeit 150
Die Eifersucht 132
Die Eindeutigkeit 110, 150
Die Einfachheit 149, 230
Die Einsamkeit 92, 160, 218
Die Eitelkeit 124, 170, 184
Die Eleganz/Das Elegante 102, 154, 192, 254
ELISABETH VON VALOIS 99
Die Empfindsamkeit/Die Sensibilität 120, 174
Das Ende 89
Die Energie 51, 130, 263
Die Enge 108, 202
Die Entspannung 28
Das Erfrischende 134, 259
Die Erholung 28, 81
Die Erotik 53, 115
EUGÉNIE (Kaiserin) 80, 155
Die Ewigkeit 38, 147
Existentialismus 101

Das Extravagante→ *Das Außergewöhn-
liche*
Das Extrovertierte 129, 261
EYCK, JAN VAN 154

Färberei 30
– Blau 30–35, 46 f. (Anm. 10)
– Gelb 136 f.
– Grün 79 f.
– Küpenfärberei 31 f., 46 (Anm. 7)
– Orange 265 f.
– Purpurrot 59 f., 167
– Purpurviolett 165–167
– Rot 59–61
– Schönfärberei 96
– Schwarz 96 f.
– Textildruck 35
– Violett 165–167
Färberpflanzen→ Farbstoffe
Fahnen→ Heraldik
Farbassoziationen 18 f.
Farben
– Babyfarben→ Mode, Babymode
– Fahnen-, Flaggenfarbe→ Heraldik
– Hauptfarben 19
– Helligkeit 62
– im Design→ Design
– im Straßenverkehr→ Straßenverkehr
– in der Malerei→ Malerei
– in der Werbung→ Werbung
– Komplementärfarben 236–239
– Lichtfarben, Summe aller 234 f.
– Lieblingsfarben 16 f., 20; s. a. die einzel-
  nen Farben, Stichwort ‹Beliebtheit›
– liturgische 38, 75 f. (Grün), 123 (Rosa),
  146 (Weiß), 169 f. (Violett); s. a. Farb-
  symbolik, christliche; Ordensfarben
– männliche 56 f., 116–118, 139, 250
– Malerfarben→ Malerei
– Malfarben, Summe aller 235
– Manipulation durch 108 f.
– Mischfarben 71, 124, 173
– Modefarbe→ Mode
– Nebenfarben 19
– Ordensfarben→ Ordensfarben
– Prinzip der unmöglichen Farben 44 f., 67
– reine 57 f.

– Trauerfarbe→ Trauerfarbe
– und Gefühle 13, 16
– unreine 57
– von Kleidung→ Kleiderfarbe
– von Lebensmitteln→ Lebensmittelfarbe
– Wappenfarben→ Heraldik
– weibliche 56 f., 116–118, 139, 250
Farbenblindheit 221 f.
Farbenlehre Goethes 234–240
Farbenlehre Newtons 234 f.
Farbgestaltung, kreative (allgemein) 15,
  42–44; s. a. die einzelnen Farben, Stich-
  wort ‹kreative Farbgestaltung›
Farbmischung, additive und subtraktive
  235
Farbstoffe
– Alaun 60, 79
– Aldehydgrün 80
– Anilinfarben 33–35, 61, 80
– Beize 60
– Blauholz 97
– Cochenille 60 f.
– Erlenrinde 96
– Fuchsin 33
– Gallapfel 96
– Henna 266
– Indigo 30–35, 79, 97, 137, 166 f., 169
– Kermes 59 f., 167–169
– Krapp 60 f.
– Mauvein 33
– Orlean 266
– Purpurschnecken 165 f.
– Saflor 137, 265
– Safran 136 f., 265
– Waid 30–33, 79, 137
– Wau 79, 137
Farbsymbolik
– *ägyptische* 38 (Blau), 55 (Rot), 74
  (Grün), 90 (Gelb), 146 (Weiß), 187
  (Gold)
– *buddhistische* 147 (Weiß), 264 f.
  (Orange); s. a. Farbsymbolik, chinesi-
  sche; indische
– *chinesische* 72 (Grün), 139 f. (Gelb,
  Grünblau, Rot, Weiß, Schwarz), 264
  (Gelb, Rot, Orange, Grün, Violett)
– *christliche* 37 f. (Blau), 38 (Blau, Weiß),

39 (Blau, Rot), 52 (Rot), 55 (Rot), 63 f. (Rot), 72 (Grün), 75 f. (Grün), 82 (Grün), 90 (Schwarz, Grau, Weiß), 94 f. (Braun, Grau, Schwarz), 97–101 (Schwarz), 116–118 (Blau, Rot, Rosa), 146–149 (Weiß), 169 f. (Violett), 187 (Gold), 229 (Grau); s. a. Farben, liturgische; Ordensfarben
– *indische* 38 (Blau), 140 (Gelb), 264 f. (Orange)
– *islamische* 73 f. (Grün), 113 (Goldgelb), 255 (Silber)
– *römische* 74 (Grün), 131 (Gelb), 146 (Weiß), 148 (Weiß), 167 (Purpur), 186 (Gold), 206 (Braun), 263 (Orange)
Farbtests, tiefenpsychologische 16 f., 174, 222–227
Farbwirkung (allgemein)
– definiert durch Kontext 13, 15, 159
– entsteht aus Erfahrung 14, 109, 159
– Fernwirkung 23 f., 134 f.
– kreative→Farbgestaltung, kreative
– kulturelle 14
– Nahwirkung 23 f., 135
– politische 14 f.
– psychologische 13 f.
– symbolische 14
– traditionelle 15
Faschismus 40 (Blau), 62 (Rot), 105 (Schwarz), 207 f. (Braun)
Die Faulheit 201, 220
Die Ferne 23
Die Festlichkeit 154, 191, 245
Flaggen→Heraldik
Flaggenstreit 106–108
FRANZ I. (König von Frankreich) 191
FRANZ VON ASSISI 205
Franziskaner 205
FREILIGRATH, FERDINAND 106 f
Die Freude→Die Lebensfreude
Die Freundlichkeit 23, 120, 129
Die Freundschaft 23, 189
FRIEDLÄNDER, PAUL 166
FRIEDRICH WILHELM (der Große Kurfürst) 36
Frieling-Test 226
Die Frische 76, 160

Die Frömmigkeit 146, 169
Der Frühling 74, 119
Die Funktionalität/Das Funktionale 110, 157, 220

GAMA, VASCO DA 97
Die Geborgenheit 122, 202
Die Gefahr 62, 104, 136, 268
Die Gefühllosigkeit 27, 92, 133, 221
Der Geiz 132, 232
Gelb
– Ärger 132 f.
– Aktivität 130
– als liturgische Farbe verboten 138
– Altgelb 130
– Angeberei 131
– Asien 141
– Aufdringlichkeit 135 f.
– Aufregung 136
– Beliebtheit 129
– bitter 134
– Egoismus 92, 132
– Eifersucht 132
– empfindsam 130
– Energie 130
– erfrischend 134
– Erleuchtung 131
– extrovertiert 129
– Farbbezeichnungen 127
– Fernwirkung, optimale 134 f.
– Flaggen-, Wappenfarbe 106–108, 131, 193 f.
– Freude/Lebensfreude 129, 262
– Freundlichkeit 129
– Galle 132 f.
– Gefühllosigkeit 133
– Geiz 132
– gelbe Fahne 135
– ‹gelbe Gefahr› 141
– ‹gelbe Gewerkschaften› 141
– ‹gelbe Krankheiten› 133
– Gelbfärberei 136 f.
– Geselligkeit 262
– getrübtes, unreines Gelb 130, 133, 138
– giftig 78, 134
– Goldgelb 131
– Helligkeit, Sichtbarkeit 62, 134

– Hitze 130
– im Lüscher-Test 223 f.
– im Verkehr 62
– in Asien 139–141
– in China 139–141, 264
– in der Minnedichtung 132
– in Goethes Farbenlehre 235–237
– Judendiskriminierung 137 f.
– Kennfarbe der Geächteten 137 f.
– Kleiderfarbe 137 f., 212, 238 f.
– klein 116, 130
– kreative Farbgestaltung 141 f.
– Lebensmittelfarbe 78, 136 f., 141 f.
– leicht beeinflußbar durch andere Farben 133
– (das) Leichte 116, 130
– Licht 53
– Liebe, sinnliche 132
– Lüge 26 f., 92, 133
– lustig 129, 262
– Luxus, Überfluß 131, 184 f.
– männliche Farbe 139 f.
– Mischfarbe 235
– Mitte 139 f.
– Modefarbe→Kleiderfarbe
– modische Farben 138
– Nahwirkung 135
– Naivität 130
– negative Gefühle, gegen andere gerichtet 92
– Neid 14, 132
– neu 130
– Optimismus 18, 129
– Parfumfarbe 136 f., 142
– Prostituiertenfarbe 137
– Reichtum 131
– Reife 132
– sauer 134
– Schuld 92, 133
– Sommer 132
– Sonne 129–131
– Sonnengöttern geweiht 131
– Sünde 132
– Trauerfarbe 90
– unangenehme Wirkung 130, 133, 138
– Unreinheit 133
– Unsicherheit 133

– (das) Unsympathische 135 f.
– Untreue 92, 133
– Vergnügen 129, 262
– Verlogenheit 133
– Verräterfarbe 141
– Warnfarbe 135
– weibliche Farbe 139
– Weisheit 131
– zart 130
– zu Gold idealisiert 131 f., 196
– zwiespältige Farbe 129
Geistliche→Ordensfarben
Die Gemütlichkeit 122, 202
Die Genauigkeit 29, 150, 251
Der Genuß 122, 174, 184, 263
Die Geselligkeit 91, 262
Das Gesunde 77, 119
GHIRLANDAIO, DOMENICO 58, Bild 11
Das Giftige/Die Giftigkeit 78, 134
GIOTTO (DI BONDONE) 229
Der Glaube 146, 169
Die Gleichgültigkeit 204, 221
Das Glück 51, 121, 189
GOES, HUGO VAN DER 133
GOETHE, JOHANN WOLFGANG VON 28, 81, 138, 152 f., 176, 177 (Anm. 8), 206 f., 218, 234–240, 263
GOGH, VINCENT VAN 27, Bild 66 (Detail), 44, 46
Gold
– Adelsfarbe 191
– (das) Altmodische 253
– Angeberei 131, 196
– außergewöhnlich, extravagant 192
– Beliebtheit 181
– Berggold 181 f.
– Beständigkeit 189
– billig 196
– Blattgold 187 f., 197
– blond, idealisiert zu Gold 190
– ‹braunes Gold› 183
– Dekorfarbe 194
– drängt sich in den Vordergrund 253
– Egoismus 184
– Eitelkeit 124, 170, 184
– Erfolg 183
– Farbbezeichnungen 179

– Festlichkeit 191
– Flaggen-, Wappenfarbe 106–108, 131
– Freundschaft 189
– gediegenes 182
– geläutertes 182, 187
– Gelbgold 186
– Geld 181, 183 .
– Genuß 122, 174, 185 f.
– Gewinn 183
– Glück 121, 189 f.
– (das) Göttliche 187
– ‹Goldene Bulle› 193
– ‹goldene Epoche› 190
– goldene Preise 193
– ‹Goldene Regel› 189 f.
– ‹Goldene Rose› 193
– ‹goldener Mittelweg› 190
– ‹Goldener Schnitt› 190
– ‹Goldenes Kalb› 184
– ‹Goldenes Vlies› 183
– Goldgehalt 185 f.
– Goldgelb 131, 140
– Goldgewinnung 181 f.
– Goldimitationen 192
– Goldstickerei 191 f.
– Grüngold 186
– (das) Gute 146 f., 190
– Heilmittel 195 f.
– himmlische Herkunft 187
– (das) Ideale 146 f., 189 f.
– Idealisierung des Gelb 131 f., 196
– im Design 197
– im Jugendstil 173
– in der Alchimie 195 f.
– in der Malerei 187 f.
– in der Werbung 196
– Jubiläumsfarbe 189
– Kleiderfarbe 191 f., 254
– kreative Farbgebung 197
– (das) Künstliche 172 f., 194
– künstliches 195 f.
– Lebensmittelfarbe 197
– Legierungen 185 f.
– Leistung 193
– Luxus, Überfluß 131, 185 f., 197
– männlich 250
– Magie 196

– Metall 181
– Modefarbe→Kleiderfarbe
– Morgen, sprachliche Verbindung mit dem 183
– Patrizierfarbe 191
– Pracht 191, 254
– Raumfarbe 194
– Reichtum 131, 183
– Rotgold 186
– Ruhm 193
– rund 194
– Scheidegold 182
– Schmuck 185
– (das) Schöne 190
– ‹schwarzes Gold› 183
– Silber, Bezug zum 245
– Sonnenlicht 187
– (das) Spießige 196
– Stolz 174, 184
– (das) Teure 103, 185 f.
– Treue 189
– (das) Unnatürliche 172 f., 194
– Unsachlichkeit 253
– Vergoldung 187 f.
– (das) Verlockende 184
– (das) Vollkommene 146 f., 190
– Wahrheit 189
– Wappenfarbe 193 f.
– Waschgold 182
– ‹weißes Gold› 183, 195
– Weißgold 186
Granat 210 f.
Grau
– abweisend 219
– (das) Alte, Alter 209, 228
– (das) Altmodische 228
– angepaßt 233 f.
– Armenfarbe 229, 231
– Bedrängnis 92, 218
– Beliebtheit 217
– Beschränktheit 120, 229 f.
– bieder 233
– billig 211
– Bürokratie 220
– Demut 229
– Dummheit 220
– eckig 219

– Einfachheit 230
– Einsamkeit 92, 218
– Farbbezeichnungen 215
– Farbe ohne Charakter 217
– Faulheit 220
– ferne Vergangenheit 228
– Funktionalität 110, 220
– Gefängnis 231
– Gefühllosigkeit 92, 133, 221
– Geister 233
– Geiz 232
– Gleichgültigkeit 221
– ‹graue Eminenz› 232 f.
– graue Haare 218
– ‹graue Literatur› 232
– ‹Graue Panther› 228
– ‹grauer Markt› 232
– Grauen 221
– Grisaille 229
– ‹Griseldis› 230
– Grisetten 231
– Heimlichkeit 232
– herb 230
– idealisiert zu Silber 254
– im Lüscher-Test 223 f., 227
– in der Malerei 229, 239 f.
– in Goethes Farbenlehre 234–238
– introvertiert 221
– Jüngstes Gericht 90
– Kälte 219
– Kleiderfarbe 229, 231, 233 f., 238 f.
– kreative Farbgestaltung 240
– Langeweile 217
– Lebensmittelfarbe 230
– Leere 218
– Lüge 232
– Mangel 218
– minderwertig 230
– Mittelmäßigkeit 217, 233 f.
– Modefarbe→Kleiderfarbe
– Nachdenklichkeit 220
– negative Gefühle, gegen sich selbst gerichtet 92
– Neutralität 220
– Not 218
– Ordensfarbe 94, 205, 229
– Pünktlichkeit 220

– Sachlichkeit 110, 220
– salzig 159, 230
– (das) Schlechte 232
– schlechte Eigenschaften 132
– Schlechtwetterzeit 219
– Schmutz 231
– Schuld 218
– Sorge 218
– spießig 233
– Sünde 132
– Summe aller Malfarben 235
– Theorie 220
– Trauerfarbe 218
– trübe Gefühle 217 f.
– trübste aller Farben 217
– Unbeständigkeit 133
– Unfreundlichkeit 219
– Uniformfarbe 234
– ungeliebte Tugenden 220
– ungenießbar 230
– Unsicherheit 120, 133, 217, 221
– Untreue 232
– Veränderlichkeit 217
– (das) Vergessene 228
– Waisenkinder 231
– Winter 219
– zwischen nah und fern 228
GRECO, JULIETTE 101
Grisaille 229
Grisetten 231
Das Große 24, 106
Grün
– Aldehydgrün 80
– (das) Angenehme 81, 119
– Apostelfarbe 76
– Auferstehung 75
– Ausdauer 81
– Ausgeglichenheit 14
– Barmherzigkeit 72
– beginnende Liebe 14, 74
– Beliebtheit 71
– beruhigend 14, 80 f.
– billig 15, 80
– Bischofsfarbe 76
– bitter 76, 134
– (das) Böse 73
– ‹dasselbe in Grün› 82

– Egoismus 132 f.
– Eifersucht 132 f.
– Erholung 14, 28, 81
– Erneuerung 75
– ‹etwas über den grünen Klee loben› 77
– Farbbezeichnungen 69
– Flaggen-, Wappenfarbe 15
– Flaschengrün 83
– Frische 14, 76, 160
– Frühling 74 f., 119
– Gedeihen 74, 119
– Geiz 132 f.
– gesund 14, 77, 119
– giftig 15, 78, 134
– ‹giftgrün› 78
– ‹Greenpeace› 82
– ‹Grün› (Kartenfarbe) 82
– ‹grün vor Neid› 133
– Gründonnerstag 75, 85 (Anm. 3)
– ‹grüne Hochzeit› 76
– ‹grüne Neune› 82
– ‹grüne Seite› 74
– ‹grüne Welle› 83
– ‹Die Grünen› 72, 81 f.
– ‹grüner Junge› (‹Grünschnabel›, ‹Green-horn›) 77
– ‹Grüner Sonntag› 75
– ‹grüner Tisch› 82 f.
– ‹Grünes E› 82
– ‹grünes Licht› 83
– ‹grünes Mädchen› 74
– Grünfärberei 79 f.
– ‹Grünrock› 79
– Grundfarbe 235
– gutbürgerlich 58
– Heiliger Geist 76
– Helligkeit, Sichtbarkeit 62
– herb 76
– Hilfsbereitschaft 81
– Hoffnung 14–16, 18, 75
– im Lüscher-Test 223 f.
– im Straßenverkehr 62 f., 83
– in China 72
– in der Alchimie 78
– in der Minnedichtung 74
– in der Werbung 76
– Islam 14, 73

– ‹jemandem nicht grün sein› 74
– Jugend 14, 77, 119
– Katholizismus 15, 82, 267
– Kindheit 119
– Kleiderfarbe 15, 58, 79 f., 84, 212, 238 f.
– kreative Farbgestaltung 15, 84
– Leben, pflanzliches 52, 72
– Lebensmittelfarbe 78
– liturgische Farbe 75 f.
– Malerfarbe 78
– männliche Farbe 14, 73
– Mitte 80
– Modefarbe→Kleiderfarbe
– Naivität 119
– Nationalfarbe Irlands 15, 82, 267
– Natur 14, 71 f.
– Neid 14, 132 f.
– Neutralität 14, 80 f.
– Paradies 14, 73
– Raumfarbe 84
– religiöse Bedeutung 75
– republikanische Freiheit 82
– Rettungszeichen 83
– Ruhe 14, 81
– salzig 159
– sauer 76, 134
– Sicherheit 80 f.
– Standardgrün 83
– Teufelsfarbe 79
– Toleranz 81
– ungenießbar 78
– Unreife 14, 77
– wechselhafte Farbe 71
– weiblich 72
– Zerstörung 79
– Zuversicht 18, 75
– zwischen nah und fern 14, 81
Das Gute 147, 190

Die Harmonie 23, 91, 120
Das Harte/Die Härte 27, 91, 108, 252
Der Haß 53
Heilkunde, Farben / Farbstoffe in der 37 (Blau, Lapislazuli), 52 (Rot), 60 (Kermes), 133 (Gelb), 136 (Safran), 195 (Gold), 247 (Silber), 251 (Silber)

Die Heimlichkeit 232
Die Hektik 65
Heraldik
– Gelb 131, 193 f.
– Gold–Silber 193 f.
– Grün 73, 82
– Hakenkreuzfahne 62, 108
– Orange 260, 265, 267
– Rot 61 f.
– Schwarz 103
– Schwarz-Rot-Gold 106–108
– Schwarz-Weiß-Rot 107 f.
– Silber 193 f., 255
– Weiß 156
Das Herbe 76, 203, 230
Der Herbst 209
HESIOD 190
Die Hilfsbereitschaft 81
HITLER, ADOLF 107
Die Hitze 55, 130
Hochzeit
– englischer Hochzeitsbrauch 25
– in Rot 58
– in Schwarz 102
– in Weiß 102, 154–156
– kirchliche Trauung 155
HOECHST, Farbwerke 33, 80
Die Höflichkeit 120, 251
Die Hoffnung 75
HUANG-TI 139
HUNDERTWASSER, FRIEDENSREICH 197

Das Ideale 38, 147, 190
Die Impulsivität 53
Indische Farbsymbolik→ Farbsymbolik, indische
Inquisition 97–99
Das Introvertierte 101, 176, 221
Islamische Farbsymbolik→ Farbsymbolik, islamische
ITTEN, JOHANNES 133, 172

JESUS CHRISTUS 38 f., Bild 17, 146
JOHANNES DER TÄUFER 72
JUDAS ISCHARIOT 248
Judendiskriminierung 138
Die Jugend 77, 119

Jugendstil 172 f.
JUSTINIAN (Kaiser) 168

Die Kälte 27, 160, 219, 251
KANDINSKY, WASSILY 89, 147
Kapuziner 229
Karat 185 f.
KARL I.→ KARL V.
KARL IV. (Kaiser) 193
KARL V. (Kaiser/König von Spanien) 97 f.
KAUFFMANN, ANGELIKA 239
Die Kindheit 119
Kirchliche Farbsymbolik→ Farben, liturgische; Farbsymbolik, christliche
Klassizismus 152 f., 206 f.
Kleiderfarbe (s. a. Hochzeit; Mode; Ordensfarben; Uniform) 15 (Grün), 30, 35 f., 40–42 (Blau), 57–59 (Rot), 58 (Grün, Blau), 79 f., 84 (Grün), 90, 94–103 (Schwarz), 116–118 (Blau, Rosa), 123 (Rosa), 137 f. (Gelb), 146, 148 (Weiß), 151 (Blau), 151–156 (Weiß), 152 (Schwarz), 158 (Weiß), 167–171 (Violett), 191 f. (Gold), 201, 205–208, 211, (Braun), 212 (Blau, Gelb, Rot, Rosa, Weiß, Schwarz, Grün), 229, 231, 233 f. (Grau), 238 f. (Blau, Gelb, Grau, Grün, Orange, Rot, Violett), 254 (Gold, Silber), 264 (Orange)
Kleiderordnung 57–59, 137, 191
Das Kleine 116, 130
KLEOPATRA 167
KLIMT, GUSTAV 173
Die Klugheit 29, 150, 251
Kommunismus→ Sozialismus
Konfuzianismus 264
KONFUZIUS 264
Das Konservative 95, 208
Die Konzentration 29, 150
Die Kraft 54
kreative Farbgestaltung→ Farbgestaltung, kreative
Kröse 99
KRÖSUS 183, 248
Das Kühle 27, 251
Das Künstliche 124, 172, 194, 248
Kunst→ Malerei

Der Lärm 56, 105
Die Langeweile 204, 217
Lapislazuli 37
Das Laute 56, 262
Die Lebendigkeit 72
Die Lebensfreude / Die Freude 51, 129
Lebensmittelfarbe 44 f. (Blau), 61 (Rot), 76 f.
   (Grün), 121 f. (Rosa), 141 f. (Gelb), 159
   (Weiß), 203 (Braun), 230 (Grau)
Die Leere 89, 160, 218
Das Leichte 116, 130, 158
Die Leidenschaft 53, 175
Das Leise 120, 157, 251
Die Leistung 29, 193
Die Liebe 53
Das Liebliche 122
Lila→ Violett
Liturgische Farben→ Farben, liturgische
LUCIUS, EUGEN 80
LUDWIG XIV. (König) 58 f.
Die Lüge 92, 133, 232
LÜSCHER, MAX 174, 222–226
Lüscher-Test 174, 222–227
Luftperspektive 24
Die Lust 115
Das Lustige 129, 262
LUTHER, MARTIN 100, 107, 155
Der Luxus / Der Überfluß 131, 174, 184

Die Macht 106, 183, 208
Das Männliche 29, 57, 106, 208
MAGALHÃES, FERNÃO DE (MAGELLAN)
   98
Magenta→ Rot
Die Magie 172, 196
Malerei
– Blau in der M. 24, 35, 46
– des Mittelalters 24, 37 f., 95 f., 187, 190
– Goethes Einfluß auf die M. 239 f.
– Gold in der M. 187 f.
– Grau in der M. 229
– Malerfarbe Grün 78
– Malerfarbe Ultramarin 37 f.
– Marienbilder 39, 64
– Orange in der M. 262
MARIA (Muttergottes) 38 f., Bild 17, 64, 76,
   146, 149

MARIA VON MEDICI 154
Die Maßlosigkeit→ Die Völlerei
MICHAEL, DER HEILIGE 72
Das Milde 122, 159
Minnedichtung 25 (Blau), 74 (Grün), 132
   (Gelb), 210 (Braun)
Das Mittelmäßige 204, 233
Mode (s. a. Kleiderfarbe)
– *Babymode* 57, 117 f.
– *Brautmode* 154–156; s. a. Hochzeit
– *des Adels* 57–59, 152, 191
– *des Bürgertums* 95–97, 152 f.
– *Goethes Einfluß auf die deutsche Mode*
   206 f., 238 f.
– *Herrenmode* 207 f. (Braun), 233 f.
   (Grau)
– *im Klassizismus* 152 f., 206 f.
– *im Rokoko* 117, 123, 206
– *in der Renaissance* 58
– *in Deutschland: Abneigung gegen Farben*
   206 f., 238 f.
– *niederländische Weltmode* 99
– *spanische Weltmode* 97–99
– *und Hautfarbe* 211 f.
Das Moderne 110, 158, 253
Modeschmuck 192
Das Modische 124, 138, 171, 261
Mönche→ Ordensfarben
MOHAMMED 73
Monarchismus 156
MONTAGU, ELIZABETH 41
MUCHA, ALFONS 173
Münzprägerei 183, 247–250
Der Mut 29

Nachbild, komplementäres 237
Die Nachdenklichkeit 220
Die Nähe 56, 122, 262
NAHUM (Prophet) 54
Die Naivität 119, 130
NAPOLEON I. 15, 152
Nationalsozialismus→ Faschismus
Das Natürliche / Die Natürlichkeit 72
Der Neid 132
Das Neue 130, 147
Die Neutralität 150, 220
NEWTON, ISAAC 234–236

NOVALIS (FRIEDRICH VON HARDENBERG)
26

Der Optimismus 129
Orange
- Aktivität 130, 263
- Angeberei 196, 261 f.
- aromatisch 259
- aufdringlich 261 f.
- Aufregung 263
- Begierde 263
- billig 260 f.
- Energie 130, 263
- erfrischend 259
- Erleuchtung 264
- exotisch 260
- extrovertiert 129, 261
- Farbbezeichnungen 257
- Farbe, die niemand mag 259
- Färberei 265 f.
- Flaggen-, Wappenfarbe 260, 265, 267
- Freude, Lebensfreude 129, 262 f.
- Gefahr 268
- Genuß 263
- Geselligkeit 91, 262 f.
- Grundfarbe 235
- heißeste Farbe 27
- Hitze 130
- im Buddhismus 264–266
- im Design 260 f.
- in China 264
- in der Malerei 260, 262, 265
- in der Werbung 261
- in Indien 264–266
- Indischgelb 266
- Kleiderfarbe 238 f., 264 f.
- kreative Farbgestaltung 268 f.
- Künstlichkeit 260 f.
- laut 262
- Licht 262
- lustig 129, 262 f.
- modisch 124, 261
- Nähe 262
- Niederlande, Nationalfarbe 267
- Orange, Verbindung mit der Frucht 259 f.
- Oranier 15, 267

- Ordensfarbe 264
- Plastikfarbe 260 f.
- Protestantismus 15, 267
- Raumfarbe 262
- Sicherheitsfarbe 268
- süß 259
- Unmäßigkeit 263
- unsachlich 124
- Vergnügen 129, 262 f.
- Wandel 264
- Wärme 262 f.
Oranier 267
Ordensfarben 94 (Braun, Grau, Schwarz), 100 f. (Schwarz), 146 (Weiß), 167 (Purpur), 169 f. (Violett), 205 (Braun), 229 (Grau), 264 (Orange); s. a. Farben, liturgische; Farbsymbolik
Das Originelle 171, 254
OSIRIS 74

PAUL II. (Papst) 169
PÈRE JOSEPH (FRANÇOIS LE CLERC DU TREMBLAY) 232 f.
Die Phantasie 27, 172
PHILIPP II. 97–99
Phosphor 195
PIUS V. (Papst) 38, 75
POMPADOUR, JEANNE ANTOINETTE 123
Porzellan 195, 213
Die Pracht 191, 245
Priester → Ordensfarben
PRIMO DE RIVERA, MIGUEL 40
Die Pünktlichkeit 29, 220, 251
Purpur → Rot; Violett

RABBOW, ARNOLD 207 f.
Raumfarbe 27 f. (Blau), 67 (Rot), 81, 84 (Grün), 108 (Schwarz), 148, 157 f., 161 (Weiß), 173 (Violett), 194 (Gold), 201 f. (Braun), 262 (Orange)
RÉCAMIER, JULIE 153
Reformationszeit 100 f.
Der Reichtum 131, 183, 245
Die Reinheit → *Die Sauberkeit*
Religiöse Farbsymbolik → Farbsymbolik
REMBRANDT (HARMENSZ. VAN RIJN) 100
Renaissance 58

RIGAUD, HYACINTHE 59 f., Bild 12
Römische Farbsymbolik→Farbsymbolik, römische
Rokoko 117, 123, 206, 213
Romantik (Epoche) 26
Die Romantik/Das Romantische 121
Rosa
– Abhängigkeit von umgebenden Farben 121
– (das) Angenehme 119
– Anpassung 121
– Babyrosa 116–118
– Beliebtheit 115, 259
– Bonbonfarbe 121
– Charme 120, 157
– Eindruck von Nacktheit und Hilflosigkeit 101
– Eitelkeit 124, 170
– Empfindsamkeit 120, 130
– Erotik 53, 115
– Farbbezeichnungen 113
– Freundlichkeit 129
– Geborgenheit 122
– Gemütlichkeit 122
– Höflichkeit 120
– im Rokoko 123
– Jugend 119
– junges Leben 119
– Kinderkleidung 116–118
– Kindheit, Kindlichkeit 119
– Kitsch 121 f.
– Kleiderfarbe 116–118, 123, 212
– klein 116, 130
– Kompromiß 121
– kreative Farbgestaltung 124 f.
– (das) Künstliche 124
– leicht 116, 130
– Liebe 53, 115
– lieblich 122
– liturgische Farbe 123
– Lust 115
– männliche Farbe 116–118, 123
– mild 122, 159
– Modefarbe→Kleiderfarbe
– (das) Modische 124
– Nähe 122
– Naivität 119, 130

– Pompadourrosa 123
– Romantik 121
– rund 122
– sanft 115, 120, 157
– Schwärmerei 121
– Sensibilität 120, 157
– süß 121 f.
– Träumerei 121
– (das) Unnatürliche 124
– (das) Unsachliche 124
– Unschuld 115
– (das) Verführerische 54, 115
– Verklärung 121
– warme Farbe 122
– (das) Weibliche 57, 115, 116–118, 120, 157, 175
– weich 116, 130, 157
– zärtlich 115
– zart 116, 130, 157
Rot
Aggressivität 54
– Aktivität 51, 57, 65, 130
– Arbeiterbewegung 61 f.
– (das) Attraktive 65
– Aufregung 53
– Bauch 57
– Bedrohung 105
– Begierde 55
– Beliebtheit 51
– Blut 51 f.
– Brutalität 105
– (das) Dämonische 55
– Dirnenfarbe 63 f.
– dunkles 57
– Dynamik 65
– Energie 51, 130
– Erotik 53 f., 115
– extrovertiert 129
– Farbbezeichnungen 49
– Farbe der Reichen 58
– Farbe des Adels 58 f.
– Feuer 51, 55
– Flaggen-, Wappenfarbe 15, 61 f., 106–108
– Freude, Lebensfreude 51, 129, 262
– Gefahr 62 f.
– Geselligkeit 262

– Glück 51, 189
– göttliches Feuer 55
– Haß 53 f.
– Hektik 65
– helles, leuchtendes 57
– Helligkeit, Sichtbarkeit 62
– Herz 57
– Hitze 14, 55, 130
– Hochzeit in Rot 58
– Hölle 63
– im alten Ägypten 55
– im Lüscher-Test 223–225
– im Straßenverkehr 62 f.
– Impulsivität 53
– in China 140, 264
– in der Renaissance 58
– in der Werbung 65–67
– in Goethes Farbenlehre 235–237
– in Rußland 55, 61 f.
– Justiz 54 f.
– Kermesrot 59–61
– kirchliche Farbe 55
– Kleiderfarbe 57–59, 212, 238 f.
– Korrekturfarbe 64
– Kraft 54
– Krapprot 60 f.
– kreative Farbgestaltung 66–68
– Krieg 54
– Lärm 56, 105
– Leben, animalisches 52
– Lebensgefühl, positives 52
– Lebensmittelfarbe 61
– Leidenschaft 53 f.
– Liebe 53, 115
– liturgische Farbe 76
– Lust 115
– lustig 129, 262
– Magenta 51
– (das) Männliche 56 f.
– Marxismus 61 f.
– Materie 56
– Mischfarbe 235
– Modefarbe→Kleiderfarbe
– Nähe 14, 56, 122
– Purpurrot 59, 63, 168, 177 (Anm. 8)
– Raumfarbe 67
– Reaktion von Tieren auf Rot 66

– ‹Red keinen Zinnober› 64
– ‹redlight district› 63
– ‹Rot sehen› 53
– rote Amulette, Talismane 52
– ‹rote Gefahr› 62
– rote Haare 64, 212
– ‹roter Faden› 64
– Rotfärberei 59–61
– ‹Rothosen› 61
– ‹Rotwild› 55
– rund 65, 122
– Scharlachrot 59
– Sexualität 53 f., 115
– Signal- und Warnfarbe 42, 62 f., 66 f.
– Stärke 105
– Türkischrot 96
– Uniformfarbe 54, 61
– (das) Unmoralische 63
– Urfarbe 51
– (das) Verbotene 62 f.
– (das) Verführerische 54, 115
– Vergnügen 129, 262
– Wärme 55
– (das) Weibliche 57
– Wollust 54, 115
– Wut 53
– Zinnober 64
Die Ruhe 28, 81
Das Runde 65, 122, 194

Das Sachliche/Die Sachlichkeit 110, 157, 220
SACHS, HANS 141
Das Salzige 159, 230
Die Sanftheit 120, 157
Saphir, Symbolik 25
Die Sauberkeit/Die Reinheit 148
Das Saure 76, 134
Schaube 58
SCHENZINGER, KARL ALOYS 34
Das Schlechte 202, 232
Schmuck→Gold; Silber; Modeschmuck
Die Schnelligkeit 252
Schrot und Korn 250
Die Schuld 92, 133, 202
Die Schwärmerei 121
Schwarz

– Abgrenzung 101
– ‹absolutes Schwarz› 89
– abweisend 101
– Anarchie 104
– Armenschwarz 96
– Bedrängnis 92
– Bedrohung 105
– Beliebtheit 89
– ‹blackball› 93
– Brutalität 105
– Designfarbe 109 f., 157
– eckig 108
– Egoismus 91 f., 132
– Eindeutigkeit 110
– Einsamkeit 92
– Eleganz 102 f.
– Ende 89
– eng 108
– Farbbezeichnungen 87
– Faschismus 105 f.
– Flaggen-, Wappenfarbe 103, 106 – 108
– Gefühllosigkeit 92, 133
– Geistlichkeit 94 f., 100 f.
– Gemeinheit 93
– groß 106
– Härte 91, 108
– Illegalität 104
– im Lüscher-Test 223 f.
– in Afrika 103
– in China 139 f.
– Individualität 101
– introvertiert 101
– Kleiderfarbe 90, 94 – 103, 152, 212
– ‹kleines Schwarzes› 102 f.
– Konservativismus 95
– kreative Farbgestaltung 110 f.
– Lärm 56, 105
– Leere 89
– Lüge 92, 133
– Luthertalar 100 f.
– Macht 108
– (das) Männliche 106, 139
– Modefarbe → Kleiderfarbe
– (das) Moderne 110
– Negation der bunten Farben 54, 79, 89, 91
– negative Gefühle 92

– objektiv 110
– Ordensfarbe 94 f., 100 f.
– Protestantismus 100 f.
– Raumfarbe 108
– Reichtum 183
– schlechte Eigenschaften 132
– Schmutz 93
– Schuld 92, 133
– Schwarz auf Gelb: beste Fernwirkung 134
– Schwarz auf Gelb: Warnfarben 135
– ‹schwarz sehen› 92
– Schwarzarbeit, -handel 104
– ‹Schwarze Hand› 104
– ‹Schwarze Listen› 104
– schwarze Magie 147, 172
– schwarze Tiere, Symbolik 94
– schwarzer Humor 92
– ‹Schwarzer Peter› 93
– ‹Schwarzer Stern› 103
– ‹Schwarzer Tag› 93
– ‹Schwarzer Tod› 95
– ‹schwarzes Blut› 92
– schwarzes Brautkleid 102
– ‹schwarzes Herz› 92
– Schwarzfärberei 96 f.
– Schwarz-Rot-Gold 106 f.
– Schwarz-Weiß 110, 147, 150
– Schwarz-Weiß-Rot 107 f.
– Schwere 108 f.
– spanische Weltmode 97 – 99
– Stärke 105
– Sünde 132
– (das) Teure 103
– Tod 89 f.
– Trauerfarbe 90
– unbunte Farbe 89
– (das) Unerlaubte 104
– Unglück 93 f.
– (das) Unmoralische 63, 104
– Unreinheit 133
– Untreue 92, 133
– (das) Verdorbene 91
– weibliche Farbe 139 f.
– Zerstörung 79
Das Schwere 108, 202
Die Sehnsucht 26

Die Selbständigkeit 29, 251
Die Sensibilität → *Die Empfindsamkeit*
Die Sexualität 53, 115, 175
SHAKESPEARE, WILLIAM 155
Die Sicherheit 81, 251
Silber
– Alter 254
– Beliebtheit 245
– Blau, Assoziation mit 250, 255
– Demut 255
– distanziert 252
– Dynamik 252
– eckig 252
– Ehrenhaftigkeit 255
– Eleganz 254
– Farbbezeichnungen 243
– Farbe, an die man am wenigsten denkt 245
– Festlichkeit 245
– Flaggen-, Wappenfarbe 255
– Frieden 255
– Funktionalität 253
– geistige Tugenden 251
– Geld 248
– Genauigkeit 251
– Gewinnung 246 f.
– Gold, Assoziation mit 245
– Härte 252
– Heilmittel 247, 251
– hell 253
– Höflichkeit 250–252
– Idealisierung von Grau 254
– im Design 253, 255 f.
– im Jugendstil 173
– in der Alchimie 250 f.
– in der Magie 250
– kalt 251 f.
– klar 253
– Kleiderfarbe 254
– Klugheit 251
– kreative Farbgebung 255 f.
– kühl 251 f.
– (das) Künstliche 124, 172 f., 248
– Lebensmittelfarbe 248
– Legierungen 249
– Metall 246 f.
– Modefarbe → Kleiderfarbe

– modernes Metall 253
– Mond, Assoziation mit 250, 255
– Münzen 248 f.
– (das) Originelle 254
– Pracht 245
– Pünktlichkeit 251
– Reichtum 245
– Reinheit 255
– Schmuck 253
– Schnelligkeit 252
– Selbständigkeit 251
– Sicherheit 251
– ‹Silberblick› 248
– Silbergehalt 249
– Sportlichkeit 252
– stille Farbe 250 f.
– (das) Teure 245
– tritt in den Hintergrund 253
– (das) Unkonventionelle 254
– (das) Unnatürliche 124, 172 f., 248
– Unschuld 255
– Verarbeitung 247
– Wasser, Assoziation mit 252, 255
– weiblich 250
– Zurückhaltung 251
– Zuversicht 253
Der Sommer 132
SOUBIROUS, MARIA BERNARDA (‹BERNA-DETTE›) 39
Sozialismus 40 (Blau), 61 f. (Rot)
Das Spießige 196, 204, 233
Die Sportlichkeit 29, 252
Die Stärke 105
Die Stille 28, 251
STILLINGSFLEET, BENJAMIN 41
Der Stolz 27, 160, 174, 184
Straßenverkehr, Farben im 62 f., 83 (Grün), 135 (Gelb), 268 (Orange)
STRESEMANN, GUSTAV 253
Das Süße 122, 259
Die Sympathie 23

Das Teure 103, 185, 245
THEODORA (Kaiserin) 168
Tiere
– als Unglücksbringer 94
– Reaktion auf Farben 66

– weiße Tiere, Symbolik 146
Die Toleranz 81
TOULOUSE-LAUTREC, HENRI DE 138
Die Träumerei 121
Die Trauer 90, 218
Trauerfarbe 90 (Schwarz, Weiß, Violett, Gelb), 149 (Weiß), 169 (Violett), 205 (Braun), 218 (Grau)
Die Treue 25, 189

Der Überfluß→ *Der Luxus*
Die Unendlichkeit 23
Das Unerlaubte 104
Das Unerotische 201
Die Unfreundlichkeit 219
Das Ungenießbare 78, 203, 230
Uniform
– blaue 36
– französische 61
– preußische 36
– rote 54, 61
Das Unkonventionelle 171, 254
Das Unmoralische 63, 104, 175
Das Unnatürliche 124, 172, 194, 248
Das Unsachliche 124, 173
Die Unschuld 115, 148
Die Unsicherheit 120, 133, 173, 221
Das Unsympathische 136, 171, 201, 259
Die Untreue 92, 133, 173

VENUS 74
Das Verbotene 63, 104, 175
Das Verdorbene 91, 176, 203
Das Verführerische 54, 115, 175
Das Vergnügen 129, 262
Verkehrsschilder→ *Straßenverkehr*
Das Verlockende 184
Die Verlogenheit 133
Das Vertrauen 25
VICTORIA (Königin) 90, 155
Violett
– Aberglaube 172
– (das) Alte 176
– Altjungfernfarbe 176
– (das) Altmodische 176
– aufdringlich 171
– (das) Außergewöhnliche 171

– Beliebtheit 165, 259
– Bischofsfarbe 169 f.
– Buß- und Fastenzeit 169
– Charme 174 f.
– Demut 169 f.
– Designfarbe 176 f.
– Eitelkeit 124, 170
– Ewigkeit 169
– Extravaganz 166, 171
– Farbbezeichnungen 163
– Feminismus 175
– Frömmigkeit 169
– gemischte Gefühle 165
– Gerechtigkeit 169
– Gewalt, sprachliche Nähe zur 165
– Glaube 169
– Grundfarbe 235
– Herrscherfarbe 167 f.
– im byzantinischen Reich 168
– im Jugendstil 172 f.
– im Lüscher-Test 223 f.
– im römischen Reich 167
– in der evangelischen Kirche 169
– in der katholischen Kirche 169
– in der Werbung 177
– introvertiert 176
– Kaiserfarbe 167 f.
– Kardinalspurpur 169 f.
– Kleiderfarbe 167–171, 238 f.
– kreative Farbgestaltung 176 f.
– (das) Künstliche 124, 172 f.
– Leidenschaft 175
– lila 165, 176, 177 (Anm. 1)
– ‹Lila – der letzte Versuch› 176
– liturgische Farbe 169 f.
– Macht 167–169
– Magie 172
– Maßlosigkeit 174
– Mischfarbe zwischen den Geschlechtern 174 f.
– Modefarbe→ Kleiderfarbe
– (das) Modische 124, 171, 176
– Ordensfarbe 169 f.
– (das) Originelle 171
– oval 172
– Phantasie 26 f., 172
– Priesterkleidung 167

– Purpur 37, 59, 165–170, 177 (Anm. 3)
– Raumfarbe 173
– Rückzug 176
– Sensibilität 174 f.
– Sexualität 53, 115, 175
– (das) Stilisierte 172 f.
– Stolz 174
– Täuschung 173
– Theologie 169
– Trauerfarbe 90, 169
– Überheblichkeit 174
– (das) Unkonventionelle 171
– (das) Unmoralische 63, 175
– (das) Unnatürliche 124, 172 f.
– (das) Unsachliche 124, 173
– (das) Unsympathische 171
– Untreue 173
– (das) Verbotene 175
– verderblicher Genuß 174
– (das) Verdorbene 176
– vereint Gegensätze 172
– (das) Verführerische 175
– Verruchtheit 173
– (das) Weibliche 174 f.
– Wollust 54, 115, 175
– (das) Zweideutige 173
VISCHER, FRIEDRICH THEODOR 233 f.
Die Völlerei/Die Maßlosigkeit 174, 201, 263
Das Vollkommene/Die Vollkommenheit 147, 191

Die Wärme 55, 202, 263
Die Wahrheit 38, 150, 189
Wappen→Heraldik
WATTS, GEORGE FREDERICK 16, Bild 22
Das Weibliche 57, 174
Das Weiche 116
Weiß
– absolute Farbe 147
– Anfang 147
– Arbeitskleidung 148, 151
– Auferstehung 90, 147
– Beliebtheit 145
– Bescheidenheit 149
– Charme 157
– Designfarbe 109 f., 157 f., 161 f.

– Ehrlichkeit 150
– Eindeutigkeit 110, 150
– Einfachheit 149
– elegant 154
– (das) Empfindsame 130
– Ewigkeit 38, 147
– Farbbezeichnungen 143
– fein 159
– Festlichkeit 154
– Flaggen-, Wappenfarbe 156, 255
– Freude 146
– Frieden 157
– Frische 160
– Frömmigkeit 146
– Funktionalität 110, 157, 220
– Genauigkeit 150
– Gespenster 151
– Glaube 146
– Glück 146
– göttliches 146
– (das) Gute 146 f.
– hohe Werte 38
– (das) Ideale 38, 146 f.
– im Buddhismus 147
– im Klassizismus 152 f.
– in China 139
– Kälte 160
– Kleiderfarbe 146, 148, 151–156, 158, 212
– klein 130
– Klugheit 150
– Konzentration 150
– Krankheit, Assoziation mit 148
– kreative Farbgestaltung 161 f.
– künstlich 159
– Lebensmittelfarbe 159
– Leere 160
– leicht 130, 158
– leise 157
– Licht 145
– liturgische Farbe 146
– mild 159
– Modefarbe→Kleiderfarbe
– (das) Moderne 110, 158
– Monarchistenfarbe 156
– neu 130, 147
– Neutralität 150, 220

– ‹Nichtfarbe› 145
– Norden 160
– oben 158
– objektiv 110
– Ordensfarbe 146
– Papstfarbe 146
– Priesterkleidung 146
– Raumfarbe 148, 157 f., 161
– Reinheit 148, 154
– Ruhe 28
– Sachlichkeit 110, 157, 220
– salzig 159
– sanft 157
– Sauberkeit 148
– Schwarz-Weiß 110, 147, 150
– Sensibilität 157
– Statussymbol 151, 153
– Stolz 160
– substanzlos 159
– Summe aller Lichtfarben 145, 234 f.
– Totenfarbe 151
– Trauerfarbe 90, 149
– (das) Unbekannte 160
– Unschuld 115, 148
– vollkommen 146 f.
– vollkommenste aller Farben 145
– Wahrheit 38, 150
– weibliche Farbe 157
– weich 116
– weiße Blumen, Symbolik 149
– ‹weiße Gaben› 149
– weiße Fahne 156
– weiße Kragen 151
– weiße Magie 147
– weiße Taube 76, 146
– weiße Tiere, Symbolik 146, 148
– ‹weiße Weste› 148
– ‹weißer Tod› 160
– weißes Brautkleid 102, 154–156

– weißes Ei, Symbolik 147
– ‹weißes Lamm› 146, 148
– Weizen, sprachliche Verwandtschaft mit 145
– Winter 160
– Wissenschaft 150
– zart 116, 130, 157
Die Weite 23
Werbung (s. a. Farbgestaltung, kreative)
– Gold 196
– Grün 76
– Imitation von Verkehrshinweisen 135
– kreative Farbigkeit 44
– Orange 261
– Prinzip der unmöglichen Farben 45
– Rot 65–67
– Schwarz 110 f.
– Violett 177
WILHELM I. (preußischer König) 107
WILHELM I. (Prinz von Oranien) 267
WILHELM II. (‹William of Orange›) 82, 267
Der Winter 219
WINTERTHALER, FRANZ 117
Die Wissenschaft 29, 150
WITZ, KONRAD 138
Wohnungsfarbe→ Raumfarbe
Die Wollust 54, 115, 175
Die Wut/Der Zorn 53

Die Zärtlichkeit 115
Das Zarte 116, 130, 157
Zimmerfarbe→ Raumfarbe
Zisterzienser 229
Die Zuverlässigkeit 25
Die Zuversicht 75
Die Zweideutigkeit 173
Zwischen nah und fern 81, 228, 252

Bildquellenverzeichnis

Joachim von Angeli, Die Königinwitwe. Foto: Sammlung der Autorin (28). – Pieter Brueghel d. Ä., Die niederländischen Sprichwörter. Gemäldegalerie Staatliche Museen Preußischer Kulturbesitz, Berlin (West). Foto: Jörg P. Anders (6). – Brahma mit seiner Gemahlin Sarasvatī auf ihrem Reittier, dem Schwan. Aus: N. R. Guseva, Indien. Müller und Kiepenheuer, Hanau/Main 1978 (84). – Bundesbahnwerbung, Kommunikations- und Vermarktungsgesellschaft mbH, Frankfurt/M. (36). – Chinesische Malerei, Schriftrolle: 18 Lieder der Nomadischen Flöte. 2. Episode: Abreise aus China. Foto: The Metropolitan Museum of Art, Gift of the Dillon Fund, 1973 (43). – Clown: Eva Heller (54). – Jacques-Louis David, Madame Récamier. Louvre Paris. Foto: Archiv für Kunst und Geschichte, Berlin (52). – Robert Delaunay, Die Lebensfreude. © L & M SERVICES B.V. Amsterdam 990903 (89). – J. W. Delff, Junge mit Hund. Rijks Museum, Amsterdam (29). – Prinzessin Diana. Foto: Press Associate über dpa Frankfurt/M. (70). – Farben des Lichts: Eva Heller (48–51). – Farbperspektiven. Eva Heller (1–4), – Paul Gauguin, Reiter am Strand. Foto: Postkarte von Buchheim (61). – Domenico Ghirlandajo, Porträt eines Greises mit Knabe. Louvre, Paris (11). – Giotto di Bondone, Neid. Fresko. Padua, Capella Degli Scrovegni All'Arena (78). – Hugo van der Goes, Der Sündenfall. Foto: Kunsthistorisches Museum, Wien (44). – Johann Wolfgang von Goethe, Farbenlehrezeichnung. Mädchenbildnis für physiologische Versuche. Foto: Nationale Forschungs- und Gedenkstätten der klassischen deutschen Literatur in Weimar, Goethe-Nationalmuseum, Weimar (81). – Vincent van Gogh, Blick auf Arles. Neue Pinakothek, München. Foto: Artothek (66). – Gottesdienstzeichen. Foto: Eva Heller (58). – Mathis Grünewald, Ausschnitte aus dem Isenheimer Altar: Auferstehung (83). Johannes der Evangelist stützt Maria (53). Colmar Museum, Unterlinden. Foto: Giraudon, Paris. – Cornelius Johnson, Die Familie von Baron Arthur Capel. National Portrait Gallery, London (15, 32). – Kamel: Levi Strauss, Heusenstamm (9). – Königskrone: Imperial State Crown. Foto: Sammlung der Autorin (57). – Lesbarkeit von Schriften. Eva Heller (24). – Stephan Lochner, Anbetung des Kindes. Alte Pinakothek, München (72). – Meister der Lyversberger Passion, Köln, Krönung Mariae. Wittelsbacher Ausgleichsfond, München. Foto: J. Blauel, Artothek (17). – Meister des Bambino Vispo, Das Jüngste Gericht. Alte Pinakothek, München. Foto: Artothek (80). – Meister von St. Severin, Meister der Ursula Legende, Franziskaneraltar Mitteltafel: Der heilige Franziskus empfängt die Stigmata. Wallraf-Richartz-Museum, Köln (65). – Milka-Kuh. Young & Rubicam GmbH, Frankfurt/M. (62). – Modellanzug in Rosa. Modell: Van Gils (33). – Mohammed in grüner Kleidung. Sammlung der Autorin (21). – Marilyn Monroe. Foto: Postkarte der American Postcard Company Inc. (71). – Bartolomé Esteban Murillo, Die Dreifaltigkeit und die Heilige Familie. Foto: National Gallery, London 1981 (30). – Osiris, Ägyptischer Gott. Sammlung der Autorin (23). – Michael Pacher, Der Teufel weist dem heiligen Augustinus das Buch der Laster vor. Alte Pinakothek, München. Foto: Blauel/Gnamm, Artothek (18). – Papst Johannes XXIII. Foto: Sammlung der Autorin (47). – Radha und Krishna im Garten (um 1780). Victoria and Albert Museum, London (39). – Raffael, Madonna im Grünen. Kunsthistorisches Museum, Wien (5). – Hyacinthe Rigaud, Die Schuhe von König Ludwig XIV. Louvre, Paris. Foto: Giraudon, Paris (12). – Rose. Firma Ludwig Beck, München (8). – Sicherheits- und Gebotszeichen. Aus: Signalzeichentafel, Beuth Verlag, Berlin (7, 19, 37, 38, 46). – Spaghettiteller. Eva Heller (67). – Stierkämpfer. Foto: Michael Ruetz (14). – Kaiserin Theodora mit Gefolge. Mosaik aus Ravenna,

San Vitale. Foto: Archiv für Kunst und Geschichte, Berlin (56). – Henri de Toulouse-Lautrec, Jane Avril. Foto: Sammlung der Autorin (88). – Uhr. Omega, Tissot Uhren-Handelsgesellschaft mbH, Bad Soden (77). – Verkehrszeichen in Silber. Eva Heller (76). – Antoine Watteau, Die Tonleiter der Liebe. Wallace Collection Trustees, London (34). – George Frederick Watts, Die Hoffnung. Foto: Archiv für Kunst und Geschichte, Berlin (22). – Wenzelsbibel, Vertreibung aus dem Paradiese. Foto: Sammlung der Autorin (10). – Franz Winterhalter, Königin Victoria und ihre Familie. Foto: Sammlung der Autorin (31). – Konrad Witz, Die Synagoge. Öffentliche Kunstsammlung Basel, Kunstmuseum. Foto: Colorphoto Hans Hinz (45). – Zigarettenwerbung. Reemtsma, Hamburg (16).